法哲学講義
Philosophy of Law

笹倉秀夫 著
Hideo Sasakura

東京大学出版会

Philosophy of Law
Hideo SASAKURA
University of Tokyo Press, 2002
ISBN 978-4-13-032325-3

はしがき

　本書は，学部学生と社会人に法の世界・法哲学への道案内をすることと，ものの見方・考え方を訓練すること，また大学院生に公法学・私法学・基礎法学に共通する専門的な総合的・根源的探求への問題提起と手法の提示をすることを目的にしている．したがって，本書は，わかりやすいことを第一にしつつ，同時に広い視野と豊かなデータによって，法生活上の根本問題についてともに考えることを重視する．

　筆者は，28年の授業経験からして，わかりやすくするためには，――難しい文を連ねて学生・院生を恐れ入らす姿勢ではなく学生・院生の目線に立って平易な言葉で語りかけることはもちろんのこと――なによりもそれぞれの問題について全体の見通しをよくすることと，抽象的な理論だけを示すのではなく，身近な具象的な素材に基づいて筋道だった論述をすることとが重要だと考える．すなわち，思想を紹介するときには，対象となる思想家の生の言明を豊富に素材にしつつ，かれの思考の跡を着実に踏んだ説明をすること，法の根本問題を述べるときには，われわれの日常的な経験から素材を豊富に取り上げ，それらにていねいに反省を加えつつ理論展開していくこと，である．

　同時に，授業で大切なのは，考える訓練をすることである．要点を整理して覚えさせることも大切だが，人生は情報処理である以上に創造である．創造力養成のために大切なのは，現実の問題と対峙してものの見方・考え方を訓練していくことだろう．そしてそのためには，第一に，テキストが平板であってはならない．平易さ・コンパクトさを求めるあまり，読み手とともに書き手にとっても毒にも薬にもならないような，事項を羅列し学説を紹介するだけのものであってはなるまい．第二に，他人の議論を受け売りするのではなく，豊富な生の素材からの理論化を実際に行う模範演技をすることである．生の素材から出発する記述は，冗漫なものになりがちだという短所をもつが，しかし，考える訓練には欠かせない．そして，第三に，現実に向かい合いそれを批判する姿

勢をもたなければならない．批判する姿勢がなければ，深く考える必要も出てこない．根本的に批判する姿勢からは，根源的に考える態度が出てくる．そういうものである．

以上の狙いからして筆者は，本書では，事柄を一つひとつ押さえながら思考を練り，自分なりに理論化し，それを読者に直截に述べ，若い魂を揺さぶろうとした．「Aによれば，Bによれば，Cによれば」──日本ではA・B・Cはたいてい外国人名である──ではなく，端的に「自分はこれこれの理由でこう考える．君はどう考えるか」というのが，本書の語り口である．それはひとえに，若い読者に社会と法について考えることを刺激し共に議論したいからである．

それだけに本書の読者は，筆者の見解・結論を覚え込もうとするのではなく，問題が十分に実証的・総合的に構成され説得的に展開されているかを批判的に検討し，筆者の叙述を一つのたたき台として自分で思考してほしい（そのためには，異なる立場のものと併せ読むことが大切だろう）．

この本は，冒頭から読み進めていく必要はない．関心のある箇所から適宜読み進めて問題はない．従来の法哲学の教科書に出てくる重要テーマは，ほとんど押さえたつもりである．本書は，それに加えて，従来の教科書には見られないようなテーマをもいくつかつっこんで考察している．それらの議論は，単なる専門研究のためではなく，学生・院生諸君が具体的な問題の考察を通じて法学ないし法哲学の思考を鍛えるためのものであり，かつ，「法の特質」・「法の目的（法をめぐる究極価値）」・「法と国家・社会の関係」・「法学の技法」といった，法学入門・法哲学上の基礎問題を極めるためのそれぞれの登山道として位置づけられている．中にはかなりくねくねし森の中で見通しを失いそうになるルートもあるだろう．学年に応じて迂回路はカットしつつも，登頂後の眺望と達成感を思いながら踏破してほしい．

最後になったが，本書の刊行を快く引き受けてくださった東京大学出版会に心より御礼申し上げたい．とりわけ編集部の羽鳥和芳氏と角田光隆氏には，終始お世話になり重要なご助言を数多くいただいた．

本書は，早稲田大学における5年間の授業と，それ以前の大阪市立大学における23年間の授業との蓄積の上に成り立っている．両校で熱心に聴講し励ましてくれた多くの学生諸君に，本書のようやくの刊行を報告したい．早稲田大

学大学院および川崎市の市民アカデミーでは本書の原稿を教材に使って演習・講義を行い，参加した院生諸君・社会人諸氏から貴重な助言を得た．数年間の充実した討論を回顧しつつ謝意を表したい．

　なお，本書の大部分は書きおろしであるが，一部に既発表のものを，かなり書き改めつつ利用したものがある．それらの初出表示は，次のとおりである．

① 7章　「自己決定権とは何か」松本博之・西谷敏編『現代社会と自己決定権』信山社，1997年
② 8章　「基本的人権の今日的意味」『社会福祉研究』第70号，1997年
③ 17章　「抵抗権について」『立命館法学』2001年第1号，2001年
④ 18章　日本法哲学会公開シンポジウム「司法改革の理念的基礎」，2001年7月
⑤ 19章　「〈象徴〉とは何か――その法哲学的検討」『世界』1989年4月号
⑥ 25章　「戦後日本の法哲学」『法哲学年報』1998年度号，1999年

2002年7月

　　　　　　　　　　　　　　　　　　　　　　　　　笹倉　秀夫

目　次

はしがき

緒　論 …………………………………………………………………… 1

第 1 編　法の特質

1　法と政治と道徳 ……………………………………………………… 7
  1-1　「友と敵」の視点からの区別 …………………………………… 7
    1-1-1　政治の発生 ………………………………………………… 7
    1-1-2　道　徳 ……………………………………………………… 11
    1-1-3　法 …………………………………………………………… 13
  1-2　法・政治・道徳の対比的考察 ………………………………… 15
    1-2-1　日常性と非日常性 ………………………………………… 15
    1-2-2　内面への関わり …………………………………………… 16
    1-2-3　何が人を動かすか ………………………………………… 18
    1-2-4　誰が自分に命令するか …………………………………… 20
    1-2-5　「相手」がどう捉えられているか ……………………… 22
    1-2-6　誰に対して責任をとるか ………………………………… 24
    1-2-7　手段・手続に対する関係 ………………………………… 25
    1-2-8　人間像 ……………………………………………………… 26
    1-2-9　思考法 ……………………………………………………… 28
      1-2-9-1　道徳の思考 …………………………………………… 28
      1-2-9-2　政治の思考 …………………………………………… 29
      1-2-9-3　法の思考 ……………………………………………… 31

1-3　法・政治・道徳の相互補完関係 ……………………………37

2　法と道徳 ……………………………………………………………42
　2-1　〈法と道徳〉の基礎的考察 ……………………………………42
　　2-1-1　道　徳 ………………………………………………………43
　　2-1-2　法 ……………………………………………………………47
　　2-1-3　総　括 ………………………………………………………49
　　2-1-4　法と道徳，それぞれの根底にあるもの ……………………49
　2-2　〈法と道徳〉をめぐる歴史 ……………………………………52
　　2-2-1　概　要 ………………………………………………………52
　　2-2-2　思想史 ………………………………………………………59
　　　2-2-2-1　法・道徳分離論の思想家 ………………………………59
　　　2-2-2-2　法と道徳の再統合の思想家 ……………………………66

3　法の拘束力 …………………………………………………………76
　3-1　権力機関による執行・制裁について ………………………77
　3-2　遵法義務の意識について ……………………………………79
　3-3　事実としての遵法状態について ……………………………81
　3-4　（補説）「法」とされるものの整理 …………………………85

4　自然法 ………………………………………………………………87
　4-1　基礎的考察 ……………………………………………………87
　　4-1-1　自然法とは何か ……………………………………………87
　　4-1-2　自然法と現行の日本法 ……………………………………88
　　4-1-3　自然法の中身・認識方法・効果 …………………………90
　　4-1-4　自然法の政治的役割 ………………………………………92
　　4-1-5　自然法の拘束力 ……………………………………………93
　　4-1-6　「事物の本性」について …………………………………94

4-1-7　自然法と道徳 …………………………………… 98
　4-2　自然法思想の歴史 ………………………………………… 100
　　4-2-1　古代ギリシア ……………………………………… 100
　　4-2-2　古代ローマ ………………………………………… 104
　　4-2-3　中　世 ……………………………………………… 105
　　4-2-4　啓蒙期自然法 ……………………………………… 105

第2編　法の目的

5　正　義 …………………………………………………………… 111

　5-1　正義の諸ケース ……………………………………………… 111
　　5-1-1　ルールを尊重すること …………………………… 112
　　5-1-2　ある人にその人が値するものを帰属させること … 114
　　5-1-3　善にかなうこと …………………………………… 116
　　5-1-4　総　括 ……………………………………………… 117
　5-2　正義をめぐる諸問題 ………………………………………… 120
　　5-2-1　正義と道徳と法．正義観念はどのようにして確立したか …… 120
　　5-2-2　内容的正義と形式的正義 ………………………… 122
　　5-2-3　正義と衡平 ………………………………………… 126
　　5-2-4　正義と功利主義 …………………………………… 128

6　人権＝個人の価値（1）　現代の人権 …………………………… 132

　6-1　自由権 ………………………………………………………… 132
　　6-1-1　総　論 ……………………………………………… 132
　　6-1-2　自由権同士の関係 ………………………………… 133
　　6-1-3　近代社会と自由権 ………………………………… 134
　　6-1-4　自由権の論理構造 ………………………………… 136
　6-2　社会権 ………………………………………………………… 138

目次

- 6-2-1 自由権から社会権へ……………………………………… 138
- 6-2-2 社会権と自由権の連関性 ………………………………… 140
- 6-3 新しい人権 ……………………………………………………… 141
- 6-4 （補説）実定法的権利と自然法的権利 ……………………… 143

7 人権＝個人の価値（2）　自己決定権 ……………………… 145

- 7-1 自己決定権とは何か ………………………………………… 145
  - 7-1-1 自己決定権の具体的検討 ………………………………… 146
    - 7-1-1-1 自己決定権の分類的検討 …………………………… 146
    - 7-1-1-2 自己決定権と現代社会 ……………………………… 152
- 7-2 自己決定権と実定法学 ……………………………………… 153
  - 7-2-1 自己決定権をめぐる憲法学上の議論 …………………… 153
    - 7-2-1-1 自己決定権の内容 …………………………………… 154
    - 7-2-1-2 「包括的基本権論」 ………………………………… 156
    - 7-2-1-3 社会国家における自己決定権 ……………………… 157
    - 7-2-1-4 アメリカにおける憲法裁判との比較 ……………… 158
  - 7-2-2 自己決定権をめぐる民事法学上の議論 ………………… 158
    - 7-2-2-1 古典的な自由の立場 ………………………………… 158
    - 7-2-2-2 古典的な自由を超克しようとする立場 …………… 159
    - 7-2-2-3 日本民法学とリベラリズム ………………………… 163

8 人権＝個人の価値（3）　「その人なりの生き様」への着目 ……… 166

- 8-1 法学の場合 …………………………………………………… 166
  - 8-1-1 社会福祉における自己決定権 …………………………… 166
  - 8-1-2 医療における自己決定権 ………………………………… 169
  - 8-1-3 労働をめぐる自己決定権 ………………………………… 172
- 8-2 歴史学の場合 ………………………………………………… 174

9　人権＝個人の価値（4）　幸福追求権から構築した人権論 …………178

- 9-1　人権と「個人の幸福」……………………………………178
- 9-2　以上を踏まえての諸考察 ………………………………181
  - 9-2-1　君主支配の正当性との関わり ……………………181
  - 9-2-2　民主制との関係 ……………………………………182
  - 9-2-3　限界的ケースの検討 ………………………………182
  - 9-2-4　「Separate, but Equal」……………………………183
  - 9-2-5　社会法原理 …………………………………………183

10　環　境 ……………………………………………………185

- 10-1　環境問題の二つの波 …………………………………185
  - 10-1-1　1960〜70年代＝「公害」の時代 ………………186
  - 10-1-2　1980年代後半以降＝地球規模の環境問題の時代 ………186
- 10-2　現代の動向 ……………………………………………187
  - 10-2-1　既存の公害への対応 ………………………………187
  - 10-2-2　新たな公害の深刻化 ………………………………189
- 10-3　理論的問題 ……………………………………………192
  - 10-3-1　環境権 ………………………………………………192
  - 10-3-2　アメニティー ………………………………………194
  - 10-3-3　動物の権利 …………………………………………196

11　（補論）課題としての「即且対自」……………………201

- 11-1　「即自」…………………………………………………201
- 11-2　「対自」…………………………………………………202
- 11-3　「即且対自」……………………………………………204

第3編　法と国家

12　国家論 ……………………………………………………………… 209

- 12-1　これまでの国家論 ………………………………………… 209
- 12-2　現代国家 ………………………………………………… 221
  - 12-2-1　一般的特徴 ……………………………………… 221
    - 12-2-1-1　現代国家の機能 ………………………… 222
    - 12-2-1-2　現代国家の作用形態 …………………… 226
  - 12-2-2　国民統合のメカニズム ………………………… 228

13　民主主義と自由主義（1）　民主主義対自由主義 ……………… 239

- 13-1　民主主義 ………………………………………………… 240
- 13-2　自由主義 ………………………………………………… 242
- 13-3　民主主義と自由主義の現実的対立点 ………………… 244
- 13-4　民主主義と自由主義の相補性 ………………………… 247
- 13-5　民主主義と自由主義の対比図 ………………………… 249

14　民主主義と自由主義（2）　政治と自由・民主主義 ……………… 250

- 14-1　「政治の本質的非合理性」について ……………………… 250
- 14-2　自由・民主主義政治は合理性に根ざす必要がある点 …… 254
- 14-3　自由・民主主義の政治の困難 ………………………… 256
- 14-4　自由・民主主義の政治の実践課題 …………………… 257

15　戦争責任論 ………………………………………………………… 260

- 15-1　過ちを不断に想起することがなぜ大切か ……………… 260
- 15-2　責任の主体 ……………………………………………… 262
- 15-3　責任の内容 ……………………………………………… 263
- 15-4　日本における戦争責任意識欠如の構造 ……………… 264

15-4-1　民主主義と戦争責任意識 ································· 264
　　　15-4-2　内面的な自立と戦争責任意識 ························· 265
　　　15-4-3　過去の象徴化と戦争責任意識 ························· 268
　　　15-4-4　自己中心性と戦争責任意識 ··························· 269
　　　15-4-5　戦後政治と戦争責任意識 ······························ 270
　15-5　（補論）日本とドイツにおける三つの民主主義運動の
　　　　　　　　比較 ·· 271
　　　15-5-1　日　本 ··· 271
　　　15-5-2　ドイツ ··· 275

16　日本における〈前近代・近代・超近代〉 ················· 277

　16-1　「日本的なるもの」と前近代・近代・超近代との関係 ····· 278
　　　16-1-1　現代日本 ··· 278
　　　16-1-2　「日本的なるもの」のルーツ ························· 283
　16-2　「近代」・「近代化」について ································· 284

17　抵抗権 ·· 290

　17-1　近代的憲法体制下での市民の抵抗 ·························· 292
　　　17-1-1　現行憲法に違反して行為する権力に抵抗する場合 ····· 293
　　　　　17-1-1-1　問題の所在 ····································· 293
　　　　　17-1-1-2　田畑・天野説 ·································· 294
　　　　　17-1-1-3　抵抗権行使の基準 ······························ 304
　　　17-1-2　憲法違反ではないが不当である権力行為に対して
　　　　　　　抵抗する場合 ··· 307
　　　　　17-1-2-1　自然法的根拠付け ································ 308
　　　　　17-1-2-2　自然法の実定法化 ································ 309
　17-2　圧制に対する市民の抵抗 ·· 310
　　　17-2-1　圧制下の抵抗 ··· 311
　　　17-2-2　解放後 ··· 312

18 司法をめぐる合理化と人間化 ……………………………… 316
18-1 近　世 ………………………………………………………… 318
18-2 近　代 ………………………………………………………… 321
18-2-1 教養専門職 ……………………………………………… 321
18-2-2 民主主義原理 …………………………………………… 327
18-3 法曹教育における教養教育 ………………………………… 332

19 象徴天皇制の法哲学 ……………………………………………… 335
19-1 象徴性を支える権限による象徴の区別 …………………… 336
19-2 象徴性と国民との関係による象徴の区別 ………………… 339
19-3 象徴されているものが何かによる象徴の区別 …………… 344
19-4 以上からの具体的帰結——天皇の象徴性をめぐって …… 349
19-4-1 象徴天皇は君主か …………………………………… 349
19-4-2 象徴天皇は刑事上無答責で，また「国民」には入らないか … 352
19-4-3 象徴天皇は法的保護に値する特別の尊厳をもつか ……… 354

第 4 編　法の技法

20 法の解釈 (1)　法解釈作業の分類と法解釈の客観性・主観性 ……… 359
20-1 法解釈作業の分類による検討 ……………………………… 359
20-1-1 分類例 ………………………………………………… 360
20-1-2 筆者の分類 …………………………………………… 362
20-1-3 「解釈の主たる考慮対象による分類」の説明 ……… 364
20-1-4 「解釈の主たる考慮対象による分類」と
　　　　　「解釈の技法による分類」との連関 ……………… 368
20-2 法解釈の主観性・客観性について ………………………… 373

21 法の解釈 (2)　　価値判断論 …………………………… 377
- 21-1　前提的考察 …………………………………………… 377
- 21-2　価値判断における主体性と主観性・客観性 ………… 378
- 21-3　価値選択の構造・価値の階序構造 ………………… 387
  - 21-3-1　形式に関わる媒介項 ………………………… 389
  - 21-3-2　内容に関わる媒介項 ………………………… 390

22 法の解釈 (3)　　(補論) 法解釈に対する社会科学の貢献 …… 392

23 法の解釈 (4)　　規範主義と決断主義 …………………… 399
- 23-1　古代思想 …………………………………………… 400
- 23-2　中世キリスト教 …………………………………… 403
- 23-3　宗教改革 (ルター) ………………………………… 405
- 23-4　近世自然法思想 …………………………………… 406
- 23-5　いわゆる概念法学 ………………………………… 409
- 23-6　「生ける法」 ………………………………………… 411
- 23-7　実存主義と構造主義 ……………………………… 412
- 23-8　ケルゼンとシュミット …………………………… 413
- 23-9　日本の法学 ………………………………………… 414

24 擬制と法 ……………………………………………… 419
- 24-1　擬制の定義 ………………………………………… 419
- 24-2　擬制の分類 ………………………………………… 420
- 24-3　擬制が避けられない理由 ………………………… 427
- 24-4　擬制のマイナス面 ………………………………… 427
- 24-5　擬制の個別的検討 ………………………………… 428

24-6　擬制と空想物，理想像，仮象・形骸化，象徴との違い ……431

25　（補論）戦後日本の法哲学——その方法をめぐって ………… 438
　　25-1　創成期 ………………………………………………………… 438
　　25-2　第二期 ………………………………………………………… 441
　　25-3　第三期 ………………………………………………………… 450

事項索引 ……………………………………………………………… 463
人名索引 ……………………………………………………………… 467

緒　論

(1)　法哲学とは何か，それを学ぶことにどの様な意義があるか

　法哲学は，法や社会——国家・政治集団・市民社会・家族・私的団体といった部分社会とそれらの総体である全体社会と——に関する事柄を，原理的かつ総体的に考察する学問である．

　人は，日常生活において深刻な問題に直面したとき，原理的・総体的な考察，すなわち「そもそも論」を展開するものである．たとえば離婚問題に直面すると，「愛のない結婚は偽善ではないのか」，「結婚の本質は二人の意思なのか，意思を超えた制度なのか」，「結婚は私的なものなのになぜ離婚に国家が介入するのか」，「離婚とは子供のこころにどう影響するものなのか」といったことを考える．無実なのに有罪を宣告されたら，「裁判とはいったい何なのか」，「誤った判決になぜ従わねばならないのか」，「人間は真実を認識できるものなのか」といったことについて考える．そして，冤罪の歴史や実態，裁判制度の歴史，世界の司法制度改革のあり方，裁判の客観性，国家の本質などについて考えることになる．このように原理的・総体的な考察は，社会を問題なしには生きていけない人間にとって不可避なことである．それゆえ日頃から法哲学（ヨリ広くは基礎法学・社会科学）を学んでおくことは，日常的な生き方が通用しない危機（例外状況）や根本的な問いかけに直面したときに，進むべき方向を見定め直すための手がかりとなろう．

　原理的・総体的な考察はまた，深刻な問題に直面しなくても，否，しないが故にこそ必要であるともいえる．社会の病気は，肉体の病気と同様，直面しなければ自覚されないままに，見えない部分で悪化の度を強めていくものである．そうした場合には，自覚に上ってからの対処ではもう手遅れである．民主主義の形骸化，官僚化の問題，環境問題，人間疎外などがそうである．とくに権力

は，自己を固め拡大しようとする本能をもっており，市民が自覚しないことに乗じて全体に浸透していくものである．それゆえ日常的な法生活・社会生活を反省し原理的・総体的な考察を通じて問題を鋭く洞察することは，潜在的に進行していく危機を鋭く嗅ぎ取り，それに対して早めに対策をとり社会生活の軌道修正をしていくためにも必要なのである．

　法哲学の課題が，原理的・総体的な考察にあるというのは，しかし法哲学にとっても，自明の前提ではないし，原理的・総体的な考察に定番があるわけでもない．法学・法哲学は，その歴史を振り返ると，①原理を求め全体を体系的に説明しようとして経験から離れた無意味な思弁に陥る傾向と，②そうした観念論を克服しようとして逆に一切の思弁を排し，経験的に捉えられる部分現象に対象を限定し単調な叙述を連ねる傾向と，③体系的思弁にも経験論的実証にも不満を感じて思いつきや心情を吐露する傾向とを，相互に繰り返してきた．

　これに対して，本書の方法論上の基本的な姿勢は，経験や直観を前提にしつつもそれを理論的に詰めることを重視することにある．筆者は，その際，事柄を単に哲学的にのみ扱うのではなく，歴史学・政治学・経済学などの成果を法の哲学と結びつけ，社会科学に基礎をおいて法の原理的・総体的な考察をすることにつとめた．すなわち，経験的かつ社会科学的に哲学することが，本書の追求目標である．

(2)　法哲学と政治哲学

　法哲学は，19世紀の後半に科目が分化するまでは，政治哲学と基本的に一つであった．法思想史と政治思想史（政治学史）の教科書を比較すれば分かるように，ヘーゲルやマルクスに至るまでの二千数百年間，扱う思想家や論点は基本的に同一であり続けてきた．

　それは法の問題が，私法と公法とを問わず，国家や人間の共同性のあり方を問うことと不可分であり，それゆえ政治学との関連をももっていたからである．19世紀後半に，新カント派によって純粋に「法的なもの」（法規範の性質や，その基本構造，法解釈の方法）をそれ自体として考察する傾向が強まり，法哲学が政治哲学から分離した．しかし，この立場は一面的であったし，その後でも，たとえばマルクス主義やカール・シュミット，ヘルマン・ヘラー，自然法論者

等の間では，二つはなお不可分一体で展開して来た．

　筆者は，大学では「法哲学・法思想史」を担当する者であるが，これまでに研究対象としてきたのは，マキアヴェリ，ヘーゲル，ルードルフ・フォン・イェーリング，マックス・ヴェーバー，丸山眞男等の思想であり，どちらかといえば政治思想に重点を置いてきた．筆者は，当世流行の英米系の法哲学・法社会学にしばしば見られる，日常性のミクロ的・没歴史的考察は体質に合わず，もっぱら，事柄のダイナミックな変動，例外事態を直視した原理的考察，「天下国家の問題」，本質論・根本問題論，歴史の激流との対峙，デモーニシュな思想，内的緊張をはらんだ思考といったロマンに満ちた課題に楽しさを感じてきた．

　上述のように法哲学と政治哲学が一体不可分であるという事実からも，またこうした個人的傾向からも，本書では，筆者の専攻上，法哲学に重点を置きつつも，できるだけ法哲学と政治哲学とを緊密に連結させながら法・政治・国家（社会）に関わる根本問題を考察する．

(3)　法哲学・政治哲学の主要テーマ

　法哲学・政治哲学の主要テーマは四つある．

　第一は，法と政治をめぐる基本的な価値について考察することである．法哲学では，これを法価値論と呼び，政治哲学ではこれを政治的価値論[1]と呼ぶ．内容としては，自由・平等・民主主義とは何か，個人と国家の関係論，人権論，正義とは何か，自然法とは何か，動物の権利とは何かといった考察がある．

　第二は，法の一般理論（政治については政治原論）と呼ばれているものである．それは，法（政治）の本質的特徴の明晰化，法と社会の関係，法の歴史的変遷の構造などに関わる理論的考察である．このうち，法の本質的特徴の明晰化作業としては，「法と道徳」，「法と政治」，「自然法と実定法」，「公法と私法の関係」，「法の妥当性」（なぜ人は法に従うのか）などのテーマがある．法と社会の関係に関わるテーマとしては，「法と経済の関係」，「法と国家の関係」などがあり，法の歴史的変遷の構造に関わるテーマとしては，「中世法・近代法・現

---

1)　「政治哲学は政治の価値論的考察と称することができ」る．南原繁『政治理論史』（東京大学出版会，1962 年）緒論．

代法の関係」,「人権の歴史」などがある.

第三は, 法学ないし政治学の方法論である. このうち法学の方法論は, 法解釈学の方法, 法哲学はいかなる意味で科学か, 価値判断とはどういう性質のものかなどの問題を扱う.

第四は, 法思想史・政治思想史である. これらは, 第一に, 以上に述べたさまざまの問題についてこれまでに人々がどのように論じてきたか, そこから学ぶべき点は何かを問い, 第二に, 法や政治の思想の成立と展開にはどのような「法則」があるか, たとえば法観念や国家観,「政治」の概念は, どのように分類でき, どのように発展して来, それらの歴史的基盤である社会とどのような関係にあるか, などを問う[2].

本書は, 以上のうち, 価値論, 法と政治の一般理論および法学方法論を重要な柱とする. すなわち, 第1編で「法の特質」と題して法の本質的特徴の明晰化の作業を行い, 第2編で「法の目的」と題して基本的法価値に関する考察(と法の歴史的変遷に関する考察と)を行い, 第3編で「法と国家」と題して, 法と社会の関係や国家に関わる法的問題を扱い, 第4編で「法の技法」と題して方法論を扱う. 本書は思想史をも重視した. 本書では, 必要に応じて各テーマの中で思想史を扱い, それらテーマをめぐる多様な見方を押えるとともに, 見方の変化を社会の変化との関連でも考えようとした(思想史についての本格的な勉強のためには別に『法思想史講義』の教科書を準備する予定である).

---

2) 本書全体のために参考になる文献としては, 次のようなものがある.
　加藤新平『法哲学概論』(有斐閣『法律学全集』1, 1976年), 小林直樹『法理学』上(岩波書店, 1960年). この二冊は, 思考を刺激する法哲学書として, 筆者が不断に参照してきた. その他, 大橋智之輔他『法哲学綱要』(青林書院, 1990年), 石部雅亮・笹倉秀夫『法の歴史と思想』(放送大学教育振興会, 1995年), 三島淑臣『法思想史』(青林書院新社, 1980年)が役立つ. 筆者自身の思考を語る書物としては, 拙著『丸山真男論ノート』(みすず書房, 1988年), 同『丸山眞男の思想世界』(みすず書房, 2003年), 同『近代ドイツの国家と法学』(東京大学出版会, 1979年)がある.

第 1 編　法の特質

本書においては「法の特質」の課題は，抽象的に「法の理念・法の本質」を思念することでも「法の定義」を精緻化することでもなく，現実の社会の中で機能する法について，その本質的特徴を明らかにすることにある．そのためには，法を政治や道徳と原理的に比較することが有効である．これら三者の対比によって，それぞれの本質的特徴が浮かび上がってくるからである．また，法が妥当するとはどういうことかを明らかにすることも，法の特徴を考える上で重要である．さらに，実定法と自然法との関係を明らかにすることが「法」を考える上で欠かせない．以下では，これらを順に論じる（法の本質的特徴を求める作業は，第2編以下でも課題となる）．

1 法と政治と道徳

　法と政治とは，国家生活・社会生活上の重要な二つの部門である．また，法と道徳は，国家生活・社会生活上の主要な二つの規範である．これら法・政治・道徳は，それぞれどういう特徴をもち，相互にどう区別されつつ関係し合うのだろうか．

1-1 「友と敵」の視点からの区別

　その考察のためには，もっともダイナミックな関係である政治の考察をベースにするのがよい．そしてそれには，「政治の発生」というもっとも基底的な事柄から出発するのがよい．その際，「政治の発生」とは「友と敵」の関係が或る団体内で顕在化することであるから，「友と敵」の関係からする考察が，われわれの目下の作業にとって中心的な課題となる．

1-1-1 政治の発生

　或る集団において「政治が発生する」（或る集団が政治化する）とはどういうことであろうか．それは，その集団内に主導権（ヘゲモニー）をめざす複数のグループができ，それらがそれぞれ内部を固め合うと同時に，相互に主導権をめぐって対抗し始めたということを意味する．国家という集団であろうとその内部の小集団であろうと，「友と敵」の関係が顕在化しそこからの新たな統合への動きが始まると，その集団は「政治」に取りつかれたことになる[3]．
　われわれの経験から出発しよう．たとえばある音楽サークルについて，それ

---

[3] 「団体として対立を内に蔵するものは，独り国家のみには限らないから，政治を常に必ず国家の政治と考へることは正当でない」（尾高朝雄『国家構造論』（岩波書店，1936年）233-234頁）．

がみんなで仲良くやれている場合には政治は発生していない．サークル員の間で小さな紛争があっても，それは既存のリーダーシップの下でルールに従って解決され得るから，われわれは政治が発生しているとは感じない．しかし，たとえば，次の部長選挙をめぐってサークル内に対抗し合うグループができ，密かな事前運動や激しい選挙運動が展開され出し，サークル内で「友と敵」の関係が鮮明になれば，われわれはそのサークルに政治が発生したと感じる．同様のことは，政党内でも起こる．日常的に政治に関わっている政党でも，その中に派閥の動きがなければ，党内「政治」は発生していない．政治団体でありながら，その内部には「政治」がないのである（この段階の集団がなぜ「政治団体」であるのかは，10 頁に示す，「政治」のもう一つの意味に関わっている）．しかし，やがて執行部選挙をめぐって派閥が動き出し主導権争いが顕在化すれば，その政党内に「政治」が発生したとわれわれは感じる．

　われわれはまた，「うちのクラス，町内会に政治を持ち込まないでくれ」といった言い方をする．これは，クラスや町内会の外で或る問題をめぐって争いがあるとき，争う勢力の一方にクラスや町内会を加担させようとする動きが出た場合に，それに反発しての言明である．日本人は，一般に「自分たちの集団内に政治を持ち込まないでくれ」，「自分たち（の集団）は政治に関わりたくない」という反応を示す．それは「政治」を集団内に持ち込んだり集団が「政治に関わる」ことによって，集団の内外に「友と敵」の関係が顕在化するのだが，「和」を尊ぶ日本人は，そのことによってこれまでの「和」の状況，無垢な平和状態が崩れてしまうのを怖れるからである．

　以上のように，「政治」に対する拒絶反応は二つの場合に生じる．第一は，その集団の内部に分派ができ，「友と敵」となってヘゲモニー獲得をめざして抗争し始めるときである．第二は，その集団の外でヘゲモニー獲得をめざして複数のグループが抗争し合っているときに，その集団がどちらかのグループに付くことを迫られるときである．このように「友と敵」の関係は，「政治」を規定するきわめて本質的な要素なのである．

　「友と敵」の関係を政治の本質だとしたのは，カール・シュミット (Carl Schmitt, 1888-1985) である．シュミットは，『政治的なものの概念』(*Der Begriff des Politischen*, 1927) において，次のように言っている．

「政治的な行動や動機の基因と考えられる，特殊政治的な区別とは，友と敵という区別である．この区別は，標識という意味での概念規定を提供するものであって，あますところのない定義ないしは内容を示すものとしての概念規定ではない．それが他の諸標識から導きだされるものではないというかぎりにおいて，政治的なものにとって，この区別は，道徳的なものにおける善と悪，美的なものにおける美と醜など，他の対立にみられる，相対的に独立した諸標識に対応するものなのである．」[4]

シュミットは，道徳や美的なものに対する政治の独自性を以上のように特徴付けた上で，この「友と敵」の関係が顕在化したところでは，政治とは本来縁遠い人間活動の領域においても，「政治」が発生することを次のように述べる．

「いかなる宗教的・道徳的・経済的・人種的その他の対立も，それが実際上，人間を友・敵の両グループに分けてしまうほどに強力であるばあいには，政治的対立に転化してしまう．政治的なものは，闘争自体にあるのではなく——闘争はそれ自体独自の技術的・心理的・軍事的な法則をもつ——，上述のごとく，この現実的可能性によって規定された行動に，またそれによって規定された自己の状況の明瞭な認識に，さらには，友・敵を正しく区別するという課題にあるのである．」(33-34 頁)

シュミットがこういう議論をした動機の一つが，自由主義思想の批判にあったことを見逃してはならないであろう．シュミットによれば，「自由主義的思考は，きわめて体系的なしかたで，国家および政治を回避ないしは無視する」(89 頁) のであったが，そのことは，自由主義思想が，政治の本質を見抜けなかったことを意味する．自由主義思想は，国家や政治に対置して社会を強調し，そこで活動する人間がその合理性のゆえに自律と協調，調和によって立派にやっていけるとする．自由主義は，それゆえ，「友と敵」の関係を非本質的なものとすることになる．しかるに，それはシュミットによれば国家や政治の現実を見ない観念論であって，しかも，そうした思考が蔓延することこそ，その国の政治的終末を意味する．

---

4) シュミット『政治的なものの概念』(田中浩他訳，未来社，1970 年) 15 頁．以下，頁数を本文中に示す．以下，・・・の傍点は全て筆者による．ただし，原文の傍点は。。。で示す．

「すなわち，国際政治・国内政治の区別なく，政治史上いたるところにおいて，この〔友・敵の〕区別をなしえず，ないしはなしたがらないことが，政治的終末の徴候としてあらわれる．ロシアにおいては，没落していく諸階級が，革命のまえに，ロシア農民を，善良・勇敢かつキリスト教的な帝政農民である，と美化した．」(86頁)

シュミットは，そうした見方を，「こっけいで恐ろしい情景」(87頁) と規定し，それゆえ，現代における自由主義を克服しないと国の終末が避けられないとしたのであった．

シュミットの議論のこうした意図を問題視しないわけではないけれども，しかし，「友と敵」の関係は，確かに道徳や法と比べた場合の政治の一大特徴であるといえよう．

「友と敵」は，常に暴力に訴える革命や内乱の関係にあるのではない．それは日常の場にもあり，そこでは言論によって相互に相手を批判して味方や支持者を増やそうとするキャンペーンとして現出したり，代表同士の「政治折衝」として現出したり，さらには政党同士が議会で論議を戦わせる理性的な論戦——理性的でないことが多いが——として現出したりする．

＊

もっとも，同時にわれわれは，「政治」の概念が「友と敵」の関係に還元され尽くすものではないことをも，見ておく必要はあるだろう．われわれは，「政治」を「国や自治体の活動」の意味で使うことがある．たとえば，それらを「国政」・「市政」と呼び，そうした活動に参加する市民について「政治参加」を言い，議員を「政治家」と呼び，団体を「政党」・「政治団体」と呼ぶ．こうした場合，その根底には「政治」を——市民の側からは——「共同目標を追求する集団的行為」とする見方，および——統治者の側からは——「公的集団を統括する行為」とする見方，が働いている．実際，「友と敵」の視点から政治を見る見方が鮮明化する[5]以前には，たとえばプラトン (Platon, B. C. 427-347) における「正義」，アリストテレス (Aristoteles, B. C. 384-22) ないし中

---

[5] マキアヴェリが政治を「友と敵」の観点から見たことが，「政治の発見」・「近代政治学の誕生」につながった．マキアヴェリがそうした見方を採り得たのは，かれが「戦術論」——「友と敵」の物理学——を政治分析に応用したからであった．この点については，拙稿「マキアヴェリ再考（一）（二）（三）」『法学雑誌』41巻2, 3号，42巻1号，1995年）参照．

世哲学以来の「公共の福祉」，儒教における「安民」などをめざした，公的共同体の運営行為が「政治」であった（したがって，ここでは政治と道徳が一体である）．今日でもそうした公共性を追求する集団の指導者が，統率者としての政治家であるとされる（政治的リーダー論）．われわれが，官僚による日常業務である行政——そこでは「友と敵」はもはや本質的な問題ではなくなっている——をも「政治」に入れることがある（これを反映して，行政学は政治学の一部とされる）のは，こうした点に基づくのであろう．

　この行政の場合，公的共同体の運営行為に関わる点で「政治」であるが，しかし，そうした業務を担う官僚を「政治家」とは呼ばないのであって，しかも，こうした公的共同体の運営行為は宗教・経済・芸術の集団運営の場——もちろんそこでは，その集団運営行為自体がただちに「政治」ではない——でも見いだされる．それゆえ，この行政の場のあたりが，「政治」の要素がもっとも弱くなった限界部分であるといえよう（14頁の図参照）．

　以上からして，「政治」の概念は，正確には，「友と敵」と「公的共同体の運営行為」との二要素を併せもっていると解するべきであろう[6]．しかし本来的な「政治」，とりわけ「政治の発生」に関わる「政治」は，単なる共同体運営行為の有無にではなく，「友と敵」の関係にある．「政治」が共同体の運営行為に解消されるのは理想ではあるが，現実には，それは，「友と敵」の関係が出現した所では，単なる建前へと追いやられるからである．本書は，こうした観点から，以下の叙述を行う．

1-1-2　道　徳

　政治と比べた場合の道徳の特徴の一つは，「友と敵」の観念がないことである．「困っている人を助けよ」とか「うそをつくな」という道徳は，誰に対しても——国も超え敵味方を問わず——実践すべきものである．道徳的に行為する人は，実際には「友と敵」に分かれていても，それを気にせずに道徳原理に従って振る舞う人である．それは道徳が本質的に普遍性を指向するものであり，

---

[6]　佐々木毅『政治学講義』（東京大学出版会，1999年）参照．

それゆえに「友と敵」をも超越しているからである．

　確かに，こうした道徳が妥当する場が限られていることは思想史上で問題になった．たとえば「戦争の場において敵をだまして打倒することは許されるか否か」が，マキアヴェリ（Nicolò Machiavelli, 1469-1527）以前においても以後においても，戦術論上の重要なテーマであり続けた[7]．

　また，ニーバー（Reinhold Niebuhr, 1892-1971）が指摘するように[8]，個人道徳と集団道徳では，道徳内容が著しく相反する場合が通常である．ある集団を維持し発展させるためにその構成員に課せられた道徳である集団道徳は，明確に「味方」・「敵」の関係を意識している．たとえばそれには「お国に献身せよ」とか「祖国のために敵を殺せ」とか「敵を人間と思うな」（「鬼畜米英」につながる）といったものも含まれる．これに対して，集団のそうした必要が表面化しない社会生活一般において人間一般に対して通用する個人道徳では，「敵」の観念はない．ここでは端的に「殺すな」・「だますな」の形が道徳であり，それの適用範囲に限定はない．せいぜいここでは「敵」は，「敵であっても」という形で問題になるだけである．「汝の敵を愛せよ」とは，「敵であっても愛せよ」と言う意味である．したがって，個人道徳に従った行為が，集団道徳に照らして逆に悪徳となる可能性がある．たとえば「汝の敵を愛せよ」という個人道徳を忠実に実行した道徳的な上官や兵士は，集団（国）にとっては反道徳的な「売国奴」・「非国民」となる．

　だが，この場合においても，この上官や兵士が個人道徳に忠実であったことには相違はない．強い道徳的確信をもった人ならば，「売国奴」と呼ばれることをも辞さないであろう．実際，人道主義が発達するにつれて，捕虜となった敵に対しても人間的な扱いが求められるようになったし，とくに捕虜である傷病兵に対しては適切な治療が求められるようになった．「汝の敵を愛せよ」の個人道徳が，ヒューマニズムの精神に支えられて集団道徳を乗り越えようとしつつあるのである．これはまた，ヒューマニズムの発達が「友と敵」の観念を縮減していくことをも意味している．

7）拙稿・前掲注5）「マキアヴェリ再考」参照．
8）Reinhold Niebuhr, *Moral Man and Immoral Society*, 1932.

1-1-3　法

　これらに対して，法の場合はどうであろうか．後述のように，「法」の概念も多様であるが，ここでは典型的な法である制定法に限定して考察しておこう．

　①　先ず，法の規定においては，「友と敵」の関係は捨象される．法の規定は，一般に抽象的な名宛人（「ひと」，「なんぴと」，「国民」，「債権者」，「債務者」など）から成り立っている．現実に対立した生身の人間同士も，法の世界では，こうした抽象的に加工された形で捉えられる．

　②　法の運用のされ方，そこで重視されるべき基本価値においても，例えば「正義」は，友と敵を差別せず法の命ずるままに，あるいは人間として，扱うところにあり，たぶんに道徳と重なる．正義の人はまた，手続きを遵守し，手段の点でも友と敵とを差別せず行動する．

　③　法は行為規範（日常の行為のルール）であるとともに裁判規範（裁判のルール）であるが，この裁判規範が働く場である裁判においては，民事事件に見られるように，確かに原告と被告との争いが前提になっている．その際には，とりわけ集団訴訟の場合など「友と敵」の関係が顕在化することが多い．この点で，法は，道徳とは異なり政治への接近を示す．しかし，こうした民事裁判の場合においては，原告と被告の集団同士の政治的争い——究極的には暴力に訴える——がすべてを決するのではなく，建前上は，第三者であり中立である裁判官が，公平な立場から，しかも当事者に理性的な論議を尽くさせたうえで，どちらにヨリ説得力があるか——筋が通っているか，事実が根拠として十分か，法に根拠を置いているか——を合理的に判断することによって，決着を付ける．つまり「友と敵」は，その決定的な場面では捨象され，あたかもコンクールでの候補者同士のような審査対象に転化する．しかも裁判では理性的討議が決定的要素となり，「友と敵」の政治に固有の，非合理的な集団間の憎悪・暴力の要素は意識的に排除される．刑事裁判においても，「社会の敵」が裁かれることになるが，しかしこの場合にも，法の世界では，「仇討ち」や「敵の殲滅」が焦点になるのではなく，被告人の更正や喪われた正義の回復が焦点となるのであって，したがって，「敵」の観念は前面には出てこない．「友と敵」の争いを前提にしつつも，それを前面に出させない形で処理することこそが，法の

——さらには民主主義の——叡智なのである（裁判に訴えることによって，逆に「友と敵」の関係が煽られるのも事実ではあるが）．

④ 立法の場（議会）においては，確かに政党ごとに分かれ対立する．しかしこの場でも，理性的討議が前提になり，また決定に際しては，「何名の議員が賛成したか」という没政党的なカウントがなされ，成立した法は，市民代表ないし国民代表が決めたものとして——議員は部分代表でなく市民・国民全体の代表であるという建前がある——，「友と敵」の関係を捨象して施行される．

以上のような事情から，法においては建前上では「友と敵」の関係は表面化しにくい．しかし，実際には法の根底には「友と敵」の関係が働いているのでもある．この点をはっきり押さえておかないと，法生活の表面的な合理性・論理性・融和性に囚われ現実を見失う．この問題意識に立脚して，従来の法有機体説や概念法学を批判したのがイェーリング（Rudolf von Jhering, 1818-92）の『権利のための闘争』であり，マルクス（Karl Marx, 1818-83）・エンゲルス（Friedrich Engels, 1820-95）の階級闘争論，すなわち「法は支配階級の支配のための道具である」とする立場であり，シュミットの憲法理論であった．

こうした点で，法は，本質的に「友と敵」の関係を超えた道徳と，「友と敵」の関係を本質とする政治との中間にあって，「友と敵」の関係に直面しつつもそれを超えた解決を追求するのである．

以上の「政治」と「法」の関係を図示すれば，下図のようになる．

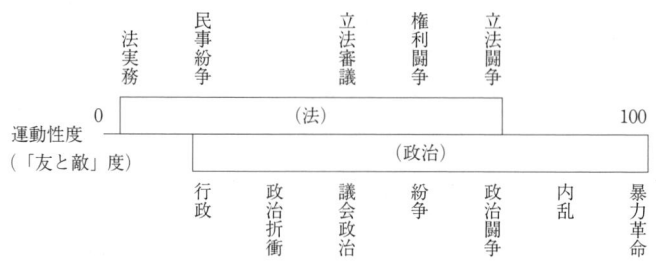

【説明】法的世界は，運動性度（党派に分かれて争うこと）が限りなく小さい日常的な法実務から，かなり激しい，法律制定をめぐる闘争（立法闘争）までの間に位置する．政治的世界は，運動性度がかなり低い日常的な行政活動から，もっとも激しい内乱・暴力革命までの間に位置する．

1-2 法・政治・道徳の対比的考察

以下においては，法・政治・道徳をめぐるさまざまな論点をめぐって，「友と敵」の観点から，法と政治と道徳がそれぞれどのように特質を浮き立たせるかを考察しよう．

1-2-1 日常性と非日常性

法・政治・道徳は，日常性と非日常性（例外状況）という観点から見れば，それぞれどのようにその特質を示すか．

政治　政治の特徴である「友と敵」の関係は，普段は意識に上らないが，深刻な問題が生じた場合に顕在化する．「友と敵」の関係が鮮明になり「政治」が発生する場合は，ある集団にとって，ただならぬ時，例外状況である．また，日常の中で密かに準備されていた「敵」の集団形成が表面化すると，その集団は，日常的なものから，ただならぬ関係，抗争という例外状況に移行する．このように政治は，本質的に非日常性と関係している．

（とはいえ，この「友と敵」の関係は，上述のように常に暴力的に対抗し合う敵対関係ではなく，それが緩和された言論戦や折衝・討論の様な日常的な形態もある．）

道徳　道徳は，どのような場合でも妥当することを特質としている．一般的に道徳の世界には，日常性と非日常性の区別はない．「うそも方便」とは言うが，道徳的な人は，うそをつかねばならない状況下で良心的に苦しむ．そうした時に，かれが道徳に反してうそをつくのは，きわめて重要な別の価値を護るためだけである．たとえば「患者にショックを与えて病状を悪化させるな」という要請と，「うそをつくな」という要請とが相克するような場にあって，患者を救おうとして「ガンであることを隠す」ため，うそをつくのである．こうした場合でさえ，人は，良心の呵責を受けるが，このこと自体が，道徳の妥当要求には例外がないのだということを物語っている．核戦争やエコロジーの危機を直視して「危機の道徳」（「核兵器の生産に加担するな」，「環境にやさしくなれ」といったもの）が鮮明化することはあり得る．しかし，それらの道徳は，危機がうすらいでも妥当する．

法 法はどうか．法によっては，非常事態法といった非日常時に働き出すものもある．しかし，上述のように本質的に法は，日常性を前提にして規定されている．法に従った日常業務が行われるのは，とりわけ，官僚による事務＝行政の場においてである．紛争が生じ，完全な日常性が崩れた裁判の場でも，また「友と敵」に分かれて法をめぐる集団闘争が展開される立法の場でも，日常性は，法の世界ではなお完全には崩れておらず，紛争や闘争は，官職にある裁判官や公の代表である議員によって，実務的に，すなわち決められたマニュアルに従って，合理的に処理されていく．法は，非日常的な紛争に向かい合いつつ，それを敢えて日常的な形で処理しようとするものなのである．

以上によって，ここでは，純日常的な道徳と非日常的な政治との中間に，法が位置することになる．

1-2-2　内面への関わり

政治・道徳・法は，個人の内面にそれぞれどう関わるか．

政治 政治は，「友と敵」の間での集団運動を特質としている．集団力学が問題となるこの場では，個人は全体を構成する一要素にすぎない．リーダーが内面でどう考えているか，どういう心境であるかは，政治にとって重要事項である．しかし，一般国民一人ひとりが内面でどう考えているかは，集団対抗で動いている政治にとっては重要ではない（緩和された「友と敵」関係が展開する言論戦や討議の場では，世論の動向や聴衆の動向が重要事項になるが）．

道徳 道徳ではどうか．集団道徳では，上で政治について論じたことが妥当することは明らかであるので，ここでは個人道徳を論じよう．この場合には，われわれは，個人道徳を，「内面にも関わる個人道徳」と「主として外面に関わる個人道徳」に分けなければならない．ここでいう「内面にも関わる個人道徳」とは，行為を自分の良心に照らしても判断する道徳であり，純粋な心で実行したか，自分の良心に照らしてやましい意識（不純な動機）が入っていなかったか，義務を義務として端的に果たしたかを問う．今日では大部分の道徳は，これに属する．これに対して，ここでいう「主として外面に関わる個人道徳」とは，行為をもっぱら社会への効果によって判断する道徳であり，道徳の命ずる行為を実際にしたか，その結果，社会にどういう効果をもたらし

たかが問題になる[9]．

　たとえば，内面にも関わる個人道徳である「姦淫するな」をめぐっては，実際に姦淫をしたかどうかだけではなく，姦淫したいと思ったことだけですでに姦淫したことと同罪になる．同じく「人を殺すな」の道徳についても，殺人行為に出た場合だけが問題ではなく，殺意を懐いたことが既に人を殺したことと同罪となる．イエス (Jesus Christ) が示したこの論理（「マタイによる福音書」第5章，山頂の説教）は，内面にも関わる個人道徳について，きわめて本質をついたものである．また，カント (Immanuel Kant, 1724-1804) が明らかにした反省点もある．すなわち「困っている人を助けよ」については，何かの見返りを期待して，すなわち不純な動機で，実行した場合には，道徳ではなくなり，逆に偽善行為となる．ここでも内面のあり方が問われている．

　これに対して，主として外面に関わる個人道徳には，「公園や川を汚すな」，「電車の中でケータイを使うな」，「人込みで歩きタバコをするな」といった「公衆道徳」・「マナー」に関するものがある（他に，「他国を侵略するな」，「海洋汚染を防止せよ」といった形で，個人を超えた主体を名宛人としたものもある）．これらはともに，外面的に遵守されておれば十分であり，動機の純粋性，偽善行為かどうかには，関心がない．

　歴史的に見れば，主として内面に関わる道徳は，上述のように，個人の内面を覚醒させたイエスによってはじめて鮮明になり，カントがそれを義務論として純化させたのであって，イエスに先立つ社会，あるいはその影響が弱い社会では，主として外面に関わる道徳が道徳の中心であった．

法　法ではどうか．法には，個人間の問題である場合と，集団間の問題である場合とがある．個人が重視されるのは主として私法の場合であり，集団が問題となるのは主として公法・社会法の場合である．私法の場合は個人が焦点となるケースが多いが，しかしここでも，個人は抽象的な人格として扱わ

---

9) 個人道徳については，それを社会道徳に対置する議論もある．たとえば，田中成明『法理学講義』（有斐閣，1994年）134頁以下がそうである．その際，社会道徳は，刑法に結びつく社会規範のことだとされる．しかし，たとえば「殺すな」・「姦淫するな」という道徳は，社会に関係するが，個人の行為を指示し，かつ個人の内面にも深く関わる．殺人や姦通の行為に出た場合だけでなく，それらの意図をもっただけで，道徳上は問題になるのである．したがって，これらは優れて個人道徳でもある．そこで本書は，個人道徳と社会道徳の区別ではなく，個人道徳を，「内面にも関わる個人道徳」と「主として外面に関わる個人道徳」とに区別して議論することにした．

れる．公法の場合は「国民」，「住民」，「納税者」といった一般概念で，社会法の場合には「労働者・勤労者」，「借家人」といった一般概念で，人が扱われる．したがって，ともに具体的な実存的個人（他に還元できない一人ひとりの個人）としてではない．また，紛争においては，個人は「当事者」・「原告・被告」といった観念で覆われる．具体的な事情は故意・過失，量刑（情状酌量）をめぐって重要な考察対象になるが，しかしここでも，法の規定に合致しているかどうかの定型的な判断が中心となる．内面の意図は，悪意や害意，故意・過失などをめぐって問われるが，そうしたケースは法のごく一部においてだけである（最近，一人ひとりの個人への配慮が法の課題となりつつある．この点については8章参照）．

以上によってここでは法は，政治と道徳の中間にあって政治寄りに位置する．

1-2-3　何が人を動かすか

政治　政治において——とくに「友と敵」の関係が鮮明である場では——人を動かすものは，第一義的には非合理的要素である．この点は，14章で詳しく論じるので，ここではそれを要約しておく．

①　「政治」の特質である「友と敵」の関係は，友の間での連帯感と，敵に対する憎悪をもたらす．これらはともに感情であり，その極みは激しい情念である．

②　政治の動き方もまた，非合理的なものに深く関わっている．

(a) 政治においては，利益誘導や，人々のルサンチマン，救済願望，コンプレックス（強迫観念）に訴えて動員が行われる場合が多く，その方が効果的である．(b) 政治は集団行動に関わる．集団行動は集団心理と不可分につながっているが，集団心理では，理性の働く余地は少ない．(c) さらに，集団間の政治において最も効力をもつのは，相手の集団に対する威嚇力である．その極みである暴力性を誇示する風潮は，情念，非合理に結びつく．(d) 集団行動の道徳は集団道徳であり，個人道徳の働く余地，つまり理性の働く余地，が少ない．

③　「政治」の静止状態における伝統・習慣の支配　政治が安定すると，伝統や習慣が大きな力をもつようになる．習慣は，惑溺（福沢諭吉（1835-1901）の言葉で，怠惰になり凝り固まったこと）した精神によるものであり，それゆえ非

合理性に結びつく．

　④　**政治における決断（賭け）の要素の重要性**　政治を営む際の各局面では，決断の要素が重要である点で，非合理性に関わっている．

　⑤　**保守派と革新派における，合理性と非合理性**　保守は本質的に非合理性に定礎する．保守が依拠するのは，伝統，伝統的権威，慣習的思考であり，さらに，理念による変革よりも現状がもたらす物質的利益の保持であるからである．

道徳　以上に対して，道徳はどうか．純粋な道徳において人を動かすものは，カントによれば理性である．「次の選挙で当選したいならば養護施設に多額の寄付をしておけ」という，「〜ならば」の形をとる「仮言命法」が道徳的でないと判断されるのは，当選したいという権力欲・名誉欲に規定されているからである．これに対して道徳的なのは，「寄付をするのは同胞としての自分の義務だから寄付をする」という理性的判断に端的に従った場合である，と（端的に「それは義務だからそうせよ」とする良心の命令を，カントは「断言命法」と呼んだ）．

　それはまた，シラー（J. C. F. von Schiller, 1759-1805）や若きヘーゲル（G. W. H. Hegel, 1770-1831）らによれば，「美しき魂」である．「美しき魂」は，義務意識で行動するような道徳行為とは異なり，愛によって義務の内容を進んで実行できる心術であり，それ自体は感性的なものではあるが内容において理性に劣らない高貴なものである．それは，激しい情念ではなく，相手を思いやるやさしい人間性である．

　「美しき魂」は，しかし行為を法則化・定型化することになじまない．母親がその子のために自己犠牲的に献身するのは，「美しき魂」の行為であるが，しかし，そうした母親の行為も，「これが母親に期待される道徳的な振る舞いだ」として定型化されれば，もはや「美しき魂」だけの問題ではなくなる．すなわち，そこでは，そうした行為に出ない母親が，母親として期待されている定型に照らして失格であるとして，規範的道徳に照らした批判を受ける．それがさらに，母親の配慮義務だとして法的に定型化されれば，そうした行為に出ない母親に対しては，法的な制裁が加えられることになる（「美しき魂」については，2-1で詳論する）．

法において人を動かすものは，利益判断である．借家契約においては，
　法　家主は借家人から家賃収入を得るために契約を結ぼうとするのであり，
借家人は家主の家を居住のために使いたいから契約しようとする．家主も借家人も，ともにそれぞれの傾向性（金銭欲や安住欲）に規定されて契約するのだが，契約の要式を充たしておりさえすれば法的には問題ない．利益判断には，法的関係を結ぶことによって利益を得たいという場合と，法に従うことによって懲罰を避けたいという場合とがある．利益そのものは，欲望に関わるが，情念的なものではなく醒めた合理的な思考に結びついている．すなわち，利益判断は，欲望に規定されて動く場合と合理的である場合とがある．法は，こうした判断を支えているものが理性か欲望かについては無関心であり，人々が法の定めに準拠して動くことのみに関心をもつ．

　よってここで，法の利益志向は，政治の非合理的契機と並んで，道徳の美しい志向に対峙する．

1-2-4　誰が自分に命令するか

　　　政治においては，友と敵に分かれた集団間の内乱状態の中で勝ち残っ
　政治　て権力を掌握した側が，その実力（武力と統合力）に依拠して国民に命令するところに，その極限の姿がある．ここにおいては法もまた，支配者の命令として新たに形成される．混乱が残る政治状況においては，支配者はまだその正統性を確立しきれてはおらず，それゆえ国民は，服従しなければいけないという道徳的意識をもたない．

　このような非常時でない場合にも，従わない者に対しては権力が制裁をちらつかせることによって服従を強いる．したがって支配者が不断にその実力を示すことが，大きな意味をもっている．政治においては国民が支配者に服従するのは，一般には制裁を避けた方が得か否かの「政治的判断」を踏まえてのことである．

　国民が内面から（自発的に）服従する（心服する）ことを支配者が期待できるのは，真に正統性を確立した場合だけである．それは，権力の側からの利益提供が人々の内面に影響するほどに充分なものである場合，あるいは，権力者が人格的に偉大であって（カリスマ性を有しているか，道徳的に高潔であるかして），

国民の心を捉え得た場合である．これ以外の場合は，ある程度自発的な服従は国民の功利計算による．すなわち，国民が〈服従することが自分にとって利益であるかどうか〉を考えて，利益になるなら服従しよう，という風にである．この場合にも，支配権力は，国民を動かす実力をもっていなければならない．

　以上のように，政治における行動原理は，基本的に他律である（政治道徳が定着すれば幾分かは自発的になる．しかしこれは，道徳の問題であって，政治自体の問題ではない）．

　道徳　　道徳——とくに内面にも関わる個人道徳——の特徴は，自分の理性的な判断で行為準則を選んでそれに従うことにある．真に道徳的であるためには，主体は，外部の命令に従って行動するものでも，また，自分の傾向性や恐怖に動かされて行動するものでもなく，本来の自分である——と啓蒙期近代の人々が考えた——ところの理性によって行動する．この点で，道徳は完全な自律を前提にしている．また「美しき魂」における道徳の場合は，命令する者は，他者でも自分の理性（良心）でもない．命令者はいない．温かい心の人に見られるように，ここでは人は，なんら命令を受けなくとも，すすんで道徳的行為に出るのである．自分の美しい心と自分の善い人柄が，自分を自然にそういう行為に向かわせる．いずれの場合でも，自発性・自律が道徳の原理である．

　これに対して道徳も，主として外面に関わる個人道徳においては，たとえば村の習俗を乱した者，村の聖域を汚した者を村八分にするように，社会的な強制に大きく頼る場合があり得る．こうした場合に，人が，制裁を受けないようにとの配慮で行為をつつしんだとしても，その結果，習俗や聖域を乱さなかったら，それでよしとされるのであって，内面の動機を問われることはない．

　法　　法もまた，基本的に他律を原理にしている．法は，道徳とは対照的に，各人の心にとっては外部の存在である権力者が，究極的には強制に依拠して，各人に遵守を求める．

　しかし，法の形を採って人々に課される命令は，正統な権力が，定められた手続に従って下す命令でなければならない．このように合法的支配を前提にしている点で，法は政治から離れる．法は，政治がその本領を発揮するような例外状況下——すなわち内乱のような，合法的支配が期待し得ない，実力がぶつ

かり合う場——では,「死文化」してしまう.この点で法は,政治と共通したもの（力への依存）をもちながらも,しかし政治から距離をもつものでもある（法慣習の場合は,権力の命令ではないが,そこでも違反者には懲罰という強制力が働く）.とりわけ民主主義の体制下では,法は人民の意思であるから,それに従うことは,自分自身に従うことである.

よってここでは,法は政治と道徳の中間にあって,政治に近づきつつも,それから距離をとる.

1-2-5 「相手」がどう捉えられているか

政治 政治における——とくに「友と敵」の関係が鮮明な場における——「相手」は,敵としては憎悪・殲滅の対象であり,味方としては同士であり連帯・相互救助の対象である.「相手」とはまた,支配を受ける者としては操作（動員）の対象である.こうして有力者以外の一般人については,その個性は問題にはならない.政治家は,おおざっぱな世論動向を踏まえて対応していけばよいのである.したがって個人の人間性・主体性の尊重は,本質的には政治に内在するものではない（そういう特質をもつ政治が,近代においては個人の人間性・主体性の尊重を課せられたというところに,今日の政治をめぐる困難性がある.この点は「14 民主主義と自由主義(2) 政治と自由・民主主義」で詳述する.こうした政治も,「友と敵」の関係が緩和化された日常の議会や行政においては,理性的要素を受け入れる余地が強まってくる）.

道徳 道徳においては,相手は自分と同様の人格であり,自己目的的なもの,人間としての尊厳を有したものとして扱うべき存在である.「次の選挙で当選したいならば養護施設に多額の寄付をしておけ」という仮言命法が道徳的でないと判断されるのは,前述のように,当選したいという権力欲・名誉欲に規定されているからであるとともに,養護施設の人間を自己の権力欲・名誉欲充足の手段にすることが,「人間を自己目的として扱うべきである」という道徳の要請に反するからでもある.ただ,この場合も,相手が人間であり,それゆえ自己目的的存在としてその存在を尊重しなければならないという位置づけが関心事なのであって,相手の個性に着目することは求められない.

道徳においては,相手を自己目的的存在として扱うことは,単に人間に対し

てだけではなく，動物や植物に関しても求められる．『舌切り雀』の雀，浦島太郎が救った亀，『傘地蔵』の地蔵，『花咲かじいさん』のポチ，『鶴の恩返し』（『夕鶴』）の鶴など，すべてそうした存在である．生物に関してだけでなく，殉教・愛国・使命感といった道徳性が評価されるときには，殉教者にとってのキリスト教やイスラム教，愛国兵士にとっての祖国，使命感ある革命家にとっての社会主義などは，それら自体が目的的存在になっている．

　道徳においてはまた，自分自身の方は，相手のために我慢すべきもの，自己否定すべきものとされる．他者から危害を受けたときに報復し，またその加害者に対し制裁を求めるのは，優れて法的な思考，法的世界の核の一つである正義の要請に則った思考である．しかし道徳においては，そうした加害者をもゆるすこと，復讐を追求したり制裁を求めたりするのを恥じることが，立派なこととされる．もちろん古い道徳の中には，復讐を求めることが被害者に対する自分の義務であり，復讐を求めないことが仲間である被害者の人格に対する自分による侮辱となるというものもあった．しかし歴史の流れは，一方的な自己集団中心の道徳から世界規模で共同性を求める道徳へ，復讐的正義から応報的正義への移行上にあり，その基盤上でゆるしの道徳をも育てているといえよう（2001年9月11日の「アメリカ同時多発テロ」を経験した後のアメリカ政府の反応によって，その流れが逆行しつつもあるが）．

　法　法における「相手」は，道徳とは対照的に，自由な諸個人が相互に自分の要求を実現するための手段として位置づけ合う存在である．上述のように，借家契約においては，家主は借家人から家賃収入を得るために契約を結ぼうとするのであり，借家人は家主の家を居住のために使いたいから契約しようとする．家主も借家人も，ともにそれぞれの傾向性（金銭欲と安住欲）に規定されて契約するのであり，相手をその欲望充足の手段とするものであるが，道徳の場合とは異なり，相手を手段視しても，契約の要式を充たしておりさえすれば問題はない．しかし，このような相手は，政治における様には打倒の対象ではなく，共存の対象である．

　もちろん法は，他方では，相手を尊重すべきであるという要請をもっている．とりわけ近代憲法は，人間の尊厳・個人の尊重を規定する．しかし，そうした原則と無関係な法であっても，法ではないということにはならない．

以上によって、ここでは法は、政治と道徳の中間にあって、限りなく政治に接近する．

1-2-6 誰に対して責任をとるか

政治　政治における責任は、第一義的には、結果に対する指導者の責任——ヴェーバー（Max Weber, 1864-1920）の言う「責任倫理」——である．すなわち、公的共同体の運営行為としての「政治」の場合でもそうだが、とりわけ「友と敵」の関係を前提にすれば、指導者はなによりも「友」を利し、「敵」に打撃を与えることを大切にしなければならない．指導者の採った方策が「友」にどれだけ貢献したか、「敵」をどれだけ崩すことに貢献したか、が重要である．「敵」との交渉や協調もまた、それらが「友」にどういう貢献をするかの観点から判断されるのである．「友」への配慮は、その人々が自分の側に生命や生活を賭けて結集したのである以上、その人々を尊重しなければならないという道徳的責任判断の対象であるとともに、いかにしてかれらを引きつけて味方陣営の統合を強めるかという功利的な評価の対象でもある．

しかし、政治的指導者には、他方では、自分の信条を裏切らなかったか、誠心誠意行動したかの「信条倫理」も重要である．強い信念をもち誠実に行動する、人間的に魅力のある指導者でなければ、人々は心服することはない．だが、この場合における信条倫理もまた、第一義的には、人々の心服を得て味方陣営を固めるために必要なのであって、その点では、功利的な評価を受ける．

道徳　道徳（内面にも関わる個人道徳）においては、責任は、自分が自分の良心に忠実であったか、自分の世界観・価値観に則っているかを、自分の良心が自分自身に対して追及するものである．他者に対する責任が問題になる場合も、自分がちゃんと責任を果たしたかどうかを自分自身に問う形で問題になるのである．

また、道徳（内面にも関わる個人道徳）の場合には、道徳的であるか否かの判断にとって重要なのは、動機の純粋性であり、第一義的には、結果の善し悪しの問題ではない．たとえ結果的には行為に出なかったとしても、邪悪な心をもったことが、それだけで反道徳的であるということになるし、意図したことが達せられなかったり意図したこととは反対の結果を生じさせたとしても、意図

したことの内容が道徳的であれば，賞賛される．イエスが言うように，誰でもよこしまな心をもって女性を見れば，行為に出なくともすでに姦淫の罪を犯したことになる．しかし，逆に，結果的にはその人の傷病を悪化させたとしても，傷病者のためを思って救助に専念した人は，道徳的には誉められるべきなのである．つまりここでは，自己の良心の命ずるところに忠実であったか否かの判断，心情（信条）倫理が決定的なのである（ただし集団道徳や，主として外面に関わる個人道徳においては，責任は集団に対する客観的責任・責任倫理としても問題になる）．

法 法における責任は，第一義的には，法にかなっていたか否かを基準にして判断されるべきものであり，自分自身の良心に照らして判断するものでもなく，また，他人を自己目的として扱ったか否かを基準にして判断するものでもない．加えて，結果的に他人に損害を与えても，それが法にかなった行動をとった結果としてのものであれば，責任倫理を追及されることはない．他人に損害を与えることを自覚し認容した行為であっても，権利の濫用に当たらない程度に法にかなった行為であれば法的には良しとされる．道徳的には恥ずべきよこしまな心を抱いたとしても，行為に出なければ，法的には咎められることはない．

よって，ここでも，法は政治と道徳の中間にある．

1-2-7 手段・手続に対する関係

政治 政治においては，とりわけ「友と敵」の関係が熾烈な場では，マキアヴェリズムという語が示すように，場合によっては，目的のためには手段を選ばないことが許されるし，したがってまた適正な手続を無視することも許される．政治の世界には悪魔が住んでいるのである（もっとも，そうした極限の場においても，これらをみだりに使うと，反感を呼び，逆効果となる）．他方，「友と敵」の関係がうすらいだ，論戦や論争，行政業務の場では，合法的な手段・手続が重要であり，それを守らないと，批判を受ける．

道徳 道徳（内面にも関わる個人道徳）においては，意図が純粋（義務のための義務を果たす）であるだけではなく，手段も道徳的に許されるものでなければならない．人を安心させるためにであっても，うそをつくことは道徳

的に許されない．貧しい人に与えるために金持ちの家に盗みに入る鼠小僧次郎吉は，法的にだけでなく道徳的にも悪い人なのである（政治的には「善い人」かもしれないが）．

法 法においては，人は，さまざまな交渉のために交渉技術を駆使し，場合によってはマキアヴェリズムに訴えることもあろう．この点では，法は政治にヨリ近い．

しかし，そうした場合でも，法的行為自体は，定められた原則に基づく行為でなければならないし，定められた手続をも遵守しておれば，それで有効でもある．この点では法は，道徳にヨリ近いといえよう．もっとも，法においては，動機が道徳的に美しいものであっても，定められた手続を無視して行為したのであっては，有効ではなくなる．上述の鼠小僧がそうである．

1-2-8 人間像

法 ここでは，法から論じよう．法という制度の根底にある人間像は，基本的に性悪説（人間を基本的に自己中心的で残虐ささえももった存在と見る立場）に立つ．法は，カントによれば，自由な人々がそれぞれその自由を享受しつつ社会的に共存し得るためのルールである．この場合において，もし人間がすすんでルールに従い協調し合う天使であれば，強制力を伴うルールは必要ではないだろう．そういう天使的人間像を採り得ないからこそ，法という強制を伴った他律的ルールが必要になるのである．この点は，契約の様な制度をめぐっても同様である．もし人間が，約束を忘れず，またそれを破る者でなかったならば，約束の実行のために裁判権力を使うという仕組みも，そのときの証明手段として契約書を準備する必要もはるかに減少する．そういう理想人を前提にしていないから，強制の発動を予想した，契約という形式があるのである．

確かに，人間にルールを課すことは，人間がそれを遵守しようとする意志をもち，かつたいていの人間は遵守する存在だということを前提にしてのことだから，その点では法は，自己コントロールが可能な理性的人間を前提にしており，全くの性悪説に立っているということはできない．しかし強制を伴ったルールという制度の根底には，性悪説が見え隠れするのである．

道徳　これに対して，道徳の根底にある人間像は，基本的に性善説である．
　道徳の根本は自律にある．この自律が意味しているのは，人間には自分の行動を自分で理性的に，あるいは愛によって方向付ける能力が備わっているのだという認識である．

　確かに，道徳性を強調するカントにおいてすら，〈人間が身も心も天使で，自分に備わった自然的傾向によって——理性による強制をまたずに——道徳的な行為に出られる〉とすることは前提になっていない．この点では，道徳性の立場は完全には性善説でない．しかも，カントは，人間の弱さを自覚したがゆえに，道徳論を「義務のための義務」の議論として完結させないで，それを支えるものとして宗教，とくに，道徳的人間は来世において幸福を得ることができるという信仰を，道徳の支援に引っぱり出したのでもあった．

　しかしそれでも，人間を外からの強制をまたず利他的・協調的な方向に自己統制ができるとする点で，道徳は，性善説に立つ．

政治　以上に対して，政治における人間像はどういうものであろうか．「友と敵」の視点は，その究極の場，すなわち両者間の抗争の場においては，自分たちにとって「敵」が悪魔であるとすることへと導く．抗争関係にあるのに，敵が善人であり天使であると信じきっていては，期待を裏切られてひどい目に遭うこと必至である．

　そうした究極の場における「敵」だけではなく，日常的な状況下で，自分が支配する相手や交渉する相手についても，かれらを善人であり天使であると信じ切ると，政治的判断が停止し，関係をかえってこじらせる．

　カール・シュミットが，「すべての国家理論および政治理念は，その人間学を吟味し，それらが意識的にであれ，無自覚的にであれ，『本性悪なる』人間を前提としているか，『本性善なる』人間を前提としているか，によって分類することができよう」（前掲注4）『政治的なものの概念』70頁）という認識から出発し，結論として，「真の政治理論とは，すべて，人間を『悪なるもの』と前提する」理論である，と言いきっている（同書74-75頁）のは，以上の点に関係している．

　しかし，だからといって，完全な性悪説に立たないと自由な政治的判断ができないと言うのは，誤りである．完全な性悪説に立った場合には，敵——さら

には味方の中の動揺分子——を殲滅し弾圧し脅迫し強制するか利益誘導するか，すなわちムチを使うかアメを使うかしか選択肢はない．けれども，そうした暴力や利益誘導に頼った政権が長続きしないのは，経験の教えるところである．実際には人間は，強制や恐怖や利益だけで服従するものではなく，支配者の徳性や政治運動の大義名分に動かされて心服するものでもある．また政治の現実においては，「友」の中にも自分を裏切るような性悪者がいるとともに，「敵」の中にも自分に味方してくれる性善者がいる．

つまり，すぐれた政治認識から来る人間像は，一面的に性善説を前提にするものでもなければ，一面的に性悪説を前提にするものでもない．人間が「ひと様々」であり，各人が多面的な可能性をもち，状況に応じて多様に変化するものであることを見抜かなければならない．だからこそ，上のように言いきったシュミットも，実際には，人間を「問題をはらまぬものとしてでは決してなく，『危険な』かつ動的な存在と」みることを提唱しているのである（同書74-75頁）．

以上によって，ここでは，政治が法と道徳の中間に位置する．

1-2-9 思考法

1-2-9-1 道徳の思考

ここでは道徳から論じる．道徳（内面にも関わる個人道徳）の思考は，第一に，「善を行え．たとえこの世でむくわれなくとも」，「義務を遂行せよ．たとえ自分が苦しむだろうとも」に典型的に示されるように，一切の打算・功利的計算を排し，善のために善を，義務のために義務を追求する，形式主義と言うべきほどに原則に忠実な思考である．それは，道徳においては，道徳を遂行すること自体が目的であり，その遂行行為が他の目的達成の手段となる性質のものではないからである．

第二に，道徳命題は，本来的に，妥協を許さないし例外を認めない．「ルールはいかなる状況下でも尊重されるべし」という，普遍化を指向する原理主義である．

法の場合は，ある法が実行されず，しかもそのことに対する制裁が科せられない状態が頻繁に起これば，その法は死文化する．この点で法については，そ

の法が現実にどう扱われているかが，その法が効力をもつか否かを判断する基準となる．法が遵守されていないのは，法の内容に問題があるからだ，ということになる．

これに対して道徳（内面にも関わる個人道徳）の場合は，ある道徳命題を遵守する人が少なく，かつそうした不遵守状態が長く続いたとしても，『それは世の中が悪くなったからであって，道徳命題の問題ではなく人の弱さの問題である．それゆえその場合でも正しい人はなおその道徳命題を守らなければならない』という発想に立つ（この種の『　』の内は，筆者による要約である．以下同じ）．道徳は，理念によって，原理によって現実を裁き続けるのである．「道徳の理想主義」とはこのことである（より良い実定道徳——集団の合意で作った道徳——によって古い実定道徳が取って代られるということはある．しかし，少数でも「良い」とする人々がいる限り，その道徳は，遵守する人が少なくなっているとしても廃れるということはない）．

第三に，道徳的人間にとって関心事としてあるのは，自分と道徳命題だけであり，したがって，自分の行為が他人にどういう効果をもたらしたかは問わないし，自分の行為によって他人がどう動き，その結果，自分にどういう効果が帰結するかも問わない．道徳においては規則を遵守していること，道徳性だけが問題になるのである．

第四に，道徳的思考は，たとえ行為に出なくても，こころの中によこしまな思いをもっただけで問題ありとする純粋・潔癖な思考である．

1-2-9-2　政治の思考

確かに，原理とルールとに忠実な思考は，政治の場においても必要である．それはとくに心情（信条）倫理を重視するところに見いだされる．政治においても，自分の主義に忠実で，かつ道徳の原理を尊重する政治家を，人は指導者として尊敬するものである．逆に言えば，信念がなく，それゆえ行くべき方向を国民に確信をもって指し示せず，また，相手や状況によって態度をくるくる変え，強国には卑屈で追随的になるが小国に対しては傲慢になり，さらには時の流れに無批判に追随し既成事実に流される，そういう指導者を国民は心から尊敬はできず，したがって，かれを中心にして結束することができない．

だが他方では，政治の場においてとりわけ重要なのは，上述の心情（信条）倫理とは対照的な，責任倫理である．指導者は，責任倫理によって，すなわち自分の味方をどれだけ利したか，逆に言えば，自分の敵にどれだけ損害を与えたかによって，自分の行動の意味を判断する．それは，すぐれて実際の結果を重視する思考である．政治においては政治それ自体が目的ではないし，きれいに行為すること自体が，それだけが求められるのでもない．ここに見られるのは，別の目的のための効果的手段として政治を位置づける目的合理的思考である．

　加えて，政治においては，「友と敵」の関係を前提にして，その中で自分たちのあり方・行動を考えることが重要である．たとえば，自分たちが変わらなくても，敵が強くなれば，「友と敵」の関係は変化してしまう．逆に敵が変わらなくても，自分たちを鍛えることによって，「友と敵」の関係に新しい局面を切り開くことができる．また，友と敵の双方が変化しなくても，双方が置かれた状況が変化するならば，それを反映して「友と敵」の関係にも変化が生じる．さらに，「友と敵」という形で対立しているからといって，「友」がすべて「友」であるわけでもなく，「敵」がすべて「敵」であるわけでもない．「友」の中には自分たちを裏切って「敵」に通じる者が出る可能性があるし，「敵」の中にも，その指導部に不満をもっており，それゆえ場合によっては自分たちに味方してくれる者が出る．政治家は，そういう可能性を見据える思考をもたなければならない．

　こうしたことに必要な思考は，自分たちを取り巻く「友と敵」の関係をザッハリッヒに（事柄に即して）捉える柔軟な思考であり，具体的には，（イ）機能的思考，（ロ）動態的思考，（ハ）多元的思考の三つである．

　（イ）　機能的思考とは，次のような思考である．①自分は変わらなくても，状況や相手が違えば，自分の働き（機能，行動の効果）は異なる，と見る思考．普段は「だめなやつ」でも，危機の時に力を発揮することもある．営業はだめでも，管理で能力を発揮することもある．②建前・原理論よりも，具体的な結果・帰結（実際の機能）を重視する思考．「人は見かけによらぬもの」である．「情けは人のためならず」（他人を益するだけのようで，そのうち自分をも益する）と言うのも，建前と実際の違いに注意しろとの警告である．

（ロ）　動態的思考とは，ものやもの同士の関係を不断に変化（成長・運動）すると見る思考である．弱い敵は弱いがゆえに努力して強くなる．弱い敵も状況によっては危険である（「窮鼠猫を噛む」）．強い敵と自分たちとの関係も，自分たちの側が努力して自己を強化し，また敵が油断すれば，すぐに逆転する．このように動態的に思考することである．

　（ハ）　多元的思考とは，次のような思考である．①ものに内在する多元的な要素に注目する．たとえば，敵と味方の関係について，敵の中にも味方を見出し，味方の中にも敵を見る．これはまた，ステレオタイプを避けろということである．WASP（イギリス系のプロテスタント）だけがアメリカ人ではない．先住民系，アフリカ系，ヒスパニック系，中国系と多様である．②ものが多様な現れ方をすることを念頭に置く．これもステレオタイプを避けろと言うことである．アメリカ人がうすいコーヒーばかり飲んでいるとは限らない．エスプレッソを飲むときもあれば紅茶を飲むときもある．③ものを取り巻く多様な要素・関係に注目する．たとえば事件の原因を一つだとせず，様々な力・要因の相互作用において考えることである[10]．

　（以上の叙述から明らかなように，こうした思考方法は，政治においてだけ必要というものではなく，およそ人間生活の各場面でも必要なものでもある．）

1-2-9-3　法の思考

　以上に対して，法においては，確かに一方で，「正義（法）よ行われよ．たとえ世界は滅ぶとも」といった，原理的な思考が重要ではある．法解釈においても，結果を考えるよりも，法の原理と法の文言とに忠実であるべきだという面がある．その際，法適用の論理は，あたかも三段論法によっているかのような外観をもつ．たとえば，《大前提：「年齢二十歳をもって，成年とする」（民法4条）．小前提：しかるに，Aは満二十歳である．結論：ゆえにAは成人である》という形である．

　しかし他方で，後述するように（20章参照），法解釈をめぐる今日の共通認識は，法解釈の作業が論理学の一部ではないこと，法解釈の主要課題が，過去に制定された法を前提にしつつも，今日の生活にとって妥当な法の運用をいか

---

10)　丸山眞男「政治的思考」（拙著・前掲注2）『丸山真男論ノート』158頁注1参照）．

に確保するかにあること，の確認にある．ここから，法の妥当な運用のために重要なのは，政治におけると同様，法それ自体が目的ではなく，他のものを目的として，それを如何に効果的に——しかし法の枠組を尊重しつつ——実現するかを重視する目的合理的思考であり，柔軟な思考であることが帰結する（20章で論じる法律意思に基づく解釈がとくにそうだが，体系的解釈や立法者意思に基づく解釈でも，また解釈以外の法の考察でもそうである）．

この場合の柔軟な法的思考とはどういうものかを，その見本を示しつつ——これまであまり論じられていないがゆえにやや詳しく——検討しておこう．

物事をプラグマティックに，すなわちものの具体的な働きとその効果に着目しつつ考える法的思考を駆使した人に，後期の川島武宜がいる．川島はこのことによって，法をめぐる柔軟な思考を具体的に展開した．たとえばかれの『民法総則』（有斐閣『法律学全集』17，1965年）における法人論がその典型である．川島はここで，法人擬制説，法人否認説，法人実在説を取り上げて次のように言う．

　　「右に述べたような種々の法人理論を同一の平面の上にならべてその優劣を比較することは，意味がないことは前述したとおりである．右の諸学説は，それぞれの歴史的時代環境の中において多かれ少なかれその時の課題に答えているものであり，したがってそれらの学説を評価するにあたっては，この点を考慮におくことが必要である．また，これらの学説は，法人の或る側面を主として考察の対象としているものであり，したがって分析の対象の差異を無視してこれらの学説を比較し或いは論評することは無意味である．現代における法人理論の課題は，それぞれの法人理論の歴史的諸条件と役割とを明らかにし，且つそれぞれの法人理論が明らかにした問題の側面を明らかにすることから，出発しなければならない，と考える．」(92頁)

すなわち川島は，ここで法理論について検討するときには，その体系的精緻さの程度よりも，それぞれがどのような実践的意図で作られたか，事柄のどのような局面に関心を寄せて作られたか，といった実際的意味を重視しなければならないというのである．これは前述の機能的思考である．

また時効の存在理由をめぐっても，川島は，「権利の上に眠るものは救われず」といった一般的・原理的な説明によって片づけようとはせず，

「いわゆる時効の中には右のごとき異質的な諸制度が含まれているのであるから，これらすべてに共通した「存在理由」を述べることは，理論的実益に乏しい．もし，しいてそのようなものを述べるならば，過度の抽象化によって内容空虚なものとなり，また過度の抽象化を避けようとするならば，共通の「存在理由」としてあげ得るものはあまり有意義なものではなくなるのである．むしろ，私は，これら諸種の時効制度に共通なものとしては，「存在理由」ではなくて，法的処理の技術（法的構成）のみが，重要なものとしてあげられるべきである，と考える．それは，消滅時効および取得時効がともに，一定の者にとって有利な法定証拠を生ぜしめる，ということである．」(430 頁)

として，時効の多様性に着目することによって一般化を警戒する，前述の多元的思考を活用するとともに，時効とは，（消滅時効の場合には）権利の不行使，（取得時効の場合には）事実的支配が，一定期間，継続したという事実を法定証拠とすることによって，自分が権利者であることを立証する困難性を免れさせる制度だと機能的に考えようとしているのでもある．

川島の門下生の一人である渡辺洋三も，物事を実体化して固定的に見るのではなく，その現実的な働きに着目する思考を得意とした．ものは多様な機能を見せる．その機能の多様性に応じて物事の実際の意味は変わる．したがって，ものはそうした現実の意味ごとに異なった法的取り扱いをしなければならない，と渡辺は説く．

たとえば，渡辺は，行政法学における「公法関係説」——公共用財産または営造物はその設置目的にしたがって使用された場合には公法上の利用関係に入るとする見解——を批判して次のように述べている．

「この論理は二重の意味で理論的に承認しがたい．第一に，公共用物ないし営造物設置の目的はそれぞれの物について異つており，したがつて，その公益性の程度もさまざまである．たとえば病院，電車，学校，住宅等々をとつてみれば，他の私人ないし私企業でも経営できるものをほかならぬ地方公共団体が経営することの理由およびその意味は，それぞれで異つている．それはあるいは財政上の理由であることもあるし，社会政策的理由であることもあるし，企業の特殊性に由来することもあるし，または行政上の特殊な必要性にもとづくこともある．これらの設置目的の差異は当然に

その使用関係の性質の差異に何らかの影響をあたえるであろう．それらの差異について精密に論証することなく，たとえば学校，住宅，電車といつた性質の異る営造物の使用を混同し，それらを一括して公法上の権利関係であると規定することは，到底粗雑な論理構成たるとの批判をまぬがれない．それは，そのような粗雑な議論を克服しようと努力してきた美濃部学説以来の学説の発展を無視して，美濃部説以前の時代に復帰しようとする時代おくれの論理である．それのみでない．第二にこの論理は，営造物の設置目的と使用関係の性質とを混同している．設置の目的いかんは使用の性質に少からぬ影響をあたえはするが，それはかならずしもただちに使用関係の性質を決定するものではない．設置の目的がどの程度公益性をおびているかということと，その目的にしたがつてなされる使用関係の内容がどの程度公法的性質をおびているかということとは，一応別個な問題に属することだからである．」[11]

以上の内の第一点が多元的思考によるものであり，第二点が機能的思考によるものであることは，明らかであろう．すなわち，同様に「公共的」だとされるものであっても，どういう働きを期待されているか，どういう実際の働きをしているかは，それぞれ異なる．そうした使用関係の差異を個別具体的に認識する必要がある．そして，使用目的や実際の使用態様が私法的なものであれば，それに応じて公共物でも私法的に処理するのが妥当である，とするのである．

さらに渡辺は，行政の自由裁量についても，事柄の性質からして妥当な解釈とは，次のようなものだという．

「たとえば，学生に懲戒に値する行為があった場合，教育的見地に照らし懲戒権を発動しないということは，もとより裁量権者の自由であるが，現実に懲戒権を発動する以上は，当該行為が学則に定める放学処分に該当するか否かは，事実認定および法律解釈にかかわる問題であると言わねばならない．学校当局者が封建的専制支配者でないかぎり，懲戒処分をするに当っては，その処分の根拠と理由を明らかに示して，当該学生はもちろん他のすべての学生職員等一般学校関係者，さらに世間一般の人たちにも納得のゆくように説明する義務があることもちろんであり，その当否はあくまで客観的評価のもとにさらされねばならない．」[12]

すなわちここで渡辺は，国公立の学校での学生処分は，学校当局の裁量行為

---

11) 渡辺洋三「公法と私法（五）」（『民商法雑誌』38 巻 3 号，1958 年）35-36 頁．
12) 渡辺洋三『法社会学研究』第 1 巻（東京大学出版会，1972 年）37 頁．

だとしても，だからといってその処分行為が一切，裁判の対象にならないとはいえない．なぜなら，処分を決めることは裁量行為だとしても，決める前提である事実の認定が正しかったか否かという点と，「学生の行為がこれこれの規則に違反した」とする法律解釈が妥当か否かという点とは，第三者が客観的に検討できるものだから，裁判所で争い得る，とするのである．物事の多様な側面に柔軟に対応していく思考が，ここにも見られる．

ところで，以上に見たような多元的で機能的でかつ動態的な柔軟思考は，日本の裁判所も，一時期自覚的に追求したものでもあった．

これがもっとも明確に現れた一つは，東京中央郵便局事件上告審判決（全逓中郵判決．1966 年 10 月 26 日．「公務員」の争議行為を禁止した国家公務員法の合憲性が争われた）である．すなわち，そこでは次のように言明されている．

> 「『公務員は，全体の奉仕者であつて，一部の奉仕者ではない』とする憲法一五条を根拠として，公務員に対して右の労働基本権をすべて否定するようなことは許されない．ただ，公務員またはこれに準ずる者については，後に述べるように，その担当する職務の内容に応じて，私企業における労働者と異なる制約を内包しているにとどまると解すべきである．」

つまり「公務員」にも多様なものがあるのだから，十把一絡げに扱うことは正しくない．それぞれの公務員の職務実態（機能）ごとにその法的意味を考えるべきであるというのである．

同時期の猿払事件第一審判決（旭川地方裁判所，1968 年 3 月 25 日．公務員の政治活動を禁止した国家公務員法，人事院規則の合憲性が争われた）も，同様に，こうした多元性と機能に着目した判断を示した．

> 「これに反し行政過程に全く関与せず且つその業務内容が綱目迄具体的に定められているため機械的労務を提供するにすぎない非管理職にある現業公務員が政治活動をする場合，それが職務の公正な運営，行政事務の継続性，安定性およびその能率を害する程度は，右の場合〔上級公務員の場合〕に比し，より少ないと思料される．」

同様に，東京都教職員組合勤評反対闘争事件上告審判決（都教組事件判決．1969年4月2日．地方公務員の争議行為を禁止した地方公務員法の合憲性が問題になった）には，次のような言明がある．

「地方公務員の職務は，一般的にいえば，多かれ少なかれ，公共性を有するとはいえ，さきに説示したとおり，公共性の程度は強弱さまざまで，その争議行為が常に直ちに公務の停廃をきたし，ひいて国民生活全体の利益を害するとはいえないのみならず，ひとしく争議行為といつても，種々の態様のものがあり，きわめて短時間の同盟罷業または怠業のような単純な不作為のごときは，直ちに国民全体の利益を害し，国民生活に重大な支障をもたらすおそれがあるとは必ずしもいえない．地方公務員の具体的な行為が禁止の対象たる争議行為に該当するかどうかは，争議行為を禁止することによって保護しようとする法益と，労働基本権を尊重し保障することによって実現しようとする法益との比較衡量により，両者の要請を適切に調整する見地から判断することが必要である．」

ここには，「公務員」の内容と「争議行為」の内容とをめぐって，多様性への着目，多様な機能への着目の姿勢が鮮明に出ている．そこではまた，「あおり行為」をめぐっても，次のような柔軟な思考が出ている．

「争議行為そのものに種々の態様があり，その違法性が認められる場合にも，その強弱に程度の差があるように，あおり行為等にもさまざまの態様があり，その違法性が認められる場合にも，その違法性の程度には強弱さまざまのものがありうる．それにもかかわらず，これらのニュアンスを一切否定して一律にあおり行為等を刑事罰をもつてのぞむ違法性があるものと断定することは許されないというべきである．」

ところが，こうした柔軟な思考を展開した多数意見の最高裁判所判事たちは，その後まもなく，全農林警職法闘争事件上告審判決（1973年4月25日．国家公務員の争議行為に関する）において少数派になってしまった．この上告審判決では，田中二郎他4人の少数意見は，次のような柔軟な思考を示した．

「しかし，このことから直ちに，およそ公務員の争議行為一切を一律に禁止し，これをあおる等のすべての行為に刑事制裁を科することが正当化されるとの結論を導くことには，明らかに論理の飛躍がある．すなわち，公務の円滑な運営の阻害による公

益侵害をもって争議権制限の実質的理由とするかぎり，このような侵害の内容と程度は争議行為制限の態様，程度とは相関関係にたつべきものであって，たとえば，形式的には一時的な公務の停廃はあっても，実質的には公務の運営を阻害する虞れがあるといいえない争議行為までも一律に禁止し，これをあおる等の行為に対して刑事制裁を科することが正当とされるいわれはないといわなければならない．」

ここには，多元的・機能的な思考が見られる．しかしながら，多数派は，多様性を無視してすべてを十把一絡げに扱い，したがってまた機能に着目することのないままに，公務員の争議行為は「公務の停廃をもたら」すとの一般論で片付ける，硬直した思考を示した[13]．（とはいえこのタカ派も，憲法9条の効果を限定しようとして縮小解釈を採るときなどには，多元的思考で行くのではある．）

*

以上によって，すぐれて法的な思考は，一方での道徳におけるものと共通の，原理的・ルール尊重的思考と，他方での，政治におけるものと共通の多面的で結果・機能を重視する柔軟思考とを，共に働かせるものであることがわかる[14]．法はこの二刀流を使いこなすことによって，「友と敵」の紛争をルール化するとともに，道徳の原理主義の硬直性から，人々を解放しもするのである．

これまでの議論をまとめると，次頁の表1, 2, 3のようになる．

1-3 法・政治・道徳の相互補完関係

これまでの所では法・政治・道徳の違いを強調した．しかし，われわれは同時に，これら三極が相互に相補い合う関係にあることをも，見ておかなければ

---

13) 前掲猿払事件の最高裁判所判決（1974年11月6日）でも，多数意見は，同様に「公務員」を十把一絡げに扱うものであった．この判決では，反対意見は，田中の退官によって4名となった．この変化の背後にいわゆる「司法の反動化」（自由民主党を中心とした政治家による裁判所攻撃があり，最高裁判所はそれに呼応して，青年法律家協会所属裁判官に対する脱会攻撃・再任拒否など裁判官統制を強化した）があったことについては，宮本康昭『危機に立つ司法』（汐文社，1978年）参照．この「司法の反動化」の問題については，後述の「18 司法をめぐる合理化と人間化」参照．拙著『法解釈講義』（東京大学出版会，2009）第4・5章をも参照．
14) 田中成明も，求められる法的思考として，合法性（リーガリズム）を尊重しつつも社会の正義・衡平感覚に応える柔軟な思考を提起している．『法的思考とはどのようなものか』（有斐閣，1989年）．同・前掲注9）『法理学講義』第3編．

〈法・政治・道徳〉
総括表1

	法	政治
	(a) 論理的・体系的性格をもち，人間の合理面に関わる．（理性的討議による立法，ルールによる行動，紛争の裁判による理性的解決．）	(a) 主として情念・物理的力などの非合理性が重要．（仲間の連帯，敵への憎悪，集団心理，敵の物理的殲滅．）
	(b) 主として日常性に関わる．ルールの支配する平和時に主眼．	(b) 主として例外状況，非常な不安定期に顕在化する．
	(c) 現状維持，安定化・固定化に関わる．	(c) 新しい関係の創設運動に関わる．

総括表2

	法・政治	道徳
	(a) 主として外面的行為に関係する．究極的には物理的力・強制に関わる．	(a) 主として内面的行為に関係する．自律で，物理的強制になじまない．
	(b) 実定化され，論理的体系的である．そのため固定的だが，変更も激しい．	(b) 心情に根ざしているので，流動的だが，また持続的でもある．

総括表3

	道徳	法	政治
主体	「自分」がどうするかが問題	人間一般・自分達	敵を前にした自分達
命令者	自分が自分に命令	正統権力がルールを定めて命令する	日常性が崩れたところで，権力をめぐる闘争の勝者が命令する
対立	自分との対立（内面の葛藤）	他人との紛争	他の集団との闘争
責任の所在	動機の純粋性（信条倫理）	行為者の法的責任（法に照らして）	指導者の結果責任（責任倫理）＋信条倫理
動因	理性的判断，美しい心情	利益ないし原則（ルール・正義）	大衆の情念，指導者の計算
動かすもの	自発性（自分の良心）	強制（権力の）	強制・集団力学心理
手続	義務のための義務 手段も道徳的	原則に基づき，かつ手続も重視	目的のために手段にこだわらない
人間像	性善説	性悪説	可変的人間像
人間の位置	相手は自己目的	個人の尊重，同時に手段視	人は操作の対象
思考法	原則論（原理と理想）	ルールと状況の間での原則的でかつ柔軟な思考	高度に柔軟な思考（機能的・動態的・多元的思考）及び原則的思考

（注）道徳は，「内面にも関わる個人道徳」を典型とする．

(1) 法と政治との相互補完性

① 前述のように，法は強制力を必要とするが，それは究極的には政治権力のもつ実力による．Might is Right である．また，法は，不断に運動（政治的なものである集団行動）の影響を受けて，改変され，また定着させられるものでもある．これらのことは，法が政治に依存していることを意味している．

② 政治権力は，法によって統治しなければ持続した安定的状況を作れない．しかし法に頼るということは，権力も法を遵守し法によって規制を受けることを含むものでもある．朝令暮改は，権力にとってもマイナスであるからである．他方また，支配者は，自分を規制する法を破りがちでもある．なぜなら，権力は，自己拡大欲を避けられないからである．というのも支配者は，自己の地位を確かなものにするためには，反対派を抹殺しなければならないし，自己をヨリ強化しなければならず，現状に留まってはおれないのである．支配者はまた，支配によって得た利権を手放したくないし，それをさらに拡大したいので，支配をより簡単にできるものにしようとし自己拡大に向かう．

こうして法は，支配の道具ではあるが，支配者を規制するものであり，同時に，支配者によって疎んじられるものでもある．

(2) 〈法・政治〉と〈道徳〉の相互補完性

① 法や政治に多くの人々がすすんで服するためには，それが道徳にかなったものとして正当化され承認されることが不可欠である．この点は後述する（3章参照）．

② 前近代においては法と道徳は融合していたが，近代以降でも法には前近代とは違った意味で，道徳性が欠かせない．たとえば，「権利の濫用」，「信義誠実」，「公序良俗」，「善良な管理者」，「過失（注意義務違反）」・「違法性」などの観念や，法や政治運営にあたって信頼性を支える，「人道性」・「公平」などがそうである．これについては，後述する（58頁以下参照）．

③ 道徳が効果を発揮するためには，それを法的ルールにすることが必要である．道徳は，そのことによって周知徹底しかつ強制力を確保する．

④ 技術的な法でも，有効に拘束力を発揮するためには，道徳の支えが必要である．たとえば交通法規のような技術的・人工的な法で規制された，飲酒運

転・無免許運転といった重大な危険行為には，違反に対して厳罰とともに強い道徳的非難が加わるので，法的規制が有効に働くのである．

(3) 法・政治と道徳——区別を踏まえた結合

法・政治が道徳から独立することや，法と政治を区別することは，それゆえ完全な分離を意味するものではない．というのも，

第一に，カール・シュミットの実力説——後述する「政治的実力の意志が憲法の内容を規定する」という見方——からは，権力批判がでてこないという問題性があるからである．

第二に，外面世界と内面世界を峻別し，道徳に一面化して内面世界に閉じこもると，外面世界の政治や法の暴虐に対して抵抗することができなくなるという問題があるからである（これがドイツ現代史の教訓であった．良心的ドイツ人は，ナチズム下においても，「政治といえども自分の内面には入り込めない」として，そうした世界での精神の自由を「享受」しようとした[15]）．

第三に，法・政治から道徳が独立していないところでは，法・政治から道徳が完全に切り離されてしまっているところでと同様，道徳が政治を相対化できず，原理が政治を規定できないため，政治や法において，「力がすべてだ，力が正義だ」という生の実力説がでてくるという問題があるからである．これが，とりわけ日本で顕著な，「勝てば官軍」，「長いものには巻かれよ」，「既成事実の追認」，「済んでしまったことは仕方ない」という事大主義ないし国民的健忘症の問題である（この点については「15　戦争責任論」で詳論する）．

第四に，社会の仕組みは，善からは善だけを，悪からは悪だけを生じさせるという単純なものではない．道徳家やまじめな法律家が，その善からはからずも悪を生じせしめないためには，政治（や法）をめぐる悪魔的な運動と，それを制する技法とを正しくわきまえておかなければならない．

(4) したがって，必要なのは，法・政治と道徳が，互いにはっきりと区別されつつも，しかし相互に密接に協力し合うとともに，また他を規制し合うことなのである．

---

15) 丸山眞男『現代政治の思想と行動』増補版（未来社，1964年）所収の「現代における人間と政治」参照．

以上を，図によってまとめると，下のようになる．

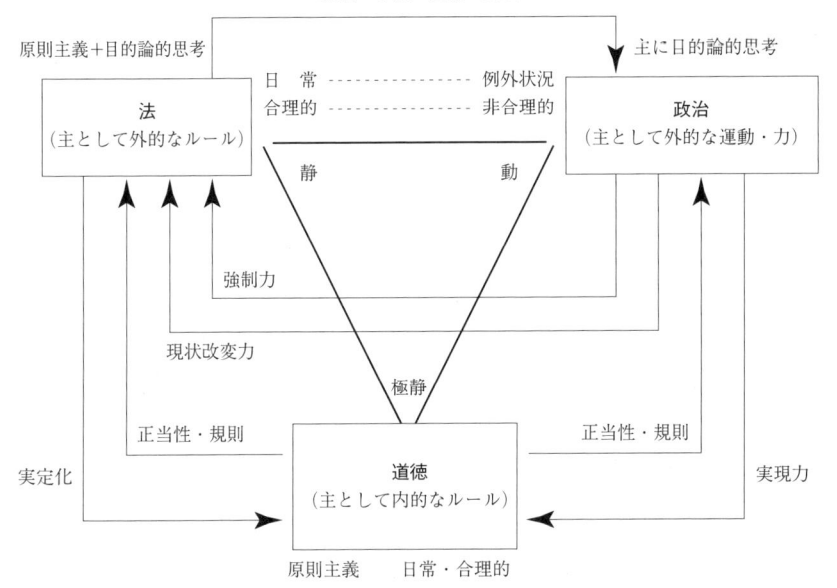

```
                        統治の手段＋統治の規制
原則主義＋目的論的思考  ┌─────────────────────┐  主に目的論的思考
    ┌─────────┐       日　常 ---------- 例外状況       ┌─────────┐
    │   法    │       合理的 ---------- 非合理的       │  政治   │
    │(主として │              静    動              │(主として │
    │外的なルール)│         \          /              │外的な運動・力)│
    └─────────┘           \        /                └─────────┘
      ↑  ↑  ↑              \      /                   ↑   ↑
      │  │  │     強制力    \    /                    │   │
      │  │  │               \  /                     │   │
      │  │  │  現状改変力     \/                      │   │
      │  │  │               極静                     │   │
      │  │  └──正当性・規則──┐    ┌──正当性・規則──┘   │
  実定化│                    ↓    ↓                   │実現力
      │                  ┌─────────┐                  │
      └─────────────────→│  道徳   │←─────────────────┘
                         │(主として │
                         │内的なルール)│
                         └─────────┘
                      原則主義　日常・合理的
```

2 法と道徳

2-1 〈法と道徳〉の基礎的考察

　法と道徳がどういう関係にあるか，どう関係すべきかは，古くてしかも今日的でもある問題である[16]．この問題については，1-1 で「政治とは何か」に関わらせて政治・法・道徳を比較するという観点から扱ったが，ここでは，「政治」との関わりという論点をはずして，法と道徳の相互の関係に即してヨリ原理的・体系的・歴史的に見ていこう．

　前述のように，「法」は制定法と慣習法とで特色を異にし，「道徳」も集団道徳（「敵を憎め」といった，集団の構成員を名宛人とした道徳）と個人道徳（個人的行為を規制する道徳）とで，また同じ個人道徳でも，「内面にも関わる個人道徳」（自分の良心に従ったかが主要関心となる）と，「主として外面に関わる個人道徳」（他人・社会にとって良い行動をとったかが主要関心となる）とで特色を異にする．ここでは，典型的な法として制定法を，典型的な道徳として「内面にも関わる個人道徳」を主たる対象に選び考察することにする（しかし，下に述べるように，「主として外面に関わる個人道徳」も，ここではかなり関係する）．

---

[16] 法と道徳の関係をめぐる歴史を考察するためには，まず次の点を押さえておかなければならないだろう．①「法」・「道徳」に多様なものがある，②法と道徳を「混同」してはならないが，両者を切り離しっぱなしにしてはならない．したがって求められるのは，両者を「区別したうえで結合すること」である．

　上の①について：「法」には，自然法と，実定法がある．実定法には慣習法と制定法（法律）と判例法がある．「道徳」には自然道徳と実定道徳があり，実定道徳には慣習道徳と道徳的律法がある．「法と道徳」の問題で通常考察対象となるのは，制定法と自然道徳の関係である．これに対し，自然法と自然道徳，慣習法と慣習道徳などの関係は，内容的にそれぞれ相互の違いが目立たないので，通常は議論の対象とはならない．

　②について：法と道徳の区別を説く論者が必ずしも常に両者の切り離しを説くものではないし，また両者の結合を説く論者が必ずしも常に両者を混同しているわけではない．

法と道徳の関係については，一方では「法は最小限の道徳である」という指摘がある．たしかに，数ある道徳のうち，法は，「殺すな」・「盗むな」といった，他人または社会にもっとも害のある行為を処罰の対象にしている．これは，法によって道徳を支えるためであるが，しかし，また，重大な道徳に反する法は無効とされるという形でも問題となる．

　他方では「道徳は最小限の法である」という指摘もある．たしかに，たとえば交通法規は最近になって作られた技術的・人工的な法規であり，それゆえ道徳に由来しない法であったのだが，やがて，その中でも他人ないし社会に重大な害悪をもたらす行為——飲酒運転やひき逃げ，無免許運転など危険で悪質な違反行為——は深刻な「交通道徳」違反としても制裁を受けるようになった（たとえば教師や議員，公務員は，スピード違反や信号無視ではそうでもないが，飲酒運転や当て逃げでは，道路交通法違反で法的制裁を受けるだけでなく，道義的責任を問われて辞職ないし免職になる可能性がある．なお，注18参照）．悪質な法違反行為には，道徳的制裁がまとわり付きだしたのである．つまり，法が道徳を造り出すこともあるのである．

　こうした法と道徳の関係を分かりやすい図で示せば，下図のようになる．

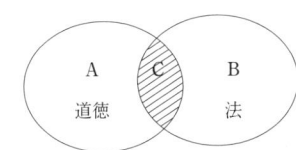

A：「隣人愛」，「迷惑をかけるな」など
B：技術的な法規定（交通法規，選挙法規など）
C：自然犯（それ自体当然に反社会的・反道徳的である犯罪），「交通道徳」，「法の道徳」，「正義」，「条理」など

　この図でCは，法全体の最小限の部分であり，かつ道徳全体の最小限の部分でもある．それゆえこの図は，上の二つの指摘をともに充たしている．しかしこの図には問題もある．この図では法と道徳との大部分である，相互に重ならないAとBとは，Cを媒介にして相互に親戚関係にあるかのようである．しかし，両者はまた，後述のごとく，相互にエイリアンのような関係にもあるのである．われわれは，これらの点について日常の経験を反省しつつ考察しよう．

2-1-1　道　徳

　われわれは，ある人が養護施設に寄付をしたとか，災害時にボランティアとして救助活動に加わったというニュースを聞いたとき，それらを道徳的な行為

だと評価する．しかし，このときにも，さらに詳しい事情を知って，「道徳的であるとは言い難い」と感じたり，さらには「偽善行為だ」と反発することがある．それは，次のような場合である．

　①　「道徳的であるとは言い難い」と感じるのは，その行為が付き合い上行われた，すなわち周りの雰囲気の圧力で，心理的に半ば強制されて行われたり，あるいは，校長や社長の命令で，すなわち他人に強制されて行われていたと知ったときである．このことから逆に，行為が道徳的であるためには，他からの強制によっていないこと，すなわち自発的であることが必要だと分かる．自分の意志が自分の行為を規定することを，自律（Autonomie）という．

　②　「偽善行為だ」と反発するのは，選挙で人気票を集める手段として寄付が為されていた，表彰されることを期待してボランティア活動が行われていた，と知ったときである．これらの場合，行為は他の目的を達するための手段となっている．他の目的とは，当選して権力者になりたいという権力欲であったり，名誉ある地位につきたいという名誉欲であったり，金を得たいという金銭欲・物欲であったり，恋人の関心を得たいという性欲であったりの，欲望（カントの言う「傾向性」）である．これらの場合，一見道徳的な行為が，実は欲望に支配されていたため道徳性を喪うのである．

　逆にわれわれは，行為がこうした欲望実現の手段となっていない場合，たとえば，ある人が『施設に寄付をし災害時にボランティアとして救助活動に参加するのは，市民としてのあるいは人間としての当然の行為（義務）だ』と理性的に判断して行為した場合，その人を高く評価する．この場合には，行為を起こす意志は欲望によって支配されていないのであり，行為の命令者は理性である．ここでは人間は，欲望のとりこではなく，自分自身である自分の理性によって欲望から自立している（これも Autonomie の語に関わる）．また，この場合には動機に不純さはない（行為が別の目的を達成するために手段となっていない）．これが「動機の純粋性」である．

　ちなみに，行為を起こす意志が欲望によって支配されている場合には，たとえば「選挙で票を得たいならば寄付をせよ」という形の条件文になる．前述のように，カントはこれを「仮言命法」と呼んだ．これに対して，行為が端的に義務意識から行われている場合には，「寄付をせよ」という，無条件のきっぱ

りした単純な形になる．そこでこれをカントは「断言命法」と呼んだ[17]．

③　選挙で票を集める手段として寄付したり，恋人の注意を喚起する手段としてボランティア活動をすることは，別の観点からすれば，寄付を受け取る相手を票集めの手段とすることであり，ボランティア活動で助ける相手を恋人の気を引く手段とすることである．つまり，行為の対象である人間を手段としている時には，行為は道徳的ではないということになる．これに対して，端的に『相手が寄付や救助を必要としているから寄付や救助をする』という場合は，相手それ自体を目的としているのである．このようにして，道徳は相手の人間を自己目的的存在とするもの，すなわち相手の尊厳性，個人の尊重を基底にしているものであることが分かる．

④　それでは，自発的な行為であって，行為自体が目的であり，かつ人間を自己目的にしていれば道徳的かというと，それでも道徳的だとは言えない場合もある．たとえば，「自分は死ぬべきだから自殺する」と判断して自殺する行為は，自発的であるし，欲望に支配されているわけでもないし，他人を手段にしているわけでもないので，上の①②③を満たしている．しかしわれわれは，この行為を，自己犠牲である場合を除いて，道徳的だとは言わない（ましてや西欧では自殺は反道徳である）．それはなぜか．

この点についてカントは，後に普遍化可能性と呼ばれる視点を提起した．これは，『ある命題が一般的なルールとなった場合に，なおルールであり得るか』を考える視点である．たとえば，「苦しければ自殺すべし」という命題は，人生に苦しさは不可避だから，それが一般的なルールになれば人間が死に絶える．人間が死に絶えたら社会がなくなるので，ルールも消滅する．すなわち，ルールが自己否定されることになる．また，「うそをつくべし」という命題は，そ

---

[17]　道徳における「動機の純粋性」は，また潔癖主義と不可分である．道徳のこうした潔癖主義は，ユダヤ＝キリスト教ないしカント的道徳の特徴である．「原罪」の思想に端的に見られるように，とくにキリスト教においては，たった一度でも約束を破ったりウソをつけば，それだけで邪悪な人間となる．これが典型的な道徳であるが，現実にはもう一つのタイプの道徳がある．たとえば，古代ギリシア・ローマの道徳と，キリスト教の影響の少ない自然道徳とは，鷹揚である．ここでは名将軍などは，「清濁併せ呑む」人であり，道徳性と非道徳性を兼ね備えて，それでいて「立派な人」なのである．こういう人は，他人に対しても，『一つでも失敗・欠点があるとクビにする』という態度は採らず，寛い心で人を使う．この点については，拙稿・前掲注5)「マキアヴェリ再考」（二）（『法学雑誌』41巻3号318頁）参照．

れがルールになれば人間が相互に不信になって，ルールそのものの基盤がなくなる．このようにしてそれらは，ともに道徳などのルールの存在基盤を崩してしまう．他方，「助け合うべし」という命題は，それがルールとなれば人間の共存がヨリ快適なものになるので，ルールの存在基盤を強化する．このようにして，カントは，ルール化すれば道徳自体，ひいては社会が成り立たなくなる場合は道徳的でなく，逆の場合は道徳的であるとしたのである．

（以上から，道徳の中では人間は，自発的で理性的に行為し，自分を自分で律し，普遍的にものを考える存在であることになっていることが分かる．道徳そのものは太古からあり，東西どこにもあるが，そうした道徳の中に特殊近代的な人間像が潜んでいることを，カントは見事に解明してみせたのである．カントは，われわれ人類の古来の常識の中から，新しい社会を切り拓く革命的契機を析出させた，そういうタイプの天才の一人であった．）

＊

ではこうした四つのテストにかなったものしか道徳的なものはないかというと，それはわれわれの経験に反する．われわれは，たとえば夫が病気の妻の，あるいは母親が病気の子供の，子供が老いた両親の，ある人が病んだ友人の，介護を誠心誠意行っている光景を見ると，『道徳にかなっている美しい光景である』と感じる．しかし，そうした行為は，カント的意味で「自分の理性が義務だとして命ずる通りに行為しているから道徳的である」というものではない．なぜなら，こういう行為の背後にあるのは，第一義的には性愛であり，母性本能であり，親子の情であり，友情であるからだ．これらは，カント的にいえば，理性から派出したものではなく，欲望・感情（「傾向性」）に従った行為である．にも拘らず，それらは「道徳にかなった美しい行為」なのである（内容的にも，自発的で無条件的で，相手を目的としている）．とするならば，カントのいうものだけが道徳の原理ではなく，カントが非道徳的であるとして排除した，傾向性に基づく行為であるものの中にも，道徳にかなうものがあることになる．

これが前述の「美しき魂」の立場であり，シラー（『優美と尊厳について』*Über Anmuth und Würde*, 1793 年）や若きヘーゲルはその立場からカント批判を行った．また同時代のイギリスの人々も，道徳を人間の道徳的な感情に基底を置くものとして理解し，道徳を理性の専売特許にはさせなかった．シャフツベリ（A. A.

C. Shaftesbury, 1671-1713），ヒューム（David Hume, 1711-76）やアダム・スミス（Adam Smith, 1723-90）ら，スコットランドの道徳感情論の立場の人々がそうであった．こうした感情に基づく道徳的行為の場合にも，利益計算を排除して「美しき魂」が発露する場合には道徳的なのである．

　カントの指摘もわれわれの経験に合致しているし，「美しき魂」や道徳感情論の立場もわれわれの経験に合致しているとするならば，道徳については，「理性か傾向性か」の二者択一ではなく，それらの双方の上に立って考えるべきであろう．

　ただしこれら二つの間には，道徳としての優先順位は確かにある．これは二つに場合を分けて考えなければならない．第一に，たとえば災害に見舞われたときに自分の子供だけを救助する親の行為は，「美しき魂」の行為ではある．しかしそれは，「すべての子供を差別なく救う」という理性に基づく行為に劣り，真に道徳的ではない．この種の感情的な道徳は，理性的な道徳ほどには，普遍志向をもたないのである．道徳感情論における道徳では，何が道徳的かは，結局その社会の黙契によるから，これも普遍性を欠く．第二に，とはいえ，イエスの愛，釈迦の慈悲，孔子の仁などは，親族を超えた情愛の情であって，「全ての人を差別なく愛す」とする点で，カント的な理性道徳と同様の普遍志向をもつし，「義務だから」として行為する理性道徳をはるかに超えた愛の積極性をもつ．この種の感情的な道徳は理性的な道徳の上位にあるのである．

2-1-2　法

　以上に対して法の場合はどうであろうか．ここでもわれわれは，日常の事態から考察していこう．「車を制限速度内で走らせる」とか「赤信号で停車する」などの行為は，法にかなっている行為である．これらについて道徳と対比しつつ考えてみよう．

　①　われわれは，「車を制限速度内で走らせた」とか「赤信号で停車した」とかした人物が，「後にパトカーがいたから仕方がなくそうした」と告白しても，だからといって「それなら法にふさわしくない行為だった」とは非難しない．道徳の場合とは違って，法においては外的強制があったかどうかは合法性の判断材料にはならない．それどころか法は，刑罰に典型的に見られるように，

むしろそのような外的強制を，法を守らせる手段として活用しているのである．

　②　法においては，動機の純粋性も問題にはならない．たとえば，上の例で，「法は守るべきだから守るのだ」として行為したのではなく，「罰金を払うのがいやだから」という金銭欲や，「つかまって勾留されるのがいやだから」という肉体欲などが「法に従う」動機になっていたことを知っても，だからといってそれらに対して「不純な行為だ」と反発することはない．

　以上の点においては，法は道徳とは対照的に，自発性や動機の純粋性といった内面的要素を問わないのであって，法においては行為がただ外面において規定通りに行われておればよいのである．

　③　法においては，相手を必ずしも自己目的的には扱わない．たとえば，普通の家庭教師の契約においては，家庭教師の方からすれば，教師になるのは奉仕のためではなく，受験指導をして金を儲けるためであり，教え子は金儲けの手段である．雇う方からすれば，雇うのは子供を有名校に入れたいためであり，家庭教師の生活を助けるためではない．この場合，家庭教師は，雇い主にとって出世欲の手段である．しかしわれわれは，それら当事者が相互に相手である人間を道具視していることを知ったからといって「契約は不純だ，無効だ」と非難しない．このように，道徳の③とは対照的に，相手を手段と見ているか自己目的と見ているかには，法は関心がない．むしろ Give and Take が法の論理である．

　④　普遍化可能性についても，法はこだわらない．法には，国民すべてに適用されるものもあれば，地域内でだけ，あるいは，国民とか有資格者，未成年者といった特定の関係者にのみ通用するものもある．もっとも法においても，人権規定のように，普遍的に妥当するのが望ましいとされるものもある．また，判決を下すに際して，裁判官は，「この判決が先例となった場合にどういうことが生じるだろうか」を考える．これも一種の普遍化可能性に関わってはいる．しかし，そこで裁判官が予測しようとしている可能性は，場所的にも，時間的にも限られた範囲内でのものであって，道徳において問題になるような普遍化可能性とは異なる．

2-1-3 総 括

以上を総括すると，道徳と法との対比は，次のようになろう．

① 道徳は，第一義的には，良心の自己命令である．この点で道徳は，本質的に外部の強制によらない（自発性による「自律」を原理とする）．これに対して法は，第一義的には，権力のもつ強制力によって支えられた，社会の公的機関の命令である（強制を原理とする）．

② 道徳は，第一義的には，動機の純粋性を重視する．つまり，動機に名誉欲や物欲などの私欲が入っていると，外面的に道徳的な行為も，偽善行為とされる．そうした欲望から自由な，『人間として隣人として当然そう行動しなければならないからそう行動する』という態度を必要とする（理性の自己立法としての「自律」）．これに対して，法は，主に個人の外部，行為の態様に関わるものであり，動機の純粋性を問わない．

③ 道徳においては，結果的には道徳的な行為となっても，明確な道徳的意図無しに行った行為は，道徳的行為ではない．しかし，その意図は，他人に伝える必要はない．自分の良心がその意図を確認できればよい．逆に，その意図を他人に吹聴しながら行った場合は，道徳的ではなく，一種の偽善行為となる．

④ 道徳においては，他人を自分の手段として位置づけることは許されない．親切行為は，あくまで，その人のためにするものでなければならない（個人の尊厳を基底においている）．これに対して，法的行為においては，相手は自分の欲望実現の手段であってもかまわない．

（もっとも，以上の定式化は完璧なものではない．たとえば，法の世界でも故意や悪意・害意，行為の目的など個人の内面の要素が重要になることがあり，逆に道徳の世界でも，社会的な非難や制裁が発動することがあるからである．しかしこの場合でも，非難や制裁をおそれて行為するのであっては道徳的でなくなるのだから，それらは道徳の本質を構成する要素ではない．）

2-1-4 法と道徳，それぞれの根底にあるもの

法と道徳，それぞれの根底にあるものは何であろうか．

① 「人を殺すな」,「人を欺くな」といった道徳に共通な究極の命法は,「他人に危害・迷惑を加えるな」ということである．これを消極的道徳と呼ぼう．また,「人に親切にせよ」,「祖国のために尽くせ」,さらには「汝の敵を愛せよ」といった道徳に共通なのは,「人の利益になることをなせ・人に奉仕せよ」ということである．これを積極的道徳と呼ぼう．数多い道徳律も,最終的にはこの二つの根底的命令——これら二つのさらに根底にあるのは「他人に配慮せよ」というものであろう——に帰着する（たとえば「不正に対して抵抗せよ・権利を主張せよ」とか「自分の名誉を守れ」という道徳律も,結局は,「そういう秩序を守れ」・「そのことを通じて社会のために働け」ということに帰着するから,「人に奉仕せよ」ということと内容的に同一である）．われわれは日常において,新しい事態に対する具体的道徳ルールを,この究極の命法から導き出して対応しているのである．たとえば,車内でケータイを使うことについての道徳はつい最近まで存在しなかったが,そこでも「他人に迷惑をかけるな」からケータイについての道徳（マナー）が導き出せるのである——もっともそういう論理操作のできない人も多いが．

以上の観点から法を眺めると,道徳律と重なる法規則——その代表は,「人を殺すな」,「人を傷つけるな」といった刑法の自然犯である——の根底に共通してあるのは,消極的道徳と同様なものであることがわかる．

しかしその場合も,法規則がすべて道徳律と重なるわけではない．たとえば,「姦通するな」という道徳規則は,「配偶者である人を裏切るな・迷惑をかけるな」に帰着するものではあるが,日本などではもはや刑法上では法規則ではない（民事上の不法行為にはなるが）．「人を欺くな」の道徳律も,そのまま刑法上で法規則となるのではなく,そのうちで刑法に関係するのは,詐欺や文書偽造,通貨偽造,偽証などの深刻な危害が考えられる場合である．これらは結局,かなりの量の道徳が,私事であるとして,あるいは各人の良心によるコントロールに委ねるべきだとして,刑法的コントロールから除外されてきたことの結果である．

他方,新たに法規則として作られたもののうち,危害の甚だしいものに関係している規則——たとえばひき逃げや酔っぱらい運転,信号無視運転——は,先に交通法規について見たように,道徳律にもなる．信号無視でも,信号無視

をする運転手は道徳的に非難されるが，信号無視した歩行者は，さほどの道徳的非難や良心の呵責に迫られない．この違いは結局，危害の大きさによる[18]．

② 上の点との関係で注目すべきは，法は，積極的道徳をほとんどその内容とはしないことである．とりわけ近代においては法——および法の基底にある正義——は，「人に奉仕せよ」とは命じないのである（救助義務は特別で，ドイツやフランス等大陸諸国では刑法化されている．しかし，英米法圏や日本では特別な関係にある人に——たとえば消防士や警官が遭難者に対して，あるいは事故を起こした運転手が被害者に対して——のみ課される．また，親族法上の扶養義務は，法による道徳の強制というより，法政策上の必要から来る）．これも，道徳が内面的な良心に根ざすべきこと，それゆえ法的強制になじまないこと，が確認されてきたからである．積極的道徳の内容を法によって，すなわち権力的強制を担保にして，実行させようとすることは，道徳規範の効力を薄めるし，権力が私的世界や個人の内面に介入することにもなるのである．

③ 法規則の多くは，「他人に危害を加えるな」といったこととは無関係の，社会の共同生活を効率よく遂行する上で必要な組織の形成・運営に関するルールである．それらの法，たとえば訴訟や請願を起こす上でのルールや，選挙権を満20歳以上の人に付与するといったルールは，形式上は「○○をせよ」の規定であって積極的道徳と同じ形をとることがあるが，奉仕の推奨とは関係がなく，第一義的には道徳と関係がない（「ルール・法を守れ」という道徳とは関係するが）．

④ 以上の点から言えることは，法が道徳と内容的に重なる点は，「他人に危害・迷惑を加えるな」という形を採ったものの内の，危害の甚だしいものに限られるということである．ここから，近代の法は，「他人に害を加えない限りは自由に行為してよい」という，ミル（J. S. Mill, 1806-73）が『自由論』（1859年）で提起した「危害原理」を，根底に置いていることが明らかになる．この点については，「7　人権＝個人の価値(2)　自己決定権」において詳述する．

⑤ もっとも，ここでも例外はある．道徳の中には，近親婚・重婚の禁止や

[18) この場合，「ひき逃げするな」・「酔っぱらい運転をするな」という新たな道徳が作られたと考えるか，「他人に危害を加えるな」という究極の命法がひき逃げや酔っぱらい運転に適用されたと考えるか．どちらもが起こったと考えるのが，妥当だろう．

宗教道徳のように,「他人に危害・迷惑を加えるな」や「人に奉仕せよ」とは無関係のものもあるからである.しかしこれらについても,数ある社会ルールのうち重要で,それらを破ることによって社会に及ぼす危害——肉体的な,および生活上の——の大きいものが道徳となった点では,変わりがない.

以上を図に示すと,次のようになる.

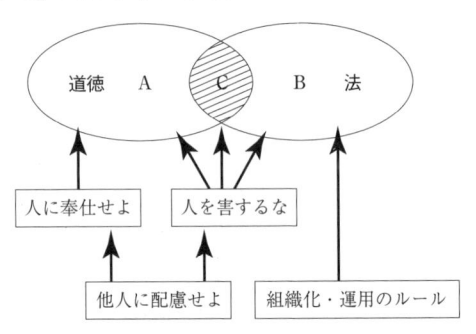

```
      道徳   A   C   B   法
           ↑  ↑↑↑     ↑
     ┌─────┐ ┌─────┐  │
     │人に奉仕│ │人を害する│ │
     │せよ  │ │な    │ │
     └─────┘ └─────┘ │
              ↑       │
         ┌─────┐ ┌──────────┐
         │他人に配慮│ │組織化・運用のルール│
         │せよ   │ └──────────┘
         └─────┘
```

2-2 〈法と道徳〉をめぐる歴史

2-2-1 概　要

(1)　西欧の古代・中世的法観念における法と道徳の未分離

いうまでもなく道徳そのものは古くからあった.しかし,上に見たような原理——すなわち自己決定(自立)と,理性による情念の規制(自律),個人の尊厳——を柱としているものとして,道徳がその純粋な姿を際だたせるのは近代をまたなければならなかった.それが可能となるまでは,道徳はいわばその純粋形を眠らせており,そうした状態において,法と混同されていた.その例の一つとして西欧の古代・中世社会を見てみよう.

① **集団主義ゆえの内面的道徳の未発達**　法と道徳が前近代において混同されていた第一の原因は,古代ギリシア・ローマや中世においてそうであったように,集団ないし集団の伝統が最高価値の保持者であり,個人はそれに従うものとされたところにあった.ここでは個人は内面的に自立して何が正しいかを自分で判断できる主体ではなく,既存の秩序に従うべきものとされた.既存の秩序とは道徳的であり法でもある掟であった.

② 伝統主義ゆえの技術的な法の未発達　法と道徳が前近代において混同されていた第二の原因は，法が社会統制のための技術的な装置であるという観念が発達していなかったことに求められる．とりわけ中世においては，身分的・地域的に流動性が低く，かつ国家権力が未確立であったがゆえに，高度に自足的な生活が持続し続けた．このため，既存の生活様式が時間的のみならず価値的にも個人的意志を超越した「自然」として受け止められた．中世の人々は，法とは，想起し得ないほどの太古以来の伝習（慣習道徳を含んだ慣習法）であり，あるいは太古に超人が制作した物（宗教的・道徳的律法）であると考え，そうした法は，時の権力者や人々の意志を超えた絶対的な規範力を持つと考えた（こうした発想に基づく支配を伝統的支配という）．そしてその際，何が法（慣習法）であるかの判断は，通常は，民衆や民衆に信任された少数の人々の，道徳感情とも渾然一体である正義感情によって行われたので，法はそれ自体，道徳と不可分であった[19]．

　こうした二つの観点からの，法と道徳の未分離は，古代・中世の学問体系によく現れている．アリストテレスやストア派においては，宇宙を貫く普遍的本質である「形相（エイドス）」ないし「法則（ロゴス）」があり，これが各個人・家族・社会・国家の本質を成している，とされた．各人の課題は，それを発見しそれに準拠して，すなわち道徳的に行動することにある．これを逆にいえば，道徳的にすぐれた個人であってはじめてすぐれた家長たり得，立派に政治を行なえる支配者たり得る．法律や共同体は，そうした人間を作るべき制度でもあり，政治は，道徳的にすぐれた人間である政治家・君主の道徳実践の場である．君主が道徳的に統治すれば，臣民も道徳的になり，その結果，善い政治が行われる……．こうした教えが書かれた書物を「君主鑑」(mirror-for-princes) という（鑑 mirror，ドイツ語で Spiegel とは，日本の古語と同様，お手本，模範という意味である）．それは近世に至るまでヨーロッパで大きな影響力をもった．

　「君主鑑」は，君主の備えるべき四つの主要な徳性（virtus cardinalis）として，「賢慮」(prudentia)，「節度」(temperantia)，「剛毅」(fortitudo)，「正義」(iustitia) を伝えてきた（これら四つを挙げることは，すでにプラトンやキケロ (Marcus Cicero,

---

19)　Fritz Kern, *Recht und Verfassung im Mittelalter*, 1952, (世良晃志郎訳, 創文社, 1968 年).

B. C. 106-43) らにも見られる）．ここでは道徳的な統治（善政）こそ永続きするものであり，そうした善政を行えるためには君主は道徳的にすぐれた人物でなければならないとされた．この観念は，マキアヴェリらの問題提起——『すぐれた君主は，人間であると共に，狐でありかつライオンでもあらねばならない』——にもかかわらず，ルネッサンスを経て近世までつづいた[20]．ここでは，国家法もまた権力的強制力のみに基づく装置としては観念されない．それは内容的に道徳と渾然一体となるし，運営においても衡平法（Equity＝君主の任命した特別裁判官が，通常裁判所の判決を具体的妥当性や道徳を考慮に入れることによって覆す．これについては後述する）や大権判決（Machtspruch＝君主が具体的妥当性や道徳の観点から，裁判所の決定を覆す）にみられるように道徳的配慮に左右される．

　（これらは，基本的に東洋の「修身斉家治国平天下」（＝自分を道徳的に立派にした人だけが立派な家長となり得，立派な家長であって初めて小国の立派なリーダーたり得，その小国を立派に治められた人が，天下人ともなれる，という思想）や，儒教的君主観・国家観（＝賢君論）に対応するものである．『論語』の「政を為すに徳を以てせば，譬えば北辰(ほくしん)（北極星）のその所に居て，衆星のこれに共(むか)うが如し」とか「これを道くに政を以てし，これを斉(ととの)うるに刑を以てすれば，民(たみ)免(まぬが)れて恥なし．これを道くに徳を以てし，これを斉うるに礼を以てすれば，恥ありて且(か)つ格(いた)る」（君主が道徳的に統治すれば臣民も道徳的になる．刑罰による強制では人は善くならない）とかとする思想にも，法・道徳・政治を結合させるこの思考がはっきり現れている．）

　キリスト教・スコラ哲学の法観念も——キリスト教には外面と内面を区分する思想が含まれていたにも拘らず——法と道徳，政治と道徳が未分化なこうした伝統上に立っていた．教会権力はそれ自体一個の支配的社会権力として，自己の宗教的価値を法の力を借りて現実化することを目指すものであった．ひとびとはまた，裁判の宣誓や戴冠式などの国家的行為や結婚式を，今でも見られるように宗教的儀式としてとりおこない，それによって法的制度・政治的制度に宗教的意味を付与した．これらは，法と宗教・道徳を結びつけるものであった．

　こうしたことのゆえに，——継受されたローマ法，中世都市法，判例法として整備されていったイギリス法などの例外はあるものの——法と道徳の区別は

---

20) 拙稿・前掲注5)「マキアヴェリ再考（一）（二）（三）」. Quentin Skinner, *The Foundations of Modern Political Thought*, Vol. 1, 1978.

一般に不明確であった.

(2) 近世から近代にかけての,法と道徳の分離

西欧では,近世に入り法と道徳の未分離状態が次第に崩れ始める.それには次のような事柄が影響を与えている.すなわち,

① 国民市場経済の発展に伴い,自給自足的・共同体的生活が後退していく.このため,社会が変動しないことと超個人的な共同体の観念が強いこととに根ざしていた慣習法の支配が,その基盤を失う.また商品交換が広まった結果,制定化され客観化され,それによって合理的な構造をもった,そして個人主義的な原理に立った,私法が定着していく.そうした法によって初めて,取引の安定性や取引相手の出方の予見が可能になるからである.

(近代においては,当初は当事者の意図に着目した私法理論,すなわち意思主義が支配的となった.しかし,近代社会がさらに発展していくに従い,当事者の意図よりも第三者が前提にする客観的関係(定型的な関係,および契約や登記などの書類に表記されている事項)を,「取引の安全」や「社会の利益」などの観点から重視するようになり表示主義が支配的になる.その際,意思主義の時代には,当事者の意思や個人的な事情などの道徳的な評価が「善意」・「悪意」や「正」・「不正」をめぐってなお法的関係に付きまとったが,外形が重んじられる表示主義においては,主観的要素が後退し,その結果,法的関係における道徳的評価の影響度はきわめて低くなる.)

② 絶対主義的な国家形成が進行していくにつれて,旧勢力に見られた,慣習法絶対視や,社会を発展のない固定したものと見る見方が克服されるとともに,君主による新しい制定法が形成されていく.また,国家を経営する専門官僚の機構が整備されるのに伴い,法的諸関係の技術性,体系性,画一性が進行する.こうしたことが法と道徳の区別の明確化を進める.

(ただし,絶対王政は,そのイデオロギー,国家目的,宗教的立場などを権力を背景にして強制するものでもあり,また,国家自体の自己目的化・君主崇拝を促進するものでもある.この点では,法は新たな形で内容的に倫理的・宗教的なものと不可分になる.さらに,君主のこうした権力化の動向に対抗する旧勢力の側は,自分たちの奪われてゆく特権を擁護しようとして,『国家に先行して旧い(慣習)法があり国王といえどもそれを守らなければならない.それを守らない権力に対して民衆は抵抗し得る』とする観念に立った「善き旧きレヒト Recht」の思想を強めたが,それは法感情と道徳感情が渾

然一体となったものであった（この点については「18 司法をめぐる合理化と人間化」において論じる）．法と道徳は，近世においてこうした新しい形での再結合をも示すのであった.)

　③　宗教改革の運動の中で個人の内面的自立が覚醒され，そのことにより，宗教・道徳などの内面の世界と，国家・法などの外面の世界との峻別が進む．これは，たとえばカルヴァン派に近い国教徒のロック（John Locke, 1632-1704）が『寛容についての書簡』(1688年）で，「心の底から信ずることなしには信仰は信仰ではない」とする立場から，『信仰（や道徳）を法によって外から強制してもそれは内面に反発を生じ，外面をとりつくろう偽善ないし瀆神を助長するだけだ．権力は，内面・個人の良心には立ち入れない』としたことに，はっきり現れている．

　宗教改革はまた，伝統的な宗教権力の権威を失墜させ，また「何が道徳か」・「何が正しい信仰か」をめぐって多様な見方があることを人々に自覚させることによって，権力が個人に一つの宗教や道徳を強制する伝統を打破した.

　（ただし，他方では，プロテスタンティズム側の宗教的権力支配が確立したところでは，その宗教的・道徳的立場が法や裁判を通じて強制されることになり，新たな形で，法と道徳の混同が進んだのでもあった．禁酒法，奢侈や劇場の禁止，厳格な姦通裁判・異端裁判などにそれがみられる．カルヴァン（Jean Calvin, 1509-64）のジュネーブ市やピュリタンたちのマサチューセッツ州などがそうである.)

　近代における自由主義経済社会の進展と，啓蒙主義思想の展開とは，これら②と③の「ただし」書き部分にともに見られた，新たな形での法と道徳の結合をも打破することにより，法と道徳の近代的分離を推し進めた．

　④　ローマ法の継受により，基本的に法と道徳の区別の上に立ち客観的で技術的である，私法体系が定着していく[21]．

　(3)　**日本における法と道徳の未分離**

　日本でも前近代において法（・政治）と道徳の区別が不十分であった点では，基本的に西欧と変らない．しかし，日本の特徴は，明治期以降において，一方で，近代化に伴って法と道徳の区別が展開したものの，他方では，法と道徳の

---

21)　加藤新平・前掲注2)『法哲学概論』326頁以下．

未分離が——政治的および社会的理由から——温存ないし再強化され，制度的にはつい半世紀前（1945年）まで強力であり，それゆえその後も後遺症が持続している点にある．それは，(a) 国家レヴェルと (b) 草の根レヴェルとで問題になる．

(a) 国家レヴェル　戦前の天皇制国家においては，天皇が神であり，同時にその祖先（皇祖皇宗）を祭る神主でもあった．こうした国家秩序を聖なるものとして護持すること（国体護持）が国家の主要関心であったため，天皇の国家を臣民の上に置き，国家が道徳や学問，芸術をも規制した（聖・善・真・美といった価値の判断権を国家が独占した）．ここでは，法・政治と道徳・宗教が分離されていなかったのである．

(b) 草の根レヴェル　日本では近代に入っても，村落共同体や社会の諸団体（家族，会社，学校，部活動など）において，集団は，個人に優位しそれ自体が価値あるものとされ続けた．そうした集団は，伝統的な習俗法・慣習に根ざしていたので，それらが規定的な力をもったが，その中には——「氏神様を祭れ」とか「村の和を乱すな」とかの様に——倫理的規範と法的ルールが未分化に共存していたものが多かった．

以上 (a) (b) のような国家や集団においては，一方での家父長的な世話焼き（個人の世界に干渉する介入主義と，従順であれば親身になって面倒を見てやる温情主義）と，他方での異端分子に対する徹底的な弾圧と排除がおこる．国民は一般には殿様や天皇・親分・旦那の「赤子（せきし）」であり，おとなしければ「よしよし」と手をさしのべてもらえるが，しかしいったんそれから自立して自分で考え独自に行動しようとするものなら，たちまち「非国民」・「アカ」・「国賊」・「変人」のレッテルを貼られ，非人間扱いをうけることになる．

そしてこれらの状態にあるところでは，上の者にも下の者にも内面的な独立が出てこない．集団と伝統とが最高の価値をもち，それに照らしそれに即して動くため，天皇も政治家も国民もが，自己の判断で行動しているという意識をもち得ない．それゆえここには，自分たちの行動に対する責任意識も出てこない．これが，東京裁判で明らかになった問題点のひとつであり，また日本人の戦争責任意識欠如の一要因として今日まで尾をひいている問題である[22]．道徳の過剰が，道徳的責任意識の希薄につながるという，パラドクシカルなテーマ

だが，詳述は「15　戦争責任論」にゆずる．

　以上のような現象は，日本に限らず現代社会においていまだに再生されているところでもある．集団が個人に優位し，かつ統治者が絶対化され崇拝の対象となるところでは，資本主義と社会主義とを問わず，法によって道徳を強制する，こうした現象が起こる．

(4)　現代における法と道徳の再結合・再分離

　1874年の恐慌が当時のひとびとに与えたショック[23]に典型的にみられるように，19世紀末葉以来，世界の資本主義は深刻な機能不全を呈し始める．その結果，自由放任主義の問題性が自覚され，私的自治ないし近代的私法原理だけではやっていけないという意識や，私法においても社会的価値を顧慮に入れなければならないという意識が高まった．こうして19世紀後半以来，近代法の特徴である抽象性・形式性——それらは法を道徳から切り離すことをも意味していた——に対する懐疑が生じた．また労働者の重労働，失業や貧困が深刻な問題となり，その結果，新たな形での人道性・公正・社会連帯——すなわち新しい社会的な道徳——を重視する動きが法学の世界でも強まった．たとえば，(イ) 近代的私法原理に対抗し連帯に根ざした社会法原理の採用，(ロ) 福祉国家政策に立つ法整備，(ハ)（立法により授権された道徳的判断としての）一般条項の活用，(ニ)「公正」や「通常人の法感情」をも踏まえた利益考量を行う法学の提唱，(ホ)「自然法の再生」などがその現れである（これらについては，それぞれ後で詳しく論じる）．こうして，法と道徳は，相互の基本的な分離を前提にしつつも，新たな形で再結合させられることになった[24]．

　この時代はまた帝国主義の時代であり，他国との抗争が激しくなった．その結果，ナショナリズムが高揚し，国家的・民族的価値，全体への服従・献身の道徳が国家によって強調された．国家は，単に教育面においてだけでなく，さらに立法や裁判・行政などを通じて，そうした価値・道徳を人々に強制していく．日本における明治憲法，教育勅語に中心をおいた天皇制イデオロギーの強

---

22)　丸山眞男「超国家主義の論理と心理」1945年（前掲注15）『現代政治の思想と行動』所収）．
23)　拙著・前掲注2)『近代ドイツの国家と法学』84頁以下参照．
24)　Hermut Cohing, Das Verhältnis der positiven Rechtswissenschaft zur Ethik im 19. Jahrhundert, in : J. Blühdorn und J. Ritter (Hrsg.), *Recht und Ethik*, 1970.

調は，その一現象である．ドイツにおいては，法と道徳のこのような形での再結合は，ナチスの支配下において極点に達した．ここでは「民族共同体」や「祖国」の価値が絶対化され，法実務や法学にも浸透した（上において見た，明治期以降の日本における「法と道徳の未分離」にも，こうした新しい要素もが作用している）．

後述するように，戦後の一時期には，ナチス時代の非人道性に対する反省から，人間の尊厳や自由，人道的価値などが強調され実務にも影響を与えた．ラートブルフ（Gustav Radbruch, 1878-1949）の問題提起による「自然法の再生」は，法と道徳の再結合に向かうものであった．しかしこの運動は，まもなく法の支配や法的安定性の再重視の必要のなかで冷却化していった．

このように，現代においては，法と道徳の再結合が，自由・民主主義を崩す立場からも，それを擁護する立場からも，追求されたのである．

（今日においてはまた，道徳やマナーの新たな高まりに対応して新たな法律が作られるという形での両者の再結合も見られる．たとえば，後述する動物愛護や環境保護，喫煙マナーなどに関する道徳の高まりと，それに対応する法の新生がそうである．）

総じて現代の動向は，法と道徳の原理的分離を前提にしつつも，様々な形での道徳の基礎付けを試みそれに照らして法の在り方をも考え，法と道徳の相互に緊張した関係を保持するところにある[25]．

2-2-2 思想史

2-2-2-1 法・道徳分離論の思想家

ここでは法と道徳の原理的区別に貢献した思想家について見ておこう．

(1) 近世自然法学

トーマス・ホッブス（Thomas Hobbes, 1588-1679）は，その社会論の中軸を，快楽を求め不快を避けようとする経験的個人に求め，法や国家をもその個人の力学的関係として論じた．すなわち欲望によって動く諸個人の間では権力をめぐる争いが絶えない（「人間は人間に対して狼である．homo homini lupus」）．こうした諸個人間に平和を確保するためには，最終的にはすべての個人が実力行使を

---

[25] Arthur Kaufmann, *Rechtsphilosophie im Wandel*, 2. Aufl. 1984, S. 201 ff.

止めて，第三者としての主権者に巨大な秩序維持権限を与え，その力によって全体の秩序を確立・保持するほかない．法は，こうした関係において主権者が諸個人を力によって規制するための道具だと位置付けられる．このようなドライな見方によって，ホッブスにおいて法は，伝統的価値や超越的価値とのつながりを基本的には必要としなくなった．法は，個人の外面的行為に関わるものとなり，しかも個人を実力によって他律的に規律する社会的な装置となった．「真理でなく権威が法を構成する」というホッブスの命題がそれを端的に示している（ここで「権威」とは政治的実力のことである）．ここに法と道徳の分離への理論的胎動が始まる（ただしホッブス的な考え方では，道徳であっても，主権者の命令として強制をバックにして押しつけられれば法となるわけであり，この点でなお法と道徳の区別には限界があった）．

ホッブスに始まる，近世自然法論のこの方向を推し進めたのは，前述のロック（56頁）とクリスティアン・トマジウス（Christian Thomasius, 1655-1728）とである．ホッブスは唯物論的な立場からの考察によって実定法の自律を促したのであるが，ロックとトマジウスは，その宗教的立場のゆえに内面性を重視しそれを確保するべく法からの道徳の分離を進めた．すなわちかれらは，マルティン・ルター（Martin Luther, 1483-1546）の宗教思想の延長線上において，個人の良心に関わる内的世界と，公的な社会的秩序に関わる外的世界とを峻別した．そして，道徳が人間の内面に関わるのに対し，法（ならびに国家・教会組織）は他人との関係という外的世界に関わり，その外部世界の組織化・秩序化にその本質をもつとする．この外的秩序の世界は，ロックにおいては主権者である人民によって，トマジウスにおいては（服従契約によって成立した）支配者の権力（Macht, potestas）によって治められており，この支配者が法の源泉である（autor legis est imperans）．これをトマジウスは，「すべての法（lex）は王（rex）に由来する．強制がすべての法の特徴である」と定式化した[26]．

(2) カント

前述のように，カントは，人間一般に無条件に当てはまる道徳法則を理性によって認識しそれに従うところに道徳性を求めた．このことによりカントは，

---

26) Erik Wolf, *Große Rechtsdenker*, 4. Aufl., 1963, S. 371 ff.

道徳の内面的自立と普遍性,理性的な主体としての個人の自由な意志と人格の絶対性を定式化した.これに対して法は,カントにおいてはそうした自由で自己目的的な個人が共存し合う——「各人の選択意志が他者の選択意志と自由の普遍法則にしたがって共存し得る」——ことを確保するための行為の外的枠組みである.

こうした思考は,次の三点において,法と道徳の新しい区別への道を切り開いた.

① 法においては,法の規定に従って行為が行われておればよいのであり,道徳論におけるようにはその内面的動機の純粋性は問われない.

② そのようなものとして各人が則るべき規則は,現実に立法によって指示されてはじめて決まるのであって,道徳律のように立法をまたずとも各人が理性によって自分で認めたものが普遍的に妥当するといったものではない.

③ 法は強制を本質とする.それは,人が社会の秩序や他者の自由を侵害することを,威嚇によって抑止することにある.そのような強制によって人間を方向付けることは,人間の本来的な自立に反する.したがって,強制は,行為の規制に限定されるべきであって,内面にまで立ち入って人を方向付けるべきではない.このようにして,強制に関わるがゆえに外面的で他律的である法と,内面的・自律的であるがゆえに強制を本質としない道徳とが区別される[27].

法(Legalität)と道徳(Moralität)は,以上の三点においてラディカルに区別されていった.

しかし,カントの法理論は,別の形ではなお道徳論と不可分でもある.なぜなら,カントにおいては,法理論が道徳論を基礎にしているからである.法は「自律」の原理に規定され,それに適合的な仕組みをもたねばならない.法は,「自律」を各人に保障するように構成されていなければならないのである.カントにおいて道徳は,実践理性によって行為する主体を前提にしているのだが,そうした道徳の基盤上にある法は,基本的にはこの理性的な存在者の相互関係を規制する制度としてある.法はこのため歴史性や経験的・心理的属性を捨象した人間の法,すなわち理性法となり,自由な人格の意志を中心に原理的・抽

---

27) Kant, *Metaphysik der Sitten*, Bd. 1, 1797.

象的に構成されるべきものとなる．

　加えて，法は人間の意志に対する強制であるのだが，強制が個人ごとに働くような細やかなものになれば，各人の自律が損なわれる．そのため強制は，個人ごとに変わるものではなく，人間（国民・住民）に共通の一般的なものとならねばならない．すなわち法は，カントにおいてはこのことの故にもきわめて抽象的・形式的なものになる．たとえばカントによれば刑罰は，自己目的的な人間存在に対するものであるから，他の目的のための手段として科されてはならず，犯した責任に対応して同等の刑罰を科しその責任をとらせる形を採るべきである．すなわち罰せられるべきであるがゆえに罰せられるべきだ，とすることになる．このようにして刑罰論は，ことさらに形式的・客観主義的なものとなり——「目には目を，歯には歯を」の「タリオの法 (ius talionis)」を想起させる——，その結果，刑法は，（道徳論に規定され）極端に厳格主義的なものとなり，法政策的な考慮が入る余地を狭くした．

　法と道徳を切り離し，法をことさら法的に扱おうとしたカントは，こうした形で逆に法を道徳に影響され不自然に形式化・抽象化したものにしてしまったのである．

　(3)　フォイエルバッハ

　法と道徳の問題についてのフォイエルバッハ (Paul Johann Anselm von Feuerbach, 1775-1833) の特徴が鮮明に現れているのは，かれの「一般予防」の理論である．それは，法と道徳に関して次の二つの特徴をもっている．

　①　フォイエルバッハは，カントのようにもっぱら道徳論の観点から法を論じることには反対する．かれは，刑法は刑罰による威嚇を通して犯罪者に犯行を思いとどまらせ社会を防衛することを課題にしているとした．刑法論は，この見方によって，「罰せられるべきであるがゆえに罰せられる」といった形式論を克服し，人間の心理学的考察をも踏まえてその効果を考える，現実的・実践的なものとなった．この点では，法の道具化を通じて，法と道徳の区別が一層進展した．

　②　他方では，フォイエルバッハは，カントと同様，国家が個々人の内面に個別具体的に介入することを個人の自律に反するとして拒否し，刑罰による威嚇は，市民の全体に対する抽象的・一般的な威嚇でなければならないとした

(そのためには刑法典を整備しそれに従って犯罪を処理する罪刑法定主義と，個別具体的な性格の危険性ではなく行為の客観的結果をめぐってその犯罪責任を問題にする，客観主義的応報刑論とが重要であるとした). この点ではかれの刑法論は,「自立」・「自律」を核とする合理的人間を前提にしたものとなった[28]. 法と道徳はこの点では，カントにおけると同様，相互に緊密に結びつき合っている（このような刑法学を前期旧派と呼ぶ. 旧派も19世紀後期に入ると,「君は犯罪を自由な意思で行ったのだから，その道義的責任を問う」という形で，道徳的責任追及の傾向を強めた).

カントとフォイエルバッハを踏まえて，19世紀前半には，このような形での『法と道徳の分離を前提にした共存』が法学者の間で常識となる．たとえばパンデクテン法学の最初の大成者，サヴィニー (Friedrich Karl von Savigny, 1779-1861) は,『現代ローマ法の体系』(System des heutigen römischen Rechts, 8 Bde., 1840-49) において，法と道徳の関係について,「法は倫理を支えている. しかしそれは，倫理の命令を法が代弁することによってではなく，すべての個人の意志に内在している倫理の力が自由に展開することを法が確保することによってである」と述べている．すなわち，道徳意識を発達させるためには個人の内面的自立を強化する必要があるが，そのためには各人に法的自由・自治を保障しなければならない．各人のそうした自由な活動こそが，内面の自立をも高める，ということである．サヴィニーにおいて法は，このような形で，道徳から分離しつつそのことによって——外から——道徳を支えるとされた.

(4) リスト

リスト (Franz von Liszt, 1851-1919, 音楽家リストのいとこ) は，フォイエルバッハについて見た二点のうち，①を徹底させ，刑罰を犯罪の効果的な予防という目的の観点から政策論的に（刑事政策的に）考え，しかもその作業を科学的に進めようとした．リストは，刑の執行を犯罪者に対する治療行為と考え，その治療行為の規制も，法治主義的な観点からではなく，犯罪者の矯正にどれだけ効果があるかの観点からのものとした[29].

このようにして法律論は，リストにおいて技術性（社会工学性）と社会科学

---

28) Eberhard Schmidt, *Einführung in die Geschichte der deutschen Strafrechtspflege*, 3. Aufl., 1965, S. 235 ff.
29) Dasselbe, S. 366 ff.

性・自然科学性とを強めた．こうして法律論の形而上学からの切り離し，そしてそれに伴う法律論の道徳哲学からの切り離しが徹底した（このような刑法学を新派刑法学と呼ぶ）．

　リストのこうした法政策論的思考は，かれに影響を与えた後期のイェーリングの目的法学（後述）の思考と同一のものである．ドイツの近代法学は，これらの目的論的法学を通じて法政策学としての傾向――法を社会工学上の一道具と見，技術の観点から考える傾向――を強め，法はこのことによりますます道徳から切り離された．しかし他方では，このことにより，旧派に代表されるような〈法の支配〉や，法の客観的枠組みを重視する態度が緩められ，目的論的・政策的判断の形をとって政治や道徳が法的世界に再び侵入することにも道が開かれた．刑事政策は，国家が選んだ道徳――とくに国家主義的道徳――を市民に効果的に植え付ける手段となる方向への道を切り開いたのでもある．この点は，後述するナチスの法学における，法と倫理の結びつけとの関係で無視することのできない問題点である．

　(5)　ケルゼンとシュミット
ケルゼン（Hans Kelsen, 1881-1973）は，次の二点において法と道徳を峻別した．

　① 実定法と自然法の峻別　　前述のように，自然法は自然道徳と重なる部分が多い．また，自然法は，明文化されていないため，様々な形で論者の主観的道徳感情を反映し道徳的な内容を含むものとなる．したがって，実定法と自然法の峻別は，法と道徳の峻別に大きな影響を与える．

　ケルゼンが両者を峻別したのは，かれの次の二つの方法論的立場から来る．

　(a) 経験科学は，人間が感覚によって確実に認識できるもののみを対象にする．法の経験科学としての法学においては，そのような対象は実定法（制定法と慣習法）のみである．自然法は確実に認識できないため法学の対象たりえない．

　(b) 事実から当為は論理的に引き出せない．或るものを自然的秩序（別言すれば，事物の本性）として認識しえても，そこから法的命題である「……すべし」の当為は出てこない（何が当為となるかは，人間の選択にかかっている）．つまり自然法論はただちに実定法論とはなりえない（法の社会学的・心理学的な考察も，実定法論とはレヴェルを異にする）．

② 法と道徳のケルゼン的定義　ケルゼンは制定法を,「立法の形式を含んだ行為によって国家の明示的意志となったもの」と定義し,したがってそれは,「個人の外に立っており,人間が服従すべき権力（国家）」によって,強制を背景として,すなわち他律的（heteronom）に個人に課されるもの,とする.かれはこれに対し道徳を,外的な命令であっても一旦は内面的自発意志に還元され,義務意識,すなわち「良心の声」として個人に内面的に作用し,個人の主体的意志として発現する,つまり自律的（autonom）なものであるとする.このようなケルゼン的前提に立てば,強制を本質とする法と,義務意識を本質とする道徳とは峻別されなければならないことになる[30].法をそうしたものとして純化して捉える法学が,かれが提唱した純粋法学である.

*

ケルゼンにおいては,以上のように,実定法と自然法の峻別論は方法論的な根拠に根ざすものであり,また法と道徳の区別は単なる定義上の問題にすぎない——上述のような定義をしたから,上に見た帰結を得た——という特徴がある.しかし,こうした峻別の延長線上にやがてカール・シュミットによって,法と道徳・自然法との存在論レヴェルでの完全な切り離しがおこなわれる.

『実定法はその上位の実定法に授権されているが,この法構造上でそれ以上はさかのぼれない最高の法,すなわち根本規範は,どのように決められるか.』この問いにケルゼンは「革命」の考察を持ち出して答えようとした.革命に成功した勢力が新しい根本規範を創るのだ,と[31].前述のようにシュミットは,ケルゼンのこの考え方を全面展開させて,憲法を最終的に決定するのは,政治

---

30)　Kelsen, *Hauptprobleme der Staatsrechtslehre*, 2. Aufl., 1923, S. 38 u. S. 317 ff.
31)　ケルゼン『純粋法学』1934 年（横田喜三郎訳,岩波書店,1935 年）109 頁以下.こういう議論がケルゼンの法実証主義の立場と順接でない点については,小林直樹『憲法の構成原理』（東京大学出版会,1961 年）77 頁参照.
　　なお,「根本規範」については,長尾龍一「根本規範について」（上原・長尾編『自由と規範』東京大学出版会,1985 年）をも参照.究極的な根本規範は「法は守られるべし」といった抽象的なものであり,法を形式面でその根源にまで詰めていけばそれに行き着くのだから,かれが根本規範を想定したことは,長尾が言うとおり,ケルゼンの方法上での論理破綻を意味するものではない.しかしながら,ここでコメントしておくと,法の考察にとって大切なのは,法が形式上どういう連関にあるかということだけではなく,「こういう内容の法が,とくに憲法が,なぜこの時点で制定されたか」の問題である.これには社会や政治,文化と法の関係の考察が欠かせない.法に関する考察がケルゼン的な抽象的「根本規範」に留まっていては,この問題に何も答え得ないのである.「そんなことは俺の知ったことじゃない」とケルゼンは言うだろうが.

的実存状況における実力——内乱や暴力革命の状況において権力を掌握した者などの——であるとして，これを「憲法制定権力」(die verfassunggebende Kraft) と呼んだ．憲法律（制定憲法）を含む実定法は，この権力（実力）によって立法され妥当性を保障されているというのである．このことによって法は，本質的に純粋に実力によるものとなり，道徳は，法に対する直接的な拘束力を否定された．これはホッブス的な法の見方の現代版であり，法と道徳の峻別はここに至って，法存在論的にもその極端に達したのである[32]．

もっともシュミットは，その後まもなく立場を「具体的秩序思考」に移し，法の基盤を成すそれぞれの民族の基本的生活秩序が法を規定するとして，法と道徳についてもその一体化に向かう．これらの点については後述する（本書72頁参照）．

2-2-2-2　法と道徳の再統合の思想家

近代法学は，上述のように法と道徳の峻別論を展開させた．しかし他方では，法と道徳を新たな形で結合させる試みも近代法学の中で強まった．この点を見落として，「近代において法と道徳は分離する」とのみ論じるのは，大きな誤りである．

(1)　ヘーゲル

ヘーゲルは，『法哲学綱要』(Grundlinien der Philosophie des Rechts, 1821) において，カントのLegalitätとMoralitätの区別を，第一部「抽象法」と第二部「道徳」とでそれぞれ扱っている．「抽象法」は，「所持」をめぐる関係に典型的なように，個人と自然界の対象との——前社会的な——関係に関わる世界である（「抽象法」は，第三部における「市民社会」において公共的に承認されて現実的な法となる．たとえば物に対する事実的な支配である「所持」は，社会的に承認されて「所有」になる）．これに対して「道徳」は，個人の内面における反省関係であり良心に関わる事柄である．このようにヘーゲルは，カント的な〈法の外面性と道徳の内面性（自律）〉を前提にし，かつ法を個人の私的自由を中心に構成している．

---

[32] Carl Schmitt, *Verfassungslehre*, 1928.

しかしヘーゲルはさらに，第三のカテゴリーとしての「倫理」(Sittlichkeit) を第三部で展開する．これは，法という，諸個人が私的な権利主体者として分裂し合う関係ではなく，また道徳という，内面的自律の関係でもなく，諸個人が，自由でありながら相互に連帯的で公共性をもった関係，人間の善き共同的関係の原理である．それは，原初的な（感情の世界の）関係としては家族に，高次の（合理性の世界の）関係としては国家に見いだされる．個人はこうした関係においては，そこでの生活を通じて単に自分だけでなく他人のことをも配慮し，その観点から自分の自由を他人の為にすすんで自己制限するところにまで社会意識を高めていく．それは，家族内でのいたわり合いや，国家における公共心・愛国心に見られる（ここには，前述した，ヘーゲル青年期の「美しき魂」の考えが持続している）．このようにして「倫理」の世界では，法的権利や自由は，仲間との共同生活を通じて互いを思いやる道徳的内容を獲得する．このことは，逆に言えば，単なる個人の内面にのみ関わっていた（カント的な）道徳が，今や共同生活と不可分のものとなり，法のような実定化されたものと結びつくものとなったことを意味している．法的に構成された社会制度自体が——フランス革命や新しい市民社会の形成の結果として——自由なものとなり，そこでの自由な共同生活が，人間を道徳化するとされたのである．

カント的な「道徳」と異なるものとしての，このような「倫理」の観念を，ヘーゲルは，アリストテレスに代表される古代ギリシアの実践哲学や，「美しき魂」論・道徳感情論から学びとった．かれにとってはそこでの個人と社会，個人的意識と社会的 Sitte（習俗）の一体性が一方では理想であった．しかしヘーゲルは，他方では，カントよりも前の倫理学においては〈個人の内面的自覚（自律）の契機〉や新しい市民社会的自由の契機が欠落しているとも見た．そこでヘーゲルは，古代的な倫理と新しい道徳・新しい自由，古代的な共同性と新しい自律性，アリストテレスとカント（およびアダム・スミス）をそれぞれ両立させることを課題にした[33]．

(2) ロマニステンにおける法と道徳

ヘーゲル的思考は，古代ローマ法をベースにした私法学（パンデクテン法学）

---

[33] Joachim Ritter, *Metaphysik und Politik*, 1969, S. 281 ff.；Manfred Riedel, *Zwischen Tradition und Revolution*, 1982, S. 84 ff. 拙著・前掲注2)『近代ドイツの国家と法学』199頁以下参照．

の研究に従事する法学者（ロマニステン）にも見られる．たとえばイェーリングは，『ローマ法の精神』（*Geist des römischen Rechts*, 4 Bde. 1852-65）においてこの思考をはっきり示している．

　かれは一方では，カント以降の常識に従い，法が道徳や宗教から純化することを進歩だとする．すなわちイェーリングは言う，法は強制を本質とするがゆえに，「もし法が，法以外の理念をすべてそのうちに取り込んだとしたら，すなわち道徳命令，生活の Sitte，宗教の教説と戒告，美や真や合目的性の国民的基準が法命題として刻印されるとしたら，個人はそれによって一つの自動機械にされ，制定法によって操られ，法が命じる運動しかできなくなるであろう」と．個人に対する権力の介入を避けるためには，法を道徳から純化させなければならない，とイェーリングは考えたのである．

　しかしイェーリングは，他方では，こうして区別されるべき法と道徳が緊密に助け合うことの重要性をも説いている．たとえば，『ローマ法は，個人主義的で無制約の法的自由を認め，その結果，ローマ法は倫理を破壊する』とする，ゲルマニステン（下記参照）からのローマ法批判に反論して，イェーリングは言う．ローマ法は，市民の自治を尊重して法文上は個人に無制約の自由を保障した．しかし，古代ローマではそのことが無秩序をもたらさなかった．その秘訣は，広範に認められていた法的自由が，市民社会の共同体的な倫理的秩序によって——国家権力に頼らずに——規制され得たことにある．たとえば，ローマでは家長は妻子を殺したり奴隷として売りとばす権利を法的にはもっていたが，しかしかれは，この権利をむやみに行使すると周囲から厳しい倫理的批判を受けるので，自制した．法と道徳は，このような形で区別されながら相互に密接に関係し合っていたのであり，その結果，個人の広範な自由・自治と，善き共同体秩序とがともに確保され得た．抽象的なローマの法と生活の中に生きている倫理との，この相互関係においてローマの法生活の実態を見なければならない，と．

　『法規範は社会の生きた人間関係そのものではなく，それを抽象化し技術的に再構成したものである．したがって，実際の社会は，法だけで動いているのではなく，法に表現されていない規範によっても動いているのであり，とりわけ法とは別様の規制をし法を補完する倫理が重要な意味をもって働いている．

法は，自由な意思や権利中心に構成されている．これに対して倫理は，公共を配慮した自己制御を原理にしている．社会は，このような倫理が健在であって初めて，単なる権利主張だけに規定されて悪しき人間関係を作り出す，法の一面性を免れる』というこの見方は，拙著（注33参照）で示したように，サヴィニーの婚姻論や家族論，プフタ（G. F. Puchta, 1798-1846）の，慣習法論や，中世以来の諸団体の自治（身分制的自治）を評価する議論に見られる．それは，さらに，近代公法学の基礎を築いたゲルバー（Karl Friedrich Wilhelm von Gerber, 1823-1891）の『公権論』（Über öffentliche Rechte, 1852）にも見られる．というのも，そこでは，国家をまず道徳的考察をも踏まえて有機体だと把握しつつ，その上に立って，国家を法人として純粋に法技術的に構成するという，道徳と法との区別と統一の扱いがなされているからである．

これらにおいては，法的関係は道徳的なものから区別されながら，しかし道徳的なものと協働すべきものとして捉えられていた．法学者の意識の中で，法と道徳のこの両者の緊張が消え，もっぱら法的構成の技術を磨き法の体系的精緻さを目指すことが主要関心事となったとき，さらには，『善き秩序の維持は市民間の倫理の力にはもはや期待できない．それは，国家の取り締まりに頼る他ない』という見方が強まったとき，法律万能主義的な法律実証主義の傾向をドイツ法学は強めた．ヴィントシャイト（Bernhard Windscheid, 1817-1892）が「自然法の夢は見尽くされた」と宣言し，ゲルバーが『ドイツ国法学綱要』（Grundzüge des deutschen Staatsrechts, 1865）において国家の法的叙述に特化するようになったところに，この傾向が強くなったことが現れている（ゲルバーは，1852年の『公権論』とは異なって，この『ドイツ国法学綱要』では，国家の有機体的把握をもはや前提にせず，国家を一面的に法人として構成したのである．すなわち法的構成が，国家の倫理的な把握ともはや緊張関係をもたなくなった）．

（ここで述べた〈法と道徳の区別と協働〉は，どの社会でもどの時代でも多かれ少なかれあるものなのである．ただ，時代によって，「法」の側面が強く出たり，「道徳」の側面が強く出たりする．これが法学者の意識に一面化されつつ反映するのである．）

(3) ゲルマニステン

古代ローマ法を基礎にした私法学（パンデクテン法学）の体系的整備を通じて近代資本主義に適合したドイツ私法を樹立しようとしたロマニステンに対して，

ドイツ固有の法を研究する法学者（ゲルマニステン）は，産業革命や資本主義の高度化がもたらした矛盾——とくに農民・自営業者の危機や労働者の貧困などの社会問題——に対処し，また政治的自由を確保するために，自治的・集団主義的で慣習法を基軸にしたドイツの伝統（ドイツ固有法）を現代的に再評価しようとした．ベーゼラー (Georg Beseler, 1809-1888) はその先駆けであり，最も有名な法学者はギールケ (Otto Friedrich von Gierke, 1841-1921) であった．ギールケは，上述のような社会的立場から，ドイツ人の古来の法（ゲルマン法）に，あるべき法の理念——とくにローマ法の個人主義に対する連帯性・共同体主義——が内在していると見た．このギールケの法理念について，ヴォルフは次のように述べている．「ドイツ古法と，その法に保存されている誠実，公共心，公正の価値とへのギールケの傾倒は，骨董好みや伝統主義から来るのではなく，同時代の政治的困難と社会的危機を解決しようというかれの願望に由来している」[34]．

　ギールケは，このようにして法と道徳が未分化な伝統的法生活をその考察対象とし，かれ自身の法感情・道徳感情に即してあるべき法を求め，それをドイツの固有法に見いだした．かれの法思想において法と道徳は，相補的で相互に不可分となった．ギールケにとって法は，国家権力によって制定される，統治のための手段に尽きるのではなく，歴史的に生成する自治的共同体（ゲノッセンシャフト Genossenschaft）の中で自生するものでもあり，かれは，法と道徳はこの点からも相互に不可分だとした．

　しかし前近代的な善き共同体の伝統に抽象的な近代法の補完物を求める点では，ゲルマニステンは，実はヘーゲルやロマニステンと軌を一にしている．なぜならギールケにおける〈善きゲルマン的伝統・ゲルマン的共同体原理〉は，ヘーゲルにおいては〈善き古代ギリシア的秩序・ギリシア的民主共同体〉として，またイェーリングにおいては〈善き古代ローマ的秩序，すなわちローマの共和制が示す理想的共同体生活〉としてあったからである（古代ギリシア・ローマの共和制を讃美しそれを現代に生かそうとする立場をシヴィック・ヒューマニズム Civic Humanism という．それはルネッサンス以来のものであった．詳しくは『法思想史

---

[34] E. Wolf, a. a. O., Fn 26), S. 691.

講義』で扱う）．異なるのは，ギールケが法と道徳の未分化なゲルマン法をモデルにしたのに対して，ヘーゲルはカントとアダム・スミスをいったんは踏まえることによって両者を分離したうえで，またイェーリングは両者を，〈ローマ法的抽象法〉対〈ローマの共同体的な具体的倫理秩序〉として区分したうえで，それらの共同を考えたところにある[35]．

(4) 自由法論とナチス法学

エールリッヒ（Eugen Ehrlich, 1862-1922）やカントロヴィッツ（Hermann Kantorowicz, 1877-1940）などによって代表される自由法論は，『制定法は不完全で，欠缺があったり現実に合わなかったりする．こうした場合には裁判官が当該法律の客観的な枠（たとえば立法者の意図など）とともに道徳や正義をも考慮に入れながら，すなわちまた条理に即して，判決する必要がある』として，裁判官の精神的自由を強調した．かれらはその際，国家の制定法に包摂されることのない，民衆の現実生活上の自生的・自律的な法（生ける法，Lebendes Recht）を考慮に入れることを強調した．かれらはまた，そうした自由な判断を行う裁判官を新時代にふさわしく民主的なものにしようとした．この立場は，法と道徳の関係に関して，次の二点において新たな問題提起を行っている．

① 制定法と道徳の区別を前提にしながらも，法の解釈において条理や一般条項の意義を強調するなど，道徳的要素もが考慮されるべきことを重視する．

② 「生ける法」，すなわち法と道徳感情が混在した，慣習法や民衆の法感情を重視するゆえに，法と道徳の再結合を説くことになる．

自由法論のこうした主張は，当初は進歩的な自由主義者，社会改良派によるものであり，なお法の客観性を大切にする立場からのものであった．しかしやがてこの自由法運動は，1919年以降，民主主義的なワイマール共和国の議会制定法に対抗する，反共和国的・反議会主義的・反労働者的な権威主義的裁判官層や法学者によって利用（悪用）されることになった．とりわけナチス時代には，それは，ナチスに共鳴する若手法学者——キール大学法学部を拠点としたキール学派が有名である——を中心にして，自由主義的な立場の法学者の客観主義的・実証主義的法学に対する批判の立脚点となった．自由法論が法の客

---

[35] こうした点については，拙著・前掲注2）『近代ドイツの国家と法学』参照．

観性を掘り崩し,法と道徳を再結合させた側面が,このようにして「民族共同体」,「アーリア人種」などの道徳的・政治的スローガンによって法実務が振り回されていく事態を招くことになった[36].

前述したカール・シュミットは,上述のナチスがかった若手法学者の一人でもあった.かれは当初は,憲法制定権力論に見られるように,法を政治的実力と直結させる決断主義を唱え,法と道徳の切り離しをはかった.しかしやがてかれは,上にあるような学問的動向に結びつくことによって,「具体的秩序思考」の立場に移る.これは,法の根底には民族固有の秩序があり,法はそこから派出しそれに支えられている,それゆえ法は,この秩序に見合うように立法され解釈されるべきだ,とする立場である.この秩序とは,具体的には,ナチズムが前提としていたドイツ民族の伝統的秩序であり,シュミットは,そうしたナチスの運動下で支配的な政治原理や「道徳」に沿って法を解釈しようとしたのであって,法と道徳は,こうした形で一体的に捉えられることとなった[37].

(5) 戦後ドイツ

戦争直後のドイツの法学界では,一時期「自然法の再生」が盛んであった.これは,『ナチスの戦争犯罪は,ナチスの法に照らせば合法的であるとしても,そうした法自体が非人道的なものである.そのような人道に反する罪に対しては,「遡及効の禁止」の原則に関わりなく責任追及がなされるべきであるし,時効をも主張し得ない』とする,ニュルンベルク裁判の立場を反映したものであった.それはまた,『ワイマール時代からナチス時代にかけての法学や法実務が悪しき法律実証主義(悪法も法であるとする立場)によって支配されていたことに,ナチスが優勢になり法律家が戦争協力した原因がある』と見て,自由や人権,人間の尊厳,人道的原理など自然法的価値によって法学や法実務の健全化をはかろうとする立場を反映したものでもあった.後述のように(17「抵抗権」参照),ナチスの犠牲者を救済するためにも,自然法を必要とした.したがって戦後ドイツでは,一時期,法と道徳について両者の結び付けを主張

---

[36] Wolf Rosenbaum, *Naturrecht und positives Recht*, 1972, S. 78 ff. 広渡清吾『法律からの自由と逃避』(日本評論社, 1986 年) 120 頁以下. カール・クレッシェル『ゲルマン法の虚像と実像』(石川武監訳, 創文社, 1989 年) 339 頁以下.

[37] Carl Schmitt, *Die drei Arten des rechtswissenschaftlichen Denkens*, 1934. Vgl. Werner Maihoffer (Hrsg), *Naturrecht oder Rechtspositivismus?*, 1962.

する傾向がきわめて強かったことになる.

こうした動きの中でも最もショッキングであったのは,かつてワイマール時代に新カント派的な価値相対主義の立場にあって,『対抗する究極的価値のどれを選ぶべきかは学問的には決められない』と主張してきたラートブルフが,戦後直後に自然法の再評価を説いたことである.たとえばかれは,1945年9月の新聞紙上で次のように述べた.

> 「正義とは,しかし,人の如何にかかわらずに裁くこと,すべてを同一の尺度によって測ること,を意味する.もし政治的反対者の暗殺が称揚され,人種を異にする者の殺害が命ぜられ,その反面自己と同じ信念をもつ同志に対する同種の行為がきわめて残酷,破廉恥な刑罰によって復讐される場合には,それは正義でも法でもないのだ.もし法律が正義への意思を意識的に否定し,たとえば人々に対して人権を恣意的に与えたり拒否したりするならば,その法律は通用せず,国民はその法律に対して全く服従の義務を負わないのであって,法律家もまたその法律の法としての性格を否認する勇気を見出すべきである.」[38]

悪法は無効であり,法律家もそれに従うことは許されない,というのである.

こうした動向を反映する判決としては,好美清光によれば,たとえば1951年7月12日の西ドイツ連邦憲法裁判所民事第三部の判決がある.この判決は次のような事案に関わる.戦争末期に,ナチスの地区指導者で国民突撃隊の隊長である人物が,逃亡した国民兵を捕えて裁判手続なしに射殺した.この行為に対して,戦後に,犠牲者の母親が損害賠償を請求した.被告は抗弁し,射殺の法的根拠として,逃亡者を軍法会議の手続なしで射殺することを授権しかつ義務づけた,国防軍司令官ヒムラーのいわゆる破局命令などを援用し,『射殺を拒否することはできなかった』と主張した.裁判所は,原告の請求を認容した原判決を維持した.その際,裁判所は,正義と法的安定性との調和に関するラートブルフと同様の立場に立って,まず次のように判示した.

> 「法規は,それが国際法の一般的に承認された諸原則もしくは自然法に矛盾し,もしくは実定法規の正義への矛盾がその法規が"不正の法"として正義に譲歩しなけれ

---

[38] ラートブルフ「五分間の法哲学」1945年(『ラートブルフ著作集』4,東京大学出版会,1961年)226-227頁.

ばならないほど耐えられない程度に達するところに，その限界を見出す．」

　裁判所は，この基本的立場から，裁判手続なしで射殺すべしとする破局命令は，「人間の道徳とすべての文化諸国民の法に矛盾し」，当時においても法規としての効力を有しない．被告の行為は「良俗違反」である，と結論づけたのであった[39]（われわれは，自然法に依拠してナチス時代の法的事項を処理する仕方を，後に「抵抗権」についても見るであろう）．

　「自然法の再生」の興奮は，ボン基本法などによって自然法が実定法化され，また経済復興後には法的安定性が再評価されだした動向下で醒めていく．しかも戦後には実存主義や分析哲学なども加わって価値相対主義が流行し，道徳論の根底を成す実質的価値論への懐疑が強まった．このような状況下で，「法と道徳」をめぐる議論は，カソリック的な自然法論と価値相対主義の二極対立にまきこまれ，存在論や歴史的観点などによってその両者をいかに橋渡するかという問題意識を強めた．

　1970年代以降，「実践哲学の復興」が叫ばれ，アリストテレス的・ヴィーコ (Giambattista Vico, 1668-1744) 的な手法で再び「善」や「正義」を学問の対象にしようとする動きがでてきた．これは，『倫理的価値は，数学的・科学的な学問モデル——厳密な論証と実証の手続——では扱い得ないが，このモデルだけが学問のすべてではない．経験や健全な常識，実践知（フロネーシス）に照らして，ヨリもっともなという意味での合理的なものを獲得していく実践哲学の独自価値を再評価すべきである』とするものである．これはモデルを古代の実践哲学に求めるゆえに，その展開上においては，法と道徳の再結合や新たな形での自然法論に向かう可能性をもっている．しかしこの動向は，アングロ・アメリカの世界に強力な伝統である価値相対主義に規定され，さらには，ポスト・モダニズムという現代的状況下で強まった価値懐疑的傾向に規定され，今のところ，手続的・形式的なレヴェルでの「実践哲学の復興」に向かいつつある．たとえば，現代社会における「善」の多元性・分裂状況を前提にし，それゆえ実質倫理への懐疑に立ちつつ，①そうした状況下にある諸個人の共生条件

---

39) 好美清光「西ドイツにおける法解釈と自然法思想の交錯」（『一橋論叢』57巻5号，1967年）．

としての「正義」を,かれらが獲得しうる合意の内容に求め,それをゲームの理論等に依拠して提示したり(ロールズ John Rawls, 1921-2002),②あるいは理想的な討議状況において議論が収斂していけば獲得できるという形で倫理への道を提示したり(ハバーマス Jürgen Habermas, 1929-)する方向がその典型である(この点については「25 戦後日本の法哲学」でも論じる).

こうした動向にも見られる価値懐疑主義は,ハバーマスの論争相手のルーマン(Niklas Luhmann, 1927-1998)ではさらに徹底している.ルーマンによれば,高度に複雑化し立場も分裂した現代社会は,そのままでは機能不全に陥る.これを避けるためには,それぞれの社会システム(法・政治・経済などのシステム)が,自律的にそれぞれの機能を発揮し,そのことによってそれらが全体的に協働し合うことが必要である.そのためには,それぞれのシステム内で複雑性を縮減することが第一課題となる.複雑性を削減するためには,法システムの内では,――法とは異質な――道徳や世界観を持ち込むことを避け,法本来のものである手続的な合法性に徹する道を選ぶべきである.そのことによって,道徳の世界で「信頼 Vertrauen」などの――法を補う――原理が強化されることにもなる.このように論じるルーマンでは,法が道徳から新たに切り離され,法的手続に傾斜し,全体として法実証主義を強める.

参考文献:すでに引用したものの他に,日本法哲学会編『法と道徳』(法哲学年報,1957年),同学会編『法と倫理』(同年報,1975年),小林直樹『憲法の構成原理』(東京大学出版会,1961年),同『法・道徳・抵抗権』(日本評論社,1988年),Gustav Radbruch, *Rechtsphilosophie*, 1932(『ラートブルフ著作集』第1巻(『法哲学』)田中耕太郎訳,東京大学出版会,1961年),藤原保信『政治哲学の復権』(新評論,1979年),N. Luhmann, *Legitimation durch Verfahren*, 1983.

3 法の拘束力

　法はなぜ拘束力をもつか．この点をめぐって問題になるのが，法の妥当性と実効性である．法の妥当性（Geltung）とは，法が「規範論理的に要求する効力」である．これに対して法の実効性（Wirksamkeit）とは，法が実際に遵守されていること（社会学的認識の問題）である[40]．これだけではあまりにも堅苦しい説明なので，以下のところで嚙み砕いて解説しよう．
　ある法がヨリ高位の有効な法を根拠にして制定されておれば，ある法のもつ「～すべし」という当為は，ヨリ高位の法から論理的に出てくるものとして有効と受け止められる．これが，ある法が「規範論理的に」妥当性を要求するということである．憲法適合的な法律，そうした法律に根拠を置いた政令や省令・通達は，「規範論理的に妥当する」のである．しかし，ある法が妥当性を要求するといっても，法そのものは，単なる書かれた文字にすぎないのであるから，要求できるわけがない．これは，実際には，その法に従うことを権力機関が要求できるかどうか，また人々が，その法に従わなければならないと考えるかどうかの問題である．したがって，この問題も，法の実効性の問題と同様，法をめぐる人間の意識の有り様に関わる．
　法の拘束力の問題に，このようにして人間的契機を入れて考えること，換言すれば，「人々はなぜ法に従わなければならないと考え，また実際に法に従うか」を問題にする考え方は，重要である．この視点がなければ，たとえばケルゼンのように法をもっぱら当為に関わる論理関係の問題だとするのでは，経験的・社会学的効力と規範論理的効力とは，二つの世界に隔離され，相互の交渉が正しく捉えられない．そのため，たとえばdesuetudo（不使用）の問題が解け

---

[40]　尾高朝雄・前掲注3)『国家構造論』192頁，注5参照．加藤新平・前掲注2)『法哲学概論』278頁以下．

なくなる．desuetudo とは，法が事実として継続的に適用されなくなれば，法は規範的拘束力をも失う（死文化する）という事実である．これは，人間主体を組み入れることによってはじめて説明できる．すなわち，『法が事実として継続的に適用されなければ，人々は，その法に対する尊重意識も従う習慣ももたなくなる．尊重意識をもたず従う習慣をもたない法に対して，人々は従わなくともよいと感じるようになり，実際不遵守が広まり，権力も人々に強制できなくなる．こうして法は規範的拘束力をも失う』という形をとってはじめて，説明ができるのである．「事実の規範力」という，イェリネック（Georg Jellinek, 1851-1911）の有名な言葉がある．これは，既得権や慣習法の成立のように，事実の蓄積から法的拘束力が生じることである．これも，『事実は，人間を媒介することによって，規範的効力をもつに至る』ということなのである．

＊

さて，以上から分かるように，法の拘束力をめぐる関係は，次の三つの場合に分かれ，それぞれに妥当性と実効性が問題になる．

① 権力機関によって法が課されること——これは，法を担う機関ないし人間によって，「その法は有効であるから国民はそれを遵守すべきだ」とされ，そのようなものとして執行され，遵守しない者には制裁（サンクション）が加えられることである．

② 遵法義務の意識が強いこと——これは，人々がその法に従わなければならないと強く意識していることである（単に事実上従うだけでなく，従わなければならないという義務意識を人々がもつことである．逆に言えば，人々が結果的には従わなくても，従わないことが法に反している悪いことである，という意識を免れないところには，この遵法義務の意識がある）．

③ 事実としての遵法状態があること——これは，人々が実際にその法に従っているという現象のことである．

以上について，これらを逐次ヨリ詳しく考察していこう．

3-1 権力機関による執行・制裁について

ある法が，内容上，上位の実定法（最終的には憲法）に基づいており——換言

すれば，上位の法に授権されており——，かつ，その法が正式の権力機関によって，しかも手続的に瑕疵のない形で立法されたときには，行政庁は国民にその法を遵守するよう要求でき，また裁判所はそれを法源として裁判の根拠にできるから，その法は，従うべしと要求する力をもつ，すなわち妥当性をもつ．昨今の日本の国会におけるように，十分な討論を経ず，世論に反して，数の力を借りて強行採決された法案でも，手続的に見て形式が整っておれば，こうした妥当性をもつ（その場合に人々がすすんでその法に従うか否かは，別の事柄——下記の 3-2 と 3-3 に関わる事柄——である）．

　瑕疵が重大であれば，その法は無効である．この場合の「無効」とは，人々に従うべしと要求できないことである．その結果，行政庁はそれを執行できず，裁判所がそれを適用してはならず，執行し適用した場合には後で無効を宣言される，また人々はその法に従わなくとも不利益を被らない，ということになる．

　内容的に見て悪法であっても，瑕疵がなければ，従うべしと要求する力をもつ．しかし，「悪法は，従うべしという要求をする力をもたない」とする立場もある．その典型は，自然法思想である．後述するように，自然法思想の中には，（神の意志や）事柄の本質に基づく永遠の法があり，それに反する制定法は無効だとするものがある．

　前述のように，ケルゼンは，法規範に固有な論理構造を考え，それは下位の規範が上位の規範の授権に基づいて創設され，上位の規範が下位の規範の妥当根拠になる構造であるとした．この立場においては，法の妥当根拠は，次々にその上位の法に求められていき，最後にこれ以上は上に実定法がないという段階の法，根本規範に至る．この根本規範に関して，法の妥当性の観点から問題になるのは，第一に，この根本規範は何によって授権され，何にその妥当根拠が求められるかという点である．また第二に，法の妥当の形式でなく内容，すなわちある特定の命令をもった法が妥当するのは，何によるかという点である．

　これらの点について，ケルゼンを踏まえて考察を進めたのが，カール・シュミットであった．前述のようにシュミットは，憲法をはじめとする法がどの様なものになるかは，誰が革命に成功しあるいは内乱に勝利するかという，政治力学の問題であるとした．しかし，このように捉えられた憲法は，それだけでは人々の遵法義務の意識に支えられた妥当性をもてない．シュミットで問題と

なるのは，人々が実力によって従わされる実効性だけである．しかし，われわれの経験が知っているように，人々は，「これが正しい憲法だ」という納得がなければ，従わないものである．したがって，この意味での法の妥当については，どうしても法の正当性ないし正統性を考えなければならない．これは，下記の 3-2 の問題である．

なお，一旦根本規範が決められ憲法が創られれば，ある法が憲法の授権に基づいているか否かは，規範論理の問題である[41]．

3-2 遵法義務の意識について

「もっとも強い者でも，自分の力を権利に，〔相手の〕服従を義務にしない限り，いつまでも主人でありうるほど強いものでは決してない」と，ルソー (Jean-Jacques Rousseau, 1712-78) は『社会契約論』(第 1 編第 3 章，桑原・前川訳，岩波文庫，1954 年) で言う．人々にこうした遵法義務の意識が出てくるのは，第一には，法に正当性・正統性がある場合である．第二には，遵法の道徳が発達している場合である．これらは具体的には，それぞれ下記のような場合である．これらの場合には，その法は「従うべし」として受け止められる，すなわち妥当性を有している．

(1) 正当性・正統性がある場合

人々が或る法に正当性・正統性があると考えるのは，次のような理由による．

① その法が，内容的に正しい法であるから (これを「正当性」という)．

ここで正しいとは，人々が良識によって尊重している価値に合致していることである．ラートブルフが言うように，「必然はおそらく力によって基礎づけられるにしても，当為や妥当性は，決して力に基づかしめることはできない．後者はむしろ，法律に内在する価値によってのみ，基礎づけられるのである」[42]．しかし，法がそれに内在する価値によって妥当するといっても，価値それ自体が自分で妥当するものではもちろんない．前述のように，そうした法

---

41) シュミット『憲法理論』1927 年 (尾吹善人訳，創文社，1972 年)，第 8, 9 章.
42) ラートブルフ「実定法の不法と実定法を超える法」，『ラートブルフ著作集』4 (東京大学出版会，1961 年) 259 頁.

に人が「従わねばならない」と感じるから妥当するのである．では，なぜ人は「従わねばならない」と感じるかといえば，積極的な場合としては，それが自分の価値観や思想や理想と合致しているからである．合致の場合とは，内容的には，善い社会関係や国家の構想の実現にその法が貢献する場合であったり，秩序を大切だとする人々にとって法が欠かせないと感じられる場合であったりする．また消極的な場合としては，従わないと社会的に非難される——そしてその非難には道理があると思う——から，あるいは，従わないと自己矛盾を起こしていると感じ（あるいは自己の良心に咎められ），心苦しくなるからである．

② その法が，自分たちが承認した手続によって作られたから（これを手続的正統性という）．

くじやじゃんけんで選ぶと決めたなら，くじやじゃんけんをやって結果がどう出たとしても，その結果を尊重しなければならない．これは結局，「約束は遵守せねばならない」という道徳に帰着する（注65参照）．

③ その法が，自分が同意した法であるから．あるいは，自分が同意した上位の法に基づくから．あるいは，自分が承認した，ないしは自分が承認する価値を体現した，機関によって作られたから．これも，「約束は遵守せねばならない」に帰着する（これを承認に基づく正統性という）．

こうした②および③での承認・同意に至る過程については，（イ）理性的な討議を経た結果，同意するといったことのほかに，（ロ）専門家による助言や啓蒙を受けることによって同意するに至ったという場合，（ハ）宣伝・デマゴギーに影響された結果，同意したケースなどが問題となる．（イ）については，充分な討議の結果，完全に納得して同意する場合と，「充分には納得しないがこの辺で矛を収める必要がある」として「合意」する場合がある．ハバーマスの討議的倫理（75頁参照）は前者を想定しているが，価値が多元化した現代においては，後者（「この辺で矛を収める」）がほとんどであろう．

④ その法が，自分たちよりはるかに価値のある者によって定められたから．自分たちにとって権威のある，あるいは尊敬に値する機関ないし人物，神が制定したものだから，あるいは，その法が権威のある伝統の一部であるから従う（これを価値に基づく正統性という）．

マックス・ヴェーバーは，『支配の諸類型』において，支配の正統性を人々

に印象づけるものとして，伝統的支配，カリスマ的支配，合法的支配の三つを挙げている．このうちの前二者がここに関わる（合法的支配，すなわちルールにもとづく支配は，上の①②③に関わる）．カリスマ（charisma）とは，神の賜物の意であり，超人間的・非日常的な資質を指し，英雄・預言者・特別の血統の人などに備わっているとされる．カリスマ的資質をもつ人物と，それに帰依する人々との関係を，ヴェーバーはカリスマ的支配と呼び，指導者による支配類型の一つとした．カリスマには，業績カリスマ（ナポレオン（Napoléon Bonaparte, 1769-1821）やアイゼンハワー（D. D. Eisenhower, 1890-1969）のように，戦争などにおけるすばらしい業績をあげた人物を人々が崇拝する），血統カリスマ（戦前の天皇のように，聖なる血を受け継ぐとされた者を人々が崇拝する），官職カリスマ（ローマ法王やダライラマのように，聖なる特別の職に選ばれたことによって崇拝の対象となる）などがある．もっとも，カリスマでなくとも，人々の尊敬を集めた或る人間が法を作れば，人々はそれに従おうとするものである．

(2) 遵法道徳を人々が尊重する場合

これは，法の遵守が道徳的な義務だと感じるから法に従うということである．法の内容が道徳的に正しいから従うというのは，上の**(1)**の①であるが，それ以外にも，法と道徳との関わりは，法に従うのが一つの道徳だという形ででもある．ソクラテス（Sokrates, B. C. 470-399）が『クリトン』で論じているのは，アテネの法に従うのはアテネの市民の義務であるということである．かれはこの立場から，明らかに不当な死刑判決にも服して死んでいった．これは，「法の遵守は道徳の命ずるところだ」とした典型的な場合である．

3-3 事実としての遵法状態について

事実の問題として，人が或る法を遵守している，あるいはその法を制定した権力——究極的には憲法を制定した憲法制定権力——に従っているのはなぜか．あるいは，或る法・或る権力にはよく（積極的に）従い，別の法や権力には少ししか（消極的にしか）従わないのはなぜか．これが法の実効性の問題である．人々が，とくに遵守義務を感じないのに法を遵守しているのは，次のような理由が考えられる．

(1) 権力ないし他人によって強制されるから従う

強制されると人はやむをえず従う．強制としては，(イ) 権力による刑罰，行政上の不許可や許可取り消しなどの不利益，民事上の損害賠償や無効確認などの不利益などのサンクション，(ロ) マスコミで非難される，仲間の間で非難されるなどの社会的な非難，(ハ) 所属組織から除名される，取引を停止されるなどの社会的不利益などがある．法の拘束力の根本をこうした強制に求める立場を実力説という．実力とは，強制を支える力のことである．実力は，法にとって極めて重要な要素である．単に法だけでなく，憲法制定権力にとってもそうである．国家は，支配を維持する実力をもたないと，内的あるいは外的な勢力の攻撃を受けて瓦解する．

前述のように，法と道徳を区別する一つの重要なメルクマルは，強制である．法の世界においては，強制を恐れて遵守しても法に従ったことになるが，道徳（内面にも関わる個人道徳）の世界においては，強制を恐れて従う場合には，行為は道徳的であることを止める．同じ謝罪行為でも，裁判所に判決で命じられてしぶしぶ謝罪広告を出す場合には，内心で反省していなくてもその判決に従ったこと＝合法行為になる．謝罪を道徳的に評価する場合には，口先だけの謝罪は，かえって悪い，反道徳的な行為＝虚偽となる．

しかし，それでは強制しさえすれば，人々を従わすことができ，法を実効性のあるものにできるかというと，われわれの経験がそれを否定する．強制されなくても人々が進んで従う法はあるし——仲間の間でのルール，後述する「社会規範」などがそうである——，権力が強制しても人々が従わない，さらにはそのためすぐに廃止に追いやられる法もある．アメリカの 1920 年代の禁酒法[43]や，徳川綱吉将軍（1646-1709 年）の「生類哀れみの令」などがそうである．同様に，革命や内乱に勝利した憲法制定権力だって全能ではないのである．

こうした場合において法が従われなかったり廃止に追いやられたりする理由は，以下の事柄に関係している．すなわち，①その法を制定する者に権威がなかったり尊敬に値しないから．②自分たちの利益・必要・自然に反するから（下の(2)に関係）．あるいは，③その法が正しくないから（下の(3)に関係）．ある

---

43) 1919 年のアメリカ連邦憲法第 18 修正で，酒の製造・販売・飲用が禁止されたが，弊害が多く，1933 年に廃止された．

いは，④その法が生活習慣に合致しないから（下の(4)に関係）．そこで，これらの諸点を考えよう．

(2) その法が自分たちに利益をもたらしてくれるから従っている

利益とは，物質的利益（取引がうまくいく，紛争が避けられ面倒さがなくなるなど），精神的利益（「正しい人・決まりを守る人」としての評判など），秩序ないし法的安定性の利益，である．個別の法がもたらす利益もあれば，法の全体がもたらす利益もある．短期的視点からの利益もあれば長い目で見た利益もある．法に従うことによって「正義の人である」という評判を得ることや，人々が法を守ることによって獲得された「法的安定性」，あるいは「秩序の安定」などは，長い目で見た利益である．「悪法だが従っておれば面倒さがないから従う」というのは，短期的利益である．法の死文化は，概して生活上の必要・人間的自然に法が応えていないために，あるいは，生活上の必要・人間的自然に照らして法が不要であるために，法が使われない状態が永く続く場合に起こる（desuetudo）．

(3) その法を正しい法だと信じるから従っている

正しいとは，普遍的な原理にかなっていることと，自分たち共同体の全員の必要に答えていることとを意味する．これは，「ある法がそういうものにかなっているから従っている」というより，「ある法がそういうものにかなっていないから従わない」という，ネガティブな意味で使われる方が，人々に訴えやすい（「この法は正義にかなっているから従う」というケースよりも，「この法は不正な（正義に反する）法だから従わない」というケースの方が，人々の心に生き生きと作用する）．

(4) 従うのが習慣だから従っている

人間の生活全般に習慣の占める役割が大きいように，法に従う行為においても，習慣の役割は大きい．習慣は第二の自然である．ある制定法に従うことが習慣になれば，その法はよく従われる．また，制定法が，人々が以前からもち続けてきた習慣・行動様式を採り入れて形作られることもある．この場合にも，その法はよく従われるといえる．しかし逆に，人々が以前からもち続けてきた習慣に反して無理に制定された法は，なかなか従われない．

制定法と，人々が以前からもち続けてきた習慣・行動様式との関係は重要な

ので，それについて考察を加えておこう．

　社会関係の中には制定法によって初めて形作られるものがある．たとえば自衛隊法，公正取引委員会に関する独占禁止法第8章などの組織法は，それに基づいて組織・制度が新たに作られる．それらとは逆に，初めに市民の自生的な生活があって，後で制定法がそれを念頭に置きながら，守られてきたルールを条文化し整備していったものもある．たとえば取引に関する民法，商法のかなりの部分（商慣習を基礎にした），刑法の自然犯に関する規定などがそうである（中世後期から近世にかけての Recht の観念がそうであった点については，319頁参照）．これら後者の場合には，人々は，法があるからそれに従うというより，法とは独立にそういう生活のパターンを守って活動しており（いわば自生的な法関係がまずあり），それが法として成文化されたのだから自然にその法を受け入れるようになるのである．この点について，エールリッヒは『法社会学の基礎』の中で次のように指摘している．

　　「人間は刑法を怖れるがゆえにのみ他人の所有権を侵さず，執行吏の威嚇があるためにのみその債務を弁済するのだという広く流布されている考え方ほど，非心理学的なものは，おそらくない．たとえあらゆる刑法がその効力を失っても——このようなことはしばしば戦争や内乱の際に一時的に生じるのであるが——，殺人や強盗や窃盗や掠奪に関与するのはとにかく人口のほんのわずかな部分にすぎないし，平穏な時代には，たいていの人間は強制執行者のことなんか考えずにその引き受けた義務を履行しているのである．」[44]

　このようにして，国家が強制しなくても人々が一定のルールに従うのであるから，国家がそうしたルールを法制定に反映させれば，強制をまたずとも人々がその法に従う．したがってこのような場合にも，法は，——従うべしと要求する力をもっている（すなわち妥当性を有している）と同時に——人々が現に従うわけだから実効性ももっている．

　こうした自生的な法関係を形成する上で重要な要素は，第一には，(2)の，人々の便宜・利益意識であり，第二には，それとあいまった(4)の，習慣の力

---

[44] Eugen Ehrlich, *Grundlegung der Soziologie des Rechts*, 1913, S. 50. 訳は広中俊雄「法社会学の基礎」（『法社会学論集』，東京大学出版会，1976年）21頁による．

である．人々は，相互にその身体の安全や所有物を保全し合い，かつ約束を守って行動し合うことによって，ヨリ快適で便利な生活が確保できることを経験を通じて認識していく．そしてそれを長期間繰り返しているうちに，そうした行動様式が習慣として身に付く．こうなると，その習慣を守ることが正しいのだという確信をもつようにもなる．ヒュームは，こうしたルールを黙契（Convention）と呼び，それが道徳や正義の成立形式だとした．また尾高朝雄は，これを「社会規範」と呼んだ．尾高にとって社会規範とは，国家によって制定され国家的強制を背景として妥当する「強制規範」とは異なって，「社会に生活する一般人の行為を直接に規律する」自生の法[45]であり，これが強くなっていくことによって，やがて国家法がそれに応えて制定されるようになる．

　法の妥当性と実効性の問題は，以上のように法と人間をめぐる現実の関係に照らして考えなければならない．

3-4（補説）「法」とされるものの整理

　以上を踏まえて，ここで「法」とされるものを整理しておこう．
　「法」は，通常，実定法と自然法とに分かれるとされる．実定法は，制定法（＝「法律」・「命令」・「条例」・「規則」）と慣習法と条理と判例法とに分かれる．
　ここで問題なのは，判例法とその他の法との関係である．制定法や慣習法や条理は，行政や市民が直接それに基づいて行為し，法律関係を形成するのが通常であり，この意味での法的拘束力をもつ（裁判所で判断してもらわなくとも，市民は法律行為をし，機動隊は，法規違反者を排除したり，逮捕したりする）．制定法・慣習法・条理・判例法をめぐって争いがある時，裁判官によって「これが法だ」と宣言されれば，それに基づいて執行が行われ法律関係が形成されるのであるから，その判決の中心部分は，当該事件に関しては法となる．むしろこの判決としての法こそが，制定法・慣習法・条理の意味を確定し，その実際的な効果を現出させるのであるから，もっとも現実の法であるということになる．しかしながら他方では，判決は，当該事件しか法的に拘束しないので，その点

45）尾高朝雄・前掲注3）『国家構造論』177頁，183頁．

ではきわめて限定された法でもある．

　また，市民も行政官も，判例によって裁判所の動向を認識しそのことによって紛争の最終決着を予測するので，たいていは判例に従って行動する．裁判官も，法的安定性を重視するし，自己の判決が上級審で破棄されることを望まないので，たいていは判例に従う．「植物人間状態下での延命措置を拒否するためには文書による本人の事前の意思表示が必要だ」という判決が出れば，拒否を望む人々は，あらかじめそうした意思表示文書を作ろうとする．「電気を盗むことも窃盗罪に当たる」という判決が出れば，以後，電気を盗んだ者は逮捕され訴追される．このようにして判例は，事実上人々の動きを規制する．これが日本における，判決による法創造，判例法の形成である．その際，このようにして事実上法となるのは，判決の中心部分，すなわち ratio decidendi（判決理由）と呼ばれる部分である（その他の部分は，obiter dicta 傍論と呼ばれる）．

　ただし，裁判官は，判例法が不都合だと判断すれば，当然それを変更するべく判決する．そのように判決した裁判官が，法に反したとして処分されることはない（判例違反が上告理由になるのは別の問題である）．したがって，厳密に言えば，日本では，判例法は法源——裁判するに当たって裁判官が根拠にする規範——ではない．しかし，上述のように判例の事実上の影響力は無視し得ないので，この点に着目すれば，判例法は，裁判官を事実上拘束する，つまり事実上の法源である[46]．

参考文献：大橋智之輔「『承認論』の歴史的位置」（今井弘道編『法思想史的地平』，昭和堂，1990 年），同「承認論における『主体』の問題」（『立命館法学』1988 年 5・6 号），大橋他編『法哲学綱要』（青林書院，1990 年）第 9 章（西野基継「法の妥当根拠」）．

---

46) この点については，五十嵐清『法学入門』（一粒社，1979 年）40 頁以下．広中俊雄『民法解釈方法に関する十二講』（有斐閣，1997 年）159 頁以下参照．

4　自然法

4-1　基礎的考察

4-1-1　自然法とは何か

　自然法は実定法に対する概念である．人間が作った法である実定法——すなわち，①議会で作った制定法（「法律」），②行政庁が出す「命令」，③裁判所が判決で作る判例法，および④民衆が慣習を通じて作った法慣習——は，民族・歴史・地域などによって異なり，また内容的に悪法であったり不完全であったり誤って適用されたりすることがある．このような事態に直面するとき，人は，そうした実定法を超えて普遍性と完全性をもつ正しい法を求め，それに依拠してその実定法を批判したり作り替えようとしたり，場合によっては執行に抵抗したりする（この際に問題となる「抵抗権」については後述する）．その際，人は，この正しい法の正統性・正当性の根拠を，（神の意志や）物の本質（自然）に求める．物の本質は，永遠でかつ普遍的なあるいは本来の，事物の真実の姿であるから，それを尊重しそれに従わなければならないとするのである（本質＝本性＝自然に根ざした法だから「自然法」という）．「民主主義の本質はかくかくしかじかである．これに鑑みれば，政府のやっていることは，おかしい．したがって，云々」とか，「人間の本来性はかくかくしかじかである．したがって，それを蹂躙するこの法は無効だ」といったような議論をするのである．

　本書の冒頭に述べたように，「そもそも論」を重視する姿勢に典型的に見られるように，現実にある不完全なものを批判しまたそれを改める手がかりを，思弁によって捉えた本質的で普遍的なもの，あるいは歴史を遡って捉えた原初的なものに求めようとするのは，人間に一般的な思考・行動傾向である．自然法思想とは，そうした思考が法の世界で発現したものだといえる．それゆえ自

然法的な思考は古く，法哲学の歴史そのものでもある．西洋において自然法論は，後述するように，古代ギリシアにすでに見られ，キリスト教思想とも結びついて中世・近世，そして市民革命期に大きな影響力をもった．東洋においても，老子の「道」の観念や，儒教の「易姓革命」の思想，またとくに朱子学の「理」・「道理」・「天理」の観念に，自然法的な思考の傾向を見ることができる．

自然法はこうした普遍的な本質に関わるものであるから，その考察は，論者によって，「法の概念」の考察に入れられたり，「法の理念」の考察に入れられたりする．

「概念」とは現実の事物の本質的要素を捉え，それを軸に構成した語である．そうした本質は事物の属性を成す現実的なものであるから，それに結びついた自然法は，実定法の世界に入り込みやすい．すなわち，実定法内在的な規範力をもちやすい．

これに対して「理念」は，あるべき理想像として構想された事物の真の姿である．この「理念」は，それによって現実の事物を批判的に対象化し，また現実の進むべき道を示す上で，重要な役割を果たす．それは，実定法を超越的立場から批判するという，自然法のもう一つの役割に関わる．この理念面を強調する論者は，自然法を「法の概念」の中においてではなくその外で論じる（たとえば加藤新平『法哲学概論』）．

本書では，「法」を実定法だけでなく自然法をも含む意味で捉え，その「法」の一要素として自然法をも扱うという，定義上の理由からも，また，自然法を事物の自然と関連づけて取り扱うという点からも，それを「法の概念」の中で論じる伝統に結びつくが，「法の概念」という語は学生諸君にはなじみにくいだろうから，「法の特質」と題して論じる．

4-1-2 自然法と現行の日本法

自然法は，われわれ今日の科学の時代に生きる，そして現実主義的な日本人には縁のないものと思う人があるかもしれないが，実際はそうでない．なるほど，自然法が直接，今日の日本人の法実務を動かすということは，あまりない．しかしわれわれは，まず，自然法の思想は，日本の現行法の形成に当たって大きな役割を演じ，現行法の原理を形作っていることに注目しなければなら

例えば，日本国憲法は，前文で，「国政」が「国民の厳粛な信託によるもの」であり，国民主権が「人類普遍の原理」であるとし，「これに反する一切の憲法，法令及び詔勅を排除する」と宣言している．これは，近世の自然法論で広く展開された社会契約論の思想に結び付いている．また基本的人権について，第11条で「侵すことのできない永久の権利として，現在及び将来の国民に与へられる」と規定しているのも，第13条で「生命，自由及び幸福追求に対する国民の権利」に言及しているのも，近世の自然法思想の一つの柱である自然権思想の反映である．こうした社会契約論や自然権の思想は，18世紀の後半に様々な人権宣言に取り入れられ実定法化された．1789年の「フランス人権宣言」，1791・1793年など一連のフランス憲法，1776年のヴァージニア権利章典，アメリカ独立宣言などがそうである．日本国憲法は，この古い伝統を引き継いでいるのである[47]．

　憲法ばかりでなく，われわれの民法が，「人」・「物」・「法律行為」（とくに契約）の三本柱から成っており，その内容として，すべての人に普遍的に権利能力があるとし（第1条の3），また自由な所有権や契約の自由を前提にしているのも，近世の自然権思想と不可分である．これらの規定の背景には，後述するように，近世自然法から近代の私法学へと流れていった法思想の歴史がある．

　意外なことに，自然法はまた，日本の最高裁判所で適用されたこともある．たとえば，尊属殺人罪（刑法200条）を違憲だとした原判決を破棄した，次の最高裁判所大法廷判決（1950年10月11日）がそうである．

> 「原判決は，子の親に対する道徳的義務をかように重要視することを以て，封建的，反民主主義的思想に胚胎するものであり，また『忠孝一本』『祖先崇拝』の思想を基盤とする家族主義社会においてのみ存在を許さるべきものであるというが，夫婦，親子，兄弟等の関係を支配する道徳は，人倫の大本，古今東西を問わず承認せられているところの人類普遍の道徳原理，すなわち学説上所謂自然法に属するものといわなければならない．従って立法例中普通法の国である英米を除き，尊属親に対する罪を普通の場合よりも重く処罰しているものが多数見受けられるのである．しかるに原判決が子の親に対する道徳をとくに重視する道徳を以て封建的，反民主主義的と断定した

---

47) 種谷春洋『近代自然法学と権利宣言の成立』（有斐閣，1980年）．

ことは，これ親子の間の自然的関係を，新憲法の下において否定せられたところの，戸主を中心とする人為的，社会的な家族制度と混同したものであり……．」[48]

　この判決は，「親を大事にするべし」という道徳的義務が「自然法」であり，それゆえそれが，実定法である憲法の規定（第14条）をも制限するのだと断じているのである[49]．

4-1-3　自然法の中身・認識方法・効果

　ひとくちに自然法といっても，その中身・認識方法・効果は様々である．

　自然法を根源的なもの（宇宙の根源的法則・神・事物の真相など）に基づく正しい法だとする論者（キケロ，アクィナス（Thomas Aquinas, 1225-74），ロック等）は，自然法はそれに反する実定法を無効にするような超法規的な法的効力をもつとしがちである（絶対的自然法）．そしてその際，このような絶対的な自然法の認識方法としては，事物の本質を見抜く直観とか神の啓示とか，これ以上は疑問の余地のない明証的原理など，認識論上の絶対主義的な立場（絶対に正しい普遍的価値があり，人間はそれを確実に認識できるのだとする立場）に，立ちがちである．

　しかし，①人間の認識能力に対する懐疑が広がり，とくに学問上で実証的傾向が強まると，絶対的な真理・本質に依拠できるという見方に対する懐疑が強まる（この傾向は，19世紀後半に入って顕著になった）．絶対的に普遍的・本質的な法は存在せず，あるいはたとえあったとしてもわれわれには認識できないとされ，われわれに得られる「自然法」としては，これまで歴史上に登場した過去の法や各地の現行法の観察と，現代の社会の経験的な考察とから，帰納によ

---

48) この点について，樋口陽一は言う．「〔最高裁は〕あの場合は実質的に憲法の基本原理ではカバーできないと心理的に思ったのじゃないでしょうか．日本の裁判所の判決理由に自然法が出てくるというのは，ぼくはあまり知らないのですが，ここでは明確に自然法が出てくるのですね．憲法ではどうも理屈がつけにくいというので自然法を出してきた．最高裁だから自然法を出してきてもそれで確定したが，下級裁が自然法を出せば，上級裁がひっくり返すでしょうね．」シンポジウム「憲法学の方法」（『法律時報』40巻11号，1968年）．
49) 1953年3月13日の「チャタレイ夫人の恋人」事件最高裁判所判決も，「性行為の非公然性は，人間性に由来するところの羞恥感情の当然の発露である」と，自然法思想をにおわせている．この判決については，ホセ・ヨンパルト『実定法に内在する自然法』（有斐閣，1979年）216頁以下参照．

って集められる程度の，相対的に普遍的・本質的なものだけになった．

　加えて，②実定法の整備が進んだため，自然法に訴える必要がなくなった．また，後述するように，日本・ドイツ・アメリカなどでは，憲法に明記されていない人権を主張する場合にも，法律家は憲法上の包括的基本権規定（日本では 13 条，ドイツでは 2 条 1 項，アメリカでは第 5 修正や第 14 修正）から解釈によって引き出す道を採るようになった（この点は，142 頁，156 頁以下で論じる）．

　さらに，③激しく変動する時代には，柔軟な法運用がふさわしいのだが，自然法的な原理・原則重視の法理論では，柔軟性に欠けるということもある．

　こうしたことの結果，自然法は，緩和された法的拘束力，すなわち実定法が完全に欠如している場合にのみ，解釈上で補充的に使われることを期待されるとか，立法や裁判に際してその指針としてのモデル的な役割を期待されるとか，あるいは，現行の実定法を体系的に説明するための原理としての役割しかもたないとかといったものとなった（これを相対的・可変的自然法という）．

　もっとも，今日においても絶対的自然法が実務上でも放棄されたわけではない．たとえば，前述のように，第二次大戦後ドイツの戦争犯罪を追求したニュルンベルク裁判においては，過去のナチス時代の犯罪を，自然法に照らして処罰した．また，戦後の一時期，ドイツ国内の裁判所でも自然法に依拠した判決が見られた．それは，ナチスの犯罪を裁く場合と，ナチスに抵抗して犠牲となった人々を救済する場合とに見られた．とくに後者のためには，1956 年に「ナチスによる迫害の犠牲者補償法」などが制定され，裁判では抵抗権が自然法に依拠して認められたりした（その詳細については，「17　抵抗権」参照）．最近においても，イラク，ボスニア＝ヘルツェゴヴィナ，コソボなどで少数民族が抑圧されているとしてアメリカをはじめとする国が武力介入したときにも，自然法としての人権や正義に依拠せざるを得なかった（「人権」が武力介入の口実となるので「人権外交」と呼ばれる）．なぜなら，自国または介入先の国の人権規定に依拠することはできないし，国連の規約は国家を規制するだけで，その中の各民族には直接適用できないからである．このように，今日でも自然法に訴えることは，現実に起こる問題に対処するためには，避けられない．

4-1-4　自然法の政治的役割

　自然法には，以上のように絶対的なものと相対的なものとがあるが，政治的には，それぞれその双方の中に，革新的な役割を果たしたものと保守的な役割を果たしたものとがある．たとえばキリスト教の自然法を例にとると，キリスト教徒が迫害されていた時代や地域では，自然法は，実定法批判の根拠となり，また抵抗の根拠となる．しかし，キリスト教徒が多数派となり権力を取った時代や地域などでは，自分たちが制定した実定的な制度や法を守ることが大切になり，それらの正当化のために，自然法概念が使われる．自然法思想に依拠して独立革命を起こしたアメリカでも，1930年代にルーズベルト大統領が労働者保護や小生産者保護の進歩的政策を打ち出すと，保守的な裁判官たちは，自然法に依拠して「所有権の絶対性」や「営業の自由」を主張し抵抗した．こうしたこともまた，哲学において「原理」や思想が，置かれた状況に応じて様々の役割を求められるのと同様である．人の思想と思考は，置かれた場・関係に影響を受けて動き，実際的意味（機能的意味）を変えるのである．

　しかし，全体としてみれば，歴史上で自然法思想が法の支配，自由・人権，民主主義の擁護に対し積極的な役割を果たしたことは否めない．一般に自然法思想は，古い権力と新しい勢力とが拮抗しているときに，古い権力が依拠している実定的諸制度の正当性と正統性とを問題にするために，新しい勢力が活用するものである．とりわけ西欧（英米仏伊）の啓蒙期自然法がそうである．

　ところが，近代に入り各国で社会契約論や自然権が憲法として実定化されると——つまり自然法思想に具体的な成果が見られるようになると——，皮肉なことに逆に自然法思想自体は弱まっていく．上述のように，自然法に頼らなくとも自由や人権が憲法などを使って擁護できるようになるし，この時代に広まった近代の実証主義精神にとっては，自然法を実証的ないし論証的に証明されたものとして受け入れることが難しくなったからである．

　思うに，人間が原理的に考える姿勢をもち続けること，とくに現行の法や国家を超えるヨリ普遍的・本質的な視点からそれらを批判的に見，進むべき方向を提起することは，——一般に哲学やユートピアの思想がどの時代にも必要であるのと同様に——政治において常に必要である．こうした点で，現状を超え

現行法を普遍的・原理的な見地から批判する自然法的な思考の伝統自体は，政治的自由と民主主義にとってこれからも重要性をもつといえよう．

4-1-5　自然法の拘束力

4-1-3を踏まえて，自然法の法的拘束力についてヨリ詳しく見ておこう．

「3　法の拘束力」で論じたように，ある法が拘束力をもつということは，人々がこの法に服さなければならないと意識することを意味しており（法の妥当），法が実効性をもつということは，人々が実際に法に服していることを意味している．問題となる場は，具体的には，第一に，議会で議員が立法化した行政庁が規則を作り，それを裁判で裁判官が判決において適用し行政官が執行するときである．第二は，市民が生活において法的ルールを造りそれによって社会生活を営むときである．これを踏まえれば，自然法が妥当するということの意味も明らかになる．「これが自然法だ」といえば，直ちに実定法に代わる法的拘束力をもつ（自然法が妥当する）ということはあり得ない．結局，自然法についても，実定法と同様，それを支え実行する人間がいなければならない．

すなわち，自然法についても実定法と同様，①議員が自然法に基づいて立法するとき，②陪審員や裁判官が判決で使うとき，③行政官がそれを尊重して統治するとき，④市民が生活においてそれを実質化するとき，の四つの場合においてそれぞれ，自然法に服さねばならないと意識するか，実際に服しているかが問題となる．こうしたことが起こる場合とはどういう場合か．それは，ある事柄が「実定法にはないけれどもきわめて大切な原則である」という観念が一般社会できわめて強くなり，それが議員・陪審員・裁判官・行政官に影響を与え，実定法が欠けている場合にかれらがその原則に準拠して実践したり，あるいは自然法の原則に依拠して実定法を限定解釈したり，それに反した解釈をしたりするときである．

議員がそうした原則に依拠して立法することは，十分あり得ることである．陪審員が評決の際にそうした原則を反映させることも十分あり得る．行政官がそうした原則を踏まえて事柄をその裁量権の範囲内で——とくに「超法規的措置」を採ることのある行政指導の形をとって——処理するケースも考えられる．実定法が欠如しているときに裁判官がそうした原則に依拠することや，限定解

釈を行うことも，あり得る．しかし，裁判官がそうした原則によって実定法に反して判決しなければならないと判断することは，法治主義の建前からしてごく例外的にしか起こらない．

しかしそれでも，裁判官が自然法によって制定法を限定したり否定したりすることが，ないわけではない．その場合とは，実定法に反してでも或る利益を保護しなければならない必要が強まったときで，そのための超実定法的原則が社会にきわめて強く根付き（強い法確信があり），その原則を擁護する議論が強い説得力をもっている場合である．これには，①平常時における場合と，②異常時に関連する場合とがある．①は，後述する「反制定法解釈」（注 52 および 372-373 頁参照）が採られる場合である．②は，とりわけ，圧政が打倒された後，圧制者の犯罪を追及するとか，その犠牲者や抵抗者を救済する必要が高まった場合である．また，先に見たように最高裁判所が自然法を援用した場合も前者に関わる．こうした場合には，それが最終審であるから，判決は判例となる．

こうした点では，自然法の妥当性と実効性は，一般的な法の生成，すなわち『新しい時代に新しい必要を反映して，ある法観念が生じ，それがやがて社会生活に定着し新しい法確信を作り，それが国家生活にも反映するに至り，新しい実定法を作り出す』という関係と異ならない．すなわち，上述した社会規範が強制規範としての国家の実定法に反映する論理である．

法哲学の議論において，自然法と実定法は，しばしば原理的に対極に置かれて，両者の間には大きな溝があるとされてきた．すなわち，自然法は，法の理念に属するものであって実定法は法の現実に属するとされ，また，自然法は信仰の対象に属するものであって，実定法は法の科学の対象に属するものであるとされたりもした．しかし，上のように自然法を中空に浮かぶ抽象的原理としてではなく，その担い手である人間の意識，法的確信によって生命を得るものと考えると，自然法から実定法への移行が——立法・行政上はもちろんのこと裁判上でも——今日においても十分あり得ることが認められる．

4-1-6 「事物の本性」について

前述のように，自然法は，（神の意志や）物の本質，すなわち永遠で普遍的な，あるいは本来の，事物の姿すなわち「事物の本性」に根ざした法である．した

がって，自然法は，古くから事物の本性論の形で展開してきた．しかし，「事物の本性」観念が注目されたのは，戦後の西ドイツにおいてであった[50]．

(1) 「事物の本性」による議論はどういうものか．

ここでは，婚姻・家族を例に取って考えてみよう．カトリック教会は，後述するトマス・アクィナスの議論を踏まえて，人間について，「人間は異性同士の結合なくしては存続し得ない」という本性認識を行う．それはまた，婚姻について子供を産み育てることがその本質だと見る．そして，これらを婚姻・家族に関する立法や解釈の基準にする．たとえば，婚姻・家族はキリスト教で尊重されるべきものであるとか，避妊や人工妊娠中絶や同性同士の婚姻は，「結婚制度の目的」が子供を産み育てることにあるから，許されないとかとする．他方，カントは，婚姻の本質が男女の性的結合にあり，それを合法化するために婚姻の法があると見る．したがって，ここからは，婚姻や家族は私事であり，教会も国家も介入し得ない，とすることが帰結し得る．ここからはまた，避妊や人工妊娠中絶を禁止すべきでないとする議論も出て来得る．

このほかにも，たとえば学問をめぐる師弟関係の本質について，『教えるためには指導者に権威が必要だ』と考えれば，大学運営などでの権威主義の法制度が帰結する．しかし，『真理の前では誰もが対等だ』と考えれば，権威主義の法制度は否定されることになる（このほかに「動物の権利」が面白い素材となるが，これは「17 抵抗権」で論じるので，307頁以下を参照されたい）．

このように，ある事物の本質（と称するもの）を根拠にして，立法を要求したり，現行法を批判したり，またそれを法解釈の指針にしたりするのが，「事物の本性」論である．上の例から分かるように，何を事物の本性だとするかには，その人の立場が影響する．それゆえ，一つの事物に本性が一つだけ対応するわけではない[51]．しかしまた，「何でも事物の本性に入れられる」というような単純なものでもない．

---

50) 大橋智之輔「最近の「事物の本性」論について」（『法学志林』63巻2・3号，1966年），原秀男「自然法論としての事物の本性論」（『立正法学』2号，1968年），中村直美「事物の本性概念の「否認論」について」（『法哲学年報』1975年度），青井秀夫「カール・エンギッシュの法哲学の基礎」（『東北法学』42巻1号，43巻3号，1978・79年）など．

51) この点については，Günter Ellscheid, Das Naturrechtsproblem, in: Kaufmann u. Hassemer (Hrsg.) *Einführung in Rechtsphilosophie und Rechtstheorie der Gegenwart*, 6. Aufl. 1994, S. 228 ff.

ところで，このように「事物の本性」を土台にした議論は，必ずしも自然法論に固有のものではない．そうした議論は，われわれが「何をなすべきか」を考えるとき日常的に行っているものでもある．たとえば，「酒の製造販売を禁止する法律（禁酒法）を制定すべきかどうか」は，そもそも酒は健康に有害かどうか，酒は社会に有害かどうかなど，酒の基本的性質（本性）が決定的である．同様に，「禁煙法を制定するべきかどうか」をめぐっては，たばこの有害な性質が――喫煙者の幸福追求権とともに――主要問題になる．「中絶を禁止すべきかどうか」に関しても，胎児が妊娠期間10ヵ月のうち何時から人間に本質的に似るのかが――母親の自己決定権が人間の条件とどう関わるかとともに――主要問題になる．こうした本質的事実の認識が日常的に大切なのは，法は事柄の本性や法則を前提にして，それに深く関わる行為を規制しようとするものだから，事柄の性質を正しくわきまえていなくては失敗する，という，単純な事情による．

　ところで，酒やたばこは害にもなれば益にもなるのだから，肯定か禁止かは簡単ではない．また，医学の発達によって，害の大きさがはっきりしてくることや，嫌煙権の世風が高まり合意が固まるといったことが，「本質的な」害を際だたせる様になる．この点からは，「事物の本性」も立場や時代と無関係ではないということになる．「事物の本性」は，絶対・不変のものではないのである．とはいえ，他方では，害や益など事柄の性質について著しく誤った法律は，事実上適用できないだけでなく，そもそも法律としてあることが問われる．たとえば，酒やたばこが全く有害でないのであれば，それを禁止する法律は正当性が疑われる[52]．この点では，「事物の本性」はそれなりの威力をもっているのである．

---

52) 磯村哲は，「立法者が法理念にもとづく法的原理や事物の本性を誤認ないし無視して規定し，あるいは後の技術的・社会経済的発展により社会状況が基本的に変化した結果法規が不適合となった場合」には，法規違反の新制度の創出，すなわち後述する，広中俊雄の言う反制定法的解釈が許されるとする．具体的な例としては，債務者が任意に支払った超過利息は元本弁済に充当させられるとする，利息制限法1条2項に反する解釈が挙げられている（『現代法学講義』有斐閣，1978年，104頁）．ここでの「事物の本性」は，それに反した法規を無効とするのであるから自然法に関わっているように見えるが，しかしここでは実定法の解釈において用いられているのであるから，実定法に関わる概念である．「事物の本性」は，自然法論だけに限定されたものではないのである．

「事物の本性」がこのような日常生活上のものだから，事物の本性の認識には，しばしばもち出されて来たような「本質直観」とか「先験的思考」とかいった特別の形而上学を必要とはせず——そのようなものが本当にあるか自体疑問である（第一，それらをもち出す人々の見解が相互に相対立している）——，経験的・科学的に対象把握をすればよいし，それ以外には道はないことも明らかになる．（したがって「これが絶対だ」と言えるようなものではなく，「今の段階ではこれがもっともらしい」を大切にするべきだということになる．）「事物の本性」などというと哲学的に響くが，これに関わるドイツ語の表現 Es liegt in der Natur der Sache, daβ X……（「Xが……であることは，ことの性質上そうなって当然だ」）は，日常会話上の表現であり，「本質直観」などと何の縁もない（事物の本性と価値判断の関係については，「21 法の解釈(2) 価値判断論」でも扱う）．

(2) 「事物の本性」はどの様にして妥当性を要求するか．

この点については，次のことに注目しよう．

たとえば，ロックやルソーは，『人間は，社会を造る前にはバラバラに森の中に住んでいた．しかしそれでは不都合なので合意によって自分たちのために国家を造った』という原初の状態を想定し，そこから「国家は国民が主権者たるべきである」という命題を引き出す．この場合には，もともと人間は孤立した存在であり，社会的結合はそうした諸個人の合意を本質としているという，社会に関する「事物の本性」が出ている．この命題は，「物事についてはその始源が尊重されるべきである」ということと「組織を作った者がその主体となるべきである」ということとを媒介項にして，具体的な社会論に展開していく．

また，ビュルラマキ（Jean J. Burlamaqui, 1694-1784）らは，人間が幸福を切実に求める存在である，という本性認識をした上で，そこから「人間には幸福追求権が認められるべきである」（あるいは「人間には幸福追求権が自然権としてある」）という命題を引き出す．これも本性からの法命題の獲得であり，それは，「人間存在にとって切実なものは尊重されるべきである」という媒介項によって妥当していく．

以上から言えることは，自然法の法的拘束力は，「事物の本性」から自動的に生じるものではもちろんなく，人々の法確信による．或る物の本性をめぐって，人々の経験に適合し説得力のある議論が展開できれば，関係者を動かして

法的拘束力をもつに至ることもあるということである．そしてその説得力の秘密は，人々に既に共有されている命題が，認識命題と当為命題を媒介する媒介項として使われることにあるのである（この媒介項については，「21　法の解釈(2)価値判断論」で詳述する）．

4-1-7　自然法と道徳

われわれは先に，実定法と道徳とを対置して考察してきた．そしてここでは，実定法と自然法とを対置して考察している．すると，自然法・自然権と道徳とは，相互にどういう関係にあることになるのだろうか．

英米でmoral rights（道徳的権利）とは，たとえばドヴォーキン（Ronald Dworkin）が使っているように，実定的な権利に先行する別の権利（rights other than and prior to those given by positive enactment[53]）を指す．そうしたものは，発想上も内容的にも自然権に対応する[54]（自然権・自然法という言葉が古くさくうさんくさいから，人々は，道徳・道徳的権利という言葉を使うのである．こうした場合，moralは，厳密な意味ではなく，実定法の根底を成す規範性を意味する．つまり道徳的権利とは，本源的な権利という意味である）．この点からは，道徳と自然法・自然権とは，内容的に同一であるようにも思える．

実際，それが正しいとも言える．たとえば，環境権や日照権は，日本国憲法13条，25条，ドイツ基本法第1条などがなければ，両国では自然権とする他ない．その場合，それらを侵害することは，相手を苦しめることなので，道徳に反する．それらの尊重が道徳の要請でもある．そこで，この意味でこれらを「道徳的権利」と位置づけて重視することがあってもよい．権力に対して所有権の尊重を求めることも，かつては自然法（自然権）であったが，「汝，盗むなかれ」という道徳に関わる点では，道徳的権利でもあった．後述の「動物の権利」も，〈動物やその生命を尊重する環境倫理が要請する「権利」〉とされ，それがさらに法的権利になるかが問題になっているのであるから，ここでも倫理

---

53) Ronald Dworkin, *A Matter of Principle*, 1985, p. 13.
54) ヘアーは，道徳的権利をめぐって，「自然法や自然権という言葉で人々が表現したいと思ったこと」は，「どれも道徳の言葉によって——つまり，法が道徳的にどうあるべきかという形で——はるかに明断に表現できる」と言っている．R. M. Hare, *Moral Thinking*, 1981（『道徳的に考えること』内井・山内訳，勁草書房，1994年，225頁）．

（道徳）上の「権利」と自然法・自然権は，相重なる[55]．また，確かに，道徳であり自然法であるものもある．たとえば，「人を殺すな・傷つけるな」（そうした人格の権利を尊重せよ），「差別をするな」（平等の権利を尊重せよ）は，道徳であり，かつ自然法でもある（それらはさらに，実定法でもある）．

しかし他方では，自然法・自然権ではあっても，第一義的には道徳と関係ないものもある．たとえば，人民主権は，かつて自然法には関わったが，その際に道徳には関わっていなかった．裁判を受ける権利や抵抗権，結社の自由もそうである．したがって，自然法・自然権が常に上の意味での道徳・道徳的権利ではない．

それでは，自然法・自然権と上の意味での道徳・道徳的権利とが相互に関わるか否かのメルクマル（識別基準）は何なのだろうか．思うに，それは，「相手を害するな」という窮極命題に関わるか否かによる．すなわち，「相手を害するな」といった道徳命題が働いており，相手とのそれに応じた正しい関係が問題になるものが，道徳にも関わる．これらは，自分に対して「相手のことを道徳的に考えるなら，その相手を殺すな・差別するな・苦痛を与えるな（生命権・平等権・所有権を認めよ）」と言い聞かせる形になる．これに対して，もっぱら共同体の組織化・運営に関する基本事項であり，それゆえ自分の行動の対象である相手が問題の内に入ってこず，自己の在り方だけが問題になる場合におけるものは，道徳に関わらない．たとえば人民主権や抵抗権がそうである．これらは，「自分たちが，社会をこう創る・権力にこう関わる」という形であり，他人には「そのことを妨げるな・支持せよ」と要求するだけのものである（自分に対して「相手を思いやるなら，自分は，社会を人民主権で創れ・抵抗権を行使せよ」と言い聞かせる形は不自然であろう）．これらは，自然権に関わるが，道徳には関わらない（したがって問題は，49頁以下の 2-1-4 と関連する）．

---

55) ロデリック・ナッシュ『自然の権利』（松野訳，ちくま学芸文庫，1999 年）．この本の原題は，*The Right of Nature — A History of Environmental Ethics* である．すなわち倫理学に関わっている．自然法論で扱う対象である「自然の権利」は，このように倫理学で扱う対象でもある．

4-2 自然法思想の歴史

近世以降の自然法論の歴史については，先に「法と道徳」に関連させて論じたので，ここでは，近世以前についての思想史を概観して，自然法とは何かをヨリ具体的に見ておこう．

4-2-1 古代ギリシア

(1) ソフィストたち

西洋史上で自然法的な思考をもっとも早く鮮明に打ち出したのは，第二世代のソフィストたちであったといわれる．紀元前6世紀の末葉——すなわちそれまでのギリシア社会が民主化に向かって激動し出し既成秩序の正統性が問われ始めた時代——以降に，弁論術の教師として活躍したかれらは，現行の実定的な秩序を「ノモス」と呼び，それを物の本質から来る基準である「フュシス」に照らしてその正統性を問う議論を展開した．例えば，カリクレス (Kalikles, B. C. 5-4 世紀) は，人間が自然的に資質の優劣をもち適者生存が自然の法則であるから，人間を対等に扱う人為的な（実定的）制度である民主主義は，自然（フュシス）に反するとして，次のように議論する．

　「しかしながら，ぼくの思うに，法律の制定者というのは，そういう力の弱い者たち，すなわち，世の大多数を占める人間どもなのである．だから彼らは，自分たちのこと，自分たちの利益のことを念頭において，法律を制定しているのであり，またそれにもとづいて賞賛したり，非難したりしているわけだ．つまり彼らは，人間たちの中でもより力の強い人たち，そしてより多く持つ能力のある人たちをおどして，自分たちよりも多く持つことがないようにするために，余計に取るのは醜いことで，不正なことであると言い，また不正を行なうとは，そのこと，つまり他の人よりも多く持とうと努めることだ，と言っているのだ．[…] かくて，以上のような理由で，法律習慣の上では，世の大多数の者たちよりも多く持とうと努めるのが，不正なこと，醜いことだと言われているのであり，またそうすることを，人びとは不正行為と呼んでいるのだ．しかし，ぼくの思うに，自然そのものが直接に明らかにしているのは，優秀な者は劣悪な者よりも，また有能な者は無能な者よりも，多く持つのが正しいということである．そして，それがそのとおりであるということは，自然はいたるところ

でこれを明示しているのだが，つまりそれは，他の動物の場合でもそうだけれども，特にまた人間の場合においても，これを国家と国家の間とか，種族と種族の間とかいう，全体の立場で考えてみるなら，そのとおりなのである．すなわち，正義とは，強者が弱者を支配し，そして弱者よりも多く持つことであるというふうに，すでに結論は出てしまっているのだ．なぜなら，ほかにいったいどういう正義をかかげて，クセルクセスはギリシアの地に兵を進めてきたのだろうか．あるいは，彼の父〔ダレイオス一世〕がスキュディア人たちのところへ攻め入ったのには，ほかにどんな正義があったというのだろうか．あるいはまた，そういう例なら，ひとはほかにいくらでもあげることができるだろう．いや，それは言うまでもなく，この人たちがそういうことをしているのは，自然つまり正義の自然本来のあり方に従ってであると思う．それにまた，そうだ，ゼウスに誓っていいが，彼らはたしかに法にも従っているのだ．しかしその法とは，自然の法であって，おそらくわれわれが勝手に制定するような法律ではないだろう．」(「ゴルギアス」『プラトン全集』9，岩波書店，1974年，114-115頁)

他にも，ヒッピアス (Hippias, Elis の，B. C. 560 頃-490) は，ギリシア人について，ノモスに従えばポリス（都市国家）ごとに異なる国民であるがフュシスに従えば同市民であるとする開かれた態度を示した．アンティフォン (Antiphon, Athene の，前5世紀) は，ギリシア人も非ギリシア人もが人間的自然を共有している点で平等であるとする，コスモポリタニズムを展開した．またアルキダマス (Arkidamas, 前4世紀) は，万人は自由人として造られたのであり，それゆえ奴隷制はこの自然に反するとする，当時稀有な見解を打ち出した．

(2) プラトンとアリストテレス

プラトンが，現実の事物を超越したその理想的本質をイデアと呼び，この立場から正義と人間の本性に基づく理想的な国家である「ポリテイア」を構想して，これを現実の（不完全な）国家に対置し人間が追求すべき永遠の目標として提示したことも，理念論的な自然法思想に大きな影響を与えた．

プラトンの弟子であるアリストテレスも，師とは違う形ではあるが，自然法論を打ち出した．かれは普遍的本質とは事物を超越したイデアではなく，事物に内在するもの（エイドス）だとする立場をとった．これに対応して，かれは事物を観察し，事物の発展運動が目標としている姿，すなわちそれの完成態が本来事物に本質的可能性として内在しているのだとして，それをフュシスと呼んだ．自然のこのような（事物の本性に関わる）経験的な捉え方によって，アリ

ストテレスは，ヨリ具体的で現実的な，しかしまたかなり保守的な自然法思想の論者となった．すなわちかれは，プラトン的なユートピア的国家ではなく，結婚→家族→村→国へと次第に拡大して行く社会関係の発展の構造とその各段階の態様を学問的に捉え，その基底にあるものを「本質」として押さえ，それに照らして国家や家族を論じた．かれは，そのことによって，人間には「自然に従って」支配する者とされる者が分かれるとして奴隷制を肯定する議論をしたり，優れている者が劣っている者を支配するのは，「自然」にかなうとして，家長の支配を認めたりした．たとえば次の引用がそうである．

「しかし誰か自然によってこのようなものである人間がいるか，それともいないか，つまり，奴隷として仕えることが自分にとってより善いことであり，正しいことでもある人間がいるかそれともいないか，或はむしろ隷属は如何なるものでも自然に反するものなのか，これらのことを次に考察しなければならない．しかしこれらのことを〔判断するのは〕困難なことではない．何故なら支配することと支配されることとはただ必然なことに属するばかりでなく，また有用なことにも属するからである．そして生れる早々から或る場合には相違があって，或るものは支配されるように出来ており，また或るものは支配するように出来ているからである．」(『政治学』第1巻5章, 岩波文庫, 40頁)

「そしてさらに，男性と女性との関係について見ると，前者は自然によって優れたもので，後者は劣ったものである．また前者は支配する者で，後者は支配される者である．そしてこのことは凡ての人間においても同様でなければならない．」(同42頁)

(3) ストア派

自然法思想の体系化に寄与したのは，ストア派である．かれらは，宇宙全体に根源的な法則（ロゴス）が貫徹しており，それが自然の法則・人間の理性・社会の正義といった形で万物にそれぞれの本質として分有されている．このロゴスを認識しそれにしたがって生きるのが賢者，すなわち有徳の人間である，というのである．たとえば，クリュシポス（Chrysippos, B. C. 281頃-208頃）の次の見解がそうである．

「徳に従って生きるということは，自然的に生起することがらの経験に即して生き

るということと同じである．というのは，われわれの自然〔本性〕は全宇宙の自然の部分をなしているからである．それゆえ，生の目的は自然と整合性を保って，すなわち，自分自身の自然と全宇宙の自然とに従って生き，すべてに共通の法が，すなわち，万物に遍く行き亘っている正しき理——それはまた，全宇宙の管理の主導者たるあのゼウスと同一なるものであるが——がいつも禁止していることはなに一つ行動に移すようなことをしない，ということになる．」(102)[56]

　自然法もまた，この世界論に位置付けられる．すなわち上のクリュシッポスが主張しているところによれば，「法や正しい理もそうであるように，自然においてあり，人のとりきめによるのではない．」(119)
　ストア派はまた，人間を，理性を分有するがゆえにポリスを超えて連帯し合うべき平等な存在としてコスモポリス的に捉えた．この点に関するかれらの言明を，人物別に引用しよう．
　① ゼノン (Zenon, B. C. 335-263)：「ストア学派を創設したゼノンの大いに賞讃を博した『国制』は，次の一つの要点に集約される——われわれ〈この世界の人間〉は，国単位で，また地区単位で，それぞれ独自の正しさに従って別個に暮すということではいけない，むしろ，人間すべてを同区民とか同国民と考え，あたかも，一緒に放牧されている家畜の群れが，共通の牧場で揃って飼育される場合のように，そこにはただ一つの生活と秩序とがあるようにしたい．」(122)
　② フィロン (Philon, B. C. 30頃-A. D. 45頃)：「人間は誰一人として自然によって〔本性上〕奴隷ではない．」(122)
　③ セネカ (Lucius Seneca, B. C. 5頃-A. D. 65)：「すべての人間にとり，その始源は同じ一つのものであり，また出所も同一である．或る人の性がより真直ぐであり，善い生き方をするのにより適しているということを除けば，誰一人として他の者より高貴な者はいないのである．」(122)（セネカは，下記のキケロと並ぶ，ローマのストア派に属する人物である．）

---

56) 以下，ストア派の引用は，『後期ギリシア哲学者資料集』（山本・戸塚訳，岩波書店，1985年）によった．

4-2-2 古代ローマ

ギリシアの自然法は，やがてローマ人に受け継がれ具体化された．その中でも自然法の思想家として注目すべきなのは，ストア派の影響下にあるキケロである．キケロは，自然法論を次のような形で展開する．

> 「しかしながら，国民の慣習とか法律とかの中で定められていることがすべて正しいと信ずるのは，最も愚かなことである．法律が専制君主の定めたものであるとしても，そうだというのであろうか．」「かりに正しさというものが国民の決議によって定められ，元首の布告によって定められ，また，裁判官の判決によって定められたとするなら，もし国民の投票あるいは議決によって承認を得さえすれば，強盗も正義であれば，姦通も正義であり，また，遺書偽造も正義ということになるだろう．かりに，投票によって自然の法を逆転させるほどの力が，愚かな人々の判決や制定にあるとしたら，彼らは，悪しく有害であるものを善く有益なものと見做すだろう．あるいは，不正を合法とする法は，同様にまた悪を善とするだろう．しかし実際には，われわれは，他でもない自然という規範によって，善い法律を悪しき法律から区別することができるのである．」(「法律について」15・16，『世界の名著13』(中央公論社，中村訳) 参照)

このようにしてキケロも，自然法を，宇宙を貫徹する自然法則であるとともに人間の自然を構成する倫理的法則でもあるとした．そして自然法の根本原理は，共同生活の秩序を乱さないことと共通善（人間の社会を維持するのに必要な価値）を促進することにあるとし，これらから自然法の具体的命題を展開した．さらにかれは，①普遍的な自然法と，②実定的ではあるが人類共通の法として自然法に則った万民法，そして③国によって異なり現実の功利を実現する実定法である市民法を区別した．のちに啓蒙期自然法の傾向となる，人間の自然（本性）から自然法を展開する手法は，このキケロによって発展させられたといえる．キケロはこのような立場から，上述のように，自然法に反する実定法は無効であるとし，また，自然法に反する暴君には抵抗する権利があるともした（「義務について」）．

4-2-3 中世

古代の自然法思想は，アウグスティヌス（Aurelius Augustinus, 354-430）やアクィナスらの教父たちによって，キリスト教思想と結び付けられ体系的で具体的なものに発展させられた．とりわけアクィナスは，アリストテレス哲学とアウグスティヌスの神学を巧みに結びつけた．かれは，すべてのものは神の計画に基づきその使命を帯びて創造され，その計画は神の知性によるものであり，必然的な法則に基づいているという立場をとった（キリスト教の創造説と，ギリシアの宇宙論を調和させた理論）．かれは，人間もまたこの法則に従って生き，共同し合って社会をつくるとし，またその際，そうした人間を方向づける根本的な自然的原則としては，自己保存，生殖と養育，神の認識と共同生活があるとして，これらから個別的な規定を自然法として引き出し，壮大な体系的自然法を展開した．そうした個別的規定としては，たとえば，「自己保存」の観点から正当防衛を認めるとか，先に見たように，結婚は「生殖と養育」のために必要な制度であるからキリスト教においても容認されるべきである，離婚はその観点から逆に制限されるべきであるといった議論がある．

アクィナスの自然法論は，かれの神学が事実上，中世の正統神学となったため，教会法などを通じて影響力をもった．それは16世紀にスペインのサラマンカ大学を拠点としたひとびと——ヴィトリア（F. de Vitoria, 1485頃-1546），スアレス（Francisco Suarez, 1548-1617）などが有名である——によって再生させられた．

次に見る啓蒙期自然法は，こうした中世の自然法がグロティウス（Hugo Grotius, Huig de Groot, 1583-1645）によって，世俗化されたのを受けて，その基盤上で，神学から切り離され，自然状態にある孤立的な個人から出発し，その個人が相互に結ぶ社会契約によって社会関係が成立するという，自然法理論の体系を完成させたのである．

4-2-4 啓蒙期自然法

啓蒙思想は，西欧で17世紀末葉に始まり18世紀の後半に至って全盛に達した革新思想である．それは，当時花開いた自然科学の精神に影響されて，人間

の理性への信頼と自然の合法則性とを前提にして，学問を科学化し，それによって人間の意識を革新しようとした．すなわち，中世以来の迷信や迷妄な宗教的権威，それが行った異端尋問や魔女狩りなどの悪弊，さらには不衛生や無秩序を打破し，新しい立法と教育制度を通じて人間世界の進歩・改善，幸福をはかることを，課題にしたのである．啓蒙思想は，オランダ・イギリスに興り，フランス・ドイツ等に及んだ．

　上述のようにこの啓蒙時代の自然法論は，日本の法にとっても重要である．この自然法論こそが，近代の諸法典の基盤を形成したからである．この啓蒙期自然法学――とくにハンス・ティーメの言う[57]後期の啓蒙期自然法――は，第一に演繹的・体系的傾向，第二に実務志向，そして第三に――思弁によって捉えた超越的な宇宙法則を前提にした「自然」からではなく，観察によって捉えた人間の本性としての自然から出発する――科学的人間主義の傾向，をもつ．

　近世の哲学には二つの主要な流れがあった．一つはデカルト（René Descartes, 1596-1650）的な演繹的な体系的思考（普遍的な原理から下向して個別的な問題を論じる思考）を重視するものであり，もう一つは，モンテーニュ（Michel de Montaigne, 1533-92）やモンテスキュー（Charles de Montesquieu, 1689-1755）等に見られた経験的・歴史的・実証的・反体系的な思考を重視するものである．近世の自然法論においてもこれら二つの流れがあった．すなわち，当初はホッブスやクリスティアン・ヴォルフ（Christian Wolff, 1679-1754）らの自然法論に典型的に見られるような，デカルト的傾向が強かったが，啓蒙期自然法論も後期になると，後者の傾向が強まる．

　この近世後期には，モンテスキューの歴史的・経験的方法の影響が顕著になった．個々の現実的事象を豊富に踏まえつつ，それらを包括する相対的な一般的命題を引き出して論じる傾向が強まったのである．この時期には，法典編纂が現実的な課題となり，それに携わった実務官僚の間で，自然法思想が実践への関わりを強めた．たとえばプロイセン一般ラント法（1794年）の編纂者スワレツ（Carl Gottlieb Suarez, 1746-1798）とクライン（Ernst Ferdinand Klein, 1743-1810），オーストリア一般民法典（1811年）のマルティニ（Carl Anton von Martini,

---

57）　Hans Thieme, Die Zeit des späten Naturrechts, *Savignysche Zeitschrift, Germanische Abteilung*, 56 (1936). 磯村哲『社会法学の展開と構造』（日本評論社，1975年）121頁以下．

1726-1800)，フランス民法典（1804年）のポルタリス（Jean-Etienne Portalis, 1746-1807）らの自然法論がそうである．壮大な体系化を志向した，前述のヴォルフの自然法論においてさえ，「ローマ法の命題を暗黙裡に自然法化してい」るような「実定法への隠れたる従属」が見られた[58]．また，自然状態という原始状態に置かれた個人から論を説き起こす人間主義が，人間を利己的・闘争的とするか（ホッブス），協調的・連帯的とするか（ロック，プーフェンドルフ（Samuel F. von Pufendorf, 1632-94），ルソー）の違いはあれ，近世の自然法論では共通の傾向となった（これ以降の歴史については，2-2-2参照）．

後にも見るように，近代に至るヨーロッパの歴史は，国家権力が絶対ではない関係を基本的に維持してきた．王権は，第一には教会権力によって，第二には様々な対抗勢力（「家」の家長，等族，自治団体など）によって，相対化されてきた．こうした関係の中で，王権は，新しい制定法で国家を統合しようとしたのに対して，対抗勢力は，「善き旧きRecht」（319頁以下参照）や「自然法」によって抵抗した．自然法の観念は，こうした実際の政治運動によっても支えられて展開したのである．

（これに対して日本では，政治的支配者の聖化・神格化が強かったし，集団主義も強かった上に，王権と教会勢力の拮抗もなかった．とりわけ明治中期以降に強化された天皇制下では，前述のように，天皇は絶対的支配者であり神であり最高の祭司であって，聖俗両方の絶対権力を独占した．このため，国家の制定法もまた絶対的なものとなった．こうした世界には，制定法を相対化する「自然法」の観念は定着しにくい．）

参考文献：加藤新平『法哲学概論』（有斐閣，1976年）第3章，大橋智之輔他編『法哲学綱要』（青林書院，1990年）第7章（三島淑臣執筆），三島淑臣『法思想史』（青林書院新社，1980年），ロンメン『自然法の歴史と理論』（阿南成一訳，有斐閣，1956年），ラートブルフ『実定法と自然法』（野田・阿南訳，東京大学出版会，1961年），石部雅亮『啓蒙的絶対主義の法構造』（有斐閣，1969年）．

---

58) 石部雅亮『啓蒙的絶対主義の法構造』（有斐閣，1969年）45頁．

第 2 編　法の目的

「法の目的」のテーマは，法（や政治）の究極の目的であるとされる事柄について論じることである．

　そうした事柄としては，伝統的に「正義」が挙げられてきた．法が究極的に目指すところのものは，正義の実現であるとするのである．本書もこの伝統を尊重する．しかしながらここであらかじめ見ておかなければならないのは，「法の目的」に関わる「正義」は，実は正義のすべてではなく，後述するところの「内容的正義」に関わるものの一部に限られる，という事実である．後述の「形式的正義」は，「法の目的」というより，法の制定や適用の際に則るべきルールに関わる．本書でも正義論では，正義に関わる重要事項の全体を扱うが，「法の目的」としての正義はその一部にすぎないのである．

　近代以降においては，法はさらに，個人の幸福を目的とし，それを達成するのに必須である人権の確保を重視してきた．それゆえ人権論もまた，法の目的論上重要なテーマの一つである．

　最近ではまた，環境保護も法の重要な目的の一つとなってきた．環境保護は，人間を尺度として論じれば，人権保護の一環である．しかし，近年問題になっているのは，環境，自然の中で生きる動物・植物の固有価値を法にいかに反映させるかという問題である．本編では，この問題をも対象化する観点からも，環境保護・環境権を扱う．

　法の究極的な目的としては，さらに，秩序の保護・国家的価値の擁護，文化の推進といったものある．国家ないし秩序の問題は，本書では「国家論」において論じるので，ここでは扱わない．文化の推進の問題は，いかなる文化を法が推進するかの文化の内容に関わる問題——これらは文化哲学の問題である——ではなく，文化推進のためにどのような施設・制度の確立が求められるか，言論・出版の自由，大学の自治などの制度保障をどう進めるかに関わる事柄——これらは行政法学の問題である——なので，これもここでは扱わない．したがって本編で扱うのは，正義，人権，環境の三つである．

5 正　義

　正義に関する議論は，古代ギリシア以来，法に関わる重要なテーマの一つであり続けてきた．そしてロールズ，ドヴォーキンやハバーマスらの議論が「現代正義論」という名で扱われているように，今日においても重要なテーマの一つである．

　「正義」は多義的であり，それらの意味が相互にどう関連しているかの考察がまず必要である．そしてその際には，アリストテレスが言っているように（『ニコマコス倫理学』1129a），「正義とは何か」ということを問うアプローチよりも，「われわれは何を不正と感じるか」ということを問うアプローチから入っていく方が入りやすい．それは第一に，「正義」が法生活上の基底的な原理であり，われわれは，空気（酸素）や健康や幸福のように，普段それが完全な状態にある場合には意識しないが，不完全になった途端に敏感に，しかも重大事として反応するものだからである．それは，第二に，われわれは，自分に加えられた不正に対しては敏感であるが，自分が正義を行うことに対してはさほど熱心でなく，したがって「何が不正か」に比して「何が正義か」には敏感ではないからである．以上を踏まえて，まず，われわれが日常生活においてどの様なものを「不正」と感じるかという経験的事実を中心に，考察を進めよう．

5-1　正義の諸ケース

　われわれは，大別して三つの正義のカテゴリーをもっている．すなわち，①ルールを尊重すること，②各人にかれが値するものを帰属させること，③善にかなうことである．これらそれぞれについて，細かく場合を分けて考えよう．

5-1-1 ルールを尊重すること

われわれは，法ないしルールを破ったり軽んじたり正しく適用しなかったりして一部の者を利する行為を不正な（正義に反する）行為だと感じる．

① ルールに則って競争したり協働し合ったりしている際に，そのルールを破ってアンフェアーに勝利しようとしたり自分を利しようとしたりすること——たとえば試合での不正，試験場での不正行為，インサイダー取引，政治ないし行政をめぐる贈収賄，共同作業でのずる休み——に対して，われわれは不正を感じる．そして，インサイダー取引や贈収賄を摘発した新聞記者を，正義の味方だとする（カンニングを摘発した教師を正義の味方とは感じないが）．

しかしわれわれは，法・ルールを破る行為をすべて「不正だ」と感じるわけではない．**(a)** たとえばわれわれは，スピード違反をしたり信号無視をしても，とくに「不正をした」とは感じない．しかしこのケースでも，ロード・レースのときに，スピード制限が課され信号では止まることになっているときに，勝つためにそれらを無視すると，われわれは「不正」があった（アンフェアーだ）と感じる．**(b)** 同様に，税の申告を忘れて，しなくても「不正をした」とは感じない．しかし，申告をさぼることが課税を逃れる手段として選ばれたのであったら，われわれは「不正だ」と感じる．とくに，ある利益を得る目的で法律やルールを破るときに，あるいは利得に関わるような重みのある法律やルールを破るときに，われわれは「不正をやっている」と感じるのである．

われわれはまた，悪法を破っても不正を行ったとは感じない．この問題は，後述の「抵抗権」に関わる事柄である．

② われわれは，法律違反に対してのみならず，権力が法ないしルールをしばしば変更し（朝令暮改），それによって権力や一部の人を利しわれわれに不利益を与えることも，正義に照らして問題があると感じる．ルールの軽視とは見られなかったり，利益が絡まない朝令暮改については，われわれは，「まずい統治だ」とは感じるが「不正だ」とは感じない．

③ 他人に危害を加えたり法を犯したりした者に，それに応じた法的制裁を加えないことによってその者を利すことは，正義に反する．

その理由は，第一に，不正に対して法的制裁を科さないことをルール違反・

ルール軽視と見,それによって違反者を利すことを,正義に反すとわれわれは感じるからである(ルールの不執行をつねに正義に反すると感じるのではないが).また,第二に,後述のように,ある人にその人が値するもの(報償あるいは罰)を帰属させるのが正義であり,帰属させないのは不正だと感じるからである.

したがって,この場合には,裁判官が厳格であればあるほど正義の人である,とわれわれは感じる.しかしまた,人情を解さない,著しく厳格な法や法実務は,不正であるとも,感じる.この後者の場合には,「最大の法は最大の不正 summum ius, summa iniuria」が当てはまる.この後者は,5-1-2 に関わる.

他方,同じ刑罰に関わる場合でも,刑罰を制裁としてではなく治療行為として位置づけている場合——前述のリストに代表される新派の刑法理論——には,事柄をルール的正義に関わるものとしては扱わないのであって,それゆえこの場合には,刑罰が科せられなくても,不正とは感じない.もっとも,この場合でも,刑罰が,犯した罪に対してあまりにも軽かったり,逆にあまりにも重かったりした場合は,正義が問題になる(この最後の点も,5-1-2 の問題である).

④ 手続的正義 **(a)** あるルールを,それが該当する者に差別なく適用するのは正義である.もし,法に定めるとおりには適用せず,それによって一方を利するのであれば,われわれは不正を感じる.ここからまた,差別が生じそうな関係を明確にし,それらを排除する手だてを制度化しておくことも,重要となる.そういう関係とは,たとえば,(イ)審判者が自分の事件や自分の身内の事件を裁くこと,(ロ)十分な聴聞をしないで,すなわち反論の機会を与えないで,あるいは公平に与えないで,その人を裁くことなどである.**(b)** 理由を十分に示さないで,ある人を不利益扱いにすることは,正義に反する.人を不利益処分するとき,理由に矛盾があることも正義に反する,とわれわれは感じる.**(c)** 曖昧な法によって統制しようとすることや,事後に作られた法によってそれより前の行為を裁くこと(遡及効)も不正である.

⑤ 相手の信頼を裏切って自分が利益を得るのは,不正である.試験場での不正行為は,この点でも不正である.業務上の横領,聖職者の倫理違反行為(買春行為や性的虐待行為),夫婦の一方の隠れた不倫行為なども,この点でもわれわれの正義感情に触れる.上述した,事後的に作られた法によってそれより前の行為を裁くこと(遡及処罰)は,信頼を裏切る点でも不正である.うそを

つかれたことに憤るのも，信頼を裏切られたことに関係している．信頼とは，個人間での一つのルールである．

⑥　約束を意図的に破って，利益を得，あるいは相手に不利益を与える行為は，不正な行為である．これも信頼を裏切って利益を得ることに関係している．

⑦　トマジウスが言うように，自分がされたくないことを他人にして利益を得，あるいはその人に不利益を与えるのは，正義に反する．ルールから自分を除外しているからである．

5-1-2　ある人にその人が値するものを帰属させること

ある人に，その人が値するものを帰属させるのは，正義にかなっており，その人が値しないものを帰属させるのは不正であると，キケロは言っている (Iustus est constans et perpetua voluntas ius cuique tribuendi)．法学者ウルピアヌス (Ulpianus 170頃-228) も，正義を「各人にかれのものを帰属させること (suum cuique tribuere)」と定義している（しかしこれらは，「正義」の部分定義にすぎない）．

①　法的に保護されていると否とを問わず，ある人の正当な利益（広い意味での権利）を意図的に侵害する行為は，不正である．ある人の自然権を否定する法は，不正な法である．

そうしたものと戦う人は，「正義の味方」である．われわれは，黒澤映画で野武士集団は悪であり，これと戦う「七人の侍」は正義の味方であると感じる．クウェートを侵略するイラクは悪であり，これからクウェートを守るアメリカの軍隊は正義の味方である，と多くのアメリカ人は感じた．しかし，われわれはまた，「正義の味方」の仮面をかぶって自己の利益のためにベトナムやラオス，中南米，中近東に介入するアメリカを，不正と感じる．同様にわれわれは，地球を侵略した宇宙人は悪であり，これと戦うウルトラマンは正義の人であると感じる．しかしわれわれは，ゴジラが東京を襲っても不正とは感じない．ゴジラはわれわれに損害を与えるが，責任能力がない上に，われわれを害そうとする意図（害意）をもたないし，権利侵害によって自分を利する意図ももたないからである．以上の諸ケースで第一義的に問題なのは，ルール違反というより，正当な享受利益の侵害である．

前述の「最大の法は最大の不正」も，ここに位置する．不当に厳格な法や法

実務は，ある人の正当な利益を害するものだからである．ここでは，法尊重の正義は守られているが，各人の正当な利益（権利）を尊重する正義は損なわれているのである．

　動物や植物の権利を認めることが本性にかなっていることだと観念されるようになれば，それらを侵害することは不正であり，それらを保護しない法は不正な法＝悪法だということになり，正義の問題となる．それらに対する尊重の観念が一般化し定着すると，それらの侵害が著しく悪いこと＝正しくないこととして正義感覚によって受け止められ，「内容的正義」での内容の問題となりうるのである．しかし，われわれはまだそこまでには達しておらず，したがって環境を破壊し動植物を殺傷したり絶滅させたりする行為を見ても，「よくないことだ」とは感じるけれども，それを不正だと感じる人は少ない．

　② 本質的なものとして人々に等しく属するものを，等しく扱わないで一方を利する行為は，正義に反する（不公平である）．それゆえ，ひいきは，正義に反する行為である．黒人差別は不正であると，多くのアメリカ人も今では感じる．本質（人格）においては等しいのに，本質的でない相異点（皮膚の色，人種）に着目して差別するのは，不正な行為であると，感じるからである．黒人差別に見られるように，ルールの適用において不平等であることは不正であり，かつ，一部の人に不利で他の人に有利なルールを作ることも不正である，とわれわれは感じる．「公平」は，正義のこの部分に関わる．

　③ われわれはまた，異なるものを異なって扱わないで一方を利し他方に不利益を与えることを正義に反するとも感じる．熱心に働いている者を怠けている者と同じように処遇するのは，不正であると，われわれは感じる．

　つまり，平等には，(a) すべての人を或る本質をメルクマールにして一様に扱うことを意味する場合（均等的・均分的・平均的・調整的・整正的・匡正的正義などと呼ばれる）と，(b) 人をその或る本質的違いに応じて異なった扱いをすることを意味する場合（配分的正義）とがある．(a) の場合，或るものを本質的メルクマールにして「平等」だと言っても，他の本質的メルクマールに照らせば不平等だと言うことはあり得る．(b) の場合も，何を本質的違いとするかで，正義かどうか対立が生じる．ここから，①累進課税は正義にかなっているか（負担能力に応じて負担するという点で正義にかなっているとするか，努力した人から

多く取るという点で不正だと感じるか），また，②消費税という形で，貧しい者から収入に比して多くを取るのは不正か（消費者には変わりはないから不正でないとするか，貧富の差・支払い能力の差を見ないから不正だとするか），③アファーマティブ・アクション（affirmative action：過去から続く差別を是正するための，被差別者優遇の措置）をどう見るか（過去の差別の救済措置として不正でないとするか，同じ能力がある人を差別扱いするから不正だとするか），といった問題が生じる．

　これらについては，正義の概念自体からは，解答が得られない．「貧しい人々に対する救済を，人道上，あるいは治安対策上，良しとするか否か」といった，ヒューマニズムや社会政策・治安対策的判断によってはじめて決まる．

　④　フリーライダーについて　　フリーライダー（free rider）とは，他人の努力にただ乗りして自分は何もしないで果実に預かる人のことである．町内会の清掃に参加しないで，自分の家の前がきれいになったのを喜ぶのはフリーライダーである．労働組合員が交渉で賃上げを勝ち取った場合，組合費長期滞納者や非組合員の給料も上がる．この長期滞納者や非組合員は，フリーライダーである．こうした場合には，われわれは後ろめたさを感じる．クラス・アクション（class action：或る利害関係者集団 class に属した人々を代表した訴訟）の成果は，訴訟に参加しなかった人にも及ぶ．しかしこの場合には，われわれは，受益がとくに不正だとは感じない．頑張ってくれた人々を尊敬するだけである．

　この違いは，参加することがどこまで当然視されているかによる．運動に参加すべきなのに参加せずに，その運動の獲得物だけを享受するのは，その人が享受するに値しないものを享受するのだから不正だと感じるのである．また，みんながフリーライドで行こうとすると，果実は期待できなくなる．それゆえ，フリーライドは普遍化できない．普遍化可能性をもたないものは，道徳や正義とはなり得ないのだから，フリーライドは道徳・正義ではない．それゆえ，フリーライドを人生哲学にしている人を，われわれは許せないのでもある．

5-1-3　善にかなうこと

　善にかなった政治，政道が行われている国家は，「正しい国家」，すなわち正義の国家である．善にかなった法は「正しい法」，すなわち正義の法である．善にかなった政治は，善政である．そしてそれらを侵害する，権力行為（立

法・行政・裁判）ないし人々の行為は，不正である．そうした善い社会制度を守ろうとする権力行為ないし人々の行為は，正義にかなっている……．

善い国家とは，たとえばプラトンにおいては，理性と勇気と勤勉が調和にあり，そのことによって人々が利益を享受している国家——哲人の統治，戦士の防衛，一般人の労働が正しく調和している国家——であった．かれはこの国家において，正義が実現されると考えた．善い国家とは，またロックやルソーにおいては，すべての人が自由でかつ共同している国家である．それは，儒教においては，徳にかなった政治が行われており，暴虐や腐敗がなく人々が幸せに暮らしている国家である．今日では，善い国家とは，全ての人が幸福である国家だということになるであろう（すると，この問題は，次の6章に関わることになる．つまり何が内容的正義かの議論は，法の目的に関する議論の全体に依存している）．

先に述べたように，われわれは悪政に抵抗してその法である悪法を破る行為を不正だとは感じない．たとえば，治安維持法を破った人は，戦前では「国賊」であったが，戦後では正義の英雄である．それは，戦後になって，この法律が人々の基本的人権を侵す点で不正の法だと認識されるようになったからである（これは5-1-2の問題である）とともに，それが人道＝道徳に反する「不正な国家」（天皇制ファシズム）の柱となる法であると分かったからである．

5-1-4 総 括

「正義」（「正しいこと」）の意味に関する以上のリスト・アップから，どのような総括が可能か．

① まず，注目したいのは，上で整理した，ルールを尊重すること，各人にかれが値するものを帰属させること，善にかなうことという，大別して三つのカテゴリーに分かれる事柄が，Recht（ius, droit）の三概念に対応しているという事実である．

すなわちRecht（ius, droit）は，第一に，法・ルールを意味する．その際には「法」は，単なる実定法だけではなく，自然法をも意味する．Rechtは第二に，各人にかれのものとして保障されている権利を意味する．Rechtは，第三に，正しいこと（正義・公正・善）をも意味する．公正とはちゃんとルールに従っていること，及び各人にかれにふさわしいものを帰属させること（つまり権利を

保障すること）であり，善とは内容的に正しいことである．以上のように，これら Recht の三概念（法・権利・正）は，上に述べた「正義」の三つのカテゴリー（ルールを尊重すること，各人にかれが値するものを帰属させること，善にかなうこと）と照応している．

② それでは，これら Recht の三概念のうちもっとも根底にあるものは何であろうか．それは，「正しい」ということである．上に見たように，「正しい」の内容は，公正・法的安定性・矛盾のないこと・明確であることなどといった，形式面に関わる事柄であるとともに，善にかなうといった実質的内容に関わる事柄，および，ルールを尊重する，権利を尊重するといった事柄でもある．

人を規制する法は，こうした形式面と実質面において正しくなければならない，というのは，洋の東西を問わず，かつどの時代でも常識に属してきた．

ところで，自分が享受している利益に対する侵害を「不正だ」とするのは，人間に一般的なことだが（犬でさえそのようなケン利主張はする），「この利益享受は正義だ，それは自分の権利だ」とし，「権利を不正に侵害する者に抵抗するのは正義だ」とする思想は，さほど自明のことではない．それは，すぐれてヨーロッパ的な伝統に属する（日本の中世初期にもその萌芽はあったが）．フリッツ・ケルン（Fritz Kern, 1884-1950）によれば[59]，ヨーロッパの前近代（古代・中世）においては，法とは古来の伝統としてあり，そうした伝統それ自体が神聖であるとされた．この伝統の状況は，法として認識されると同時に，関係者の正当な利益享受の状態，すなわち権利としても認識された．なかでも，強い国家権力が確立していない中世においては，国家権力が法を一方的に制定するという観念が弱く，それゆえ慣習法が法の通常観念であったのと同様，権利も国家権力によってはじめて保障されるものではなく，自立した勢力がその実力によって歴史的に確保してきたものであった．利益享受の歴史的定着状態が法であり権利であったのである．こうした法と権利の定着性を尊重することが，正義であり，王といえどもそうした正義の下にあった（それを遵守しない王に対しては，抵抗が認められた．ケルンのようにこの伝統の起源を初期中世に求めるか，オットー・ブルンナー（Otto Brunner）のように中世後期に求めるかで争いがあるが）．

---

59) ケルン・前掲注19)『中世の法と国制』（世良晃志郎訳，創文社，1968年）．

しかし同時に，前近代においては，慣習といえども正しくないものは，法ないし権利とは認められなかった．その場合の「正しさ」は，人々の秩序尊重の意識と，理にかなっているとの意識とに沿うかどうかによる．このことを，世良も中世法について次のように語っている．

> 「前述のごとく，法の存在やその内容が極めて不明確であったために，裁判はしばしば判決発見人の正義（法）にしたがっておこなわれた．法――成文法または慣習法――の存在の明らかなときには，判決発見人はいうまでもなくこれを尊重しなくてはならない．もしそうしないときには，彼の判決は弾劾され，彼は不正に判決した理由で責任を問われたからである．しかし法の存在が明らかでないときには，彼らは自分の正しいと判断するところにしたがって判決を下した．そしてこのような判決も当時のひとびとの一般の正義感情に合致する限り，正しい判決として通用し得たのである．」[60]

このようなものとして，権利と「法とは正に古来伝統の永遠不変の正義に他ならなかった」[61]．

このようなものとしての法・権利・正しさは，単なる利益に関わる事柄ではあり得ない．そうではなく，あるものが，自分の人格の本質を成す事柄や，（人々が妥当なものとして承認し，それを前提にして行為をしている秩序としての）法と手続に関わる事柄，であると考えられる場合に，それらは，Recht，すなわち法・権利・正しさとなる[62]．

つまり，秩序尊重・「ルールに従っている」の意識と，「理にかなっている」・「人に適切に対応している」との意識，すなわち「正しさ」がもっとも根源的なものであり，それが持続した利益享受の状況に結びついたとき，「慣習化したその状況を尊重しそれに則るのが正しい」という，法・権利の観念を生み出す．また，法と権利の間には，前後関係はないことになる．そして，総括的には，法と権利と正しさ（公正と善）が尊重されている状態が，正義であり，

---

60) 世良晃志郎『西洋中世法の理念と現実』（創文社，1991 年）77 頁．
61) 同上 61 頁．
62) この権利観・法観を鮮明に示しているのが，ルードルフ・フォン・イェーリングの『権利のための闘争』(1872 年)（村上淳一訳，岩波文庫，1982 年）である．

これらを損なう行為が不正（不正義）である，と言える（英語でも，rightは，単に「権利」と「正しい＝右」という意味の他に，かつては「法」の意味も有していた）．

5-2　正義をめぐる諸問題

5-2-1　正義と道徳と法．正義観念はどのようにして確立したか

　正義は，法の目的であり（後述の内容的正義の一部がそうである），あるいは法のあり方を規定する根本原理である（後述の形式的正義がそうである）．内容的に法や道徳と重なっているものもある．その場合，著しく正義に反して法律行為をすると，法的に無効となったり（権利の濫用，不当利得，不法原因給付などとして），あるいは罰せられたり（法律違反・犯罪に対する刑罰，不正行為に対する民事罰などとして）する．また，この場合には，「正しくない人だ」として道徳的な批判の対象ともなる[63]．

　「正義」の観念の成立過程を考えると，正義は法よりも道徳に近い．なぜなら，それは立法によって意識的・計画的・人工的に作られたというよりは，ヒュームの「黙契」の形をとって，人々の生活の中で自生的に形成されたものであるからである（ただし，自生的に形成されたものは道徳であって法ではない，ということにはならないこと，先に「法の妥当」をめぐって論じたとおりである．法の中にも，法慣習のように，黙契によって形成されるものがあるからである）．

　しかし，正義が道徳とは異なり，むしろ法に近い特徴をもっている面もある．そのような面としては，次のことが挙げられる．

　第一に，正義は道徳と異なり，それに従うに当たって動機の純粋性よりも，外面的な適合性に着目する．たとえば，喧嘩になるのがいやだから取り分を公平に分配するとか，退学になったり非難されるのが怖いからカンニングをしないとか，信用を失うのがいやだから嘘をつかないとか，罰せられるのがいやだから法を破らないとかいった形での——すなわち他の目的のための，つまり仮言命法としての——正義の遵守であっても，それだからといって「正義の理念に照らして問題だ，偽善だ」とは，われわれは言わない．この点では正義は，

---

[63]　法を遵守することが道徳となっている社会では，法を破ることが道徳的批判の対象となる．しかし，そこでも正義を破ることに対しての方が道徳的批判は厳しい．

動機の純粋性を重視する道徳の世界よりも，外面に現れた行為の態様を重視する法の世界に入っている（もっとも，前述のように道徳にも，「主として外面に関わる個人道徳」があるのだから，正義はこれには近いと言える．また，他方で正義は，「たとえ世界が滅びるとも正義を遵守せよ」というスローガンに典型的に示されているように，功利計算を排除する自己目的的なものでもある．この点でも道徳的世界にヨリ近い．しかし，法の中にも，功利計算を排除して法の順守に徹するといった考え方——「たとえ世界が滅びるとも法を遵守せよ」——もあるのだから，この点で法の世界と異質と言うことにはならない）．

第二に，正義と法とは不正と復讐ないし罰との均衡を原理とするが，道徳はゆるしを原理とする．「目には目を，歯には歯を」が正義と法の原理であるが，これに対し真の道徳性は，右の頬を叩く者には左の頬をも，裁判に訴えて下着を取ろうとする者には上着をも差し出し，ゆるし愛すること，自己放棄を求めるのである（「マタイによる福音書」第5章38-40節．1-2-5参照）．このことはまた，道徳とは異なって，正義は暴力否定ではないことを意味している．

第三に，上のことと関連して，道徳は他人に奉仕せよと命じるが，正義はそうした命令はしない．

第四に，前述のように道徳は，あらゆる時にあらゆる人に例外なく妥当することを要求する．正義では，この普遍性の要求は道徳と比べて低い．権利尊重にしても平等にしても，例外なく妥当すべしというものではない．この点は後述する（124-125頁参照）．

次に，正義は先天的なものか後天的なものかを考えよう．

確かに，きわめて本源的な人間的感情や欲求と結びついた正義もある．たとえば，えこひいきで差別されている場合にそれを不当であると感じるのは，ねたみ・嫉妬心・独占欲と不可分であるとともに，自分自身を尊重する意識（自尊心）とも不可分のものである．そしてこれら独占欲・自尊心のどちらもが，きわめて本源的な人間的感情に関わっている（自尊心の方がヨリ社会的に高められたものではある）．また，暴力を振るわれたり自由を奪われたりすることに対する反応も，自己保存本能と結びついており，きわめて本源的なものである．

しかし，結論からいえば，大部分の正義は明らかに後天的なものである．手

続的正義や法や権利の遵守などがそうである．これらは，そうした形で社会における行為の準則と紛争処理の準則を定めることによって，社会生活がスムーズに行くように狙った技術的性格のものであり——どういう準則が妥当かは社会的経験を蓄積していく中で固まっていく——，それゆえ後天的なものである．えこひいきや暴力についても，それを不正・不法と感じるためには，単にそれが自分に対してあってはならないだけでなく，ひろく一般に人間的世界にはあってはならない，「およそ人間に対してあってはならないことだから，自分に対してあってはならない」という意識が必要である．すなわち，普遍化可能性を前提にした意識が必要なのである[64]．そして，この意識は，個人的にも集団的にも，社会生活を通じて——意識的な教育や紛争経験，習慣を重ねて——，獲得していく他ないから，やはり後天的なものに関わる．このように，これらはともに，人々の社会経験の積み重ねを前提にしているから，道徳や法と同様，詮ずる所，後天的なものなのである．

5-2-2 内容的正義と形式的正義

「正しい」という言葉には，内容的に正しいという意味と，形式的に正しいという意味とがある．前者を内容的正義，後者を形式的正義という．内容的正義には，上の分類で「善にかなうこと」および「各人にその権利を保障すること」が該当する．これは，善いものないしふさわしいもの＝ある実質的価値を内容にしているから実質的である（何を内容にしているかは，人や時代によって異なる）．これに対して，形式的正義には，「ルールを尊重すること」が該当する．「ある人にその人が値するものを帰属させること」も，基準は明確だが，そこにどのような内容も入る点では形式的である（配分的正義でさえ部分的には形式的である．配分的正義は，均分的正義に対しては，実質志向であるが，法律としての一般性を前提にしている点でも，何を平等の中身にするかの点でもなお，形式的である．社会法は市民法に比べれば，実質的であるが，それでも，「労働者」とか「失業者」といった，

---

64) この点は，権利観念についても同様に重要である．利益主張が権利の主張だといえるためには，「自分の主張は人間として，市民として当然のことだから，自分は主張しているのである」という，普遍的意識が根を張っていなければならない．こうした普遍化が可能だという確信をもたない利益主張は，（イェーリングが『権利のための闘争』で言うように客観的には権利のための闘争であっても，）権利意識に根ざした主張ではない．

一般的な規定，すなわち形式性を否定しきれない．だから，後述のように（149頁以下），「各人」に着目する自己決定権が社会法をめぐっても重要になったりするのである）．

　しかしながら，ルールを尊重することは，それ自体が目的とはなり得ないが，単なる一つの手続に過ぎないというものでもない．それは，カントの言うように自由な個人が社会的に共存しうるための枠組として重要である．換言すれば，形式的正義は，多様な内容的正義の立場が共存しうるために必要である[65]．ルールはまた，〈それを踏まえることによって良いものが獲得し得る〉道筋ともなる．すなわち形式的正義は，内容的正義実現の条件となることもある（必ず実現に至るというものではないが）[66]．

　ここで一つの事例をもとに，両者の関係を見ておこう．

　《ある運動部の部員たちが酒に酔って商店の営業を妨害した．これを知った監督が，（イ）体罰を加えた．（ロ）その制裁に当って，正選手のＡとＢに対

---

[65] たとえば役員になりたい人が多いため，「くじで決めよう」と合意してくじを引いて決めることがある．この場合は，適格でない人が役員になっても，一応は正しい結果だとされる．こうした手続的正義は，多様な要求，多様な内容的正義の立場が共存しうるために必要である．そうした場合に必要なのは，その手続がすべての人に知らされているとか，朝令暮改でないとか，すべての人に発言の場を与えるとか，評決は秘密投票によるとかの原則が前提になっていることである．これを手続上の正義原則と呼ぼう．

　手続的正義と手続上の正義原則とは，結論が正義とされるための必要条件であるが，十分条件ではない．すなわち，それらを守って結論を出したとしても，その結論が不当とされる場合はある．裁判が手続的には瑕疵がなかったとしても，判決内容が不当であることはいくらでもある．くじで役員を決める場合にも，あまりにも不適任な者が選ばれれば，くじで選ぶこと自体が問題にされる．「最高の画家」を決める時にくじで決めようとすれば，そのこと自体が不当な手続だということになろう．

　前述のように（75頁），ルーマンは，複雑化した社会においては，手続的正義に依拠することが，複雑性の縮減の道であり，それが大切だとした．しかし，手続的正義で処理するに当たっては，その前提（「くじがふさわしいか」）についても，結果（「くじで本当によかったか」）についても，内容的正義に関わる実質的判断が避けられないのである．これはまた，125-126頁に論じる，『正義に対する実質的価値の基底性』の問題でもある．

[66] ここで念頭に置いているのは，ハーバーマスの議論である．かれは，1981年の『コミュニケーション行為の理論』において，今日では内容的正義に関する一致獲得は不可能だけれども，理想的なコミュニケーションを踏まえることによって，合意が達せられると考え，そのための倫理，すなわち手続上の正義原則を呈示する．なお，手続上の正義原則を別の形で重視する者にフラー（L. L. Fuller）がいる．かれは，『法の道徳』（稲垣良典訳，有斐閣，1968年）において，手続上の正義原則を法が法であるための基本原則であるとした．ちなみに井上達夫は，手続上の正義原則をリベラリズムの原理（とくに「法の支配」）と結びつける方向に正義論を展開する．井上達夫『共生の作法』（創文社，1986年），「法の支配」（『法の臨界』1，東京大学出版会，1999年），同「〈正義への企て〉としての法」（岩波講座『現代の法』15，1997年）をも参照．

しては制裁を軽いものにして，正選手ではないC，D，Eに対しては重い制裁を加えた．(ハ) その際，監督は，事情聴取をAの兄にやらせたので，この兄は，Aの行為について責任は重くないと報告した．(ニ) また，この兄は，関係する部員たちから十分な事情聴取をしなかったため，そばに居合わせて乱暴を止めさせようとしたEについても，犯行に加わったと報告し，その結果，無実のEにも制裁を加えることになってしまった．(ホ) 大学のルールでは，部活動上の問題については学生部長に報告する義務があるのに，監督は報告しなかった．》

以上の，諸行為が正義の問題に関わる関わり方には違いがある．

(イ)は，体罰が，人間の尊厳に照らして妥当か，という形で，制裁の正当性に関わる．これは，権利に関する内容的正義の問題である．体罰を妥当とするか否か自体は，人や時代によって異なる（選ばれた内容が，「各人に各人のものを」を方向付ける．「各人に尊厳性を」の時代には「体罰は不可」となる）．

(ロ)は，同じ行為をした，それゆえに形式的に見て共に制裁に値する人間の間で，正当な理由もないのに差別をしたことが問題であり，「各人に各人のものを」に反する．この場合には，判断の前提として，「正選手は特別か」を問う内容的判断が必要である．これも人や時代によって異なり得る．

(ハ)は，ふまえるべき手続が，裁かれる者の身内を裁判人にしてはならないという原則に照らして，瑕疵があったのであり，その結果，Aの責任を一部免除することになり，「各人に各人のものを」に反することになった．

(ニ)は，ふまえるべき手続が，十分な事情聴取が必要であるという手続原則に照らして，瑕疵があった．手続的正義の無視が，そのことの故に或る人物（E）に対して「各人に各人のものを」に反する結果（罪なくして罰せられること）を引き起こしたのである．

(ホ)は，監督がルール（法）に従わず学生部長に報告しなかったことが問題である．これは，監督の行為が法に反したという点で，正しくなかったことを意味する（学生が商店の営業を妨害した行為も，ルール尊重の正義に反したのであった．それはまた，商店主に対する権利侵害でもあった）．

以上の事柄との関係で，次のことを論じておかなければならない．すなわち，

内容的正義の「内容」や,「各人に各人のものを」といった一部内容的で一部形式的である正義の中身, 総じて「正しさ」の中身はどのようにして決まるかという点である.

　われわれの経験に照らすと, たとえば,「正しさ」の中に「平等」が含まれるか, どれほどの平等が含まれるか——どの範囲の人に法の下の平等を認めるか, 何を平等に配分するか, どういう場で平等を問題にするか等——は, 時代によって大きく異なる. たとえば, 古代ギリシアにおいては,「平等」は, 自由人の男性である市民に限定されており, それが「正しい」とされ, 奴隷や女性を差別することは問題ではなかった. また, 学問的討議の場の作法として「すべての人」の「平等」や「尊重」が認められていても, それはその外での平等・尊重とは直結しなかった.「すべての人の平等」でなければ「正しくない」という意味での「正義」の観念は, 近代, より正確には 1960 年代以降の歴史の所産である (今日でも, 不平等の場は残っている). しかしながら, 他方では, この古代でも,「正義」とか「各人に各人のものを」とか「平等の尊重」とかの原則, 正義の理念は重視され追求された.

　このように見てくると,「すべての人の平等」や, 先の事例で「体罰は正しくない」(人間の尊厳) とか「正選手も特別扱いすべきでない」といった「内容」や, 特定の実質的正義が大切だといった枠組みは, 正義の原則から帰結するのではなく, 何をメルクマールにして,「各人のもの」・「平等」・「正しさ」等を内容づけ, かつ正義が妥当する場をどこまでにするかを決めることに依存していることが分かる. そしてこのメルクマルこそが, 時代によって, あるいは共同体によって, 相互に異なり, その結果,「正義」の内容が変わってきたのである.

　ところで, 近代以降においては「平等」が, 一応すべての人——その範囲の拡大は今まで続く運動目標であるが——に妥当しかつその内容が精神的自由や社会活動の自由, 政治参加権にあると定まった. これは,「すべての人が神に直結している」とか,「すべての人が幸福を追求する存在である」とか「すべての人が取引の主体である」とかが, この時代になって「平等」のメルクマールとなり,「平等」の内容を規定するようになったからである. これに対して古代ギリシアにおいては, そうした思想を欠いていたため「ポリスの市民か」・

「家長か」といったことが「平等」のメルクマルであり，それを超えた人間共通の要素がメルクマルとはならなかった．

以上を要するに，正義の要請とされる，「すべての人の尊重」・「寛容」・「理性的な討議」などは，「正義理念」といったものから自然に帰結するというものではないのである．そうではなくて，それらは，宗教改革時のキリスト教精神，啓蒙主義的人間像，1960年代の人間像・社会像といった実質的価値（善）観の発展による．それらが新しい時代の「正義」のメルクマルの中身を規定したことによって，「正義」に変化が生じたのである．形式的正義はもちろんのこと内容的正義もまた，それ自体は一つの容器であって，それぞれの時代や社会の実質的価値論から提供されるメルクマルが，その中身を決める．正義論を深めるためには，それゆえ実質的価値の考察が欠かせない（注323をも参照）．

5-2-3 正義と衡平

衡平（equity）とは，ケースの特殊性を考慮しつつ，一般的規定＝原則を守っているだけ（5-1-1の正義に固執しているだけ）では損なわれる妥当性（すなわち5-1-2の正義）を実現することである．一般的規定では厳しすぎる場合に衡平による緩和が求められる．また，一般的規定によって規定されていないケースに補充をほどこす際にも，衡平が必要である．しかしまた，衡平も，ルールであろうとする限り，類型化，形式化を免れない．

以下では，衡平について，その歴史を概観しておこう．

(1) 大陸における衡平

衡平による思考とは，たとえば，預けたものを返さなければならないのは，法の原則であるが，しかし，剣を借りた人が，返すべき時になってその貸し主が気が狂ったことを知った場合には，返却を拒むことができる，とするものである（これは，プラトン，アリストテレス以来の，衡平についての有名な事例である）．

ヤン・シュレーダー[67]によると，1550年から1650年にかけては，ドイツの法律家たちは，書かれざる法源としての衡平（aequitas）に着目した．このころにおいても自然法論は有力であったが，それはまだ体系的に整備されておらず

---

67) シュレーダー（Jan Schröder）『トーピク・類推・衡平』（石部編訳，信山社，2000年）．

不完全で，それゆえ衡平による補充が必要であるという観念が強かったからである．当時，グロティウスらは，アリストテレスの賢慮論の影響を強く受けていた．倫理論，法・自然法論は，完璧な体系化を目指したものではなく，賢慮 (prudentia) に基づく考察の対象であった．すなわち，何が妥当かは場所と時間によって様々に異なるから，数学モデルのような抽象的な体系思考で処理するのではなく，その場その場の妥当性を具体的に考える賢慮を働かせることが大切だ，とした．したがって，法の体系的整備は進まず，それゆえ法には欠陥があり，その欠陥は衡平によって埋められなければならないとされた．

　しかし，17世紀末葉には，事情が変化する．デカルト哲学に代表されるように，このころから学問の体系化が時代精神となり，自然法論においても完璧な体系化が追求されだした．実定法はそうした自然法を反映する形で，法典編纂され，その適用も厳格になった．こうしたことの結果，衡平は，一部は内容的に自然法論の体系に取り込まれて実定法化されたので，別途もち出す必要はないとされるようになった．また一部は，自然法に反するとして，あるいは裁判官が法に従うことを妨げるとして，排除されるようになった（当時の典型的な法学者は，ホッブス，プーフェンドルフ，クリスティアン・ヴォルフらである）．たとえば，次のような扱いがなされるようになった．

　①　農地を賃借した人が，後でその土地が不毛であることが分かったとしても，元の契約は有効であるとして，衡平の観点からの賃料減額は認められなくなった．

　②　莫大損害の理論（laesio enormis ＝給付と反対給付とに著しい不均衡が生じるとき，衡平の観点から，契約の取消ないし給付の増・減額を認める理論．土地を本当の価格の半値より安く売ってしまった売主を保護する古代ローマ法の規定に由来する）もトマジウス以降，次第に認容されなくなった．

　①・②のケースともに，意思の合致によって契約は成立しているとして，事後的に実質的な判断によって変更することを許さないことが，取引の安全の観点から重視されたのでもある．

　③　気が狂った人に剣を返すべきかの問題についても，（生命・安全の保護といった上位の）自然法の一般的ルールによって，返すべきでないと判断できるとして，衡平は持ち出されなくなった．

(2) イギリスにおけるエクイティ（衡平法）

イギリスでは，法（コモン・ロー）は，制定されるものではなく，裁判官によって「ただ発見され宣言される法」であると考えられ，判決には先例としての拘束力が認められてきた．このためコモン・ローは，時代が変わって新しい必要が生じても変更が難しかった．この事態に直面して，具体的ケースにおける妥当性を獲得するために発達したのが，エクイティである．

元は国王の秘書的な役職であった大法官が，大法官府（Chancery）を通して，「国王の良心の保管者」としてエクイティを管理し始める中で，大法官府裁判所が形成された．17，18世紀頃になると，コモン・ローと並ぶエクイティの判例法が形成される．チューダー王朝期には，星室における王顧問会議（The King's Council in the Star Chamber）が，国王の大権に基づく特別裁判所として，刑事上のエクイティを生成させた．民事の場でも，小額裁判所（Court of Request）がエクイティを生成させた．たとえば，

① コモン・ローでは損害賠償しか認められないのに対して，債務実行を命じる特定履行（specific performance）が導入された．

② 権利侵害に対する差し止め命令（injunction）が可能となった．

③ 信託法（trust）が発達した．たとえば，「Bのusesのために」という条件で土地を譲り受けたAは，Bの権利に制約されるはずであるが，コモン・ロー裁判所はBの権利を認めなかった．15世紀頃から，大法官がBの権利を保護するようになり，ここに信託制度が発達した[68]．

5-2-4 正義と功利主義

功利主義の提唱者であるベンサム（Jeremy Bentham, 1748-1832）は，人を幸福にするものが善であり不幸にするものが悪であるとする．そして，幸福は快楽に還元でき，一人ひとりが同じ単位の快楽を分有するから，最大多数の人間を幸福にするものが，最大の幸福だと言う．かれは，この原理を立法論にも適用し，法の近代化を進めた．すなわち，最大多数を幸福にするべく法を合理化しようとしたのである．かれはまた，政治原理にもこの原理を適用した．すなわ

---

[68] 以上，戒能通厚「イギリスの社会と法」戒能・広渡著『外国法』（岩波書店，1991年）．碧海純一『法と社会』（中公新書，1967年）92頁以下参照．

ち，少数者の特権を維持するイギリスの旧体制を批判し，多数者の幸福を政治目標にできる民主主義を進めようとした．

このような功利主義は，正義とどう関係するだろうか？

ベンサムのいう「everybody to count for one, nobody for more than one. 誰も1単位であり，1単位を越えて計算されない」は，各人が平等に扱われることを前提にしている．したがって，功利主義は正義と両立する……これがミルの見解である[69]．ベンサム的前提に立つ功利主義なら，確かにそう言えよう．しかし，功利計算それ自体はギリシア・ローマ時代でも古代中国でも行われていたのであって，everybody とは，「自由人のすべて」とか，「士太夫以上の人々のすべて」といった意味（奴隷や庶民を念頭に置かない）でも，十分に成り立つ説なのである．したがって，功利主義が民主主義としか結びつかないというのは，歴史の事実に反している．

また，ヘアー[70]も，功利主義が正義と両立すると考える．「車内ではたばこを吸うべきでない」という道徳的言明は，誰に対しても，同等のどの車両に対しても，妥当すべきであるという要求を内在させているが，かれは，これを「普遍化可能性 universalizability」の要請と呼んだ．そしてこの前提のもとでは，各人が客観的で公平な立場から判断して，もっとも妥当（すべての人が一致して選べる）と考える選択肢が，道徳の名に値するものとなる．すなわち，関係者の選好充足を最大化するコースが普遍化可能性を充たすものとして，道徳であるとするのである．かれは，こういう形で功利主義と普遍化可能性論を結びつけたとされる．この場合にも，功利主義と形式的正義（普遍化を求める態度）とが結びつくことになる[71]．

その他の点としては，①正義の中には，前述のように法の遵守が含まれている．これは，秩序維持・安全・平和といった実際的利益（功利）のためである．つまり，ここでは正義が功利計算と結びついている．②法規違反に対して制裁を加えるべしという正義の要請も，制裁によって犯罪予防を効果あるものにす

---

69) J. S. Mill, *Utilitarianism*, 1861, Chapter 5.
70) R. M. Hare, *The Language of Morals*, Oxford, 1952; *Moral Thinking*, 1981（前掲注54『道徳的に考えること』）．
71) 山内友三郎「ヘアー——功利主義と正義」（寺崎他編『正義論の諸相』法律文化社，1989年）．

るという功利計算と結びつきうるものである，といったことが挙げられる．

　以上のように，功利的判断と正義とは結びつく面があることは事実だが，しかしまた，相反する面もある．

　第一に，功利主義は，とくに或る内容的正義に反する可能性がある．たとえば，最大多数の幸福のために少数者の固有の権利（たとえば人格権・思想信条の自由）を侵害するのは，正義（内容的正義の一つである個人の尊厳, 固有権．5-1-2の正義）に反する．この点では，功利主義は，個人無視の集団主義に傾斜する性格をもつ．しかしこの場合でも，タンメロ（Ilmar Tammelo）のように，「最大多数の最大幸福」を「ヨリ多くの人の不幸を除去すること」という意味に再構成すれば，集団主義はかなり避けられる．この方向であれば，功利計算の乱用が防げ，かつ犠牲になる一人ひとりの不幸が不断に視野に入ってくるからである[72]．

　第二に，「ルール遵守」に対する態度が違う．功利主義は，ルールを守る必要があるのは，ルールを守らないと社会全体の秩序が乱れ不都合が生じる，すなわち，一部に不満や争いが蓄積し紛争の種になったり，予測可能性が失われたり，問題処理が複雑になるなどのマイナスが生じるからだとする．これに対して正義の立場は，ルールを守らないのは正義に反し道徳的にも非難されるべきことだから守るべきだとする．功利主義のように考えると，ルールを破ってもとくに実害がないときには，あるいは秩序の価値よりも大きい利益のためには，ルールは破っても良いということになる．これはルールに対する柔軟な態度であるが，同時に，ルールに対する軽視の態度でもある．ルールを守ること自体が，秩序の安定という観点からして功利だと考える人は，ルールを守る．しかし，この立場では，いかなるルールが正義にかなうかという，正義の内容が，問題にならないことになる．

　ミルは，功利主義原理とリベラリズムを結合させることによって，上の第一点に関わる「多数者の専制」を避けようとした．そのための鍵となったのは，「功利」の内容を物質的なもの（肉体的快楽）に限定しないで，それに精神的な快楽＝幸福を入れたことである．満足した豚より満足しない人間の方が幸福であり，満足した愚者よりも満足しないソクラテスの方が幸福である，とかれは

[72) この点については, A. Kaufmann, *Rechtsphilosophie*, 1997, S. 176 ff.

言う．すなわち，肉体的満足よりも精神的な努力の方が価値が高く幸福度が高い，と言うのである．この前提のもとでは，すぐれた少数者の精神活動が重視されることになり——たとえばモーツァルトの天才性によって多くの人の精神生活が豊かになる——，「多数者の専制」が批判できる．また，各人に自由と機会均等を保障することによってこそ，自由な競争・交渉を通じて高い文化が勝ち取られる．ミルはこのような形で，功利主義と内容的正義とリベラリズムを結びつけようとしたのである．

確かに，優れた文化的価値に目覚めた人は，もはや単純な肉体的快楽だけでは満足しなくなる．また，そういう価値に触れることによって，各人の人間的可能性が開け，人格の高尚化が可能になる．いかなるものが高い文化的価値を有しているか，そうした価値と他の物質的・精神的・社会的価値との関係をどう位置づけるかは，一つひとつの価値ごとに長い時間をかけて人々の評価が定まって行くことを待つ他ないであろう．われわれの現代世界は，一方で価値を多元化させ対立化させているが，同時に基本的価値の共有化を促進していることも否定し得ないのである．それに至るまでは，われわれはミルのこの議論を前提にしつつ，功利計算の試行錯誤を積み重ねていくことになるだろう．

ミルはまた，上の第二点については「ルール功利主義」を提起した．これは，功利判断は個々の行為に限定して行うのではなく，『その判断がルールになっても通用するか』の観点から行うべしとするものである．これは，公共的判断を大切にし，その立場からルールについて正義の内容（公益にかなうか）を問うことになる．

参考文献：J. S. Mill, *Utilitarianism*, 1861, Chapter 5, 内井惣七『自由の法則　利害の論理』（ミネルヴァ書房，1988 年），加藤新平『法哲学概論』第 5 章（有斐閣，1976 年），田中成明『法理学講義』第 2 編（有斐閣，1994 年），田中成明「法と正義」（井上茂他編『法哲学』青林書院新社，1982 年，183 頁以下），三島淑臣「法と正義」（田中他編『法哲学綱要』青林書院，1990 年，134 頁以下），井上達夫『共生の作法』（創文社，1986 年），アマルティア・セン『不平等の再検討』（池本他訳，岩波書店，1999 年）．

6 人権＝個人の価値(1)　現代の人権

　日本国憲法は，個人が国の主人であると宣言している（国民主権）．憲法とはまた，この個人を国家権力から守るために，基本的人権や諸制度や様々な政治上の原則と手続を定めた法でもある．憲法のどこにも，国家を目的とした規定はない．「法と国家」で論じるように，国家は，あくまでも個人の幸福追求の手段である．今日においては，国家の共同性とは，法的には，この個人が集まって行動する中から現出する団体性を法人として構成したところに出てくる，技術的なものであるにすぎない．以上の点で，憲法の目的は個人である．憲法は法の中の法であるから，この点では法の目的は個人であることになる．そしてこの個人の価値との関係で，人権を論じることが，重要な課題となる．

　人権は，しばしば自由権（自由権的基本権）と社会権（生存権的基本権）に分けられる．ところが最近では，自由権と社会権の相互の密接なつながりや重なりが問題にされ，また自由権・社会権の概念で包括できない「新しい人権」が論じられるようになっている．以下では，これらの諸概念とそれらの相互関係，そして人権と個人との関係について検討しよう．

6-1　自由権

6-1-1　総　論

　自由権は，近代市民革命期の権利章典や近代の憲法・民法・刑法など（近代法）において保障された自由の権利である．これは，①個人的精神的自由権（思想・良心の自由，信教の自由，学問の自由），②社会的精神的自由権（表現の自由，職業選択の自由，集会の自由，結社の自由，通信の秘密など），③人身の自由（奴隷的

拘束・苦役からの自由，居住・移転の自由，外国移住・国籍離脱の自由，法定手続の保障，住居の不可侵，被疑者の権利など），④経済的自由権（営業の自由につながる種類の職業選択の自由，財産権の保障，国家賠償請求権など）の四群に分かれる．これに加えて，⑤裁判に関する基本権（裁判を受ける権利，刑事被告人の権利など）と⑥参政権（選挙権，請願権）の二つが，自由権そのものではないが，それと密接に関連して発達した権利として存在する（参政権は，民主主義的権利である）．

近代市民革命期の権利章典では，これらの権利を本来的に個人に帰属した自然権として位置付けており，それを受けて近代法は，これらを不可侵の基本的人権として保障することによって，個人を国家権力の抑圧から守ろうとする．

6-1-2 自由権同士の関係

様々な自由権の相互関係は，近世自然法思想を反映して，次のようなものである．

(1) 個人存在の確保

自由権は，人間一人ひとりが尊重されるべき独立した自由な個人であること（個人の尊厳・尊重・自立）を前提とする．その際，人間の最も基底を成すのは，幸福を求める存在であるということであり，そのための欠かせない条件の一つは，自己の意思によって行動し社会関係を形成していくことである．

① 人身の自由は，こうした個人であり得るために最低限必要な条件としての，各人の存在それ自体の保障である．

② 次に，各人は，内面的に自立している存在であることが尊重されなければならない．そうした内面的自立性——その原型の重要な一つは（ロックの『寛容に関する書簡』にあるように）〈絶対的な神と直接向かい合う個人〉という宗教改革の理念である——を確保するためには，精神的自由権，とくに思想・良心の自由や信教の自由が欠かせない．

(2) 個人とその外部自然

③ 内面的に自立した個人の自己実現の一つとして，そしてまた自立を物質的に支えるために，財産権や職業選択の自由が求められる（ロックは，所有権をそのようなものと位置づけた）[73]．

(3) 個人同士の相互関係

④ 独立した精神的に自由な人間が相互に関係し合って社会を作り上げていく際に，表現の自由や通信の秘密，結社の自由が必要となる．これらは，自分を他者に伝えたい，他者と共に生きたいという，人間の本源的要求に対応するとともに，コミュニケーションを通じて社会関係と政治関係を形成していく民主主義的な要求にも対応している．

⑤ 参政権は，こうした個人が政治社会において主体的に生きていく（自己実現＝幸福追求をしていく）ことの保障であり，かつかれの自由権を侵害しない国家を作り出す道である——そのためには各人が政治に参加することが効果的である．

⑥ 人間は，例外なく全員がこれらの自由を享有し得る存在として，平等である（平等権を保障される）．

6-1-3 近代社会と自由権

近代に入って自由権が広範に認められるようになったのはなぜであろうか．それには様々な経済的・社会的・思想的・政治的原因に基づく「個人の尊重」への動向が考えられる．例えば，①宗教改革を通じて高まった，各人の内面的自由を重視する動きがある．そこでは各個人が絶対的な神と内面で直接つながっており，それゆえその世界が不可侵だとされたのである．また，②ルネッサンスのヒューマニズムにおいても，マネッティ（Giannozzo Manetti, 1396-1459）やフィチーノ（Marsilio Ficino, 1433-99），ピコ・デラ・ミランドラ（Pico della Mirandola, 1463-94）に代表されるような「人間の尊厳」の確認運動がある．かれらは，人間を神によって最善のものとして創られた，あらゆる可能性を秘めた輝かしい存在であるとしたのである．さらに，③近世に入って啓蒙期自然法の形成にみられるように，個人の基本権や社会的主体性に関する思想が高まったことが注目に値する．社会的・経済的には，④国民市場経済の発展に伴い，その担い手である人々に経済的自由の観念が発達したこと，⑤絶対主義国家に対して都市民や農民・貴族が自治や権利を主張し，それが自由の観念の発展に

---

73) 加藤節『ジョン・ロックの思想世界』（東京大学出版会，1987年）参照．

寄与したこと，⑥国家の近代化に伴って，国家や法が個人の自由を守る道具にすぎないことが認識されるようになったことなどがある．

　ところで近代市民革命期に自由権が確立したことは，同時期に近代民法が確立した――人権宣言が出たのは1789年でフランス民法典の制定は1804年である――こととどう関連しているか．

　先にも述べたように (89頁)，近代民法は，〈人格〉〈所有〉〈契約〉の三要素によって全体が構成されている．すなわち，

　①　近代民法の主体は，一般的権利能力をもった自由で独立した〈人格〉であり，その法律行為は基本的にかれの意思にのみ基づく．

　②　この人格は，財物をその自由の一環として自由に――自分の意思にのみ基づいて――保有し処分することができる．すなわち人は，物に対する完全な支配権である近代的〈所有権〉を認められている．

　③　この自由な人格は，自分の意思に反しては何者にも服従しないがゆえに，他の人格に対して義務――たとえばその所有物を相互に交換する義務――を負うのは，ただ相互に自由な意思を合致させ同意し合うこと，すなわち〈契約〉に基づいてのみである．その際，この契約が有効であるのは，契約の相手方が自由な意思によって行動し得る独立の人格であり，かつその人格がその所有物を完全に支配している場合だけである（自分の自由にならないものについて契約しても実行できない）．したがって，契約の自由は，自由な人格と所有の自由を前提にしている[74]．

　以上のようにして，〈人格〉〈所有〉〈契約〉の三要素は相互に他を前提し合う，そして共同し合って近代民法を構成する．

　近代民法のこの三要素は，自由権に原理的に対応している．所有権が自由権の一つとして，個人の自己表現の場であり物質的基盤であることは前述したとおりである．この自由な人格が共同して社会関係を築いていくのは，自由に相互の意思を合致させることによるから，情報や意思の交換のための表現の自由や通信の秘密が守られ，また相互の意思の合致の産物としての結社や職業選択が尊重されなければならない．そして，各人が等しく自由で独立した存在であ

---

[74]　この点については，山本敬三『公序良俗論の再構成』（有斐閣，2000年）22頁以下が面白い．

り，その意思の合致が当事者を等しく拘束することから，平等が帰結する．

6-1-4 自由権の論理構造

　近代社会の諸関係は，基本的にありとあらゆる商品交換の関係の形を採って展開する．それを規制しているのが近代の民法である．したがって近代民法は，根本において取引（商品交換）の法であるといえる．そしてこの商品交換の根底にある論理が，近代民法の三要素の相互の論理に照応している．

　通常の商品交換において，商品Aの所有者が商品Bの所有者とA・Bを相互に交換するにあたっての動機となるのは，相手の商品の使用価値──使用目的にとってどれだけ役に立つか──である．しかしA・Bがどれくらいの量ずつ相互に交換されるかは，A・Bの商品に内在している価値──主としてそれを造るのに要した原料・道具の価値と労働力の価値によって測られる──を物差しとする．等しい価値分同士が交換されるのである．これを等価交換という．

　この等価交換においては，相手が等しい価値分を提供してくれれば交換が行われるのであり，関心はもっぱら，交換の相手がその価値について完全な処分権能をもっているかどうかにある（この完全な処分権能性を所有の絶対性という）．

　相手に完全な処分権能さえあればよいということは，相手の社会的身分は問題にならないということでもある．一般に売買は，相手が何者であろうと，代金を払ってくれ，良い品を渡してくれさえすればよい，というものである．こうした点で等価交換においては，人間は抽象的な人格（抽象的な価値の担い手である限りでの抽象的な存在）として現れる．かれは，自由と独立性を有した平等な人間（自由な人格）となる．

　所有の目的は，現実的な使用だけにではなく，価値という抽象的なものの帰属を確保することにもあるのだから，そして財産として所有物を見る場合には，後者の方が主要になるのだから，所有は現実的な保有──実際に使ったり見張ったりしていること──でなくてもよい（これを所有の観念性という）．

　さらに，この場合に，自分と相手とが支配しているのは，第一義的には商品A・Bの価値という抽象物であるから，その支配は商品A・Bの全体に及ぶ（これを所有の円満性と呼ぶ）．

　しかもA・Bの交換では等しいものを交換するのだから，意思の合致を獲得

しやすい．等しくないものを「交換」する際には，一方が損をし他方が得をすることが前もって明らかだから，得をする方が損をする方に無理に出させなければならない．その際に行使される強制を「外的な強制」ないし「経済外的強制」といい，内容的には威嚇や権威，最終的には実力，とくに国家権力の発動による．これらが等価交換の場合には要らないのである．自由な合意が可能でありそれが決定的である（契約の自由）．したがって等価交換が原則になっている社会では，国家が交換の場である社会に介入することは，本来的に要請されない．むしろ国家の介入は等価交換を乱すものとして敬遠される（私的自治・消極的国家論＝自由放任主義）．

　以上のようにして商品交換の論理は，近代民法の論理に照応している．

　商品交換は歴史の発生以来の古いものであるが，これが広く社会を蔽うようになる契機としては，第一には，近世に入ってからの国民市場の発展がある．これは商品の生産と消費が社会に広がっていったことを意味する．それまでの中世的な地域的社会は，基本的には「家」を単位とした自給自足の農業生活を基軸とし，生活物資の交換はせいぜい領主が支配する小地域単位の市場において行われていた．この小地域を越えて移動する物品には，領主によって関税が課せられた．これに対して近世の絶対主義は，広い領域を統合して，国家的規模で取引が行われる「国民市場」を育成した．その広い市場圏内では，活動は自由となった（日本ではこれを「楽市楽座」と呼んだ）．また近世の絶対主義は，人々を国家的規模で政治的に統合し「臣民」として等しく君主に服従する関係に置くことによって，国民相互の平等の意識を高めたのでもある．君主はさらに，国を富ますために産業を育成し，対外貿易を奨励した．

　第二には，産業革命後に発展した，産業資本主義社会の成立がある．これは，商品交換の関係が，社会のもっとも基底的な人間関係である，生産に関わる人間関係にまで浸透したことを意味する．すなわち，労働力を売って働く労働者と，（賃金を払って）労働力を購入して働かせる資本家との契約的関係（資本主義的な賃労働関係）が成立した．この関係が画期的であることは，かつての奴隷制や農奴制と対比すれば明確になる．すなわちここに至って初めて，働く者と他人を働かす者との関係――これが家族関係，および文化・政治活動に参加する主体間の関係と並ぶ，社会のもっとも根源的な人間関係であり，支配・被支

配の関係の基底を成す——が，対等な契約当事者の関係として一般化したのである．

　啓蒙期絶対主義の法典編纂に始まった近代民法の形成は，これらの内の第一点を背景としつつ進行し，第二点への社会の動きを促進し，やがてこの第二点が開花した19世紀中葉の近代社会で進展する．また，近代自由権は民法と密接に連関し合いながら，他の政治的・宗教的・学問芸術的必要をも反映しつつ，同じく19世紀に普遍的な人権として確立していったのである．

6-2　社会権

　社会権には，勤労の権利，労働基本権（団結権・団体交渉権・争議権），健康で文化的な最低限度の生活を営む権利（生存権），教育を受ける権利（教育の機会均等）などが含まれる．これらの権利は，1919年のドイツ・ワイマール共和国憲法における保障を出発点とし，第二次世界大戦後に各国で広く保障されるようになったものであり，それゆえすぐれて20世紀社会の産物である．

6-2-1　自由権から社会権へ

　社会権と自由権の原理的な関係は次のようなものである．
　上述のように自由権・近代民法が前提としているのは，第一に，すべての人間の人格としての独立・自由・平等である．現実には財産能力や社会的地位・性などによる能力と影響力の違いがあるにも拘らず，近代民法は，それらを敢えて捨象し人間を抽象的な人格として把握し続ける．第二に，所有もまた抽象的である．所有の規模——巨大資本か小資本かなど——や，所有対象——工場などの生産手段か自分の労働力だけかなど——を問わない．第三に，契約もまた，基本的にはそれに至る当事者の事情や動機を問わず，対等な当事者が自由な意思によって結んだものとして，文言に忠実に扱われる．
　近代民法は，このような抽象法であることによって地域や国家を越えて妥当する普遍的なルールとなり，個人的な恣意や差別を排除でき，結果の予測を或る程度は可能にする行為規範・裁判規範となり，また自由な競争を可能にすると共に，競争の結果に対する自己責任を引き受けられる主体を形成し得たので

もある．

ところが 19 世紀後半に入って資本主義が高度化した結果，その矛盾の顕在化として社会問題が発生し，次の点で抽象的な近代民法原理だけで行くのでは問題があることが明確になり，ヨリ具体的に人間を把握する社会法が発達した．

① 労働者と資本家は，民法的には平等であっても実際には対等になり得ないほど経済的実力に差があり，平等を実質的なものにするためには，労働者を法的に――労働基本権によって――援助しなければならない．一人ひとりでは弱い労働者にとって，団結して交渉し同盟罷業の圧力で要求を認めさせることがその一つの方法である．実際にも，19 世紀後半以降，労働条件の改善を求めて労働組合を結成し闘争に立ち上がった労働者の力によって，それまで資本家の立場に立って労働運動を弾圧していた国家も，やがて上述のような保障を特別の法（労働法）として認めざるを得なくなった．

② 人間はすべて自由な競争主体であるといっても，貧富の差や障害により教育を受けられず，したがって社会における競争の出発点でハンディキャップを負っている人々がいる．教育の機会均等（「ひとしく教育を受ける権利」）は，こうした人々を支援し，競争の出発点を平等なものにするための権利である（教育は，もちろん人間を立派な競争主体にするためだけにあるのではない．教育の機会均等は，人間が等しく人間として成長するためのものでもある）．

③ 自由な競争の結果には自己責任を負うことが原則であるけれども，競争に破れ貧困や疾病の状態に陥った人々が多数になったのを無視し得ないし，階級社会が貧窮状態の固定化・拡大をもたらすことを直視すれば，社会的上昇を阻まれ貧窮の中にあり続けることを個人の責任として放置することもできない．貧困や疾病の状態に陥ることが，その本人の責任ではなく，偶然（天災や劇的社会変動）の所産であることも多い．今は問題に直面していない人も，いざというときのことを考えてセーフティー・ネットを必要とする（こうして生存権が必要となる）．

④ 男女どちらに生まれるかは偶然であるが，女性に生まれたことにより様々な不利益を被るのはおかしいという観念が高まっていった．この観点から，近代法に内在する差別的扱いの是正＝男女同権化を超えて，近代法の抽象的な諸原則が生む実際的差別に対処するための是正措置もが採られることにもなっ

た（実際的に対等でない関係は，その他にも，地主・家主と賃借人の関係，大企業と一般消費者，大企業と小企業の関係などがあり，これらにおいても社会法的調整が問題になる）．

⑤　これらにおいて社会的強者の自由を制限し，社会的弱者のバック・アップをするのは国家であるが，この国家はその他にも，富国強兵をめざして社会資本や公共物を完備させるためにも，所有権の制限を必要とする（19 世紀後半には，こうして公用収用・供出のための「社会的所有権」観念が成立した）．

以上のようにして社会権は，人間を階級的・集団的ないし社会生活上のその具体的な生活態様に着目して捉え，ハンディキャップを負っている人々に法的な支援を施すことによって，生活を支え活動上の実質的な平等を実現しようとする．近代民法が自由競争とその結果に対する自己責任を原則にしているのに対し，社会権は自由競争の制限，真の自由競争のための基盤作りをし，かつ自由競争の結果に対し社会的連帯の立場からの手当てをする[75]．その手当てを施す主体は国や地方公共団体であるから，社会権においては積極的な国家役割（福祉国家）が前提になっている．

6-2-2　社会権と自由権の連関性

以上のように社会権は自由権と質を異にしているが，しかしながら，このことは両者が両立不可能であることを意味しない．

①　上述のように，社会権は自由権の享受を実際に可能にするために，自由

---

[75]　近代法は，最近，フェミニズムや批判法学，マイノリティー論，ポストモダニズムなどからも，批判を受けている．たとえばフェミニズムの一部の人々（キャサリン・マッキノンら）は，近代法の抽象性・中立性が男性支配を可能にしていると批判する．ポルノグラフィーをめぐる議論では，近代法の保障した表現の自由が女性の商品化をもたらしていることが指摘され，最近のドメスティック・バイオレンス（DV）をめぐる議論では，近代法が確保した私的領域の自由こそが，妻に対する暴力の場を夫に提供していることが指摘されている．こうした批判を行うフェミニストや批判法学の人々は，そのことでもって近代法そのものを否定しようとする．しかし，実際には，こうした清算主義では実りある成果が出ないので，具体的提言も模索されている．そうしたものとして，アファーマティブ・アクションや「ケアーの倫理」の尊重（女性の特性としての，他人を配慮する傾向であり，先に見た「美しき魂」に照応する）などがある．しかし，これらは，実際には，社会法の考え方，すなわち具体的・実質的に関係を考え，近代法の抽象性を批判する思考や，社会法論の根底にある「連帯」の思想とたいして変らない．ポストモダニズムについては，注 324）参照．なお中山竜一『二十世紀の法思想』（岩波書店，2000 年）参照．

権を行使することが困難な人々を援助する．社会権は自由権を支えるのである．
　②　社会権の中には，自由権を含んでいるものがある．例えば，（イ）教育権（憲法26条）は，教育の機会均等の点においては社会権でありながら，子供が自由かつ独立の人格として成長するのにふさわしい「教育を受ける権利」——すなわち子供の健全な成長を妨げる権力介入を許さない自由権——をも内在させている．（ロ）労働基本権（28条）にしても，各人がもつ「仕事を休む自由」の延長線上にある「ストライキの自由」や，結社の自由，さらには職場における自由——苛酷な労働や単身赴任，出張命令の拒否をも含めて——など自由権を，集団において行使しまた集団の力で防衛するものでもある．そしてそれはまた，労働組合の中での市民的自由を前提にしている——「団結」の名目で個人の尊厳を侵してはならない——点で自由権を前提にしてもいる．（ハ）生存権（25条）も，自由な人間であるための最低限必要な条件を保障するという点で自由権に関わり，かつ，「健康で文化的な」生活を国民が自ら作り出そうとしているのを，国家は不当な課税や公害を招く政策などによって妨げてはならないとする点で，自由権を内在させている．

　以上のようにして，社会権は，自由権の修正であり，自由権を制約するが，同時に自由権によって制約されており，また自由権の支援者であり，自由権を内在させている．要するに社会権は，「個人の尊厳」に向かって基本的人権が発展しつつある一つの形態である．

6-3　新しい人権

　日本で「新しい人権」と称されるのは，環境権・日照権・眺望権・プライバシーの権利・知る権利・平和的生存権・嫌煙権などである．これらは，憲法をはじめとする法律によってはまだ明示的に保障されていないが，しかし人間として当然有するものであり憲法秩序に内在するとして提唱されている権利である．その中にはすでに判例によって承認されているものと，未だそうでなく一層の理論的精緻化が求められているものとがある．これらの権利の多くは，日本では1970年代に入って注目を浴びるようになった．ドイツでも，環境権やプライバシーの権利が同時期から問題になった．同様な現象は，アメリカにお

いても，1970年代以降，尊厳死や人工妊娠中絶，同性愛などが，実体的デュー・プロセス（適正な手続 Due Process of Law[76]）の拡張解釈を通じてプライバシーの権利として具体化されている傾向などに現れている．

これは，1970年代から各種の公害や開発による環境破壊，先端医療の発達，情報化社会の進展，核戦争の危機など，現代社会での生存上の問題が深刻化したからである．日本では，こうした現代的問題への取り組み方として，行政や議会が国民の基本的諸権利の擁護に積極的でない保守派に支配され人権保護が十分に展開できていないため，弁護士や法学者によって裁判の活用が重視され始めたところに，「新しい人権」の展開の背景がある．「新しい人権」の叢生は，国際機関・団体・運動によって人権を世界中で擁護しようという「人権の国際化」の傾向と並んで，現代の人権をめぐる二大特徴の一つと言えよう．

自由権と社会権に対比した場合の新しい人権の特徴は，次のとおりである．
① 自由権と違い，国や地方公共団体の積極的な配慮・関与（例えば，情報の公開，環境保全・消費者保護のための政策や行政指導など）を求める場合がある（この点では社会権によく似ている）．
② 自由権と同様，個人の世界を尊重する立場から，それに対する不当な干渉や侵害・危険を排除する効果をもつ場合——例えば，環境権に基づく生活・健康侵害の排除，プライバシーの保護，戦争の脅威の排除，たばこの煙害の排除，教科書の検閲など国家干渉を学習権に基づいて排除することなど——がある．
③ 自由権の担い手である人間が（「ひと」，「国民」といった）抽象的に捉えられた主体であり，社会権に関わる人間が（「労働者」に典型的なように）その現実の生活態様において捉えられた具体的人間であり，それゆえ労働組合といった集団活動と不可分に捉えられるのに対して，新しい人権の主体としての人間は，

---

[76] たとえばアメリカ合衆国憲法第14修正（1868年）は，「いかなる州といえども，法の適正な手続きによらないで，何人からも生命，自由または財産を奪ってはならない」となっている．「実体的デュー・プロセス」とは，この「適正な手続」の「適正」の語を，単に決められた手続に従っている——手続的に適正である——という意味だけではなく，基本的人権を尊重しているなど内容的にも正しい（実質的に適正である）という意味にも関わるものとして解釈することである．

労働組合のような集団に帰属することによって法的主体となるのではなく，個々の個人として直接に権利主体となる（もっとも，社会権でも，「失業者」，「障害者」などは，特に集団活動においては捉えられていない）．しかしながら，社会権におけると同様，この人間は現実的な生活の態様において捉えられ，その人間の細かい差異を伴った多様な精神的・肉体的苦痛や危険（日照侵害，たばこの煙，騒音，振動，眺望妨害，薬害，食品汚染など）が問題となる．

④　さらに，プライバシーの権利のうち自己決定権をめぐっては，人工妊娠中絶や夫婦別姓の自由，種々の性的自由を主張したり，学校における管理教育や職場における統制に対し生徒や労働者のライフ・スタイルの自由を主張したり，さらには死ぬ権利（尊厳死・安楽死）などを主張する法理として，内容的には自由権をヨリ徹底させる方向で議論がなされている．

6-4　（補説）　実定法的権利と自然法的権利

実定法と自然法の区別（4-1-1参照）に対応して，「権利」も，実定法的権利（通常の「権利」）と自然法的権利（「自然権」）とに分かれる．

このうち「実定法的権利」が具体的に何を指すかは，実際には難しい．「実定法的権利とは，明文化されているか判決で認められたかするもののことである」と定義すれば，環境権や眺望権は実定法的権利ではなくなる．日照権や人格権，知る権利も，裁判所で認められる以前には実定法的権利ではなかったということになる．後述の抵抗権も，日本では認められていないのだから実定法的権利ではない．

しかし環境権や眺望権は「実定法的権利」でないのだから自然権でしかないとか，ましてや，裁判所で認められる以前には日照権や人格権，知る権利が自然権だったとかとは，日本国憲法などの下では誰も考えない．なぜなら，第一に，それらが憲法で明文化されていないのは，認めがたいものだからと言うよりも，あまりにも当然の権利だから明文化するまでもないため，あるいは，これまではそれに対する侵害が技術的にもあり得なかったので明文化する必要もなかったため，と考えられるからである．第二には，それらは，憲法13条や25条を有力な根拠として主張されているものであり，その解釈がたまたま裁

判官，とりわけ最高裁判所にいる15人のうちの多数派によってまだ認められていないだけだとも言えるからである．そうだとすると，「実定法的権利」には，法律または判決で公認されている権利だけでなく，実定法を有力な根拠として「これは権利である」と主張されているものをも含めなくてはならない．ここで「有力な根拠として」といっても，裁判所は「有力な根拠」だとは認めないのだから，そこまでは行かない「有力さ」の程度でしかない．しかしそれでもそれは，その程度に実定法に根ざしたものとして構成されている——と評価し得る——場合には，「実定法的権利」（未公認）である．

　要するに，実定法的権利には，（イ）制定法によって明文で認められる権利と，（ロ）明文化されていないが裁判所によって解釈を通じて認められた権利——たとえば「老舗」の権利，「プライバシーの権利」や「肖像権」や日照権——と，（ハ）明文化されていないし裁判所によって認められていないが，学者・法曹の支持を得ている有力な権利論上の権利とがある，とすべきである．

　ところで，この点で参考になるのは，佐藤幸治が，ドヴォーキンの『権利論』（1977年）を踏まえて，「人権」を①背景的権利，②法的権利，③具体的権利に分類している点である．その内容については第3編の「抵抗権」で詳論するので，ここからは本書297頁の該当箇所に移られたい．

　　参考文献：川島武宜『所有権法の理論』（岩波書店，1949年），渡辺洋三『法というものの考え方』（岩波新書，1959年），杉原泰雄編『憲法学の基礎概念II』（勁草書房，1983年），戸波江二他編『憲法(2)人権』（有斐閣Sシリーズ，1992年），佐藤幸治「法における新しい人間像」（『岩波講座　基礎法学』第1巻，1983年），同「憲法学において『自己決定権』をいうことの意味」（『法哲学年報』，1989年），同「日本国憲法と『自己決定権』」（『法学教室』98号，有斐閣，1988年），中村睦男『社会権の解釈』（有斐閣，1983年），藤井俊夫「社会権と自由」（『ジュリスト』884号，1987年），種谷春洋「生命・自由および幸福追求権」（有斐閣大学双書『憲法II』芦部信喜編，1978年），同『近代自然法学と権利宣言の成立』（有斐閣，1980年）．

7 人権＝個人の価値(2) 自己決定権

　本章および次章（8章）の課題は，自己決定権に関する，憲法・民法・社会法・医療法などにおける最近の議論状況を押さえること，および，それが社会科学の理論動向を含めた現代思想の動向とどのように関連しているかを考察すること，にある．ポイントは，最近の基本的人権論において一人ひとりの個人の「そのままの生き様」（「ありのままの個人」）を尊重しようという動きが強まっていること，そうした傾向は歴史学の，アナール派新世代に代表される傾向と照応して，「構造から各個人へ」という点で「脱構造」の動向の中に位置づけられること，の問題提起にある．

7-1 自己決定権とは何か

　自己決定権とは，日本の憲法学者によれば，他人を害さない限りで，「自己の私的なことがらについて自由に決定する権利」[77]あるいは「自己の判断に基づき好きなことをなしうる，という権利」[78]である．また，民法学者によれば，自己決定の自由とは，個人個人が「自ら『善い』と信ずる生き方を追求する自由」である．その際，これに関連する私的自治とは「個人が自己の意思に従って法律関係を自ら形成する自由」[79]であるから，自己決定権は私的自治を含むことになる．

　私見によれば，自己決定権が基本的人権の一つだとされるのは，人が幸福を追求する基本的な権利を有しており（日本国憲法13条）[80]，この幸福追求の条件

---

77) 戸波江二「自己決定権の意義と範囲」（『法学教室』158号，1993年）．
78) 内野正幸『憲法解釈の論理と体系』（日本評論社，1991年）．
79) 山本敬三「現代社会におけるリベラリズムと私的自治」（『法学論叢』133・134号，1993年）．

の一つとして，各人が自己の意思と責任において自己の人生を生きていくことが欠かせないからである．

　各人がそのように生きていけるためには，なによりも，各人に自由の権利を保障することが必要である．この自由の権利とは，フランス人権宣言第 4 条が「［自由とは］他人を害しないすべてのことをなしうる権利［である］」と定義し，J. S. ミルが，「［自由とは］われわれが他人の幸福を奪い取ろうとせず，また幸福を得ようとする他人の努力を阻害しようとしない限り，自分自身の幸福を自分自身の仕方で追求する［ことだ］」(『自由論』1859 年) と定義したものに該当する．

　しかし，各人が自己の意思と責任で生きていくことは，そのような自由の権利を超えるものでもある．第一に，それは，そうした生き方を支援する制度，すなわち社会保障を要求する．第二に，それは，その自由の延長線上において，自分たちの世界を自分たちの意思で運営する自由としての民主主義やそのための情報公開を求めることにも関わる．したがって，自己決定権は，社会権と積極的な自由——すなわち参政権・参加権や知る権利——とにも関わっているのである (後述のように，自己決定権は同時にこの社会権をも乗り越えようとする性格のものでもある)．

　ここではまず，こうした自己決定権が全体としてどういう連関にあるのか，なぜ最近になってこの言葉が多く使われるようになったのか，議論にはどういう特徴があるのかを検討しよう．

7-1-1　自己決定権の具体的検討

7-1-1-1　自己決定権の分類的検討

　自己決定権に関わるとされる関係[81]を，三つのグループに分けて検討しよう．

---

80)　日本国憲法 13 条の「生命，自由および幸福追求に対する国民の権利」は，アメリカ独立宣言の「すべての人は平等に創られ，造物主によって一定の譲り渡すことのできない権利を与えられており，その中には生命，自由および幸福追求が含まれている」という規定に対応している．これらの規定の背後にある思想史については，種谷春洋『近代自然法学と権利宣言の成立』(有斐閣，1980 年)．

81)　自己決定権は，学会では盛んに論じられているものの，ドイツやアメリカとは違い，自己決定権に関する判例は日本では少ない．最近になって最高裁判所でようやくこの権利が認められた．

(1) 自由権的な性格を有するもの

① 出産をめぐる自己決定　これは，避妊・人工妊娠中絶など子供を生むか生まないかの決定について，第一義的には当該（男）女が決定すべき私的事項であり，公権力はかれらのこの自己決定を尊重するべきであるという主張である．しかしこれに対しては，避妊についてはそれほど争いがないものの，中絶については胎児の生命を尊重する立場から自己決定の余地を制限すべきだとの見解もある．中絶に伴う母体への危険についても，単に私的事項としてではなく，生命保護の観点から公的介入の必要性を主張する議論がある[82]．自己決定はまた，『胎児の生命を重視すべきだとしても，それを国家が刑罰で強制することが正当か』を問う形でも，問題になる．『胎児の生命よりも（男）女の自己決定が重要だから』ということではなく，『国家が，そういう判断をし，またその結論を強制するべきではない．その判断は，当事者がなすべきものとして，その意味での自己決定にゆだねるべきである』という議論があり得る．

② 性行為上の自己決定　同性愛者の性行為や結婚を当事者の自由な選択事項とすべきだという主張である．成人同士が自由な意思でそれを選んだ場合は，第三者に対する権利侵害があるわけでない．それに対して道徳的不快感をもつ人がいるだろうが，そういう人も，今日では多様な生き方があることを考え，寛容であるべきだ，という考えが根底にあるのである．これも，同性愛行

すなわち最高裁判所は，2000年2月29日に，宗教上の理由から輸血を拒否する患者の自己決定権を次のように認めた．「患者が，輸血を受けることは自己の宗教上の信念に反するとして，輸血を伴う医療行為を拒否するとの明確な意思を有している場合，このような意思決定をする権利は，人格権の一内容として尊重されなければならない」（『判例タイムズ』1031号158頁）．

これ以前のものとしては，次の二つの下級審判決を示しておく．(i) 修徳高校パーマ退学訴訟第一審判決（東京地方裁判所1991年6月21日判決）：「個人の髪型は，個人の自尊心あるいは美的意識と分かちがたく結びつき，特定の髪型を強制することは，身体の一部に対する直接的な干渉となり，強制される者の自尊心を傷つける恐れがあるから，髪型決定の自由が個人の人格価値に直結することは明らかであり，個人が頭髪について髪型を自由に決定しうる権利は，個人が一定の重要な私的事柄について，公権力から干渉されることなく自ら決定することができる権利の一内容として憲法一三条により保障されていると解される」．(ii) 無期停学処分取消等請求控訴事件（高松高等裁判所1990年2月19日判決）：「憲法一三条が保障する国民の私生活における自由の一つとして，何人も原付免許取得をみだりに制限禁止されないというべきである」．もっともこれら二つの判決では，学校の処分に合理的理由があるとして，生徒の自己決定権は制限されている．

82) アメリカでは連邦最高裁判所は，1973年のRoe v. Wade判決（410 U.S. 133）において，妊娠期間を三分割し，最初の期間にのみではあるが，夫婦の自己決定権を大きく認めた．

為の評価に関わるとともに，そうした評価をすること，ないしそれを法によって強制することを，国家は差し控えるべきだということにも関わる．

③　結婚後の姓の選択に関する自由　　これはとくに女性の自己決定権に関わっている．姓はその人の人格の本質的構成要素であり，とくに問題が生じないのに，伝統を踏襲して姓の変更を，配偶者の一方に対して法律によって強制することは，自己決定の侵害だと言うのである．

④　医療上の自己決定　　これに関わるのは，不自然な延命治療の拒否（尊厳死），安楽死，（宗教上の理由による）輸血拒否，インフォームド・コンセント（患者が，病気について十分な情報を与えられた上で，治療について医者と協議して選択すること）などである．これらは，患者が自分の身体・生命の処分をできる限り自分で決定できるべしとする問題である．尊厳死については，生前の本人の意思を尊重する動きがある．たとえば，明文による意思表示があれば，生命維持装置の不自然な使用を拒否できる．輸血拒否については，患者の自己決定と生命の客観的な価値との間で議論がある．インフォームド・コンセントは，一般的に医者や病院に対する，患者の自己決定権と，それを支える「知る権利」の強調に関わる．これらについては，後述する．

⑤　危険行為に関わる自己決定　　登山・水泳などの危険行為，喫煙・飲酒・麻薬などの各人の健康関連行為，シートベルト・ヘルメットなどの着用義務など各人の身体の安全に関わる事柄である．これは，それを危険と知りながら敢えて行う自由をどこまで本人に認めてよいか，逆に国家が個人の世界に──個人を守るため，あるいは客観的な生命価値を守るため，あるいは，事故に伴う社会的損失（救助・治療・事故処理などの費用）を防止するため──世話焼き的に（パターナリスティックに）介入してもよいかの問題である．人が，十分な情報を与えられ，かつ理性的に判断して，『それでも行為に出る』という場合で，それが他人を害さずかつ無思慮な人々の追随を誘発もしない場合には，危険行為も禁止することはできないだろう．

⑥　生徒の自己決定　　これは，学校内外で生徒が，髪型・服装・校外生活・政治行動など，自分のライフ・スタイルをどこまで選べるかの問題に関わる．これが問題になっているのは，学校が過度に厳格な校則によって生徒の学校内外の服装や生活を取り締まったりするからである．また，平和を志向する

宗教を信奉する親が，授業の一貫としての武道を拒否することも，自己決定の一つとして裁判になった．

⑦　一般市民の自由に関わるもの　　酒を私的に醸造する権利の主張（最高裁判所判決 1989 年 12 月 14 日，判例時報 1339 号 83 頁）や，ドイツにおける，道路・広場・公園で鳩に餌をやる自由や森での乗馬の自由の主張（BVerfGE 1980, 54, 143; 1989, 80, 137）などは，一般市民の日常生活上の自由に関わる．

以上の①から⑦においては，他人に害を及ぼさない限りでは，個人は自分に関わる事柄を自分で決定する権限をもっており，国家も社会もそれに介入してはならないことが前提になっている．その効果として，**(a)** その作為や不作為が損害賠償や処罰の対象にならないこと，**(b)** 行政や第三者からの妨害に対し国家の保護を求めうること，がある．このような例示の限りでは，自己決定権は，自分の世界での自由放任を主張する古典的な自由権に属していると言える[83]．

(2)　経済法や社会法にも関連するもの

次のようなものは，本質的には自由権に関わる事柄ではあるが，しかし，問題になる場や当事者の関係が経済法や社会法の前提するものに関連している．

⑧　私的自治の実質化　　企業が消費者に対して，十分な説明もなしに商品やあらかじめ作った約款を押しつけることに対して，私的自治の原則に立って異議を唱えること．すなわち，契約は両当事者の合意によるものであるとして，個人の自己決定を重視する立場から，企業に製品やサービスなど商品や約款の内容について説明義務を課したり，不当な約款の効果を限定したりする主張である．

⑨　労働者としての自己決定　　これは，労働者が，企業による残業・配転・単身赴任の強制や，企業や組合による特定政党支持の強制などを，自己決

83）　以上に関しては，自己決定権と「私生活上の自由」とを区別する議論もある．後者は，放課後にオートバイに乗る自由や性行為の自由など，たんに公権力の介入の禁止・排除に関わるものであるのに対して，前者は，通学服の自由，戸籍上の氏名選択権，死ぬ権利，酒の私的醸造など，国家の法制度にかかる問題であり，公権力と個人の緊張関係を前提にした，個人の自己決定が問題になる（内野，前掲注 78））．しかしこの区別を採用しても，たとえば性行為は「私生活上の自由」に関わる事項のように見えるが，実際には，婚姻制度が関係してくる場合などにおいては公権力と個人の関わりが問題になるのであるから，前者の，自己決定権の事項となる．このように，両者をはっきり区別するのは実際には難しい．

定を主張して拒否するケース，および，企業による服装・髪型・髭そりの強制を拒否するケースに関わる．労働者が，労働協約とは異なった労働契約をする自由などもこれに関わる．

これら⑧⑨においては，自由な選択を確保することが課題になるものの，(**a**) 対等な市民間の関係ではなく，社会的な力関係に差のある当事者間──⑧の場合は，弱い消費者と巨大なあるいは技術的に長けた企業，⑨の場合は，従属的な労働者と企業や組合組織──の問題である場合があること，(**b**) そうした関係において従属的な地位におかれている側を国家が援助することによって，自己決定権を実質化することが課題になっていること，(**c**) しかし，保護の対象は，（自由権の主体としての）各個人であって，（社会権の主体としての）労働者・障害者といった類的に扱われる人間たちではないこと，が特徴である．

⑩　福祉クライエントとしての自己決定　これは，社会福祉の現場におけるクライエント（利用者・患者）の自己決定権とインフォームド・コンセントの重視に関わる．これについては，後述する．

これら⑨⑩の自己決定権の位置づけとして大切なのは，労働協約や労働組合，福祉・医療施設における自己決定権に典型的なように，自由権を乗り越えた社会権を，自己決定権がさらに乗り越えようとしていることである．この点については，すぐ後で詳述する．

⑪　障害者・高齢者の自己決定　たとえば，障害者が自立生活を行うための公的支援を要求することである．身体障害者が施設に入ると集団生活上様々な規制を加えられる．これを避け自己決定を求めて在宅生活をするためには，支援が必要である．ボランティアによる支援が行われているが，公的支援が必要でもある．自立化のためにはまた，バリアフリーな住宅や道路・施設などの公共物を完備することや，収容施設それ自体の構造や運用を自己決定権尊重の観点から改善していく必要が指摘されている．

⑫　シングル・マザー等の自己決定　未婚の母，離婚による片親や事実婚（婚姻届を出さずに同棲生活をする道を選ぶこと）の人々を，自己決定権行使のケースとして，税制上だけでなく社会保障上も支援することが求められている．

(3)　民主主義的な参加に関わるもの

⑬　市民生活上の自己決定　これは，行政法における住民自治，町づく

り・環境づくりなどのための市民のイニシアティブの重視，消費者運動，ボランティア活動の重視などに関わる．

⑭　市民による福祉活動上の自己決定　これは，社会保障などにおける市民イニシアティブの重視に関わる．福祉サービスは主として公的機関によるのであるが，それが度を過ぎると，財政負担が重くなるばかりか，公権力に「負んぶにだっこ」してもらう依存体質が強まる．しかも，サービスは画一化し，官僚的な取り扱いが強まる．そこで，福祉サービスをボランティア活動などによって，下から担うと共に，サービスの運営に当たっても市民の参加や市民の声を反映させる，市民イニシアティブの強化が課題になっている．

⑮　訴訟上の自己決定　民事訴訟法における当事者主義の徹底や，和解などの裁判外紛争処理（Alternative Dispute Resolution. 略して ADR という）——これも当事者のイニシアティブを強化するものである——などである．

これら⑬⑭⑮においては，自己決定は，社会や国家の政策形成や運営に市民が積極的に参加していくことを意味している．したがってそれは，自分の世界の中で生き方を干渉されずに選ぶといった消極的自由としての自由権ではなく，積極的自由としての民主主義的な参加権に関わっている．もっとも，このような参加権・参政権自体が，古典的な自由主義の重要な権利であるから——たとえば自治という自由権はその自治団体内での構成員の参加＝民主主義を前提にしている——，全体としては，自己決定権は，古典的自由権ともっとも深く関わっているといってよい（⑬⑭は，地方自治としての自由権の他に，自由な活動などの点でも自由権に関わってもいる）．さらには，行政法においては，町づくりや開発問題について住民の参加が強調されるとき，住民の自己決定権が論じられる．これは，もはや個人の権利ではなく，共同体の主体としての市民が共同体を主体的に形成・運用していく原理であり，民主主義的な権利である．

＊

以上，全体を総括すると，自己決定権の内容や場には多様なものがあるが，全体として自己決定権は，自由権を基軸として，その中に社会権的な要素や参加権的な民主主義的要素をも含んだものだといえる．

7-1-1-2 自己決定権と現代社会

　自己決定権は，このように主として古典的自由主義と不可分であるが，しかし「自己決定権」という言葉やその法理論は，日本において，1970年代以降に本格的に登場し，今日の法学界において最も注目されている，優れて現代的な権利である．その際，上に述べたようなさまざまな自己決定権に関わる事項を見ればわかるように，それらの一部は古くからの自由の要求に関わるものの，多くのものは現代日本社会ないし現代社会一般の生み出した新しい現象に関わるものであることが明らかになる．この点を説明すれば次のとおりである．

　上の①②は，日本社会ではそれほど深刻な争点とはなっていないが，欧米社会では今日的な一大争点である．これが日本の憲法理論でも取り上げられているのである（アメリカでは，人工妊娠中絶に賛成するか反対するかが国政選挙や最高裁判所判事の選任に当たって重大争点となる．また，中絶を行う病院や医者に対して暴力的な攻撃が加えられたりするほどである）．欧米社会で議論が盛んになった背景には，現代に至って顕著になってきた，個人の好み・志向の多様化および既成道徳のゆるみがある．

　③は，今日の女性の自立意識の高まりや個人尊重の進展を反映している．

　④は，医学の発達によって最近において顕在化してきた問題に関わっている．

　⑤は，最近になって自由の意識が高まりパターナリズムのもつ否定面が意識されるようになったことが背景にある．

　⑥⑦は，一方では日本に伝統的な集団内での画一主義・不寛容が現代でもなお克服されていないことに関わっている．しかし同時にそれは，日本においても今日に至って個人の好みや生き方が多様化したこと（多文化社会の出現）を反映しているし，また集団内での画一主義・不寛容が，現代日本において政治的・社会的な非民主化と管理強化とが進行していることに伴って強まっていることに起因してもいる．

　⑧は，本来的には近代法的な自由に関わるが，今日問題になっているのは，大企業のもうけ主義や約款強制によって消費者の自己決定の余地が狭められているという，優れて現代的な事象である．法学者たちは，現代社会の機構化・画一化，組織の巨大化などに伴って損なわれつつある個人の自立性・主体性を，私法的な自己決定を支援することによって再強化しようとして，この種の自己

決定権を構成しているのである.

⑨⑩は,企業・労働組合,福祉・医療施設における労働者一般,組合員やクライエントの個人的自由尊重の気運に関わる.これは,(イ)企業の「会社主義」や労働組合の御用組合化や集団主義,福祉・医療施設のもうけ主義によって労働者・組合員・クライエントの自由が抑圧されている日本の現状,および(ロ)労働者・クライエントの個人意識が高まり,またその好みも多様化した現状,に関わっている.

⑪は,障害者にも自由な生き方を求める権利があることが最近主張され始め,それに伴い公的支援が問題になり出したことに関わる.

⑫は,在来型の結婚・家族生活とは異なるタイプの生き方を様々な理由から選んだ人々を差別せず,むしろその選択を尊重しようとする,多文化社会の要請を反映している.

⑬は,市民の参加によってかれらの主体性を高めるとともに,それによって官僚主義の弊害を克服し,きめ細かな行政や,市民活動の活性化を促進していこうとする新しい民主主義戦略に関わる.

⑭は,福祉社会が受動的な人間を作っているという最近の問題に対処するために,法学者がこの種の自己決定権を問題にすることに関わっている.

⑮は,訴訟当事者としての市民のイニシアティブを高めようとする新しい法戦略と結びついているが,他方では訴訟外の紛争解決を裁判所の負担軽減のために再評価しようという最近の動きに関連している.

日本の法学者の中には,日本では,(イ)個人の尊重や自律,自己決定の伝統が弱いうえに,(ロ)国家と社会が民主化されておらず国家権力・社会権力(大企業)が人権尊重に熱心でないので,自己決定権や個人の尊重という古典的な自由権を今日においても敢えて強調するという戦略的配慮をもっている者も多い.

7-2 自己決定権と実定法学

7-2-1 自己決定権をめぐる憲法学上の議論

ここでは自己決定権をめぐる日本の憲法学上の議論のうち代表的なものを取

り上げて考察を加える．

7-2-1-1 自己決定権の内容

何を自己決定権の内容に入れるかについて，憲法学者の間で意見が分かれている．大きく分けると二つの立場がある．

第一の立場は，自己決定に関わる事柄のうち，「人格的生存に不可欠な重要事項」をめぐるものだけが自己決定権とされ，憲法13条の保護対象になるというものである．たとえば高校生が髪型を選ぶ権利やバイクを運転する権利は，かれの人格的生存に不可欠ではないから，13条の保護対象にならないとする．こうした主張の根拠としては，次のようなものがある．

① 自己決定を無限定に基本的人権だとして認めると，「人権のインフレ」を招き，人権を軽いものにしてしまう．したがって，人格にとって本質的なもののみに限定すべきであるとする議論．これは，いわば人権の少数精鋭主義のような議論である．

② 自己決定権を広く認めると，その適用を制限する法理論も発達する．そうしたものとしては，基本的人権を制約する際に権力が依拠する「公共の福祉」の概念がある[84]．自己決定権を広く認めると，結果的にはこれの活用に手を貸すことになるという議論である[85]．いわば人権の自主規制論である．

第二の立場は，ドイツ憲法判例の立場である一般的行為自由説（allgemeine Handlungsfreiheitstheorie）につながるものであり，ドイツ憲法を研究する者によって多く主張される．「自己決定権はおよそ個人的な事柄に関する自由な決定を保護の対象とし」，13条はそうした自己決定をそれ自体として一般的に保護しているとする．自己決定権は，そうした抽象的・一般的な基本的人権であっ

---

[84] アメリカの裁判所が「厳格な審査」などで基本的人権の制限を厳格に審査するのとは対照的に，日本の政府や裁判所は「公共の福祉」の概念を濫用し，その中身の具体的検討を行わないままに，それによって基本的人権を制限しがちである．その代表例として，板付空港事件判決（1965年3月9日）や全農林事件判決（1973年4月25日）がある．本書36-37頁．

[85] 「公共の福祉」概念の濫用に対抗しようとする人の中には『13条に関わるような人権は絶対権であり公共の福祉によって制限されない．制限されるとしても厳格な審査に服する．しかしそうした人権は数を限定しないと効果が弱いものになってしまう．したがって重要なもののみを自己決定権とすべきだ』とする考えもある．佐藤幸治「日本国憲法と『自己決定権』」（『法学教室』98号，1988年）．芦部信喜「包括的基本権」（一）～（六）（『法学教室』127号以下，1991年）．

て，服装や髪型を選ぶ自由やオートバイに乗る自由，喫煙の自由が，それぞれ個別に基本的人権であるのではない．これらは，自己決定権によって保護される一内容（自己決定権の行使の一形態）としてあるというのである．この立場によれば，問題は，学校における生徒の服装・髪型選択やオートバイの愛用，刑務所における受刑者の喫煙などが，それぞれ自己決定権であるか否かにはない．そうではなくて，服装や髪型，オートバイの愛用，喫煙の自由は，一般人の場合にはかれらが人間として有している一般的な自己決定の権利に関わらせて認められているのであるから，生徒や受刑者も，そうした効果をももつ自己決定権を人として本来的には有しており，したがって，生徒や受刑者は原則として自由であることをまず認められなければならない．ただそのうえで，生徒や受刑者は組織や施設への帰属に伴う特殊な関係におかれているゆえに，その観点から服装・髪型・オートバイ・喫煙等の制限が必要かを厳密に審査し，合理的な理由があれば，制限も許される，ということになる[86]．

　思うに，第一の立場のように，選別によってとくに重要なもののみを自己決定権として認めていくにしても，結局その数は増大する．また，ひとたび認められた少数精鋭の自己決定権も，絶対権として扱われるとか特別厳格な審査によって保護されるとかということにはならず，具体的ケースにおいてはここでも「公共の福祉」との比較衡量が問題になる．したがって，第二の立場のように，一般的権利を認めたうえで，その制限の妥当性を考えていく方が現実的である．しかしその際，司法審査の基準を厳格なものにするか，緩やかなものにするか，それとも第三，第四の基準を導入するか，については，第一の立場のように，当該の自己決定権を「人格的生存に不可欠」かどうかといったメルクマール——後述の様に本書ではこれとは異なって「幸福追求権にとってどれだけ不可欠か」をメルクマールにする——で分類していく必要があるだろう．

　その際，自己決定権の制限理由は，基本的に自由権の制限理由と重なるであろう．すなわち，（イ）自己決定権は，その行使が他者を害する場合，および他者を危険に誘引する場合には，保護されない．（ロ）自己決定権は重要だが，それと比較した場合においても保護するべき理由のある社会秩序（公序）を損

---

[86] 戸波江二・前掲注77)「自己決定権の意義と範囲」，阪本昌成「一三条の幸福追求条項の解釈」（樋口陽一編『講座憲法学』，1994年）．

なうときは，自己決定権の行使は制限される（たとえば，自己決定を尊重するといっても，重婚や近親婚の禁止などの公序との関係が問題になる．他方では，これまでの公序が，自己決定権に照らして「本当に保護に値すべき公序か」を審査されるときが来たのでもある）．（ハ）人格の尊厳や生命の尊重との関係が問題になる．たとえば，(a) 自分の臓器を自由に売ったり，売春行為を行ったり，自己を奴隷にしたりはできない．これらは，自己決定権が保護しようとする価値自体——生命，自由，幸福追求——を否定するものだからである．また，普遍化可能性に照らして問題があるものだからでもある．(b) 人工妊娠中絶については，胎児の生命との関係が問題になる．(c) 危険行為についても，他人に迷惑をかけず，かつ「本当に（理性的に判断して）危険を承知の上でのことか」を審査する必要がある．そうした判断に基いていない場合には，本人のために他人が介入すること，すなわちパターナリズムが必要となる．

　自己決定権は各個人の人格の根本に関わるものである以上，そして法の目的はこの個人であって，国家ではない以上，判例のように「公共の福祉」という国家的論理で外から制約するのではなく，こうした個人（人権）内在的ないし個人間（人権相互の）調整の観点からの制約を基軸にしなければならない．

7-2-1-2　「包括的基本権論」

　憲法学者の圧倒的多数は，自己決定権を今日的な課題として重視する．先に見たさまざまの自己決定権は，一つひとつが条文で保障されているわけではない．しかし，日本国憲法の第13条は，アメリカの独立宣言の文言と同様，「生命，自由及び幸福追求」の権利を保障している．この規定について，戦後初期には，単なる心構えを説いたプログラム規定であるとされていた．しかし，その後，この条文は，その後段において，憲法の他の条文に明記されていない特定の法的権利を基礎付ける基本規定であると理解されるようになった．そこでこの13条によって宣言されている権利を，包括的基本権という．

　前述のように，これは，ドイツ基本法2条1項「人格の自由な発展の権利」をめぐる議論と同様であり，また，アメリカ合衆国憲法における「実体的デュー・プロセス」を根拠にした自己決定権の拡大と同様な動きである．

　包括的基本権，「生命，自由及び幸福追求」に対する権利とは，具体的には，

人格の基本に関わる次のような二群の権利である（前述のように，両者を総称して人格権ないし新しい人権ということもある）．

① 人格的自律権（自己決定権）　これは，上に述べた諸権利である．これについては，13条を根拠にして認めた判例は，前述のように少数しか存在していない．しかし，憲法学者たちは，それらをも憲法の保障対象にすべきことでは，ほとんど一致している．

② 人格的価値そのものにまつわる権利　これには（a）狭義のプライバシーの権利・肖像権，（b）日照権・眺望権，騒音や振動・汚れた空気からの自由といった権利（環境権や嫌煙権），そして（c）平和的生存権などが含まれる．これらのうち判例が認めたのは，（a）と（b）（ただしこれらも，環境権としてはまだ認めていない）である．

以上から分かるように，包括的基本権には自由権と生存権とが含まれている．すなわち，上の①は自由権に関わり，②の（a）も自由権に関わるが，②の（b）は，一方では所有権に基づく妨害排除請求権に関わるものがあるとともに，他方では生存権に関わるものもある[87]．

7-2-1-3　社会国家における自己決定権

上述のように，自己決定権は，現代社会において注目されるようになったものの，自由権と深く関わっている．他方，日本国憲法は，25条から28条において社会権を保障し，また29条では所有権の社会的制限を規定している．この点で日本は，社会国家である．そこで問題になるのは，第一には，社会国家でどこまで自己決定権が主張できるかという点である．また，第二に，これと不可分の，「個人としての人格」と，「共同体に関係し，かつ共同体によって拘束されている」（本書212頁参照）人格との，人格のこれら二つのあり方は相互にどう関係するか，という点である．これらの点については，6-2-2において，自由権と社会権の関係づけとして詳しく論じたので，そこを参照されたい．

---

[87]　佐藤幸治「法における新しい人間像」（『岩波講座　基本法学』第1巻，1983年）．森英樹「包括的基本権」（『法学教室』46号，1984年）．

7-2-1-4 アメリカにおける憲法裁判との比較

先に見たように,アメリカでも,自己決定権が問題になり始めたのは,第二次大戦後のことである.日本で問題になっている人格権は,アメリカでは,前述のようにプライバシーの権利として,判例によって拡大されてきた.すなわち,プライバシーの権利は,アメリカでは,①狭義のプライバシーの権利と,②広義のプライバシーの権利に分けられる.①は,介入からの自由(right to be let alone),および自分の情報を自分でコントロールする権利を指す.②は,高度に個人的な行為を自由に選択する権利であり,これが自己決定権に対応している.①のうちの「介入からの自由」は,1928年のオームステッド判決(Olmstead v. United States, 277 U. S. 437)でのブランディース(Louis Brandeis)判事の少数意見が有名である.②は,前述のように,1973年のロー判決(Roe v. Wade)が,妊娠の最初の3ヶ月間については,中絶の自由をプライバシーの権利として認めた.これを受けて,その後1980年代にかけて一連の判決で結婚,避妊,尊厳死,家族構成,子供の教育などについて自己決定権が承認されていった.こうした自己決定を,アメリカでも「自己決定」(autonomy)と呼ぶことがある(self determinationの語をなぜ使わないかというと,この語は伝統的に「民族自決」の意味で使われてきたからである.ドイツ語のSelbstbestimmungsrechtにも,「民族自決権」の意味がまとわりついている).

7-2-2 自己決定権をめぐる民事法学上の議論

今日の民事法学で,自己決定権をめぐって起こっている議論は,現代の問題に取り組む戦略として,①古典的な自由,とくに自己決定を活性化させることによって個人の主体性を強めようとする立場と,②古典的な自由を超克しようとする立場,すなわち現代においては個人の意思・自己決定よりも,社会の合理的運営や資源の効果的な配分,制度のもつ効果が重視されるべきだとする立場,との間でのものである.

7-2-2-1 古典的な自由の立場

原島重義[88],石田喜久夫[89],山本敬三[90]らは,個人の自立が,伝統的に弱いうえに現代において組織化・画一化・人間疎外によってさらに失われつつある,

そのような日本社会では，市民の主体性を回復するために，民法の世界での法戦略としては，自己決定を推進することが考えられるとする．かれらはこの立場から，サヴィニー以来の古典的民法学の伝統に立脚した契約論（ドイツのフルーメ Werner Flume やヴォルフ Manfred Wolf の議論）を評価する．こうした関連において最もよく論じられているのは，前述のように約款論である．消費者が自分で了解していないのに，企業が一方的に作った契約条件を呑まされることを，今日の社会における組織の巨大化による自己決定の喪失にほかならないと見るのである．そこで，『企業は，本来の民法の契約原則——すなわち両当事者の対等な自己決定に立った契約という原則——を不当に損なっていないかに関して厳格なチェックを受けるべきである』という主張になる．企業が消費者に十分な説明をせず，また，不当な条件を一方的に押しつけた場合には，その約款の効力を否認しようというのである．

　こうした立場の私法学者はまた，私的自治を単なる経済的自由として扱う傾向に対して批判的である．憲法の二重の基準（double standard）論によれば，財産権や契約の自由に関わる私的自治は，経済的自由として「ゆるやかな審査」（制限は合理的理由があれば可とされ，「他に代替方法がないか・制限がどうしても避けられないか」まで証明する必要はない，とされる）の対象になる．しかし，私的自治を自己決定権として理解すれば，それは人格の自由な発展に関わる重要な権利でもある．そこでかれらは，二重の基準を前提にしつつも，経済的自由の制限を一般的に広くするのではなく，個人の自己決定との関わりでその制限対象を限定しようとする（たとえば山本敬三がそうである）．

7-2-2-2　古典的な自由を超克しようとする立場

　この立場の私法学者たちは，意思や個人の自己決定を重視する傾向は，(a) 近代初期のイデオロギーにすぎず，それに問題があることは社会の高度化によって明らかになり，個人の自己決定にこだわることが社会国家化の中で克服さ

---

88)　原島重義「契約の拘束力」（『法学セミナー』1983 年 10 月号）．同「法と権利に関するひとつの試論」（『法哲学年報』1984 年）．同『法的判断とは何か』（創文社，2002 年）80 頁以下．
89)　石田喜久夫『現代の契約法』1982 年．同『民法秩序と自己決定』1989 年．同『現代法律行為論の課題』（『LAW SCHOOL』13 号，1979 年）．
90)　山本敬三・前掲注 79)「現代社会におけるリベラリズムと私的自治」．

れた．(**b**) それはまた，ドイツの近代法学に特有のごく限定された傾向であり，古典的といえるような普遍的原理を内在させたものではない，と説く．こうした私法学者の根本思想にはさまざまなものがある．すなわち，

① その一人である学者 (星野英一)[91]は，「個人の『自律』『自己決定』の価値を重視することには何人も異議はあるまい」としつつも，個人主義と意思主義を要素とする意思自治の教説は，オッカム（William of Occam（Ockham）1280-1349）的なイデオロギーであり，世界の流れは「意思から理性へ」，すなわち，個人の意思よりも「社会的見地」から見た内容の妥当性を追求する方向にあるとする．客観的理性や「社会」を強調するこうしたトレンドへの寄り掛かりは，どうしても自己決定権を継子扱いにする結果をもたらす．しかも星野においては，公共善の判断者としては裁判官が重視されることになる．裁判官が個人を超えた理性の見地，全体の見地から判断するのであり，星野が裁判官の自由裁量を拡大するための法学方法論である利益考量論を説くのは，客観的には，このことと無関係ではないであろう．

② また平井宜雄は，意思教説を，日本の伝統でもないし，現代社会のトレンドでもないとして拒否する．すなわち平井は，意思教説が特殊ドイツ的な伝統であり，ドイツ以外では広がらなかった．ましてや日本には，その前提になるような社会的基盤が欠けている．日本法学の理論は，日本の伝統とその法実務に即して作られねばならない．また，現代法は，意思教説を否定する多くの現象を示している．現代法学の理論はこのトレンドに沿って構築されなければならない，と説く[92]．かれはこの立場から，現代法においては権利＝正義志向よりも，目的＝政策志向が強まっているとして，これに応える，資源の効果的な配分を追求する法政策学を提唱し，アメリカで流行し始めた「法と経済学」の導入に向かう．

これら①②の人々は，法律から自由な政策的判断を法解釈学のあり方として重視する．

③ さらに別の人 (木下毅)[93]は，英米法における「関係理論 (relational

---

91) 星野英一「契約思想・契約法の歴史と比較法」(『岩波講座 基本法学』第4巻，1983年).
92) 平井宜雄『注釈民法 (3)』第4章の「前注」，1973年.
93) 木下毅「法律行為論──現代の問題」(『LAW SCHOOL』13号，1979年).

theory)」を輸入して，これこそが，ドイツ法的で抽象的な意思教説よりも，現代社会に適合的な理論であると主張する．これは，法解釈に当たっては，契約成立の背景を成す，当事者を取り巻く関係がどういうものかを判断する裁判官のイニシアティブを重視する理論である．

④ ヘルメノイティクの立場から，日本社会の取引慣行や通念を重視し，それに適合した「納得」のいく法運用を目指す人（内田貴）[94]もいる．たとえば契約の解釈として，個人の意思よりも取引社会に内在する契約運用規範を重視し，それに基づいた解釈を行おうとする．

こうした立場に対する筆者の批判は，次のようなものである．

(a) これらの議論に見られる，「個人の意思か公共善か」という二者択一の発想は正しくない．なぜなら，求められるべきなのは個人の自己決定——そのためには意思の要素の再評価が欠かせない——と「公共善」（他の人々の自由や公序）の双方であるからである．その関係づけについては，上述の社会権と自由権の関係に関する問題をめぐる議論（140-141 頁参照）が参考になる．

(b) 「意思から理性へ」，「意思主義から関係理論へ」ということが，歴史のトレンドであるとしても，『だから意思の要素を追放するべきだ』というのは，論理の飛躍であり，トレンドへの追随である．世の動向，日本の伝統に迎合することが学問のあり方のすべてではないだろう．むしろ，必要な場合には，それに敢えて抵抗し，原理によってそれを批判する批判精神が大切だろう．実際，日本では集団主義が強く個人の自立性と主体性が弱いところに問題があるのだから（この点については 277 頁以下参照），それらの強化は，トレンドに逆ってでも必要だという点がある．近代法のパラダイムを問い直す作業は重要だが，だからといって「近代法の社会モデルをいったん離れ」，結局は離れ放しになってしまうのも，短絡的な思考だと言わざるを得ない．

(c) 利益考量論が，『まず最初に利益判断をし，その結果を法によって正当化するのだ』として，結論を得るに当たっての法的制約（法の枠）をはずし，法の解釈を裁判官に白紙委任してしまうのは，人権保護の観点から好ましくない．なぜなら，第一に，後述のように（392-393 頁），それは法解釈の構造に対

---

[94] 内田貴「現代契約法の思想的基礎」(『私法』54 号，1992 年). 同「現代契約法の新たな展開と一般条項」(『NBL』514 号以下，1993 年). 同「法律学のゆくえ」(『UP』300 号，1997 年).

する誤解に基いているし，第二に，裁判官は，とくに日本では，最高裁判所事務総局によって統制された司法官僚であり，実際にも国家権力の一機関として働く傾向が強い．人権が個人を国家権力から擁護することを第一課題にしている点に鑑みても，権力を規制する「法の枠」は重要である（この点については，「18 司法をめぐる合理化と人間化」で詳述する．平井は，利益考量論を否定し，結論づけを合理的なものにしようとして，法政策学や討議倫理を重視する．しかし，この場合も，「まず最初に利益判断」という立場は変わらない）．

　(d)　日本の多くの民法学者には，憲法13条から不断に出発して民法を考えるといった発想がなく，民法を通じて個人の尊厳のための自立性や主体性を生かしていくという態度がない．それは，理論的には，第一に，かれらが「憲法は公法，民法は私法」という発想に囚われているからであり[95]，第二に，かれらがもっぱら，紛争をいかに効果的に防止し迅速に処理するか，資源の合理的な配分をいかに達成するかの，没人間的な社会工学的思考（テクノクラート的な発想）に傾斜するからである．自己決定権は本来的な自然権的性格――憲法規範に保障された基本的人権がそこから出て来るところの本源的権利であること――を有しているのだとしたら，憲法だけでなく民法も，そうした本源的権利がそれぞれに法律として実定化されたものだということになる．そうだとしたら，私法における自己決定の問題は，民法学の世界に固有の問題としてもあることになる．「憲法の第三者効力」を認めないとして民法学が憲法とは切り離して展開されるべきだと言う民法学者であっても，自己決定は，民法学にも直接関わる本源的権利の問題として追究すべき問題なのである．

　(e)　ドイツの古典的民法学を，意思のみを絶対化した極端な個人主義の理論だと見るのは，正しくない．サヴィニーにしてもプフタにしても，倫理的秩序や取引慣行，結果の妥当性を私的自治を方向付けるものとして重視したので

---

95) 憲法の人権論の観点から私法を論じることの重要性を強調する，民法学者の一人である山本敬三は，かれが批判する「一般的な理解」を次のように定式化している．「公法とは国家と個人のあいだの垂直関係を規律する法であり，私法とは個人と個人のあいだの水平関係を支配する法である．そうすると，私的自治・契約自由とは，この国家とは切り離された個人間の水平関係における自由だということになる．こうした理解からは，私的自治・契約自由を憲法上の自由として位置づけるという発想は出てこない．憲法は公法に属するというのが常識であり，憲法上の自由は国家に対する個人の自由として理解するのが常だからである．」山本敬三『公序良俗論の再構成』（有斐閣，2000年）19頁．

あって，関係理論的なものが重要な意味をもっていた[96]．したがって，「今までは意思理論，これからは関係理論」という，学説の総括も正しくない．

7-2-2-3 日本民法学とリベラリズム

以上のような立場の相違は，日本の民法学の歴史における次のような事実と無関係ではない．日本で最初の近代民法典が施行されたのは，1898年のことである．そして，日本の民法学者たちが大挙して本格的に海外留学に出始めたのは，第一次世界大戦前後のことであり，主要な目的地はドイツであった．ところでその頃のドイツでは，19世紀の自由主義的な古典的民法学に対する，自由法運動やとりわけナチズムに傾斜した法学の立場からする批判が支配的になっていた．新進気鋭の民法学者たち（たとえば，牧野英一，平野義太郎，末川博，我妻栄ら）は，この新しい学問動向に強く影響され，古典的な自由主義的民法学に対する懐疑的な立場を初めから植え付けられた[97]．平野，末川，我妻らは，第二次大戦後，日本の民主化を進める立場から自由主義への傾斜をも強めたが[98]，しかしかれらの民法学には，自由権よりも社会権，個人の意思よりも社会的見地，規範よりも政策的判断を重視する立場が濃厚であった．この傾向が，とりわけ我妻を介して東京大学法学部の民法学の主要特徴の一つとなり，かれの後輩である人々，とくに上述の星野，平井，そして加藤一郎らを規定した．かくしてこの我妻後の世代は，民法学において個人の基本的人権にあまりこだわらず社会統制（紛争の効果的処理），資源の効果的配分，損害の社会分散などといった，前述のテクノクラート的な傾向を強めたのである．

しかしながら他方では，日本の民事法学は，西欧型の自由主義的な民事法関係を樹立することによって日本社会の近代化を進めることを，すでに第二次世界大戦前から課題としてきた．近代的な，フランス民法とドイツ民法とをモデルにして，法の支配，一般的権利能力・自由な所有権・契約に基づく社会関係

---

96) この点については，拙著・前掲注2)『近代ドイツの国家と法学』第一章．原島重義・前掲注88)『法的判断とは何か』16頁以下参照．
97) 以上の点については，原島重義「わが国における権利論の推移」(『法の科学』4号，1976年)参照．加えて，日本には元々，個人尊重・リベラリズムの伝統が弱かったのでもある．
98) この点については，山本敬三・前掲注95)『公序良俗論の再構成』14頁以下，とくに39頁の注16, 17参照．

といった新しい原理を日本社会に定着させていこうとしてきたのである．

その中でもリベラルな民事法学者は，日本の天皇制を支えた諸制度，すなわち（イ）家父長主義的でかつ団体主義的な「家」，（ロ）不平等で抑圧的な地主―小作農民関係，（ハ）同様な態様の雇用関係，（ニ）国民の権利意識の低さなどを近代的に克服することを課題とした．かくして，（イ）については，夫婦間の平等と自由な契約関係に基づく家族関係を樹立すること，（ロ）と（ハ）については，真に自由で平等な契約関係の樹立のために，小作人組合や労働組合を強化する課題，（ニ）については市民同士の関係をも自由な所有と契約に基づくものにすることが課題となった．このようにして，身分制的な関係ではなく，契約に基づく新しい人間関係を樹立すること（「身分から契約へ」From Status to Contract）が重要な課題となり，個人の自立（Autonomy）の確立のため自己決定が近代化の一つの柱となった．

リベラルな民事法学者のこうした課題は，第二次大戦後に一層鮮明になった．憲法や民法，刑法などの法典では自由と平等，基本的人権の確立が明文化され，近代化が法律上（de jure）には進行したが，戦後においても日本社会には事実として（de facto）は，なお，（イ）から（ニ）の古い関係が強かった．そこで戦後においても，西欧の民法が進歩のモデルとされ，イギリスやフランス，ドイツの近代化と近代法との構造の分析に関心が集中した（社会法的な課題も重要であり，労働法・社会保障法・借地借家法などにも関心が高まったが，この点は省略する）．

日本の民法学におけるこの近代化・近代主義の伝統は，今日でも多くの学者によって一方では受け継がれているのである．上述の原島・石田や渡辺洋三といった学者たちは，主としてこの立場に属している．

さて，1965年以降，日本社会は急速に工業化・都市化を遂げた．この結果，自由や民主主義が定着していない農村が，もはや日本社会の基盤とはならなくなった．都市に人口が集中し，そこでは大衆社会化現象（群衆の中で孤独化することによって，無力感に囚われこと）が生じ，それに伴う，自由のマイナス面としての「マイ・ホーム主義」，エゴセントリズム（「ジコチュー」）や政治的・社会的無関心が問題になり，近代的自由への批判が出てきた．また，近代化のもたらす社会的問題――合理化の強化，各種の公害，資源問題，消費者問題，人

間疎外——が深刻化し，民事法学においてもこれらへの対応上，自由の社会的規制が課題となった．このような事態は，上の原島・石田らの立場には不利で，星野・平井らの立場に有利なものと言える．実際，上述のように民法学では近代主義批判が強まっている．

しかしながら，われわれが自己決定権の問題について，民法学だけでなく憲法学をも含めて考えるならば，今日の日本の法学において，古典的な自由の再評価が強まっていることが指摘できよう．

参考文献：山田卓生『私事と自己決定』（日本評論社，1987年），佐藤幸治「日本国憲法と『自己決定権』」（『法学教室』98号，1988年），戸波江二「自己決定権の意義と範囲」（『法学教室』158号，1993年），西谷敏『労働法における個人と集団』（有斐閣，1992年），吉田克己『現代市民社会と民法学』（日本評論社，1999年）．

8 人権＝個人の価値(3)　「その人なりの生き様」への着目

ここでは前章を踏まえて，自己決定権に関わる実務において，「その人なりの生き様」に着目する動向が出てきていることを析出し，それを，同様の動きがある歴史学と対比することによって，その意味を考える．

8-1 法学の場合

社会福祉，医療，労働，民事法学における自己決定論を分析すると，その共通の傾向として，生存権が新しい質を獲得しつつあること，すなわち人権論が自由権的な「人格」・「市民」や，社会権的な「労働者」から，「ありのままの個人」へと尊重対象を具体化しつつあることが分かる．以下，この点を具体的に見ていこう[99]．

8-1-1 社会福祉における自己決定権

古川孝順によれば，1980年代以降の福祉の実務では「社会福祉政策・制度のパラダイム転換」がはっきりしている．そのポイントは10あり，その一つが「主体化」である．これは，社会福祉を供給者の側からではなく利用者や地域住民（居住者）の視点から捉えることによって，「福祉サービスの利用過程における利用者の参加や自己決定権，選択権」を保障し，「福祉計画策定など行政への住民参加」を促進することである[100]．このためには，福祉サービスの種類や利用手続・社会福祉施設などについて，利用者に十分な情報を与えると

---

[99] この点についての詳細は，拙稿「基本的人権の今日的意味」（『社会福祉研究』第70号，鉄道弘済会，1997年）参照．
[100] 古川孝順『社会福祉のパラダイム転換』（有斐閣，1997年）67頁．

ともに選択上・利用上で援助する体制（インフォームド・チョイス）が必要である[101]．

　社会福祉においてこのような自己決定権が重要だとされるのは，自己決定が人間のもつ本源的な心理的欲求の一つに関わっているからである．すなわち人間は，情愛や安定感，自己表現，他者からの承認などとともに，自分なりの人生目標を設定してそれを自分で生きたい（自己実現），そうした存在として，すなわちかけがえのない独自の人間として扱って欲しい，という欲求をもっている．この欲求が充たされてこそ幸福追求が現実のものとなる．この欲求は，どのような状況に置かれた人間もが——重い障害や重い病の状態にある人間もが——切実にもっているものであり，かれにそれを認めないことは，その人間性を否定することである．こうした見方は，社会保障の分野ではバイステックの『ケースワークの原則』(1957年刊)[102]に早くから提起されていたが——そこではクライエント一人ひとりが尊厳をもち固有価値をもった「かけがえのない存在」であるとともに幸福追求の権利をもつことが随所で強調されている——，それが最近広く受け入れられるようになってきたのである．

　自己決定権をこのように幸福追求の重要な一条件と見る立場からは，自己決定権は，憲法学でしばしば前提にされているような社会的に自立した「強い」個人の権利としてではなく，肉体的・精神的にどのような状態に置かれていようとも，その下で自分なりに幸福を求めている人間の，その人なりの権利として位置づけられることになる．すなわちここでは，自己決定権は，単に成人の健常者に認められるだけでなく，子供や障害者，成年被後見人，末期患者などにも，その目線に立って——その人にとっての幸せとは何かを考える立場から——認められるべき権利であるとされるのである[103]．

　自己決定権がパラダイム転換の一つとして最近主張されるようになったのは，

---

101)　同上 162 頁．
102)　Felix P. Biestek, *The Casework Relationship*, 1957, 尾崎新・福田俊子・原田和幸訳『ケースワークの原則——援助関係を形成する技法』(誠信書房，1996 年)．
103)　これは「自己決定権」概念の進化であると共に，「平等」概念の進化でもある．この「平等」概念の進化の有り様については，旧西ドイツのヴァイツゼッカー大統領が，1993 年 7 月に行った講演「障害者に公正に」の中で，「異なっていることこそ正常です．人間であることに基準などはありません」（健常者がモノサシではない）という，鋭い問題提起を伴いつつ，見事に展開している．永井清彦訳『ヴァイツゼッカー大統領演説集』(岩波書店，1995 年) 193 頁以下．

これとは反対の傾向が各国で支配的であり続けてきたからである．社会福祉サービスの利用者は，これまではいわば完全な無能力者として扱われてきた．かれらに対して生活扶助の受給や施設入所の措置が開始されたその瞬間から，かれらは，「権利としての生活自助原則」ないし自己決定権を否定され，国家や施設の規制と統制の下に置かれてきた[104]．

こうした傾向が広くみられた要因は，第一には，社会福祉が被援助者の権利としてではなく援助者（国）の恩恵とされていたこと（「ありがたく思え」）にある．とりわけ戦後の日本では，「本質的に明治憲法下の困窮人民を単なる行政権力の客体視し，無制約的な生活全面管理下におこうとした救貧立法規定の継承・温存」が図られてきた[105]．パラダイム転換は，この点では，〈古い国家パターナリズムの克服〉という近代化の課題に関わっている．

自己決定権が尊重されていない第二の要因は，社会福祉によって確保されるべき「最低限度の生活」が，生活水準の低かった戦後期には「量的」にのみとらえられ，生活の質（Quality of Life）に目が向けられてこなかったことにある[106]．生活の質に目を向けるときには，『福祉サービスの利用者が利用中に人間らしい生き方をしているか』が問題となる．人間らしい生き方の最低条件としては，物質的な保障とともに，尊厳をもち，かつ，それぞれに幸福追求の主体である存在として扱われることが挙げられる．パラダイム転換は，この，生活水準が向上し，「多様で個性的な生活の質への関心」が高まった[107]現代社会へ社会福祉の実務水準を対応させるという点では，──「近代化」の課題に対する──「現代化」の課題に関わっている．

第三の要因は，福祉国家では国家サービスが肥大化するが，その結果，給付の内容が画一的になり，運営が官僚的で反人間的になったことにある[108]．また福祉国家では，利用者がサービスの受動的な受け手となりがちである．パラ

---

104) 古川孝順・前掲注100)『社会福祉のパラダイム転換』161頁．これが最も非人間的な管理主義となって展開した事例の一つが，ハンセン病患者に対する日本の療養施設での処遇であった．
105) 小川政亮「加藤生活保護・人権訴訟勝訴とその意義」(『法律時報』66巻3号，日本評論社，1994年) 16頁．
106) 古川孝順・前掲注100)『社会福祉のパラダイム転換』160頁．
107) 高木郁朗編『自立と選択の福祉ビジョン』（平原社，1994年）4頁．
108) 同上13頁．

ダイム転換は，このような福祉国家の問題と対決する点では，すぐれて「現代的な問題の克服」という課題に関わっている．

8-1-2 医療における自己決定権

自己決定権とプライバシーの権利は，最近の医療においても同様にパラダイム転換の一論点を成している[109]．それは，これまで医師や病院に従属し医療サービスの客体としてのみ扱われがちであった患者について，『その一人ひとりが尊厳をもち，かつ自己の医療に積極的に参加する主体』であると捉え直すことを意味する．このことは，具体的には，例えば1982年のスウェーデン「ヘルスケア及び医療法」第3条が定めているように，医療が「患者の自己決定及び不可侵性に対する尊重を基礎に」し，「可能な限り，患者との合意により形成され，かつ行われなければならない」[110]ということである．

医療において患者の自己決定権が主張される根拠は，第一には，患者各人が，自分の肉体のあらゆる問題を自分の意思で決定する基本的な権利を有している[111]という事実であり，さらに第二には，前述のように，患者が，たとえ絶望的な状況下にある場合でも，それぞれにかけがえのない独自の人間としてあり[112]，かれなりの幸福を求めて生きようとしており生きているゆえに，この幸福追求を自己決定権の尊重を通じて確保する必要があるという事実である．ここでも「その人なりの生き様」を大切にし，患者自身の目線でかれの幸福を考え，その幸福を可能にする不可欠の条件の一つとして自己決定を位置づけることが重要なのである．

このような自己決定が合理的に行われるためには，患者に対し，自分の病状を理解し判断するのに十分な情報が，患者の置かれた状況に適切に対応した形で——すなわち医者の側からの援助を伴って——与えられなければならない．

---

109) 高木・同上，加藤博史『ソーシャル・ワークの思想と実際』（晃洋書房，1994年），増田樹郎他『社会福祉学原論』（黎明書房，1997年），高山直樹「社会福祉における利用者の権利擁護——その意義・理念・展望——」（『社会福祉研究』第68号，鉄道弘済会，1997年）3頁，大谷強「福祉・保健分野における地方分権化の問題と課題」（同）36頁以下．
110) 池永満『患者の権利』改訂版（九州大学出版会，1997年）68頁．
111) 仙台高等裁判所1994年12月15日判決（『判例時報』1536号，判例時報社，1995年）59頁．
112) 中川米造編集責任『講座・人間と医療を考える 1巻 哲学と医療』第3章（平山正実執筆）（弘文堂，1992年）64頁．

自己決定は「知る権利」を基盤にしているのである．医師による十分な説明を踏まえて患者の自己決定が適切になされることが，医療における「インフォームド・コンセント」である．

　医師と患者の間には，これまで長い間，相互の自立性と主体性を尊重した関係が一般的ではなかった．医師と患者の関係を，ブローディは三つのモデルに分けている[113]．

　第一は，「工学モデル」である．これは，人間を部品から成る機械と見ることによって，故障した個所を修理するかのように治療を行う関係である．ここでは患者は，主体として捉えられないし，人間としてその——社会的・経済的・法律的・精神的関係にある——全体において捉えられることもない．

　第二は，「牧師モデル」である．これは，医師だけが医療の主体として振る舞い，患者を——牧師が信徒にするように——後見者的に世話する，パターナリズムの関係である．

　これら二つの関係に対してブローディは，第三の「契約モデル」を提唱する．ここでは患者は，自分の体とその運命を自分で決定する主体であり，治療行為に医師と共同で参加するとされる．このモデルでは患者の自己決定が重要となる．ただし，医師と患者の関係を契約モデルで捉えるとはいっても，それは両者がそれぞれの要求を主張し放しであることや，すべてが患者の判断に任されることを意味しない．以下は筆者の見解であるが，たとえば結婚は，法的には契約として捉えられる．しかし，だからといって結婚は取引的なドライな関係だということにはならない．実際には愛情に基づく二人の信頼と協力が大切であり，まさにそれらを可能にするためには，二人の主体性を認める必要があり，それゆえにこそ契約的構成が必要である．これと同様，医療での契約モデルは，医療行為において共に主体である医師と患者が「両者からの情報をお互いに提供し合い，現時点でいかにするかを考え，合意による決定に至る」[114]ものである．

---

113) Howard Brody, *Ethical Decision in Medicine*, 2. edition, 1981, 舘野之男・榎本勝之訳『医の倫理』原書第 2 版（東京大学出版会，1985 年）35 頁以下，中川・同上第 9 章（村岡潔執筆）219 頁以下．

114) 清水哲郎『医療現場に臨む哲学』（勁草書房，1997 年）77 頁．

医療においてこれまで長い間「契約モデル」が一般的でなく，ようやく最近になってその方向への「パラダイム転換」が叫ばれだしたのは，次のような事情による．

第一に，これまでの医療では，医師の側の権威主義やパターナリズムと患者の側の「甘え」の共存が伝統であった（〈患者の自己決定権〉の提唱は，この，伝統的なパターナリズムを克服していく点では，社会の近代化の一環としてある）．

第二に，近代医学のあり方に問題があった．すなわち，例えば前述のように近代医学教育は，客観性・科学性を強調し，科学の対象としての病気や疾患の部分にのみ目を向け，人間性を軽視してきた，といわれている（それゆえこの点では，〈患者の自己決定権〉は，近代医学の悪しき側面の克服，換言すれば近代主義の克服の課題に関わる）．

第三に，現代社会における医療のあり方に問題がある．これは例えば，①大病院化がもたらす管理主義・営利性追求からくる患者の薬漬け・検査漬けや，医学と医療技術の発達に伴う医療行為の細分化・専門化・多忙化などによって，患者が人間的扱いを受けられず，一人ひとりが『幸福を求めて生きている独自の存在』として大切にされない状況が強まったこと，②医学の高度化によって医療が一般人には理解不能となり，その結果，医師の権威主義が新たに強まっていること，などの問題である[115]．

第四に，患者が自己決定権を主張する契機が，最近次のように増えた．①現代における病気の変化——がん・心臓疾患・脳血管疾患など外科的手段に頼る病気が増加し，治療の選択肢が増えたこと——のため，患者の判断が求められる．②医療過誤・医療事故訴訟が増え，患者の同意が重視されるようになった．③全体として患者の権利意識が高まった[116]．

（以上の第三と第四の点では，〈患者の自己決定権〉の提唱は，近代化とか近代主義の克服とかといった課題ではなく，医療の現代的発展や患者の意識の向上に対応した課題，すなわちすぐれて現代化の課題に関わっている．）

---

115) 以上については，中川米造編・前掲注112）第3章．
116) 虫明満編『人のいのちと法』（法律文化社，1996年）54頁以下（上村貞美執筆）．

8-1-3 労働をめぐる自己決定権

労働法学においても，最近（労働者の）自己決定権やプライバシーの権利が強調されている．道幸によれば，「現在，自立は労働者のあり方を考えるうえでのキー・コンセプトである」[117]．労働者は，使用者に従属した存在であり，実質的な対等性を確保するために特別な法的バック・アップを必要とする．労働者は，しかし同時に，労働を通じて自己を形成し，他人との関係を結び社会参加する自己実現・幸福追求の主体である．かれはまた，会社や組合のメンバーであるとともに，自分の思想やライフ・スタイルによって自己のアイデンティティーを形成していく独自の個人である[118]．以上のゆえに，使用者も労働組合も裁判所も，労働権を尊重するとともに，労働者一人ひとりの自己決定とプライバシーをも尊重しなければならない．

こうした見方は，具体的な帰結としては，①労働契約締結時（就職時）の「同意」を絶対化して，労働者の就職後の自己決定を放棄させるような実務，すなわち労働契約の「奴隷契約」化を批判すること，②労働者が就職時に提示を受けなかった就業規則やその条項については，それが労働者を拘束するかどうかを判断する際に「厳格な内容審査」を要求すること，③ユニオンショップを，労働者の組合加入の自己決定を否定するものとして批判すること，④労働者のライフ・スタイルや私生活に対し不当に介入することに対する批判，などを帰結させる．

これまでの日本では労働者の自己決定が尊重されず，「労働者の意思があまりにも甚だしく無視されて」きた[119]．そうしたことの原因にはさまざまなものがある．

第一に，日本に伝統的な集団主義によって個人の尊厳が侵されてきた．終身雇用制も作用して，これが会社に身も心も捧げる忠実な社員となる「会社主義」を生み出してきた．それはまた組合が組合員に対し強い統制を及ぼし，組合への団結が各人の個性や自己実現・プライバシーに優先させられる傾向を生

---

117) 道幸哲也『職場における自立とプライヴァシー』（日本評論社，1995年）9頁．
118) 道幸哲也「業務命令権と労働者の自立」（『法律時報』66巻9号，日本評論社，1994年）．
119) 西谷敏「労働法における自己決定の理念」（『法律時報』66巻9号，1994年）．

み出した[120]（以上については，本書 16 章をも参照．なお，最近では，長期不況下で「リストラ」が横行し終身雇用制が崩れたかの様に見えるが，しかし，エリート社員は依然として終身雇用であり，かれらの間では「会社主義」は崩れていない．他方，「リストラ」される人にとっては，別の形で「労働者の意思があまりにも甚だしく無視されて」いる事実がある）．

　第二に，終戦直後においては，生活水準が低かったため，市民的自由の確保よりも「最低限度の生存」の確保が優先されたし，市民的自由の基盤も脆弱であった．このため，労働運動などにおいて市民的自由に対する配慮が欠けていた[121]．また，生活水準が低い戦後の状況下では「労働者」は生活面でも精神面でも「プロレタリア」として同質的に扱われ，個人的な違い（個性やライフ・スタイルの違い）が重視されないのでもあった．

　第三に，社会法や社会権に対する以下のような一面的理解があった．①従属労働（労働者が使用者に従属していること）に着目するがゆえに，『労働者は真の自己決定をなしえないのだから，〈労働者の自己決定〉をいうと，それは「使用者の支配をカモフラージュすること」に道を拓く危険がある』とする，自己決定に対する不信感があった[122]．②「自由権から社会権へ」という法発展の一面的理解のため，「自己決定と自己責任を核とする自立の理念を時代錯誤とみなす風潮」があった[123]．『市民的自由は，労働者の団結にとって阻害的なブルジョワ的法観念であり，生存権原理を空洞化する危険なもの』とする傾向[124]も，これと関連している．③『労働者は貧民で弱者であり，後見的に保護してやらなければならない』とするパターナリスティックな見方が強かった[125]．④「最低限度の生活」（憲法25条）や「人たるに値する生活」（労働基準法1条）を物質的に保障することに重点が置かれ，労働者の生活の質（とくに精神面での充実）については問われてこなかった．⑤『労働組合は，労働者の解

---

120) 西谷敏「労働者保護法における自己決定とその限界」（松本博之・西谷敏編『現代社会と自己決定権』，信山社，1997年）225頁．
121) 西谷敏『労働法における個人と集団』（有斐閣，1992年）16頁以下．
122) 同上．
123) 井上達夫「パターナリズムと人権」（『ジュリスト』945号，有斐閣，1989年）74頁．
124) 三井正信「労働組合と労働者の自己決定」（『法律時報』66巻9号，日本評論社，1994年）．
125) 西谷・前掲注120)「労働者保護法における自己決定とその限界」．

放という重要な使命を帯びた団体であり階級的財産であるので，労働者個人はそれを全力で支えなければならない』として，個々の労働者よりも交渉当事者たる労働組合が「優越的な地位」にあると説く法理論が有力である[126]．

これらに対して労働者の自己決定権・プライバシーの権利が最近強調されるようになった原因としては，第一に，日本社会が物質面では豊かになり，その結果，個人意識の高まりや多様な個性，独自のライフ・スタイルの許容ないし尊重がみられるようになったこと，第二に，会社主義の強化や「リストラ」によって出向・配転・単身赴任・残業などが強制され，また会社への忠誠強制や思想統制が進行している今日の状況下で，労働者が自己決定権に訴える必要が出てきたこと，第三に，新自由主義の影響——「市場の原理」を再評価し，それに徹することによって福祉国家の矛盾や計画経済の非能率制を克服し，経済を活性化させようとする立場（注137頁参照）であり，個人の自己決定・自己責任がその一環として強調される——などがある．

8-2 歴史学の場合

法学におけると同様の新しい動きが歴史学にも見られる．ここで問題になるのは，「ニュー・ヒストリー」をめぐる学界動向である．「ニュー・ヒストリー」とは，フランスのアナール派第三世代・第四世代の人々（アラン・コルバン Alain Corbin, ル・ロワ・ラデュリ Le Roy Ladurie, モーリス・アギュロン Maurice Agulhon ら）や，ドイツのゲッティンゲン・グループ（ハンス・メディック Hans Medick ら）やメクゼーパー（Cord Meckseper）やシュラウト（Elisabeth Schraut），イタリアのミクロストリアの人々などを中心とした新しい社会史的傾向を指す．これまで歴史学は，主としてエリート層の政治的・思想的活躍や公的な制度の変遷を中心にし，天才が何を考えたか，歴史的事件をめぐって有力な諸個人がどのように活動したかに関心をもってきた．これに対して，「ニュー・ヒストリー」では一般庶民の日常生活が関心の対象となり，したがって国家政治史よりも民衆社会の歴史，すなわち社会史が重視される．そしてその民衆の日常生

---

126) 三井正信・前掲注124)「労働組合と労働者の自己決定」．

8 人権＝個人の価値(3) 「その人なりの生き様」への着目　175

活の動きを規定している構造，とくに無意識下の集団心性 (mentalité) が問題になる[127]．そうした構造には地理的にも階層的にも差異があり，その動きは国家制度や国民経済の変化に比して緩慢であるから，歴史が一方向に単線的に発展すると見るのではなく，世界の重層的な歴史構造を問題にする．日常生活の事項や「民衆」の内容は多様であるので，歴史学は多種多様の問題史となって展開することになる．また，文書史料とくに公文書に頼るのでは民衆の日常世界や心性はつかめないので，それ以外の史料，すなわち口碑や歌謡，儀式，祭礼などが鍵として重視される．以上の結果，歴史人類学・民族学が歴史研究において重要な役割を果たすようになる．

　アナール派の第三・第四世代において上述のような歴史人類学的傾向が強まったバック・グラウンドとしては，次のような事柄が指摘されている．

　①　かつては近代化が課題であったが，1960年代以降に研究生活に入った新世代は，近代のもたらした現代社会の問題を深刻に受け止め，また近代そのものがもっていた差別性や抑圧の契機を問題にし始め，それゆえ，近代化から取り残され，あるいは遅れたとして軽視されていたものや人々へ目を向け始めたこと[128]．

　②　個人主義の世紀とされてきた16世紀以降の西欧社会についても，それとは別に，伝統的な「多種多様な人的結合の紐帯が生き続けて」いることが歴史研究を通じて明らかになり，歴史の重層性が問題になったこと[129]．

　③　近代の諸学に広く見られた，社会の壮大な体系的発展史論，すなわち「大きな物語」への懐疑が強まり，部分社会の独自性・多様性の考察が尊重されるようになったこと．

　④　世界は多元的であり，それぞれの文化に独自の評価が必要なことを構造主義（個人の知覚や意志から独立し社会関係を組織立て言説の形態を生み出す，構造や関係を前提にする発想）が提起し，その結果，西洋近代の相対化が進んだこと．

---

127)　二宮宏之『全体を見る眼と歴史家たち』（平凡社，1995年，初版：木鐸社，1986年）71頁以下．イッガース『ヨーロッパ歴史学の新潮流』（中村他訳，晃洋書房，1986年）318頁以下．
128)　福井憲彦『「新しい歴史学」とは何か』（日本エディタースクール出版部，1987年）20頁以下．竹岡・川北編『社会史への途』（有斐閣選書，1995年）52頁．竹岡敬温『「アナール」学派と社会史』（同文館出版株式会社，1990年）207頁以下．
129)　二宮宏之『歴史学再考』（日本エディタースクール出版部，1994年）62-63頁．

⑤ 西欧の白人文化に対して，それ以外の人種・民族の固有文化を再評価する，世界の「多文化社会」化が進んでいることの反映[130]，などである．

これらは新しいフェミニズムやポストモダニズムもが共有しているバック・グラウンドである．

ところで，この方向を徹底させれば，一回限りでしか起こらない事象や状況，無名の個人の生き様を理解しようとする関心が強まり，歴史を貫徹するような（構造主義的な）構造を析出することよりも，個々の人間の行為を叙述することに関心が向かう[131]．アナール派第二世代のブローデルらが「人為の及ばない，大きな機構，つまり，地理的，社会的ならびに経済的機構の，社会を左右する役割を強調」[132]したのに対して，ここでは再び歴史を人間化すること，しかしかつて偉人に着目したのとは違い，今度は底辺の民衆一人ひとりに着目しその私的・周辺的な生活領域（子供，性，家族，余暇，死など）に密着することを重視する．こうした考察においては構造も，一定不変で絶対的な規定力をもったものとしてではなく，むしろ集団の一つの傾向性として析出され変化していくものとして捉えられることになる[133]．

つまり考察の重心は，構造そのものではなく「あくまで人間たちのコミュニケーションの様式にある」ことになる[134]．ここには，デュルケムや構造主義に見られた構造決定論（人間は無意識に社会の構造に規定されているとする立場）からの脱却，すなわちポスト構造主義とも共通する指向が見られる[135]．実際，ロジェ・シャルチエによれば[136]，今日の歴史学の特徴の一つは，構造主義的パラダイムと数量化の手法との後退にある．歴史家の関心は，「構造」から「諸個人・諸団体の創造的活動のネットワーク」へ，「集合的規範」から「個別

---

130) 二宮宏之・前掲注 127)『全体を見る眼と歴史家たち』58 頁以下.
131) イッガース・前掲注 127)『ヨーロッパ歴史学の新潮流』325 頁.
132) 同上，308 頁.
133) イッガース『二〇世紀の歴史学』（早島訳，晃洋書房，1996 年）97 頁.
134) 同上，108 頁.
135) ただし二宮は，アナール派の社会史研究の発展を，「歴史学におけるパラダイムの転換」と位置づけつつ，それが「歴史学が，政治史・外交史においてとりわけ顕著であった表層の事件史から，長期的な持続を重視する深層の歴史学へと向かいつつあったことと，深くかかわっているのである」として，社会史と構造主義との結びつきを指摘している．二宮・前掲注 129)『歴史学再考』46 頁.
136) ロジェ・シャルティエ「今日の歴史学」(『思想』1994 年 9 月号).

的戦略」へと移った．

＊

　以上のように法学においても歴史学においても，人間を大きな機構・構造の単なる構成要素として匿名で扱っていた傾向が問題にされ，今や一人ひとりの個人をその生活に即しその独自の生き様・幸福追求に着目して捉え直そうとする指向が強まっている[137]．これは，二宮が新しい歴史学の方向として述べている，「人間たちを，近代歴史学が暗黙の前提としてきた『政治人』『経済人』『思想人』である以前に，『からだ』と『こころ』をそなえた，日常性を生きる存在へと戻してやらなくてはならない」[138]ということと対応している指向である．

---

[137] とはいえ，一人ひとりの個人の目線に立とうという，この動きが現代日本社会の主たる動向であるとはいえない．日本において今，強まっているのは，新自由主義である．この立場は，「市場原理」の再生を前面に押し出し，自由競争の結果として，効率性の悪い企業や能力のない労働者が淘汰されるのは当然だとし，そうした淘汰は国際競争に勝ち抜くためにも必要だとする．こうして競争・「経済効率」を至上とする世風が強まり，「ジコチュー」を標榜する若者だけでなく，企業家や政治家，勤労者までが自己中心的になり，社会的弱者の発生に無感覚になりつつある．人類が20世紀を通じて積み上げてきた，共同・連帯の精神に基づく相互扶助のシステムを，今や新自由主義が解体しつつあるのである．（この点については，「16　日本における（前近代・近代・超近代）」をも参照．）
　経済学者の山家悠紀夫は，この状況を批判して次のように描いている．「弱い者を徹底的に淘汰すべし，それによって強い者の力が存分に発揮できるようにすべし，との主張である．この主張は，二〇〇一年に入ってから，とみに目につくようになっている．金融機関の不良債権を積極的に処理すべきである，そのことによって産業界の弱者を淘汰すべきである，との主張がそれである．整理さるべきもの，淘汰さるべきものがいつまでも温存されているから日本経済はそれに足を引っ張られ，活力を取り戻せないでいるとこの主張は論理を展開させる．」（『「構造改革」という幻想』岩波書店，2001年，11頁．内橋克人編『経済学は誰のためにあるのか』岩波書店，1997年，同『同時代への発言』全8巻，岩波書店，1999年も興味深い．）
　こうした状況下では，「その人なりの生き様」への着目などは，「経済を知らない夢想家のセンチメンタリズムだ」ということになってしまうであろう．21世紀は，一人ひとりの人間らしさを求める運動と，効率性の論理によって強い者だけが大切にされる動向との間での闘争の世紀となるであろう．

[138] 二宮宏之・前掲注127)『全体を見る眼と歴史家たち』70頁．

9 人権＝個人の価値(4)　幸福追求権から構築した人権論

9-1 人権と「個人の幸福」

　国家ないし社会を主体として構成しているのは各個人である．かつては国家そのものが自己目的であった．しかし今日では，国家と法との主体であり目的であるのは個人で，国家はそのための手段である．なぜなら，主権者である国民とは究極的には各個人のことであり，究極的にはその意志によって国家が日々作られていると考えるべきだからである．実際，今日の憲法には，個人はそれ自体が尊厳性をもち尊重されるべきであると規定されている．国家が尊厳性をもち尊重されるべきだとも，没個人的な社会システムの確保が優先されるべきだとも，一切規定されていない（「公共の福祉」も「諸個人の利益」のことである）．

　そしてこの個人にとって最も大切なものは，（生命と）幸福である．先にも述べたように，人は皆，どのような状況に置かれても，その状況下で可能な限りの幸福を求める存在である．したがって，この個人を幸福にすることが，道具としての，法ないし国家，政治の中心目的となる（『国家は，個人を超えた独自の価値をもつ自己目的的存在ではなく，個人の幸福に役立つための道具である』という見方は，ロックの『寛容に関する書簡』（1687 年）以来のものである．この点は 217 頁で述べる）．

　個人にとって何が幸福かをめぐっては，5-2-4 で論じたごとく，ベンサムのようにそれを肉体的快楽度で計れるとする立場と，ミルのように精神的充実をも重視する立場とで対立がある．また，肉体的快楽ないし精神的な充実感を基本にする場合でも，人によって何が幸福かは異なり，幸福の内容を決められないとする見解もあろう．しかし，幸福の内容ではなく，幸福の条件，すなわち

幸福になるためには人には最低限，何が備わっていなければならないかに関しては，次の三つが挙げられることについて争いはないであろう．

第一は，生命・生存・健全な共同生活である．それゆえ，ここから生命に対する権利，拘束からの自由，財産権といった自由権と，生存権の必要性が出てくる（健全とは，通常の意味では，肉体と精神が健康で苦痛が加わらないことを意味する．しかし，病や障害があっても幸福になれるのであるから健康は絶対的ではない．とはいえここでも，苦痛は人間を不幸にする．共同生活とは，家族や仲間との生活である）．

第二は，自己決定・自己実現の尊重である．自分の生き方を自分で決め，それを自分で実現していくことを妨げられると，人は幸福を味わえない．だから幸福には，自己決定権，すなわち個人を意志主体として尊重すること，それを追求する可能性を確保することが欠かせない．そうした自己決定には，個人的世界の自己決定（自由権の内容）と，集団的世界の自己決定（民主主義の内容）とがある．

第三は，平等な扱いである．差別されているという意識は，幸福を大きく損なうものである．したがって，——一人ひとりの個人を尊厳あるものとして扱えば[139]，必然的にこれが帰結するという点とともに——上の観点からも，平等権が欠かせない．平等を徹底すれば，集団的世界への平等な参加，すなわち民主主義に至る．

以上を要するに，憲法13条「生命，自由及び幸福追求」と同14条「平等」とは，あいまって「幸福」の条件であり「個人の尊重」に関係するのである（このことはまた，自由も平等も，幸福の条件である以上，それら自体が自己目的ではなく，その実際の働きを各人の幸福を尺度にして検査されるべきだと言うことをも意味している．そして，それらの上に展開する自由主義や民主主義もまた，それ自体が自己

---

[139] ここで，ドイツの基本法第1条にある「人間の尊厳」と日本国憲法13条の「個人の尊重」との関係を見ておこう．「人間の尊厳」は，その基準として「理性的存在である」ことや「神の創造物であること」を強調すると，「尊厳ある人間にふさわしく生きよ」という形で，超個人的な立場から個人を規制するものとなる．しかしこれを，「そういうひどい扱いは人間の尊厳を侵すものだ」という言い方の根底にあるように，「人間らしさの最低限を守る」という立場から理解すれば，一人ひとりの個人の尊重とつながる．ドイツ基本法第1条は，アウシュヴィッツを踏まえた規定として，この後者の意味で理解すべきである．それは，したがって「個人の尊重」と同じものを目指している．両者を一方的に対立させるのは，誤りである．

目的ではない．法や政治の世界においては，制度はけっして自己目的化されてはならないのである）．

　生命・生存の確保は，個人の幸福のための最低条件である．これがないとそもそも個人があり得ない．自己決定権・自己実現の尊重と平等な扱いとは，生命・生存が確保されてはじめて，その前提上で，幸福を追求するために欠かせないものとなる．それゆえ，通常は，自己決定権の尊重と平等な扱いに対して生命・生存の確保が優先する．また，ある人の生命・生存の確保は，他の人の自己決定・自己実現の尊重と平等な扱いに優先する．しかし，生命・生存の確保だけで十分として，自己決定・自己実現の尊重と平等な扱いを無視することは許されない．

　ところで，生命・生存の確保は，①個人的生存権（憲法13条の生命権，人格権で，日照権や環境権などを含む）と，②社会的生存権（25条や26条などの社会権としての生存権）とに分かれる．また，自己決定・自己実現の尊重は，①内面的自由（19, 20条）および私的自由（18, 22, 23, 24, 27, 29, 31, 33, 34, 35, 36, 37条）を含むものと，②社会活動上の自由（21条）・政治的自由＝民主主義（15, 16条, 21条)[140]とに分かれる．また平等な扱いは，①形式的あるいは原理的平等（14, 24条）と，②実質的平等（26, 28条）とに分かれる．

　個人的生存権と，内面的自由および私的自由とが自由権の内容を成す．また，個人的生存権と社会的生存権が社会権の内容を成す．そして，社会活動上の自由・政治的自由＝民主主義の一部と平等な扱いは，参政権の内容を成す．最後に，生命・生存の確保は，平和主義の基礎ともなる[141]．

---

[140]　日本国憲法21条の表現の自由は，社会に向って，すなわち他者に，自己の情報や思想を伝え，相手の情報や思想を受け取り，そうした情報・思想の交換を通じて社会そのものにも働きかける意味を持つ．すなわち表現の自由には，自己の内なるものを外に出す自己実現と，相手とのコミュニケーションを作り上げていく自己実現と，さらにそうしたことを通じて社会関係・政治関係を形成していく自己実現とが，ともに帰属している．表現の自由の原理的考察については，奥平康弘『なぜ「表現の自由」か』（東京大学出版会，1988年）参照．

[141]　自由・平等・民主主義の根底に共通して各個人の幸福追求権があるとし，それらを統一的に捉えた議論として，ハロルド・ラスキの『近代国家における自由』が参考になる．すなわちラスキは，自由，たとえば表現の自由や結社の自由の根底に，各人の幸福追求があることを次のように語っている．「彼は間違ったこと，あるいは，愚かしいことを語るかも知れないし，あるいはまた，およそ他の目にはおぞましく映るような目的のために人と結合するかも知れない．しかし，そうする権利を否定することは，彼の幸福を否定することである」（ラスキ『近代国家におけ

以上を図にまとめれば，次のようになる．

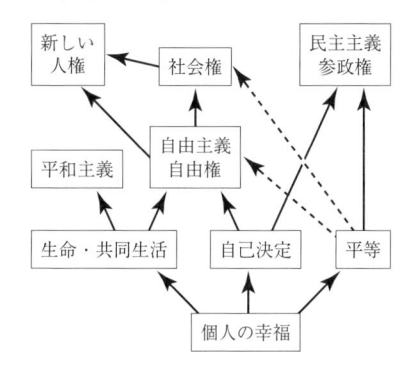

```
    新しい ← 社会権      民主主義
    人権   ↑             参政権
      ↖   │  ↗ ↑ ↗ ↑
    平和主義  自由主義
              自由権
              ↑ ↑ ↖
    生命・共同生活  自己決定  平等
         ↖    ↑    ↗
            個人の幸福
```

9-2 以上を踏まえての諸考察

9-2-1 君主支配の正当性との関わり

専制君主制においても，生命・生存の確保はあり得る．内面的自由および私的自由もあり得る．臣民間での平等もあり得る．賢君の統治とは古来そういうものであった．しかし君主制は，充全な社会活動上の自由・政治的自由＝民主主義をもたらし得ない．そこでの自由は，社会的・政治的な自己決定・自己実現を欠いているのである．そしてそれはまた，君主と臣民の間での不平等に立脚してもいる．したがって，それは，幸福追求の条件を満たさない．

る自由』，岩波文庫，1930 年，110 頁）．ラスキは，平等についても，幸福追求の観点から次のように論じている．「平等とは，人々の幸福の要求には，本来何の差別もありえないという主張である．ゆえにまたそれは，社会がある人々の幸福の要求に対し，他の人々に対するよりも余計な障害を設けてはならないという議論である」（同書 57 頁）．かれはまた，民主主義について「幸福の条件とは政治権力の所有であるなどと論ずる必要はない．しかし，政治権力に与りえないことは，幸福をかたちづくる諸条件にも与りえないことをしばしば意味するといえよう」と語っている（同書 56 頁）．

ラスキは，このようにして個人の幸福追求を根底に置くことによって，自由主義と民主主義とを結びつけるとともに，民主主義がともすれば多数派の専制や国家の絶対化に陥ることをチェックし，かつ自由主義がともすれば少数者の特権化に陥ることをもチェックし，さらには社会主義をこうした立場の延長線上で要請するとともに，その現状を鋭く批判することもできたのである．ラスキについては，執筆予定の『法思想史講義』で詳論する．

9-2-2 民主制との関係

民主主義（人民主権）こそが，生命・生存の確保，自己決定・自己実現の尊重，平等な扱いという，幸福の条件のすべてを満たしうる．しかし，このように考えることは，民主主義がそれ自体自己目的ではないことをも意味している．制度が自己目的ではなく，それが幸福追求にとってどのように働くか（機能するか）が問題だからである．また，民主主義は，実際にも次のような諸問題につきまとわれてきた．

① 多数者の支配　これは特に，その決定によって少数者の内面的自由および私的自由を侵す危険がある．

② 官僚制　民主制は巨大な規模の国家サービスを必要とし，そこから生じた専門家による行政は，個人の自己決定・自己実現の尊重を損なう可能性が高い．また，かれらのエリート化による支配によって平等な扱いが奪われる．

③ 大衆社会化　その帰結である精神の画一化，流行追随，政治的アパシーは，内面的自由および私的自由を侵すだけでなく，社会活動上の自由・政治的自由＝民主主義を損なう政治的無関心を生じさせる．

9-2-3 限界的ケースの検討

① 「われに自由を与えよ，しからずんば死を与えよ」について　これは，生命・生存の確保よりも自己決定・自己実現の尊重を尊しとするものである．しかし，この言明の本意は，自由がそれほどまでに大切であると言うことであって，単純な二者択一の言明ではない．したがって，ここから生命価値よりも自由価値が高いと言うことが，一般的な命題として出てくるのではない．

② 自己犠牲　多くの人の生命・生存の確保ないし自己決定・自己実現の尊重，平等のために，ある人の生命・生存の確保がその人の自発的意志に従って犠牲にされることがある．その死にある程度の影響が実際にあれば，「犬死」ではない行為として評価される．これは，自発的だから評価されるのであって，自己犠牲に出ることを直接あるいは間接に強要することは，個人の尊重，人間の尊厳に反する．

③ 宗教的な理由による輸血拒否や自殺　前述のように，これらは，一方

では，自己決定・自己実現の尊重に関わり，その観点からこれらを認めることがある．他方では，その主体の生命というより，人間の生命一般の保護という観点から認めないことがある．この点が今後どうなるだろうかというと，本人の判断が狂信的・一時的なものか冷静なものかを判別した上で，後者なら，自己決定を尊重する方向で行くことになるだろう．なぜなら，自分にとってもっとも本質的なことに関して自己決定を否定されて生きていくことは，その本人からすれば魂の死，それゆえ自己自身の死を意味するからである．

9-2-4 「Separate, but Equal」

アメリカでは，1954年5月17日に連邦最高裁判所の「ブラウン判決」(Brown v. Board of Education, 347 U. S. 483) によって違憲とされるまで，黒人に対する差別にこの原理が採用されていた．それは，たとえば学校教育を黒人にも保障するものの，通学校を白人と黒人で別々にするという政策，あるいは黒人にも白人と同じバスを利用させるものの，座席を隔離するといった政策を正当化する原理であった．

この原理が問題なのは，それが黒人に或る程度の幸福追求の可能性（通学する・バスに乗る）を保障するものの，隔離することによって，黒人に劣等感を植え付けその人格の尊厳性を傷つけることや，実際には，黒人の利用する諸施設を劣悪なものにすることを帰結させることの他に，生き方を自分で選択する自由，自己決定を損なう点にある．ブラウン判決は，州の隔離政策が，上のような理由により，連邦憲法第14修正（平等条項）に違反するとしたが，同日に出されたボリング判決 (Bolling v. Sharpe, 347 U. S. 497) は，ワシントン市の連邦立学校について隔離政策が，黒人の学校選択の自由，自己決定を妨げるとして，第5修正（実質的意味における due process）に違反すると認定した．

9-2-5 社会法原理

自由主義の時代においては，内面的自由および私的自由がもっぱら注目された．しかし，自由競争の結果，弱者が淘汰され生命・生存の確保が脅かされたり，弱者と強者の関係が恒常的となり，その結果，平等な扱いが損なわれ弱者の自己決定・自己実現の尊重が脅かされた．

そこで，強者の自己決定・自己実現を制限する形で，弱者の自己決定・自己実現の尊重を確保してこの観点からの平等な扱いを取り戻し，それによって弱者の生命・生存の確保を保障しようということになった．これは別の観点からは，形式的平等を中心にしてきたため，実質的平等が尊重されなかったことを反省し，実質的平等を前面に押し出すことを意味する（社会法の存在理由としては，その他に，それまでの社会への貢献に報いるということや，「人間の尊厳」がそれを要請するといったことも挙げられる）．

　そして今や，前述の様に，これを踏まえつつも，この社会権の集団主義的な誤った理解によって脅かされる，内面的・私的自由を救済するために，「社会法関係における自己決定権」が強調され始めたのである．

10 環　境

　法が重視しなければならない基本的な価値としては，正義，個人（そのための人権）の価値と並んで環境の価値がある．良い環境は，人間にとって生存に不可欠であるだけでなく，生活の質を上げるためにも欠かせない．環境は，生理的意義だけでなく文化的・精神的な意義をももち，幸福の一条件として重要なのである．この点で環境に対する人間の本源的権利は，基本的な人権の一つである．しかし，そればかりでなく，環境はその中で生きている動物や植物の生存・幸福にとっても決定的な意味をもつ．しかも人間が極端なエゴイストでない限り，そしてまた人間が，一方で「生命と幸福を大切にするんだ」と言いながら，他方で人間でないものの生命と幸福とについて無関心でいるという，そのような自己矛盾を犯すことを恥じる良心を失わない存在である限り，人間は，動物や植物の生存・幸福それ自体の価値をも思わずにはいられない．良い環境の保全は，人間の権利であるだけでなく，他の生物に対する人間の義務であるのでもある．したがって，人間の観点からだけでなく生物の観点からも，環境に関して法の目的を考える必要がある（さらには，動・植物の幸福要求や固有価値それ自体を，法の目的との関連で考えなければならない）．

　環境の価値は，環境問題の深刻化を通じて注目されるようになってきた．そこで以下では，この問題の観点から考察を進めよう．

10-1　環境問題の二つの波

　環境問題は，古代から，文明の進展に伴って起こって来た．たとえば，乾燥した岩だらけの地中海沿岸の風土は，古代文明の発展に伴って森が切り開かれるなど土地が乱開発された結果であるといわれている．同様に，黄河文明の中

心地となった黄土高原は，殷の時代には80パーセントが森林と草原で被われ，象や鹿の住む恵みの大地であった．しかしその後の文明の進展の結果，森林伐採等が進み現在のようになった．イギリスは，19世紀以来，工業化に伴い最初の深刻な大気汚染国となった．日本では最初の大公害が1900年前後に相次いで起こった．足尾・別子の銅生産に伴う公害，「煙の都」大阪の大気汚染，八幡製鉄所をめぐる大気と水の汚染などである．

　しかし，自然環境の急激な悪化が人間の肉体をむしばむことが世界の各地で大きな社会問題となり，抜本的な対策が採られ始めたのは，1960年代以降である．これ以降の環境問題の深刻化は，性質上，二つの時期に分かれる．すなわち1960～70年代の「公害」の時代のそれと，1980年代後半以降の「地球規模の環境問題」の時代のそれとである．以下ではまず，この二つの時期を分けて論じよう．

10-1-1　1960～70年代＝「公害」の時代

　この時代の環境問題の特徴は，各国ごと，あるいは地域ごとに，問題が発生しそれへの取り組みが始まったことにある．先進諸国は，公害対策の法規を整備し，環境問題を扱う行政組織をつくり，公害の規制に乗り出した．しかし，この時期には地球規模の環境対策は進まなかった．たとえば，1972年にストックホルムで国際人間環境会議が開かれたが，開発途上国である南の諸国が開発の権利を主張し，環境対策は打ち出せなかった．

10-1-2　1980年代後半以降＝地球規模の環境問題の時代

　この時代になって，炭酸ガスの多量排出に起因する地球の温暖化，フロンガスの多量排出によるオゾン層の破壊，窒素ないし硫黄酸化物の多量排出に起因する酸性雨，様々な有害物質の不法投棄・排出による海洋汚染，有害廃棄物の国境を越えた移動，開発と木材伐採による熱帯林の減少，野性生物の種の減少，砂漠化，開発途上国の公害問題などが深刻化し，地球規模で環境悪化が進んでいることが問題となった．

　この時期における環境問題の一層の深刻化の背景には，使い捨て・大量消費文明の進展，アジアをはじめとする発展途上国の高度成長，人口爆発，南北問

題，多国籍企業による公害輸出，ロシア・東欧の公害の深刻化，海洋不法投棄，80年代の規制緩和路線による新たな公害の発生と公害行政の後退などがある．長期微量汚染（フロンガス入りスプレーなど消費者による汚染が蓄積していく，つまり加害者が拡散する），転移効果問題（希釈化──混ぜてうすめること──は汚染の解決にならない．たとえば高い煙突によって希釈化しても，それによって酸性雨が生じるなどの問題が出ること）なども明らかとなった．

　1992年6月に，リオデジャネイロで地球サミットが開かれ110ヵ国が参加した．1993年11月，日本でも環境基本法が制定された．ドイツでは，1986年連邦環境省設置，廃棄物処理法改正，自然保護法改正，90年環境アセスメント法制定，環境（無過失）責任法制定，94年には基本法に環境保護条項（国家目的規定）追加……という風に取り組みが進んだ（ドイツでは2002年に入って，動物保護が基本法第20条aに明記された）．

10-2 現代の動向

　現代の環境に関わる問題としては，(1) 既存の公害への対処，(2) 新たな公害への対処，(3) アメニティー問題，(4) 多国籍企業による公害輸出への対処，(5) 地球規模の環境問題，が挙げられる．以下，これらについて論じよう．

10-2-1 既存の公害への対応

　水俣病患者や大気汚染患者の救済は終わっておらず，加えて自動車の排気ガスによる大気汚染（特にディーゼル・エンジンからの重油性排気ガス），幹線道路沿いの自動車騒音，新幹線・航空機などによる騒音，米軍の基地利用に伴う公害など，従来からある公害が深刻化したほか，家庭用化学物質の増加（食品添加物・シックハウス・化学洗剤などによる），河川・湖沼汚染，ゴミ問題，産業廃棄物，ハイテク公害（フロンガス問題など），ゴルフ場やリゾート地の開発に伴う公害（農薬による水源汚染や景観破壊，道路建設による自然破壊），日照権侵害，遺伝子組み換え作物問題などが深刻化している．

　ところが政府は，「公害の時代は終わった」とし，1978年にNO_2規制を緩和し，1988年3月には環境庁が，公害健康被害補償法の改定を踏まえて，第一

種公害指定地域の指定を全面的に解除し，大気汚染被害者の新規認定を打ち切った．こうした公害対策の後退の背景には，1974年以来の石油ショックや1990年代の長期不況を経験したことによって，企業に収益追求の姿勢が一段と強まったこと，政治と労働運動における保守化が進行し保革相乗りの大政翼賛政治が強化され住民保護が後退したこと，新自由主義の政策が追求され公害対策などにおいても規制緩和が採られたことなどが挙げられる．

公害裁判においては，名古屋新幹線訴訟（名古屋地方裁判所判決 1970年9月11日）に見られるように，人格権の侵害が認められ，企業体に対して損害賠償が課せられた．しかし，差止め請求は，受忍限度論（公共性の高い行為がもたらす侵害を被害者はある程度まで我慢しなければならないとする理論）によって「公共の福祉」と人格権の利益衡量が行なわれたため，大阪空港公害訴訟判決（大阪地方裁判所判決 1974年2月27日，大阪高等裁判所判決 1975年11月27日）や，後述の尼崎大気汚染訴訟判決（2000年1月31日）などを除いて，ほとんど認められていない．「環境権」も認められてはいない．

その後の公害訴訟としては次のようなものがある．全体において，患者の被害が認定され，一部で差し止めや公害対策の必要が認められつつある点が注目される．

① 尼崎大気汚染訴訟　1988年に神戸地方裁判所に提訴された．2000年1月31日の同裁判所判決は，自動車排ガスに関して，差し止め請求を認容した．政府は控訴したが，12月に和解が成立し，政府・阪神高速道路公団は，交通負荷・大気汚染の軽減を検討するなどを約束した．

② 千葉川鉄公害訴訟　1978年に提訴された．1988年11月17日に患者勝訴の千葉地方裁判所判決があった．1992年8月に，企業との間で和解が成立した．

③ 名古屋南部地域大気汚染裁判　1989年に名古屋地方裁判所に提訴された．2000年11月27日の判決は，損害賠償と汚染排出の差し止めを認めた．

④ 大阪西淀川公害訴訟　1978年4月に大阪地方裁判所に提訴された．1991年3月に，被告企業の公害責任を認める患者勝訴の同裁判所判決があった．1995年7月に2〜4次訴訟の判決があり，健康被害と自動車から排出される窒素酸化物による大気汚染の因果関係を初めて認め，西淀川区内を通る幹線

道路の設置・管理者である国と阪神高速道路公団に責任があるとした.

⑤ 川崎訴訟　1982年3月に横浜地方裁判所に国，道路公団，企業を訴えた．1994年1月に患者勝訴の同裁判所一次判決があった．

⑥ 倉敷訴訟　1983年11月に水島に工場をもつ企業が岡山地方裁判所に提訴された．1994年3月に患者勝訴の同裁判所判決があった．

川崎・倉敷の二つの訴訟については，1996年12月に川崎，倉敷で企業と和解が成立した．

1998年8月に，川崎訴訟の2〜4次分について判決があった．それは，現在の大気汚染の状況下では自動車からの排気により健康被害が生じることを認めたものであった．1988年の公害健康被害補償法の改定以後に発病した患者の損害賠償も認められた．1999年5月に和解が成立した．

⑦ 東京大気汚染裁判　1996年に，自動車排ガスについて国，東京都，道路公団，自動車メーカーを東京地方裁判所に提訴した．この裁判は，2001年12月に結審し，2002年10月に原告勝訴の判決があった．

10-2-2　新たな公害の深刻化

これに関わるものとしては，次のようなものがある．

① 自動車大気汚染問題　上述した大型自動車（ディーゼル車）による公害が，特に深刻である．排ガス規制が必要であるが，それだけではなく，鉄道を廃止しトラックを使う流通問題の改善が必要だし，都心に高速道路を張り巡らしたり市電を廃止した道路行政の問題や，住宅地と産業用地を混在させる都市行政の問題などを総合的に改善する必要がある．

② リゾート開発・基地建設・空港建設・副都心建設など　産業構造の変化によって，行政と企業が一体となって進める環境破壊は，コンビナート用地造成に代わり，住宅用・オフィス街用・農地用・リゾート用などを目的とした新たな埋め立てや森林伐採の形で進行している[142]．また林道・廃棄物処理場・軍事基地・空港などの建設のため，里山破壊，森林破壊，地域景観の破

---

142)　国の総合保養地域整備法（リゾート法）の適用第一号として1994年に開業した宮崎県の「シーガイア」は，樹齢100年，200年の黒松10万本を伐採してホテルやプールを作ったリゾート施設であるが，7年目にして倒産した．

壊，観光公害が進行している．辺野古にアメリカ軍用の海上基地を作るため，ジュゴンが生息する珊瑚礁を国と沖縄県が破壊しようとし，愛知県が万国博覧会開催ないし土地開発のために「海上の森」を消滅させようとしたり，有明海の汚染が深刻化したのに長崎県が諫早湾の干拓事業を中止しようとしないなど，行政当局による環境破壊・自然破壊はなお押し進められているのである．

③　農村対策　　過疎化対策や農業基盤整備事業によって，土木工事が進み，田園地帯の景観・アメニティが破壊されている．産業基盤を整備し若者を定着させるには，自動車のための広い道路が必要である．また，工場のない過疎地では道路やダム建設の公共事業による土木作業が，人々の重要な収入源となっている．しかしこのために，緑の景観が無惨に削られる．これまでの一車線道路は景観に溶け込んでいるが，二車線化し，崖をコンクリートで補強し，ガードレールを付ければ，景観は一変する．

④　巨大タンカーなどの事故　　これによる海洋汚染が，この間にも日本海（1998年1月のナホトカ号），アラスカ（1989年3月のエクソン社タンカー事故），フランス・ブルターニュ沖（1999年12月），英仏海峡（2000年11月），ガラパゴス諸島沿岸（2001年1月）など，多発している．

⑤　ハイテク公害　　フロンガスによるオゾン層の破壊や，有害物質による地下水汚染が進行している．また，遺伝子組み換え作物による人体被害や，既存種の汚染——誤って蒔かれた遺伝子組み換え作物が地域の作物を不純化する——が，新たに起こっている．

⑥　ストック公害　　これは，生産・流通・消費過程からでてくる廃棄物による公害である．この点については，行政当局によって作られた正規のゴミ焼却炉（ダイオキシン問題）や廃棄物処理場が引き起こす問題のほか，香川県の豊島に見られるような大規模不法投棄の問題も深刻である．2001年に導入されたリサイクル法によって，消費者が主要な電化製品を廃棄する際に料金がかかるようになった．このことは，エコロジーの観点からは一歩前進だが，しかしこのため山野・空き地への不法投棄が増大している．

⑦　規制緩和と地上げ，ミニ開発による都市の景観破壊　　規制緩和や区画整理事業によって京都・奈良などの歴史的景観の破壊が急速に進んでいるほか，

その後に来るミニ開発がさらに細やかに景観をむしばんでいく.

⑧　公害の輸出　1985年にマレーシアのクアラルンプル郊外の住民が提訴し1992年7月11日にイポーの高等裁判所で操業停止の判決をかちとった，ARE（エイシアン・レア・アース＝三菱化成系の工場）による放射性廃棄物汚染事件や，1984年のインド・ボパールのユニオン・カーバイト農薬工場の有毒ガス流失事故に典型的に見られる公害輸出がある．また，日本企業によるインドネシアの熱帯林伐採に見られるように，先進国企業による，発展途上国の自然環境破壊も進行している．ODA資金による開発途上国の社会資本充実政策（港湾・ダム・道路の建設，工業団地造成，森林開発・鉱山開発）が，現地で自然破壊を進めてもいる.

　発展途上国は汚染天国である．その原因としては次の諸点が挙げられる．①「経済成長優先」の立場に立っているため公害規制が弱いこと．「先進国も環境破壊を行った．われわれ発展途上国にもその権利がある」として，政府も環境保全に熱心ではない．②民主勢力・民主的研究者・法律家が弱く公害反対が起こりにくいこと．③自由な国でないため反公害運動・労働運動が弾圧されること．④マス・メディアも弱く，かつ政府や企業の情報非公開の度がひどいこと．⑤地方自治がなく自治体が住民のための監視をできないこと．⑥司法が独立しておらず救済が困難であること．⑦公害研究が不充分であること．⑧人権軽視のため公害被害に対する補償が低額なので，企業が公害防止に真剣にならないこと．⑨政治腐敗がひどく行政が公正でないこと，などである．この点を考えると，本国法および国際法によって進出企業を規制することが必要である．また，環境省などの国内行政が自国の企業が起こす海外における公害についても監視する体制が必要である（現在，日本では多国籍企業は経済産業省管轄，ODAは，無償資金協力は外務省，有償は財務省・経済産業省担当で政府間調整は外務省がやっており，環境の観点からの監督はできない体制である）[143].

---

[143]　この点と関連して，まもなく深刻な事態が生じると予想されるのは，急速な開発に伴う中華人民共和国の環境汚染である．同国は，目下，毎年7%近い高度成長を遂げている．しかも工業化が，上海を中心とした海岸部に集中しているため，大気汚染や海洋汚染が日本に及ぼす影響も懸念される．実際，早春に日本を見舞う黄砂の中には，多量の汚染物質が混っている．人口の多さからしても，同国に対する環境保全のための援助・協力は，地球環境全体の観点からも早急に必要である.

10-3 理論的問題

10-3-1 環境権

環境権とは，人が幸せを感じかつ健康的である環境に対する人権（a human right to a decent and healthy environment）と定義しうる．

環境侵害に対しては，被害者が有している物権（所有権や占有権，入会権）の侵害として，私法的に構成することも侵害態様によっては効果的である（とくに妨害排除請求が可能となるので）．しかし，これでは肉体に対する侵害や，集落の生活の破壊，さらには環境が万人の共有に属するという事実には対応できない．そこで，環境権の概念が必要になる．

肉体の侵害に対する権利構成としては，人格権侵害のそれがある．環境侵害は，その地域の環境の中にいる本人の生存・健康と幸福に関わる．そこで，環境権は，この観点からは，日本では憲法第25条に関連づけて構成される．環境侵害は，同時に人間を傷つけ不幸にするから，第13条に規定された，個人の尊重や幸福追求権も引き合いに出される．

集落の生活破壊・万人の共有物としての環境に対する侵害に関する法的構成としては，沢井裕や中山充の議論が興味深い[144]．沢井は，環境破壊によって集落生活が侵害されれば，そこに住む各人は重要な生活の基盤を破壊されるのだから，各人の権利侵害となる．したがって環境権侵害は集落生活ないし環境の共同享受の侵害で測られるとする．確かに，特定の人に具体的な被害が出ていない段階——被害が出れば物権・人格権の侵害として追及される——でも，生活環境が破壊され集落生活に支障が生じるということだけで，自然に依存し環境を共同利用している農・山・漁村の集落は全体として深刻な危機を感じるのであるから，その構成員は誰でもが破壊の危機に対して差止請求ができると言えそうである．新しい集落でも，特定の自然環境との関わりがその集落の本質的要素である場合——たとえば別荘集落，森を基盤にした郊外集落，静かな

[144) 沢井裕「差止請求の法的構成」（『自由と正義』34巻4号，1983年）．中山充『環境権——環境の共同利用権』（一～四）（『香川法学』10巻2号，3・4号，11巻2号，13巻1号，1991~93年）．

住宅地——には，この点を配慮すべきであろう．さらに中山は，環境が集落を超えた意味をもつのであるから，万人の共有に属する権利として構成する方向を打ち出している．

日本においては，しかしこれらの観点からの環境権も裁判上で認められてはいない．日本の裁判所が環境権を認めない理由は，次の二点にある．第一に，訴訟の対象となりうる請求は，単なる生活上の利益の主張ではなく，法律によって承認された具体的利益の主張でなければならない．しかるに環境権は，どの法律にも根拠をもたない，という点．第二に，環境権の主体も中身も曖昧であり，権利とするのに熟していない，という点である．

この第一点については，後でも述べるように（「17 抵抗権」参照），裁判官は，単に「法律」だけではなく「法」——すなわち実定法体系の根底にある原理や論理——にも拘束される，というのが今日の立場である．後述のように（296頁），ドイツの基本法が，戦前の法律実証主義を反省して20条3項で「行政権と裁判権は法律と法に服す」と規定したのが，その典型である．また，人々が環境を平和に享受してきたのを，後から来た者が自分の私権に基づいて破壊的な形で妨害することを許さないというのは，考えてみれば当然の生活秩序であり，人間的条理である．それゆえ，これを法律がないから規制し得ない，とするのは，古い法律実証主義のままであるだけでなく，条理に反する．

＊

ところで，環境の有り様はまた，第二に，その領域の外に広がる地域，ひいては地球全体，の人間の生存と幸福に関わる．それは，第三には，将来の世代の生存と幸福に関わる．そしてそれは第四に，その環境の内外に生存する動植物の生存と幸福に深く関わる．したがって環境権の主張には，単に上に述べたような私権の行使であるという性格だけでなく，それを超えた——公益擁護の——役割が期待される．

もっとも，そうしたことは，環境権にのみ特有のものではない．私権の主張が公益擁護の意義をももつというのは，イェーリングが指摘したように[145]，広く「権利のための闘争」の特色である．たとえば，ある人が自分の自由や自

---

145) イェーリング・前掲注62)『権利のための闘争』参照．

分に関わる正義のために闘争することは，その人自身のために闘争することであるとともに，「自由・正義の原理それ自体のため」——すなわちおよそ人間の自由・正義価値のため——に闘争することでもある．

そして，この自由や正義への侵害に対しては，「端緒に闘う」ことが必要である．破壊がひどくなってからでは，抵抗は手遅れであるからである．まさにこれと同様に，環境権の主張は，被害が明確になっていない段階で主張することが重要である．これはとくに，地球全体や将来世代のことを考えればそうである．それだけでなく，「端緒に闘う」ことは，環境権の場合，とくに重要である．環境問題の特色は，環境がいったん破壊されたら回復がほとんど不可能である点にあるからである．これに対して自由や正義，民主主義は，何時の日か悪しき政治を打倒して回復することが可能である．

しかしながら，通常の裁判制度は，こうしたことには対応していない．裁判というものは，人間をエゴイストで近視眼者として構成するものなのである．すなわちわれわれは，裁判を有利に展開するためには，あくまでも自分の私益が侵害されたこと，しかもそれが既にひどく侵害されていることを立証しなければならない．ただ「他人にため，後の世代のため，動植物たちのため」だけでは，われわれは裁判をし得ないのである．裁判のこうした論理は，環境擁護の主張が公益性を有していることや，環境破壊が，多くの場合，当事者を超えたものであり，しかも緩慢に進行するものであることを捉えそこなう性質のものである．

環境権のこの側面を反映させるためには，環境権を立法によって制度化することが欠かせない．環境権は，日本ではまだ立法化されていないが，韓国，ドイツ，スペインなどでは，憲法に明文化されている．

10-3-2 アメニティー

アメニティーとは，人間らしさを感じられる親しみのある環境状態をいう．1977年にOECD（国際経済協力開発機構）は報告で，「日本は多数の公害防除の闘いには勝利したが，いまだ環境の質のための闘いには勝利していない」と環境の「質」の大切さを指摘した．このようにアメニティー問題は，先に論じたQuality of Lifeに関わる問題である（「7　人権＝個人の価値(2)　自己決定権」参照）．

すなわち，ただ生活するだけでなく，生活の「質」を重視するという姿勢の問題である．単に機能性・効率性を考えただけの味気ない近代施設でなく，すなわち用水路をコンクリートで固めたり，アスファルトとガードレール，コンクリート壁だけの広い道路を造ったり，地域の雰囲気に合わない，機能本位の，あるいはキッチュな（悪趣味・成金趣味的でけばけばしい）建築物をばらまいたりすることでなく，自然との調和ややすらぎを重視した施設へと，生き方の「質」を充実させていくことである．1960年代の高度成長以来，さらに言えば1920年代のモダニズム以来，日本人はこの「質」への感覚をほとんど失ってしまっていたのである．そこで政府は，上の報告を受けて，1979年の環境白書に「快適な環境を求めて」の章を入れ取り組みを始め，1980年代から日本でも快適な環境づくりが重視されるようになった．

　今や「豊かさとは何か」が，問われ始めたのである．それと同時に，高度成長以前の日本人の伝統的な美的感覚，自然と一体化して作り上げてきた生活様式や文化の価値が，再確認されだしたのでもある．こうして今日，里山・社寺林の尊重，古くからあって景観の重要な要素となってきた，川藻が生い茂り淡水魚が群れ泳ぐ用水路や池，曼珠沙華の咲く旧いあぜ道，黄金色に輝く棚田，どっしりした民家，農村全体の景観保全，歴史を刻んだ町並みの保全などが，時の課題となってきつつある．

　都市と農業地域とで「近自然化事業（Naturnäher Bau）」の重要性が確認されつつあるのも，この点に関連している．コンクリート化で破壊された泉や小川の「再生プロジェクト」，ビオトープ（Biotop＝地域の生態系を取り戻す緑地配置），自然に溶け込んだ公園・遊歩道・花壇などの整備，「風の道プロジェクト」（都心が高温になるヒート・アイランド対策として，シュトゥットガルト市の都市計画で採用された．郊外から都心に風が吹き込むよう，風の通り道を計算に入れた都市計画を立てる），などが課題となっている．

　しかし，他方では，1980年代以降，規制緩和とポストモダニズム建築によって，不揃いでキッチュな建築物・公共施設・都市空間・街並が出現しつつあるし，ウォーター・フロント計画などと称して，レジャー用港湾施設や空港用・オフィス街用の埋め立てのために海岸線が破壊され，過疎化とともに農業基盤の整備事業によって棚田や伝統家屋，里山が破壊されている現実もある．

効果的なアメニティ政策のためには，開発事業に環境配慮義務を課すことや，中央・地方官庁による地域総合計画とともに，ナショナル・トラストの援助や公共地・鎮守の森の拡大，私人所有地の現状変更への規制強化とともに，それに見合う財政援助・租税措置，アメニティの観点を入れた過疎化対策などが緊要である．

10-3-3 動物の権利

動物の権利は，動物を人間の側から考えるのではなく，動物の側から，すなわち「動物の幸福」の観点ないし「動物の固有価値」の観点から考えるときに見えてくる．

家畜や実験用動物に残虐な行為をすること，闘鶏，熊攻め，牛攻めについては，多くの国で犯罪となっている（日本においても，1999年12月より「動物の愛護及び管理に関する法律」が施行され，27条で「愛護動物をみだりに殺し，又は傷つけた者」が「一年以下の懲役又は百万円以下の罰金」に処せられることになった）．その際の保護法益は，人間の善良な風俗であり，人間の健全な道徳感情であろう．動物に対する虐待を目の当たりにすることは，これらを損なうものだからである．動物に対する虐待が人間に対する虐待の土壌となるので，それを禁止すべきだという面もある．また，指定された野生動物の捕獲を禁ずる国際条約や国内法もある．これは，自然環境の保全の観点からのものである．

これらに対してここでいう「動物の権利」とは，①動物自身の幸福追求と，②動物自身の固有価値の基底である，生命や仲間関係とを，動物の本源的な，あるいは法的な，権利根拠と位置づける立場である．

上に述べた人間の利益保護の視点から動物保護立法を拡充させていけば，動物保護はかなり充実したものになるのであるから，敢えて「動物の権利」を言わなくても，実質的には保護の目的は達せられるかもしれない．しかし「動物の権利」を理論化し得るかどうかは，それとは独立に——とりわけ法哲学では——考えてよいことであるし，それは，保護のための取り組み，とくに立法化を促進することにもなる．それはとりわけ，上述の残虐行為の他に，一地域の動物の種を絶滅させる開発や，そうでなくとも生物に大きな犠牲を強いる開発，贅沢品（革や毛，羽根）用のための動物殺害，娯楽のために動物を殺傷する行

為(イギリスの狐狩り,スペイン風の闘牛など)をも効果的に禁止させ,さらには,動物保護のために地域保全や人間の活動規制(入山,化学薬品などの規制)を進めることになり得る.

① 「動物の幸福」の観点からの議論は次のようなものであろう.

感覚と意識をもち感情と意志によって自分を方向付けて生きていくものは,「幸福」を重要な価値とする.この場合において,幸福の条件は,快を享受でき不快を避けられる状態にあることと,自分の生き方を自分で決定しうる状態にあることとにある.先にこうした幸福の条件を人間について考えた際(169頁以下参照),それが人間においては高度に理性的な生き方のできる人々についてのみ問題になるのではなく,どの様な肉体的・精神的に困難な状態にある人間であっても,尊重されるべきものであることを見た.前述のごとく,人はどの様な状態におかれていようと,その状態において可能な限りの幸福を求めるものである.そして幸福を求めることは全ての人において差別なく尊重されるべきものである.そうであるとすれば,平均的人間と比べて肉体的・精神的に困難な状態にある人間についてと同様,そうした「困難な」水準にある存在である動物についても,その状態にあって可能な限りの幸福追求が尊重されるべきだということになるだろう.なぜなら,われわれは,自分が生き物として幸福になりたいならば,他の生き物である他者も幸福になりたいはずだと容易に推測し得るし,幸福を追求する権利が,生きているゆえに自分にあるとするならば,生きている他者にそれを認めないことはできないだろうからである[146].

しかし,以上の議論がどの動物までを念頭に置くべきものであるか,その際のメルクマルを何に求めるかは難しい.たとえば「生命上の主体性」(欲求,知覚,記憶,快苦,目標行動,仲間意識などの点で主体的であること)をメルクマルに

---

146) この点で功利主義は,動物の権利確立へ向かった重要な思想の一つである.ベンサムは,快を求め苦痛を避ける——すなわちそうした意味における幸福を求める——点で人間も動物も異ならないとして,動物に対する残虐行為を批判した当時数少ない動物福祉の唱道者であった.ベンサムは,動物の権利にとって重要なのは,「動物が思考し得るか,話せるかではなく,苦痛を感じるかである」と言う,実に鋭い,そしてやさしい言葉を遺している.Bentham, *An Introduction to the Principle of Morals and Legislation*, 1789, Chap. 17, § 1. ナッシュ・前掲注55)『自然の権利』75頁以下参照.

すると，哺乳類は保護されるが，それ以外の動物は差別される．また，その主体度がもっとも高いとして，人間が優先されることにもなってしまう．

　② 次に，「動物の固有価値」の観点からの議論は以下のようなものであろう．

　問題は，第一に，シュバイツァー（Albert Schweitzer, 1875-1965）のいう「生命への畏敬」に関係している．シュバイツァーは次のように言う．

> 「もし人間が，彼の生命の神秘，および彼と世界を結ぶ関連の神秘に思いを致せば，かならずや，彼自身の生命および彼の接触するすべての生命に，『生への畏敬』を献げるに至るであろう．しかしてこの念を倫理的世界人生肯定の立場から，行為をもって表現せんとするに相違ない」[147]．

　生命は極めて豊穣な肉体的・精神的要素によって造られており，それゆえにまた計り知れない可能性に満ちている．しかもそれらは，いったん失われたら取り返すことのできないものである．そしてこうしたものは，人間が創り出したものではないし，これからも創り出し得ないものである．生命は人間の力ではどうすることもできない，また人間の理解を超えた，豊かでかつ神秘的な存在であり，われわれはただそれに対し畏敬の念を表す他ないのである．人も動物もそして植物も，そうした生命を担ったかけがいのない，しかも一つひとつが独自の存在である．また，人も動物も植物も共通してそうした生命を維持しようとする本能をもち，それに支えられた生きる意志をもって自分を大切にしている．人間は，このような存在として人と動物と植物を扱わなければならない．もちろん人間は，生きていく上では多くの動植物の生命を破壊しなければならない．しかし上のように考えれば，「この止むを得ぬ場合の判断をなすにあたっても，人間は自主的反省的に決定をする．犠牲となった生命に対する責任をになう，ことを自覚しておらねばならぬ」のである[148]．

　以上の論理は，生命体を人間との近似性において，それゆえどれだけ意識や意志をもっているかを基準にして考えるのではなく，生命体それ自体の存在に

---

147) 『シュバイツァー著作集』第 2 巻（竹山道雄訳，白水社，1956 年）279 頁．
148) 同上 282 頁．なお，ナッシュ・前掲注 55)『自然の権利』162 頁以下参照．

着目するのであるから，保護の射程がはるかに広がる．（上記「動物の愛護及び管理に関する法律」においては，「動物が命あるものである」ことが強調されている（第2条，基本原則）．ここには，ヨリ進んだ，生命の尊厳に対する態度が出ている．）

　固有価値は，第二に，動物も人間と同様に家族をもち仲間をもつ点に関わっている．それらの間では，一つ一つの動物が生存上も精神的にもお互いにかけがいのない存在同士である．したがってある動物を殺したり捕獲することは，その家族や仲間にとってかけがいのないものを奪うことである（それはまた，そうすることによって家族や仲間の幸福を破壊することであり，かれらの幸福追求を妨害することである）．

　③　動物の権利問題については，さらに，動物の法的な権利の問題としてではなく，人間の無権限問題として考えることも重要である．

　第一に，前述のように，生きることは生物にとって重大事であり，それは人間であろうと動物であろうと植物であろうとまったく変わりはない．それぞれの生物は，生存したいと望む．この意志は共通のものでありその間には差別はあり得ない．かれら自身の生存確保のために，様々な本能的行動様式が見事にプログラムされてさえいる．したがって，人間がこうした生命価値を破壊できる権能があると考えることは，不遜であり反道徳的である．

　第二に，人間は事実として他の生物を殺すことはあっても，権利として殺すことのできる地位にはない．人間は動物を支配するが，これは，殺す権利の根拠とはならない．殺す権利がないのに，むやみに殺したり種の絶滅を引き起こしたりすることは，悪であり，人間がそのように行為することは，その行為の法的有効性を失わせるまでに重要な道徳的・法的義務違反である．意味もないのに，あるいはただもっと金儲けがしたいという理由だけで，動物および植物に危害を加えたり，ましてや種を絶滅の危険にさらすことは，「公序良俗違反」の行為であり「権利の濫用」である．

　こうした事柄は，もちろん第一義的には道徳問題としてもある．このこととの関係で重視すべきなのは，次の点である．人は道徳的であるためには，自分に望むことを他人にも認めなければならない．それを他人に認めないのは，エゴイストで反道徳的であるということになるからである．そして人間は殺されたり傷つけられたりせずに生きたいと願う．自由でありたいと願う．そうであ

れば，そういうことを願っていることが容易に推測しうる動物や植物に対して，そうしたことを認めないのは，エゴイストで反道徳的であるということになる（前述のように，道徳法則たり得るかの基準の一つは，普遍化可能性である）．

以上の③の議論も，単に高等動物を保護するだけでなく，生物一般に対する人間の行為を規正する原理となり得るメリットを有する．

参考文献：宮本憲一『社会資本論』（有斐閣，1967年），同『環境経済学』（岩波書店，1989年），同『公共政策のすすめ』（有斐閣，1998年），同『日本社会の可能性』（岩波書店，2000年），加茂他編『環境思想を学ぶ』（世界思想社，1994年），玉野井芳郎『エコノミーとエコロジー』（みすず書房，1978年），岡島成行『アメリカの環境保護運動』（岩波書店，1990年），ワイツゼッカー『地球環境政策』（宮本他訳，有斐閣，1994年），松本他編『環境保護と法』（信山社，1999年），青木人志『動物の比較法文化』（有斐閣，2002年），岩佐茂『環境の思想』（創風社，1994年）．

11 （補論）課題としての「即且対自」

　これまでの考察を総括すると，人類全体についても，一人ひとりの個人についても，人間の意識の成長に一つの構造があることがわかる．すなわち，われわれはまず，環境（自然・社会）との素朴な一体性の状況（「即自」）から出発して，次に，今度は逆に，環境と対決し自己を主張する段階（「対自」）に移り，そしてさらに，それをも克服し，環境と自分との関係をヨリ高度の調和に置こうとする段階（「即且対自」）に入っていくのである．この点をここでまとめることによって，われわれの思考の一つのあり方を提示しておこう．

11-1 「即自」

　最初にあるのは，自然と人間，社会と個人，人間同士，がそれぞれ相互に未分化な共同性にある状態である．これが「即自」の段階である．概してそれは，個人の発達過程においては「児童期」であり，歴史的には「前近代」の段階である．ここでは，自然は人間を優しく包むもの，人間の営みは自然の動きの一部として捉えられている．社会秩序は，人間が作るものではなく，人間の力を超えた自然の摂理の帰結であるとされる．たとえば，前近代においては，自分が生まれついた身分は自分にとってどうすることもできない当然の前提であって，人間はそれをあるがままに受け止め，それに順応することが求められた（「武士は武士らしく」，「女は女らしく」）．また，共同体は，それ自体が個人を超えた価値を体現したものであり，自分を包む永遠のものである．（テンニエス (Ferdinand Tönnies, 1855-1936: *Gemeinschaft und Gesellschaft*, 1887) の言う「ゲマインシャフト Gemeinschaft 的な」共同体がそうである）．ここでは，各人は「自分が存在するのはこの共同体のおかげである．共同体こそ至上である」と観念し，した

がって共同体に対して，自分の独自性を主張しないし，個人としての異議申し立てをしない．逆に，その共同体のためには，すすんで自分を犠牲にする．その共同体の秩序を自明の前提にするから，そこでの権威者（家長，親，長老，王）に対しても従順である．ここには共同体や他者から独立した「個」が成立していない．

11-2 「対自」

やがて，こうした自然や共同体，他者との一体性を脱却して，自分を主張する「反省による分離」が始まる．これが，「対自」の段階である．個人の発達過程においては「思春期」がそうであり，人類の発達過程（歴史）においては「近代」の始動がそうである．

ここでは，何よりもまず，それまでの自然・共同体・人間に対するのとは異質の関係形成が出発点となる．たとえば，思春期に入ると恋愛を経験する．恋愛においては，今までの自分にとってかけがえのない存在であった共同体やそこでの人間（親・兄弟・親戚・仲間・長老・王など）とは異質の，未知の相手との二人だけの関係が貴重になり，しかも世界はその二人だけの間での交渉で新たに形成されていく，不断に緊張をはらんだものとなる．そして，相手を見つめ相手のことを考える過程において，自分とは相手にとっていかなるものか，自分とはこの世の中でいかなる存在なのか，といった形で自分を問うことが始まる．

こうした事柄は，社会（歴史）のレヴェルでも進行する．たとえば，個人は，それまでは自分が属するただ一つの共同体や国家を唯一のものとして・絶対的なものとしてその中に包摂されてきた．しかし，やがて，別の共同体や別の国家，そこに住む，あるいはそこから来た「異邦人」と関係する中で，自分たちの集団を相対化するようになり，その結果，今までの諸制度や旧い人間関係，行動様式を問い直し始める．集団そのものやその制度が，これまで考えていたような所与的で不動のもの，個人はそれに順応するしかない「自然的」なものではなく，いろいろの選択肢の一つであり，自分たちの働きかけによって新たに「創るもの」であることが自覚されるようになってくる（もっともこれだけで

は，自分の集団やその制度が絶対的で，他のものは劣っているという観念が直ちに払拭されることはない．自分たちのこれまでのものを相対化して新しい他者のものを評価するには，さらに「対自」の意識を高次化することが必要である）．

　同様のことは，人間と自然との関係においても生じる．ここでは，異なる自然観ないし別の価値観との接触が契機となる．今まで自明のものとされてきた自然観が，それとは異質の自然観と出会うことによってパラダイム転換を起こすまでにショックを受け，自然の見方，自然と人間のこれまでの関係が変わる．とりわけ，自然を畏れ多いもの，その中に神や精霊を宿した，価値あるものとする見方から脱して，自然を物質として見，自然に対する人間の主体性を自覚するようになる．関係が逆転したのである（ヴェーバーはこれを世界の「脱魔術化」と呼んだ）．

　この段階に入ると，二つの方向への運動が顕著になる．一つは，自然・社会・他者に対し，自分を対置し，この自分とは何なのか，自分の生き方，価値観，を問い，やがて自分の個性や価値観の再構成を目指す方向である．ここに新しい自分が内面的に形成される．もう一つは，今までの自然・社会・他者への反抗であり，古いものの拒否，新しいものの創造に向かう方向である．すなわち，社会や自然を対象化してその法則を捉え，自分の意志で作り替えようとする（「自然開発」を進め，また既成の社会権力を打倒し社会の機構を新しく作り直そうとする）．

　これら二つの動きが結合すると，自然や社会をそれ自体価値あるものとしてではなく，自分がもっとも価値あるものであり，自然や社会はその自分（人間）に奉仕するものとして，自分（人間）を幸福にするための手段として見るようになる．人間の尊厳，自己目的化が，自然の克服こそが文明の証であるとする文明観――その根底にあるのは，人間が価値の体現者であり自然は単なる物質界に過ぎないという見方である――や，国家等は個人の意志によってつくられ個人の欲求に服するものとする社会契約論――その根底にあるのは，個人が自己目的であり，社会制度は，それ自体が目的ではなく，人間の道具に過ぎないとする見方である――と，時代を同じくするのは，この故である．他人との関係，集団についても，自分の必要に応じて，付き合う相手を替え，属する集団を替えるということが強まる．相手を道具として，交際を手段として見る

ことが強まり，ドライな Give and Take の交際観，テンニエスの言う「ゲゼルシャフト Gesellschaft 的な」集団に至る．

こうした新しい自然観・社会観・他人観によって，人間は自由を自覚し，世界が自分を中心に回っているのだという観念をもち，その行き着く先において「自分は不死だ」という観念をもつようになる．

11-3 「即且対自」

「対自」の段階は，一旦はどうしても通らなければならない段階であるが，しかしそれに留まっているのでは不十分である．

自然を人間にとっての道具であるとして，自然を人間の必要に応じて作り変えていくことが進歩であるとする考えは，自然破壊を招き，やがては人間の幸福のみならず人間そのものの破壊をも招く．この思わぬ事態に直面することによって，人間はもう一度見方を変え，『やはり自分たちは自然の一部であり，その生態系に組み込まれており，それを人間の力で全面的に変更することは，人間の能力の限界からして許されない』という見方や，『自然それ自体に固有価値があるのではないか』という考え方をもつようになる．

こうしたことは社会や他の人間に対する関係においても同様である．『自分が自己完結的な存在であり，社会や他の人々は自分にとって単なる手段にすぎない』として，これまでの共同体を簡単に捨て去り，必要に応じて新しい集団や人間関係をその都度作っていこうとすることは，実際には不可能であるだけでなく，人間同士の結びつきを弱め，また制度としての，集団としてのまとまりを不安定なものにしてしまい，一人ひとりを孤独でバラバラで寄る辺のない存在にしてしまう．

こうして，安定した共同性をもう一度取り戻そう，温かいつながり＝共同性そのものの維持が自己目的であるような関係を取り戻そう，健全な「甘え」を取り戻そうという意識が強まる．最近のアメリカの社会哲学における「コミュニタリアニズム」の流行，日本における「寅さん」の人気――それは，葛飾＝柴又＝帝釈天参道「とらや」の人間的世界への郷愁によるとともに，損得勘定を脱して他人に奉仕する寅さんの人柄への郷愁，さらには日本人の原風景をな

す田舎・地方都市の風景への郷愁にもよる――の原因でもある.

　しかし,こうした事態を元の,自然や集団との「即自」な関係――「自然」としての社会の観念――に立ち返ることによって解決しようとすることはできない.そうした回帰(自然や自然的な共同体との一体感)はもはや帰らぬ夢,幻想である.それだけでなく,そうした回帰願望は,危険でもある.なぜなら,それは,ナチスの思想家や戦前・戦中の日本のロマン派に見られたように,権力者がその支配(作為的な社会操作)を隠すために好んで利用する甘い夢であるからである(このことは,とりわけ社会について言える.社会と個人の関係において,「即且対自」に向かうためには,まず社会そのものが「対自」化によって充分に育っていなければならない.すなわち,徹底した近代化(個人の尊重や民主化)が前提になるのである.逆にいえば,そうした形での「対自」化が進行すれば,それを土壌として「即且対自」へ向かう意識も育っていく.そうでない所で「即且対自」を進めようとすると,残っている「即自」が化けて出る.本書で強調するように,現代日本の国家や会社など諸集団においては,未だになお「即自」の関係が根強く残っているのだから,ここにおいては「対自」化こそが,なお大きな課題なのである).

　したがって,今後必要になっていくのは,自然と社会に対して科学的な見方をもち,両者に対して内面的に自立し変革の意志をももった,そういう「対自」的な個人(上述の「11-2」の段階を参照)が,その自立性と主体性に立脚しつつ,再び自然や人間の共同性(社会)の固有価値を承認し,それらの中に自分を位置づけ,それらとの深い結びつきを再構築していくことの他にはない.これが,「即自」を超えた「対自」をもさらに超えていく,「即且対自」の関係である.

　しかし,このあり方は,よくもち出されるような,単純な「弁証法的統一」の状態ではない.必要なのは,自然や社会からの独立と,自然や社会との深い結びつきとの間で,これら両契機の重要さをそれぞれ認識しつつ,それらの間で不断にバランスをとっていく生き方であり,かつ,それらの契機が簡単には統一できないことの認識の上に立って,不断に両契機の緊張を保ち続ける生き方である.『相容れない二つのものの間で統一なしに生きるのは,不幸な理論的未熟であり不健康な分裂である』というのが,普通の考えである.それゆえ,『それらを何らかの原理や理論によって見事に統一して,高次の安定を実現す

べきだ』と人は思う.けれども人間の歴史は,『これで統一された』と思うことこそが,実際には統一されきれないそれぞれの一方の暴走を許したり,二つのものの制御不能の闘争を引き起こしたりすることを教えている.

したがって大切なのは,弁証法的統一を夢想することでなく,二つの対立するものの間での緊張を不断に持続させ,それを逆に対象自体の活性化のエネルギーとして利用し,また主体の眼を研ぎ澄ます力として活用することである[149].

これが今後の,自然と人間の関係,集団と個人の関係をめぐる課題であり,そうした課題を追求していく際に必要な,われわれの思考のあり方の根本である.

---

149)「不断の緊張」の思考に関する詳細については,拙著・前掲注2)『丸山真男論ノート』第3章参照.また,拙稿「複合的な思考——丸山真男の場合」(『法学雑誌』42巻4号,43巻1号,1996年),拙著『丸山眞男の思想世界』第二部をも参照.この思考については,本書25章でも論じる.

第3編　法と国家

法や政治を論じる際に「国家」に関わる問題は重要なテーマとなる．なかでも国家論は，国家とは何か，国家は現代社会でどういう働きをしているか，その際，法はどういう役割を果たしているか，などを考える重要な学問分野である．現代国家の問題を考えるには，その統治原理である民主主義と自由主義の考察も重要である．本編では，これとの関係で戦争責任論をも扱い，また，これらの問題の背景を成す日本の法・政治の文化を扱う．（国家組織論や，国家や法に対する個人の位置を知る上で重要な）司法制度，法を破り人権を侵す悪しき国家権力に対して個人が抵抗することができるかを論じる抵抗権論，そして象徴天皇制をも，本編で扱う．

12 国家論

　国家とは何だろうか．国家の特徴を挙げると，次の通りである．①国家は，支配地域（領土）をもった集団である．②人間は，生まれながらにしていずれかの国家に帰属しなければならない（無国籍は原則として許されない）．③国家は主権を有している．すなわち，第一に，その地域内を統治し，内部と外部の勢力に対して組織的暴力（警察権と軍事権）の行使を基本的に独占している．第二に，国家法は最高のルールである（あらゆる国家内組織はそれに服する必要がある）．第三に，その国家のルールを破る者に対しては死刑を含む暴力的制裁を加え得る．第四に，紛争についても，究極的処理の権利を独占的に有している（裁判）．④しかし国家は社会のすべてではない．そもそも国家は全体社会の一部分である．国家でない諸集団にも国家が行う機能や内部組織と似たものを有するものがあり，とくに今日では両者がますます近似してきている（こういう国家観を多元的国家観という）．

　こうした国家は，何のために，誰のためにでき，現実にどういう働きをしているのか．そのためのメカニズムはどういうものか，これらを考えるのが国家論である．以下では，これらの問題を集中的に取り上げる．

12-1　これまでの国家論

　国家については，(**A**) 国家を個人の単なる総和とは別の，それ自体の価値をもった共同体だとする見方と，(**B**) 国家を人間の生活上の便宜のための道具だとする見方と，(**C**) 国家を君主の家の，あるいは君主自身の所有物（公的意味を付与された）だとする見方とが共存している．このうち (**A**) については，(**A-1**) その共同体を個人を超越した最高の価値をもち個人に献身を求めうる

のだとする立場と，(**A-2**) 個人を尊重しつつも，その共同性を重視する立場とに分かれる．(**B**) については，(**B-1**) 国家を全構成員の生活上の便宜のための道具（共同事務の遂行者）だとする見方と，(**B-2**) 支配的な階級の支配のための道具だとする見方とに分かれる[150]．(**C**) は，マックス・ヴェーバーのいう家産制国家であり，過去の時代の観念である[151]．今日の国家を考える場合には，(**A**) と (**B**) が重要である．そこで，この二つについて考察しよう．

(**A-1**) 国家を個人に献身を求める自己目的的な共同体だとする立場

この国家観は，自国の伝統を重視する（伝統主義に立つ）国家や，外敵の侵略の脅威にさらされ強い結束を必要とする国家を反映している．集団の危機はその集団を運命共同体だと見る集団主義（共同幻想）を強化するものであり，そういう国家では愛国心に結びついて伝統主義が強まるのでもある（この全体主義的な国家観は，「滅私奉公」や「お国のために」を叫ぶ，ファッシズム期のドイツや日本の書物にざらに見られるものであるが，思想史上の古典的書物には意外と少ない）．

① たとえば，アリストテレスは，国家を「自由人の共同体」としつつ，この共同体の価値については，「一つ以上の村から出来て完成した共同体が国である，これはもうほとんど完全な自足の限界に達しているものなのであって，なるほど，生活のために生じてくるのではあるが，しかし，善き生活のために存在するのである．」（『政治学』1252b, 第 1 巻第 2 章）として，国家が，道具性を

---

[150] 国家の見方のこの区別に対応して，法の見方，および「公共」概念も同様に区別される．
　すなわち，法については，まず，(**A**) 法を超個人的な尊いものだとする見方と，(**B**) 法を道具だとする見方と，(**C**) 法を支配者（君主）の意思だとする見方とに分かれる．(**A**) は，(**A-1**) 法を共同体の神聖で超個人的な掟だとする見方と，(**A-2**) 法を皆なの意思・皆なが承認したルールであるゆえに尊いものだとする見方に分かれる．(**B**) は，(**B-1**) 法を皆なの道具だとする見方と，(**B-2**) 支配階級の支配の道具だとする見方に分かれる，という具合である．
　また「公共」については，まず，(**A**)「公共」とは共同体の関係事項だとする見方と，(**B**)「公共」とは諸個人間の共通事項のことだとする見方と，(**C**)「公共」とは支配者（「お上」）のことだとする見方とにまず分かれる．そして (**A**) は，(**A-1**)「公共」とは個人を超えた共同体の関係事項だとする見方と，(**A-2**)「公共」とは主体である自分たちの共同体運営行為に関わるものだとする見方に分かれる．また，(**B**) は，(**B-1**)「公共」とは自分たちの私的利益の共同管理・調整に関わるもの，ないしかなりの多数者の私的利益に関わるものだとする見方と，(**B-2**) 支配者階級の利益の実現行為の仮面だとする見方とに分かれる．
[151] ヴェーバー『支配の社会学』（世良晃志郎訳，創文社，I — 1960 年，II — 1962 年）．これが日本の伝統的国家観念だった点については，水林彪「「公私」観念の比較法史的考察」（『法哲学年報』2000 年度）参照．

もちつつも単なる道具に留まらず，それ自体が倫理的価値をもったものであるとする．アリストテレスにとって国家は，人間の倫理的向上をもたらす重要な制度であった（教育国家論）．アリストテレスの「人は本性上，社会的動物である」という有名な言葉は，人間が社会を形成する傾向をもっている事実と共に，この，人間が国家生活を通じて自己を形成するものであることをも，意味しているのである．アリストテレスが，国家と個人の関係について，「しかしまた自然には，国は家やわれわれ個々人より先にある，何故なら全体は部分より先にあるのが必然だからである」（以上『政治学』1253a 第1巻2章．岩波文庫）という形で，国家共同体が個人に対し価値の点で優位にあることを主張するのは，以上の議論と不可分のことであった．

アリストテレスのこうした国家観は，国家を「自由人の共同体」だとするのであるから，全体主義とは異なり，むしろ（**A-2**）に入れるべきかもしれない．しかし価値の点でも集団が個人に先行することを説く点には，団結を重視する古代ギリシア国家の発想が反映している．

② ヘーゲルは，一方で近世の自然法論やアダム・スミスの経済学，カントなどから真摯に学び，個人の自由や内面的自立を重視した．しかし，同時にかれは，国家については，アリストテレスの政治学からも深く学び，近世の自然法論者やスミスとは異なった見方を採った．たとえば，『法哲学綱要』（1821年）の中で，ヘーゲルは，道具的国家観を批判しつつ，次のように言っている．

> 「国家が市民社会と取りちがえられ，国家の使命が所有と人格的自由との安全と保護にあるときめられるならば，個々人としての個々人の利益が彼らの合一の究極目的であるということになり，このことからまた，国家の成員であることはなにか随意のことであるという結論が出てくる．しかし，国家の個人に対する関係はこれとはぜんぜん別のものである．国家は客観的精神なのであるから，個人自身が客観性，真理性，倫理性をもつのは，彼が，国家の一員であるときだけである．合一そのものがそれ自身，諸個人の真実の内容であり，目的であって，諸個人の使命は普遍的生活を営むことにある．」（第258節，中央公論社『世界の名著』35巻）

ここでヘーゲルは，国家を道具とする立場を明確に排斥する．そして国家がそれ自体の倫理的価値をもち，国家の価値は個人の価値の上にあるとする．

（とはいえ，ヘーゲルは言われるほどの国家主義者ではない．かれが，国家共同体の個人に対する圧倒的優位を説いたのは，プラトン的国家構想に結びついていた青年期のイエナ時代前期だけであって，その後は，自由で主体的な近代的な個人の確立を重視し，そういう個人を前提にしつつ国家的連帯を達成することを追求したのである[152]．この点では，ヘーゲルはむしろ（**A-2**）に分類されるべきだともいえる.）

　ヘーゲルは，こうした国家観を19世紀ドイツの自由主義者たちと共有していた．国家を固有価値をもった一個の共同体（Gemeinschaft）だとする立場は，とりわけドイツ自由主義に伝統的なのである[153]．ドイツは，戦後の連邦憲法裁判所においても，人格を尊重しつつも個人を，（国家である）「共同体に関係し（gemeinschaftbezogen），かつ共同体によって拘束されている（gemeinschaftgebunden）存在」としている[154]．

（**A-2**）個人を尊重しつつもその共同性を重視する立場

　全体主義的共同体ではなく，個人尊重に立った共同を重視する立場は，基本的に自由尊重を基盤にした民主主義と結びついた国家観である．こういう場合には，国家は，個人たちとは別個の共同体として個人から屹立することはない．ここでは市民が形成する集団が「公共のもの」であり，「政治」とはこの公共を運営する行為であるとされる（**B-1**）においてもそうである．これに対して，（**B-2**）と（**C**）においては，「公」とは支配者のことであり，「政治」とは，支配者の統治のことである）．こうした国家観は，たとえば次のような形のものである．

　① 古代アテネの政治家ペリクレス（Pelikres, B. C. 495-429）は，431年の葬送演説で，この立場を鮮明に打ち出している．すなわちかれは，当時のアテナイの国制について言う．

> 「われらの政体は他国の制度を追従するものではない．ひとの理想を追うのではなく，ひとをしてわが範を習わしめるものである．その名は，少数者の独占を排し多数者の公平を守ることを旨として，民主政治と呼ばれる．わが国においては，個人間に

---

152) 拙稿「自由人の連帯——ヘーゲル政治思想の形成と展開について」『法学雑誌』28巻3・4号，29巻1号，1982年）．
153) この点については，拙著・前掲注2)『近代ドイツの国家と法学』第2章，参照．ドイツの団体主義思想については，西谷敏『ドイツ労働法思想史論』（日本評論社，1987年）も興味深い．
154) 1954年の「投資助成判決」に関する根森健のコメント参照．栗城他編『ドイツの憲法判例』（信山社，1996年）26頁以下．

紛争が生ずれば，法律の定めによってすべての人に平等な発言が認められる．だが一個人が才能の秀でていることが世にわかれば，無差別な平等の理を排し世人の認めるその人の能力に応じて，公の高い地位を授けられる．またたとい貧窮に身を起こすとも，ポリスに益をなす力をもつ人ならば，貧しさゆえに道をとざされることはない．われらはあくまでも自由に公につくす道をもち，また日々互いに猜疑の眼を恐れることなく自由な生活を享受している．よし隣人が己の楽しみを求めても，これを怒ったり，あるいは実害なしとはいえ不快を催すような冷視を浴びせることはない．だが事公に関するときは，法を犯す振舞いを深く恥じおそれる．時の政治をあずかる者に従い，法を敬い，とくに，侵された者を救う掟と，万人に廉恥の心を呼びさます不文の掟とを，厚く尊ぶことを忘れない」[155]．

これがどこまで当時の現実であったかはともかくとして，ここには個人尊重と共同体としての国家との調和が，美しく描かれている．法の支配や，機会均等なども原理とされている．当時アテネはスパルタ率いるペロポネソス同盟と戦っていたのであって，それはアテネ人には，全体主義に対する自由な民主国家の戦いであると——まさにソ連型社会主義に対するアメリカの立場と同様に——位置づけられていたことを，この演説は物語っている．

② ルソーは，『社会契約論』においては，自由人の連帯としての国家を理論化しようとしている．かれは，その国家論の課題を次のように定式化する．

「各構成員の身体と財産を，共同の力のすべてをあげて守り保護するような，結合の一形式を見出すこと．そうしてそれによって各人が，すべての人々と結びつきながら，しかも自分自身にしか服従せず，以前と同じように自由であること．これこそ根本的な問題であり，社会契約がそれに解決を与える．」（第1篇第6章，岩波文庫，桑原・前川訳，29頁）

各人が共同しながらしかも自由であるのは，どういう形式によるか．それは，共同性を自分の自由な意志で形成し自由な意志で運用していく形式を採った場合である．この，共同性構成のための自由な意志を合致させ合うことが社会契約であり，その運用のために自由な意志を合致させ合うことが立法である．ここでは法が自分の意志であり，それゆえそれに従うことは自分に従うことだか

---

155) ツキディデース（Thoukydides, B. C. 460〜400 頃）『戦史』（岩波文庫）巻2, 37頁．

ら，自由であるということになる．ルソーは，人民が直接に政治を営んでいく民主主義（直接民主主義）を，この観点から不可欠のものと考えた．

ルソーのこうした「自由人の連帯」（個人尊重と共同性重視との同時追求）の立場が，『社会契約論』においてどこまで貫徹しているかは疑問である．古代の共和国を讃美し一致団結を重視したルソーは，たとえば人民の意志を統一するために部分集団（派閥・分派）を禁止したり，団結強化のために市民宗教を各人に強制するなどにおいて，不寛容を帰結せしめているからである．

③ 自由な共同性という理想は，アメリカ合衆国の建国時の理想でもあったが，しかしアメリカ独立宣言自体は，生命・自由・幸福追求権という「これらの権利を確保するために，人類の間に国家が組織され」たと規定しており，国家を（**B-1**）的に道具とする表現になっている（アメリカ人は，国家を倫理的な共同体とする傾向とは基本点に縁遠い．組織一般が，かれらにとっては本来的に道具である．かれらは時々強烈な愛国心を示すが，これは，第一には，かれらに特有のモンロー主義の伝統の現れであり，第二には，愛国心でまとまろうとする努力の結果であり，そして第三には，危機に直面したときの集団ヒステリー現象である）．

(**B-1**)　国家を構成員全員の共同事務の遂行者（道具）と見る立場

共同事務とは，生活の便宜の確保，生産活動の支援，内外の秩序破壊者からの防衛である．これらのためには，軍事・警察，外交，司法，行政，イデオロギー統制などの活動が必要である．こうしたことを効果的に行うため，人々は自分たちの国家を形成したというのが，ここでの見方である．この見方を強調する場合には，国家を構成する各個人がそれ自体目的であり，国家はそのための道具ないし装置であるとすることに至る．この立場は，「全員の」の面を強調する点では民主主義と，「共同性」の絶対価値よりも「装置」の面を強調する点では，自由主義と結びついている．

① プラトンは，その『国家』において，哲人政治や政治・軍事に携わる者の共産制を主張したことで有名であるが，しかしかれにとって国家そのものは，次のように，道具的なものである．

> 「ぼくの考えでは，そもそも国家というものがなぜ生じてくるかといえば，それは，われわれがひとりひとりでは自給自足できず，多くのものに不足しているからなのだ．

――それとも君は，国家がつくられてくる起源として，何かほかの原理を考えるかね？」「いいえ，何も」と彼は言った．「したがって，そのことゆえに，ある人はある必要のために他の人を迎え，また別の必要のためには別の人を迎えるというようにして，われわれは多くのものに不足しているから，多くの人々を仲間や助力者として一つの居住地に集めることになる．このような共同居住に，われわれは〈国家〉という名前をつけるわけなのだ．そうだね？」「ええ，たしかにそうです」「その場合，ある人が他の人に何かを分けてやったり，あるいは分けてもらったりするのは，そうするほうが自分にとって，より善いと思うからなのだね？」「たしかに」「さあそれでは」とぼくは言った，「ひとつ言論のうえで，国家を最初のところからつくってみようではないか．どうやら，それをつくる要因となるのは，われわれの〈必要〉ということであるようだ．」(『国家』,『プラトン全集』11，岩波書店，1976年，132-133頁)

プラトンは，国家をめぐって「正義の国家とはどういうものか」を問題にしているが，この場合も，国家それ自体が倫理性の体現物であるという見方ではなく，上のような道具的な国家観に立ちつつ，その国家が善く統合されるための編成はどういうものか，という視点からのものである．

② イアンブリキ (Anonymus Iamblichi, 250-325) ――シリアの新プラトン学派に属するこの人物も，次のように，プラトンに似た議論をしている．

「何故なら，もし人間どもが一人だけでは生きていけない者として生れつき，必然に従いながら，互に寄り集って来たのであって，彼等の凡ての生活の仕方も技術もその必然のために発見されたのであり，そして彼等が一緒にいながら，無法のうちに暮していくことを得ない（というのは，そういう風に暮したなら，あの一人だけの暮しよりも一そう大きな損害が彼等に生じてくるだろうから）とすれば，実にこれらの必然によって法律と正義は彼等に主として君臨しているのであって，それらを顛覆させることはどうしても出来ないからである．何故なら，それらは自然によって〔本性上〕強力な者として彼等に結びつけられているものだから．」(『初期ギリシア哲学者断片集』山本光雄訳編，岩波書店，1958年，123頁)

③ アウグスティヌスは，「正義がなくなるとき，王国は大きな盗賊団以外のなにであろうか．」(『神の国』4巻4章，服部英次郎訳，岩波文庫) と述べ，「隣国に戦争をしかけ，それからまた他の国に侵入し，自分になんにも害にならない諸民族を，たんなる支配欲によってうちひしぎ，屈服させるということは大

きな盗賊行為以外のなんとよばれるべきであろうか.」(同4巻6章) というショッキングな見方を提示したことで, 有名である. 正義に従って隣国と共存しない国家は, 自分たち共同体構成員の利益のために隣国を略奪するための, 装置にすぎないというのである. 同様に, かれは次のようにも言っている.

> 「盗賊団も小さな王国以外のなにでもないのである. 盗賊団も, 人間の集団であり, 首領の命令によって支配され, 徒党をくんではなれず, 団員の一致にしたがって奪略品を分配する [.] この盗賊団という禍いは, 不逞なやからの参加によっていちじるしく増大して, 領土をつくり, 住居を定め, 諸国を占領し, 諸民族を征服するようになるとき, ますます, おおっぴらに王国の名を僭称するのである. そのような名が公然とそれに与えられるのは, その貪欲が抑制されたからではなく, 懲罰をまぬがれたからである. ある海賊が捕えられて, かのアレキサンデル大王にのべた答はまったく適切で真実をうがっている. すなわち, 大王が海賊に, 『海を荒らすのはどういうつもりか』と問うたとき, 海賊はすこしも臆するところなく, 『陛下が全世界を荒らすのと同じです. ただ, わたしは小さい舟でするので盗賊とよばれ, 陛下は大艦隊でなさるので, 皇帝とよばれるだけです』と答えたのである.」(4巻4章)

考えてみれば, これまでのほとんどの国家は, 他国を侵略するものであった. してみれば, 国家は一般に自分たちの利益のために他者を収奪する装置だとの指摘には鋭いものがある.

『神の国』には, さらに, 侵略を問題にしないところでも, 次のように国家を手段と見ている記述がある.「国家とは理性ある衆人の集合であって, かれらが欲するものを共同するために集まって作ったものである」(19巻24節). 三谷隆正は, アウグスティヌスのこの国家観について,「殆どギリシアのエピクロスの功利主義的国家契約説, 即ち国家とは各個の利益を相保障すべく相約束することによって成立せるものであるとする説を想はしむるものがある」と述べている[156].

④ 道具的国家観は, 近世自然法論の一部の人々によって, 前面に押し出された. たとえば, ホッブスは,『リヴァイアサン』において, 各個人が,「可能なあらゆる方法によって, 自分自身を守れ」というその自然権を固持している

---

156) 三谷隆正「アウグスティヌス」(『三谷隆正全集』第1巻, 岩波書店, 1965年) 302-303頁.

限り相互の争いが避けられず，そのため不幸な結果を招くとして，各人がその自然権を放棄して第三者である国家に権力を委譲する場合に初めて秩序が確実なものになるとした．この立場では，国家は，各人がその生存を確保するという実際目的のために合意によって形成した機構である，ということになる．

　道具的国家観は，ロックがさらに徹底した．かれは言う，「したがって，人々が結合して国家をつくり，統治に服そうとする場合の大きなそして主な目的は，彼らの所有物の保全ということである．自然の状態においては，そのための多くのものが欠けているのである」（『統治二論』1789 年，『世界の名著』27, 1968 年，271 頁）．ここまで鮮明にされた道具的国家観——その根底には，『個人は一人一人が直接に神とつながっており，自己責任・自己目的的存在である』とする考え方がある——が，次のように，ロックの寛容論の根幹を成す．

　　「国家とは，人々がただ自分の社会的利益を確保し，護持し，促進するためだけに造った社会である，と考えられます．社会的利益とは，生命，自由，健康，身体の安全，さらに貨幣や土地や住宅や家具などのような外的事物の所有のことです．こういう現世的な事物の正当な所有を，平等な法の公平な施行によって，国民全般に，また臣民の一人一人に，確保することこそ，為政者の義務なのです．」（「寛容についての書簡」，『世界の名著』27, 353-354 頁）

　このように国家を手段と見ることによって，神と対峙する一人ひとりの個人の尊厳が鮮明になる．国家が介入し得ない個人の世界がそれ自体聖なるものとして浮かび上がってくる．ここで寛容とは，「支配者が寛い心ですべてを許容する」と言うことではなく，「侵し得ない個人の世界があり，それは直接に神とつながっているので，支配者はむしろその下位にある」ということの認識なのである．この道具的国家観は，それゆえその後の自由主義思想のきわめて重要な原理ともなった．

　⑤　自由主義の立場から，ラスキも同様な国家観を提示している．

　　「私は国家の権益と，他の団体または個人のそれとの間に質的な相違があるということを否定する．国家の諸目的も人間的な目的であることは他と変わりがない．すなわち，国家はその構成員の幸福に対する一つの手段に過ぎない．労働組合，教会，あ

るいは学会等の行為を判断する時に用いるのと全く同じ原則によって国家もまた判断さるべきものだと私は考える．国家は，それを構成する各個人とは異なった平面にすみ，かつ，これらの各個人が有する基準とは別の基準を有する一つの団体人格ではない．」(『近代国家における自由』1930年，岩波文庫，251頁)

　この時点でのラスキにおいては，個人の生活の便宜のために設置された装置である点で，国家も他の団体も，質的に違いはない．これが典型的な多元的国家観である．
　(B-2)　国家を階級支配の道具と見る立場
　この見方によれば，国家は，体制・社会秩序を維持することを通じて実質的には支配階級の支配を維持しその利益を確保する．支配の維持とは，究極的には，内外の敵対勢力を暴力的に抑圧することであり，それには軍事・警察力が使われる．それは国家のもっとも古典的な役割の一つである．しかし，体制・社会秩序の維持のためには，必ずしも軍事・警察だけが使われるのではなく，秩序維持のための行政も，重要である．それは，例えば，住民登録や外国人登録，戸籍・宗門改め・データ・バンク化による住民管理，銃や爆発物・毒物の使用免許の発行，精神病患者や反体制派の隔離・収容，公法・私法の法制度の整備，さらには支配イデオロギーの植え付けと反体制イデオロギーの防止（教育，マス・メディア，祭り，儀式などを通じて）といったものである．この国家観は，国家についての批判的でリアルな認識と結びついている．
　こうした見方は，ルソーやマルクスによって鮮明に打ち出されたのであるが，かれらに先立って，そういう考えを主張した人物に，①　ソフィストのカリクレスがいた．先に「自然法」について，プラトン「ゴルギアス」よりの引用で紹介したように（100-101頁参照），カリクレスは，正義や法は，多数者である弱者が優れた少数者を抑えるための道具であり，それは強者が弱者を支配するのを常とする自然の法に反すると批判した．
　②　階級支配の道具としての国家は，近世に入って若きルソーによって，鮮明に押し出された．すなわちかれは言う．「ある土地に囲いをして〈これはおれのものだ〉と言うことを思いつき，人々がこれを信ずるほどに単純なのを見出した最初の人間が，政治社会の真の創立者であった．」(『人間不平等起源論』

第 2 部, 本田・平岡訳, 岩波文庫, 1933 年, 79 頁). 政治社会 (国家) は, 富んだ階級によって, 自分たちの支配・防衛のために作られた道具だと言うのである. かれの文明社会批判は, この視点からの国家批判をベースにしている.『人間不平等起源論』におけるルソーのこの国家観と,『社会契約論』におけるそれとをどう関係づけるかは, ルソー研究の重要論点の一つである. ここでは,『人間不平等起源論』で批判した国家が革命によって変革された後に来るべき「真の共同性を獲得した政治社会」[157)]を『社会契約論』が定式化したものと理解しておこう.

③ ルソーとも結びつきながら, 階級国家論を定式化し, ブルジョワ国家をラディカルに批判したのは, マルクス, エンゲルス, そしてレーニン (V. I. Lenin, 1870-1924) である. たとえば, マルクスは『共産党宣言』(1848 年) で「近代の国家権力は, 全ブルジョワ階級の共同事務を処理する委員会にすぎない」と言っている. また, エンゲルスは次のように言う[158)].

「国家は階級対立を抑制しておく必要から生まれたものであるから, だが同時にこれらの階級の衝突のただなかで生まれたものであるから, それは, 通例, 最も勢力のある, 経済的に支配する階級の国家である. この階級は, 国家を用具として政治的にも支配する階級となり, こうして被抑圧階級を抑圧し搾取するための新しい手段を手にいれる. たとえば, 古代国家は, なによりもまず奴隷を抑圧するための奴隷所有者の国家であった. 同じように, 封建国家は農奴的農民と隷農を抑圧するための貴族の機関であったし, 近代の代議制国家は, 資本が賃労働を搾取するための道具である.」

同様にレーニンは,『国家と革命』(1917 年) において, マルクス・エンゲルスの国家論から学びつつ,「国家は, 特殊な権力組織であり, ある階級を抑圧するための暴力組織である」と述べている[159)].

---

157) 小笠原弘親『初期ルソーの政治思想』(お茶の水書房, 1979 年) 256 頁.
158) エンゲルス『家族・私有財産・国家の起源』1884 年 (『マルクス・エンゲルス全集』大月書店版, 21 巻, 1971 年) 170-171 頁.
159) レーニン『国家と革命』(大月書店国民文庫, 1952 年) 36 頁.

国家がどの様な姿で見えてくるかは，第一に，論者の批判性による．批判性が弱く共同幻想（後述）に捉えられていればいるだけ，国家は全員の共同体に見えてくる．これに対して，超越的な価値や神に自分がしばられているという意識や，政治的ないし経済的な自由主義の意識が高まれば，国家に対し個人の世界を主張する立場を採って，国家幻想から脱却し醒めた眼で国家を見ることができるので，国家を道具にすぎないと見ることが可能になる．他方，民主主義の要求が強まったが，まだそれが満たされない所では，国家を一部の者が牛耳っていることが見抜けるようになる．

　第二に，体制の危機度による．体制の危機が強まれば強まるほど，一方では――体制を攻撃する側にとっては――，「国家は支配階級の利益を保護するための装置である」ことが鮮明に見えてくる．しかし他方では――体制を防衛する側にとっては――，「国家は運命共同体である」とする意識がますます高まる．

　第三に，民主主義政治の実際の発達度による．民主主義政治が発達し人民の参加が定着すれば，国家は実際に「全員に属する共同体」となってくる．したがってまた，「政治」を「共同体」の運営行為とする古典古代以来の見方も現実味を帯びて来る．参加の意欲がないところでは国家を道具にすぎないとする態度が支配的になる（これら民主主義・自由主義については後述する）．

　国家を階級支配の道具とすることは，国家をリアルに捉える鋭い批判的精神の成果である．しかしこれが「どうせ国家は強いものの道具だ」・「勝てば官軍だ」とするシニシズムに陥ってしまうと，国家を民主的に・公正に運営させようとする意欲がなくなるし，自分たちが権力を掌握した場合には，法の支配や民主主義を尊重する姿勢が出てこない．実際，レーニンが，『国家と革命』に見られるように国家を一面的に階級支配の道具だとする立場を採ったことが，革命後の国家運営において民主主義や自由・人権，法の支配をどう位置づけるかに関する考察を困難にした．革命後のソヴィエト・ロシアの国家は，権力を取ったプロレタリアートが社会主義を建設するための道具だとされ，革命の道具に対しては，民主主義や基本的人権，法の支配などによる足かせを枷すことは考え難いとされるようになったのである[160]．

　現代マルクス主義において「国家論のルネッサンス」の現象があるが，それ

は，こうした「国家＝階級支配の道具」説の反省から出発している．「国家＝階級支配の道具」説は，上述のように法の支配や民主主義を尊重する姿勢を確保する上で問題をもっていることに加えて，民主主義を発達させ「みんなの国家」の側面を実際に強めている現代国家の特徴を正しく捉え得ないという点においても問題をもっており，これらの点に対する反省が起こったのである[161]．

全体主義的国家観の癖が脱けきらない日本的政治風土に規定されているわれわれとしては，国家を『個人を超えた価値ある共同体』とする見方を克服し，民主主義を追求する立場から「みんなの国家」を目指しつつも，しかし実際には国家は支配階級の道具であるという事実を見失うことなく，同時に，自由主義を追求する立場から「国家は個人の幸福追求のための道具である」とする態度をとり，国家それ自体を自己目的化しない姿勢を貫くべきであろう[162]．

12-2 現代国家

12-2-1 一般的特徴

12-1で見た四つのうち，どの国家観が国家の本質を正しく捉えているのだろうか．現代国家については，どれがもっとも当てはまるのであろうか．

---

160) 大江は，レーニンをはじめとするロシア革命の思想が法の支配や自由な諸制度を正しく評価できなかった一つの原因は，「法の支配」の観念や自由な諸制度が伝統的にロシアには疎遠であったこと（ロシア的法文化が西欧の法文化とは異質であること）にあると見る．大江泰一郎『ロシア・社会主義・法文化』（日本評論社，1992年）66頁以下，109頁以下，183頁以下，227頁．
161) この点を加藤は，国家の性格が物理的暴力行使という権力的な性格にとどまらず，社会の共同事務の受託という側面が大きくなり，この共同社会内事務と権力的事務とをどのように統一して理解するかが，重大な課題となったためである，と説明している（加藤哲郎『国家論のルネッサンス』青木書店，1986年，参照）．
162) 今日の先進国では，国家を『個人を超えた価値ある共同体』とする見方はあまり前面に出ず，その代わりに，『自由も大切だが，秩序も大切だ』とか，『個人の利益も大切だが，公共の福祉も大切だ』という形で論じ，実質的には「個人を超えた価値ある共同体」を擁護しようとする道が採られる．これら「秩序」・「公共の福祉」について考える場合には，国家が自己目的でないことを前提とし，次の点を押さえなければならない．第一に，前述のように（132, 178頁参照），「個人」は法の目的であるが，「国家の利益」は，もはやそれ自体が目的ではなく，それゆえ「個人」に劣位していること．第二に，「秩序」はそれ自体が目的ではなく，個人の利益を確保するためのものであること．第三に，以上からして，「公共の利益」とは，個人を超えた国家の利益ではないこと．それは，あくまで，他の人々の或る利益の総計のことである．それゆえ，〈個人の利益対公共の福祉〉の比較が論じられる時には，それぞれの人々に属すどういう利益同士を比較することになるのか，相互に比較可能な利益同士なのか，を問う必要があるという点である．

国家とは何かを考えるには，抽象的に「国家の理念・本質」を考える道をとっても生産的ではない．それよりも，国家が実際にどのようにして発生し，どの様に働いてき，今どのように働いているか（機能と作用形態）を考え，それを踏まえて「本質」論をも検討する方が生産的である．国家は，観念上の存在ではなく，現実の制度であるからである．本書では，このうち国家の発生の問題は脚注で言及する程度に留め[163]，重点を，現代国家の機能と形態を総括しつつ「国家とは何か」を論じることに置く[164]（以下で「国家」とは，いわゆる国家＝国の他に，地方自治体をも指す）．

12-2-1-1 現代国家の機能
現代国家の機能としては，次の三つが特徴的である．
(1) 権力国家（軍事・警察・立法司法国家）

これは，どの時代の国家にも当てはまる特徴の一つである．しかし，現代国家は，巨大な軍隊と最新鋭の兵器・情報網をもち，国際戦略を立ててその軍隊を国内外に配備する点で，これまでの国家を遥かに凌ぐ．今日の軍隊は，単に外国からの侵略に備えるだけでなく，世界中で活躍する自国の企業や国民の財産・生命・市場・資源を保護するために，さらには，自分たちの陣営を圧倒的な優位に置きたいという世界戦略上の必要のために，世界に配備され，また世界のどこへでも出動可能な体制が自国内外で採られる．アメリカ合衆国の国家がその代表である．アメリカは，CIAや大盗聴装置エシュロンに典型的に見られる最新の情報網を駆使して，自国の利益に反して行動しそうな国家や政治勢力を抑えたり，自国の企業や国民の財産・生命・市場・資源の保護の立場から外国に圧力を加えたりし，それらが侵された場合には「人権擁護」や「正義の

---

163) 本書では，国家の機能に重点を置くので，国家の発生については，概要だけをここに記しておく．国家の発生については，次の点が重要である．当初は家族的結合＝血縁共同体でしかなかった集団（原始共同体という）が，地域の共同体にまで拡大し，やがてその中に，①貧富の差によって，②あるいは分業によって——分業で神官や軍隊の長や共同事務の管理者となった者が実力を付けて，——支配＝被支配関係，すなわち階級関係を形成させ，国家を発生させるに至った．地域の共同体は，また，③他の地域を占領することによって，そこの住民を暴力的に支配下におき，自分たち共同体員が支配階級となることもあった．以上のことから，国家には，もともと共同体性・道具性と暴力的支配・階級支配とがつきまとっていたといえる．

164) 以下については，宮本憲一『現代資本主義と国家』（岩波書店，1981年）76頁以下を参照．

回復」を名目にして軍事的介入・武力行使を行う.

　国内の治安のためには，軍隊とともに警察が強化される．集権化され巨大な権力となった警察は，国民から自分を隠しつつ国民一人ひとりを管理しようとする．現代国家は，国民統制を完璧にしようとする組織本能をもつ．その最良の手段が，IT 革命に支援された国民総背番号制の導入と，盗聴網である．警察国家の代表は，ナチス・旧東ドイツの国家と，戦前・戦後の日本の国家である．両者はともにいわばプロイセン国家の嫡出子であり，全国的に統一された巨大な中央集権的機構によって国民監視を行った，あるいは行っている．

　司法は，立法を基準にして紛争処理をする権力的機関である．司法は，紛争当事者から中立でなければならない建前をもつ．しかし，とりわけ日本においては，国民の権利を侵す国家や大企業に有利に司法が動くことは，われわれがしばしば目撃してきたところである．そのメカニズムを明らかにすることは重要な課題であるが，ここでは次の点を指摘しておく．①最高裁判所の判事を任命する際に体制側に立つ法律家が慎重に選ばれていること，②最高裁判所事務総局を中心とした，裁判官に対する官僚統制が徹底していること（たとえば，採用に当たって思想による差別がある．判決内容や任期中の活動によって昇進差別・任地の差別・再任拒否がある．司法修習生や裁判官の自主的活動や生活が管理されている．裁判官の独立に必要な，裁判官会議による裁判所の自治的運営が否定された．これらが相まって「出る杭は打たれる」・「嵐の去るのを待とう」・「長いものには巻かれよ」の雰囲気を裁判官に植え付けている．裁判官会同・協議会や出向，判検交流——裁判官が一定期間検事になる制度．これを経験した裁判官が国に関わる裁判で国に同情的に動きがちであることが確認されている——などによって裁判官を企業や国家支持に向かわせるための洗脳が行われている），③法曹一元制が欠如しており，社会経験・独立自尊の精神・庶民感覚のないキャリア裁判官が主体となっていること，④行政訴訟手続や，救済制度，情報公開が権利保護を求める国民に不利である，などである[165]（司法については，「18　司法をめぐる合理化と人間化」参照）．

---

[165]　司法行政上の問題点については，木佐茂男『人間の尊厳と司法権——西ドイツ司法改革に学ぶ』（日本評論社，1990 年）395 頁以下参照．良心に従って生きようとした裁判官がどういう冷遇を受けねばならなかったかを実録した，安倍晴彦『犬になれなかった裁判官』（日本放送出版協会，2001 年）および毛利甚八『裁判官のかたち』（現代人文社，2002 年）67 頁以下も大変興味深い．

(2) 企業国家

現代社会においては国家が経済過程への介入を強めている．

かつて人民は，国家が独占する「公」（公けのもの・公共）の名において，自分の所有物や自分たちの共有財産，さらには労働力や生命さえ国家に取り上げられた．しかし近代における市民革命の結果，私有財産が保障され，生命の尊重も明記された．国家による公用収用に当たっては，厳格な手続，必要性の審査と十分な補償が条件となった．そうした市民的自由の基盤上で発達した資本主義経済は，生産手段の私的所有，私的自治，自由な市場を前提にしている．19世紀中葉には，自由な資本主義の発展，市民社会の拡大につれて，「レッセ・フェール（自由放任主義）」・「夜警国家」（社会の主要な活動は市民社会・企業家にゆだね，国家はただ秩序維持に専念するという，消極的な国家活動を是とする国家観）の原則に基づいて，国家がどんどん縮小して行くかのように見えた．

しかし，資本主義が高度化し市民社会が拡大すればするほど，私的な企業が成長し「公共」の衣を身にまといだし，その衣によって，「公」を標榜し国家を逆に自分たちのために積極的に使うようになった．このようにして成長した企業に牛耳られ企業のために動く国家のことを「企業国家」という．国家は，そうした動きの中でその機能と規模を再び拡大し始めた．

たとえば，生産の一般的条件を整備する仕事が，国家の仕事になった．道路・鉄道・港湾・空港などの交通手段や電信・電話など通信施設の整備，工業団地の造成，工場用水，エネルギー施設，多目的ダム，共同防災設備，共同研究・技術開発などの設備とそれに伴うサービスがそれである．こうしたものは，「公共物」であるとして国民の税金で造られ，しかし実際には大企業が専ら利用する（建設請負自体が企業を潤す）．国家はこのようにして生産過程に取り込まれ，生産の一般条件の創設・維持管理の仕事を行い始めた[166]．

その典型が，1960年代以降の現代日本国家であった．国家は，企業の活動を育成し保護するために，公共用地や公共用水面（海浜）を住民から取り上げ，公費——すなわち市民自身の金——で整備し企業に提供した．とくにコンビナートや工業団地の建設のために，用地の造成ばかりでなく，都市整備，企業誘

[166) 宮本憲一・前掲注164)『現代資本主義と国家』77頁．

致のための免税・優遇税制，企業援助のための補助金などの措置が，公費を投じて行われた．企業はそれらを利用して高度成長を遂げた（そしてその結果は，海や大気の汚染，海岸や緑や文化財の喪失であった．そうした害が住民にのしかかった上に，公害病患者の治療費の大半や汚染除去費用，生業補償，公害防止対策の費用もまた公共機関（すなわち住民）が負担することになった．企業が起こす大災害（原油流失，火災，ガス漏れなど）の処理費用も，公費，すなわち住民負担であった）．

ここでの国家介入の主要目的は，国民のために企業の経済活動を規制することよりも，企業の利益保護にある（企業のそうした収益の一部は，政権政党に政治資金として献金される．こうした〈企業―政権政党―政府〉の連携構造が，日本の政治を規定し続けて来たのである）．この点では，支配階級[167]の支配の道具としての国家が今なお厳然として存在している．国家の階級性は，日本などでは今日においてもきわめて顕著なのである．

(3) サービス国家

現代においては，国，地方自治体，その他の公的団体による公共サービスを，国民は一日中いろいろと受けている．上・下水道，ガス，ゴミ処理，道路，通信，交通機関，学校・保育，医療・病院・保健，防災・災害時の救助，公営住宅，公園，老人施設，生活保護，生活の支援・活動の援助，芸術・文化施設，等々である．これらのサービスは，「生活の社会化」（あらゆる生活局面が自給自足性を喪って，社会サービスに依存していくこと）と，社会問題の深刻化に対応する「福祉国家」政策とに伴って，ますます増大している．こうしたサービスが，国民の福祉を第一義的に考えて行われているのか，国民支配をうまく実行する

---

[167] 本書で「支配階級」とは，経済的搾取・収奪の主体で，その実力によって国家を搾取・収奪のために利用しうる階級をいう．（「搾取」とは，労働の場において，実際に働いた分と賃金として受け取る分との差額が，資本家・企業の収益となることを言う．また「収奪」とは，社会生活において物品・サービスの対価として支払う料金ないし税金と実際に受け取る物品・サービスの額との差額が，物品・サービス提供者・企業の収益になっていることである．）現代における支配階級は，大企業を担っている人々，その利益追求を政治や社会において実行している人々を指す（したがって，「階級」概念は，厳密に経済概念ではない）．これに対して「被支配階級」とは，搾取・収奪の対象となる人々をいう．被支配階級を，その政治的主体の側面に着目して論じるときは，「人民」という．「国民」は，国家構成員の全体を指すが，文脈により，支配階級を除いた部分を指すこともある．その場合は「国民」は「人民」と範囲は重なるが，政治的主体性にこだわった概念かどうかの違いがある．最近ではこれら階級・搾取・収奪・人民の語はあまり使われなくなったが，筆者は，後で実際に示すように分析概念としてなお有効であると考える．

ための方途として行われているだけなのか，あるいはその両面が重要なのかについては，以下のところで検討する．

12-2-1-2 現代国家の作用形態

現代国家の作用形態としては，民主主義と官僚制との動きが重要である．

民主主義国家 現代国家では，『国民全員が主権者であり，国家はその国民全体のためのものであり，国家の官吏は全体の奉仕者である』という原則を，憲法その他の規範に掲げ，その建前の下で政治が行われている．こうした建前がどこまで実態でもあるかは，国によって異なる．しかし概して先進国では，1960年代以降の民主化の結果，差別に対する批判が高まり，とりわけ1980年代以降，公民権が拡大されて，上述の建前がヨリ現実化したことは事実である（この点については，後述の「18 司法をめぐる合理化と人間化」参照）．

この民主主義国家の建前が実際に定着した社会においては，人民＝被支配階級が，「国民主権」・「民主主義」・普通選挙・裁判・住民参加・住民投票・情報公開・オンブズマンなどの法原則ないし制度やそれらと不可分な世論の力を活用して，政治を左右することができる．そして支配階級は，こうした状況下では，ストレートに支配を貫徹できず，支配を維持するためには，被支配階級に対する譲歩を含め様々な工夫をしなければならなくなった．またこのような社会では，人民の立場に立つ法律家たちは，法の実務において，憲法が保障する民主主義や人権と，近代国家・近代法の原則とを基盤とした法解釈によって，支配階級の利己的な動きを制し，被支配者の利益を擁護することができる．

国民が民主制に習熟するにつれて，支配階級が一方的に支配することが困難になり，その分だけ，支配階級の支配・利益追求は弱まり，国民全体の利益を軸にして社会・政治の現実が動く，つまり「みんなのための国家」の面が実質化するのである．こうした点を考慮に入れると，民主主義の発達した時代においては，前述の，国家が全構成員の共同体である，あるいは全構成員の生活の便宜のための道具であるという面が実際にも強くなる．この点は，とくに上述の「サービス国家」の側面に反映し，国民の福祉のための国家が実際にも展開するようになる．この場合には国家の「本質」を一面的に支配階級の支配の道

具と規定することはできない（にもかかわらず，そこでも依然として国家が支配の道具である面も強く働いているのであって，両側面の位置づけが重要である）．

官僚国家　官僚制は，巨大な組織——とりわけ現代社会における国家，巨大企業，軍隊など——の合理的運営にとって不可欠である．それが有効に機能するためには，①組織の合理的構成（分業と，指導部を頂点にしたピラミッド型組織によるヒエラルヒー的統合），②事務担当者の専門的能力の高度化，③かれらが職務禁欲を通じて価値中立的な装置になりきり，規則と上司の命令とに服する規律を身につけること，④上級官僚の総合的判断力（政策の立案と運用のための能力），が欠かせない．

官僚は，通常その部局に定年まで勤務し，上級官僚は大きな権限と専門知識によって社会的に影響のある高い地位を占める．規則の厳守，文書主義，社会に対する距離と優越性などから，官僚制は，社会に対して独自の活動様式をもった組織となる．そのことのプラス面としては，官僚的禁欲によって私的欲望を自己制御でき（清廉実直），公正に全体を配慮することができ，必要な仕事を的確に処理することができる点が挙げられる．しかし，マイナス面として，セクショナリズム，画一主義，先例踏襲，繁文縟礼（はんぶんじょくれい），秘密主義，官尊民卑などの傾向がある（現代国家においては，国家機能の増大に伴い官僚制も肥大化する．そのこと自体が非能率とコストの増加をもたらすので，今日ではどこの国家でも，一方ではスリム化と効率化をめざして業務の外部委託や独立法人化，民営化が進んでいる）．

官僚機構の上には，組織を政治的に運営する指導部（政治家）がいる．官僚は，その指導に従って動くが，しかし同時に上述した独自の活動様式によって，政治家や支配階級の意のままにはならないで，むしろ政治家を，規則に照らして，また技術的観点からも，操縦しようとしたり，支配階級ないし市場メカニズムに対して，全体的・長期的視点に立ち得る者としての判断から，さらには権限ある上位者としての判断（お上意識・官尊民卑ないしエリート意識）からも，コントロールしようとする面をもつ．

民主主義を建前とする国家では，官僚制は，単にその上位にある政治家に服するだけではなく，主権者である国民にも服するから，民意を反映して，支配階級やその意を受けた政治家から距離を置く面が強まることもある．官僚の中で民主主義的な人物や組織が影響力を強めれば，この傾向は一層顕著になる．

しかし，逆に，支配階級やその意を受けた政治家に規定されて反国民的に動くこと，および官僚組織としての独自の行動様式（上意下達で動くことは，機動的であるために必要だが，しかしこれが作り出す資質は，民主主義とは正反対のものである）や，組織防衛・利益判断で反国民的に動くことも，もちろんあり得る．

以上を要するに，民主主義国家における官僚制の動きは，支配階級，政治家，民衆，官僚間での四つ巴のものとなり，その個別具体的な把握が重要となる．

12-2-2 国民統合のメカニズム

以上のように，現代国家については，①支配階級の支配の道具である側面と，②民主主義原則に規定されたことからくる「国民全体の国家」の側面と，③「共同事務・サービスの管理者」としての国家の側面とが，共存している．そして，日本の現代国家においては，②にもかかわらず①が顕著に貫徹しているといえる（問題は，このことと③とがどう関係しているかであるが，これは以下の点との関わりで論じる）[168]．

民主主義（人民ないし国民の国家支配）が原理となっている現代国家においても，このように，経済的に支配的な階級の，国家支配やその国家を道具とした利益確保，すなわち国家の半私物化が起こり，それが多くの場合，国民の反対に合わないのは，どういう仕組みによるのだろうか．また，そもそもこれまでの長い歴史において人々はなぜ，自分を苦しめる国家をも──単に消極的にではなくむしろ積極的に──支持しその下に結束してきたのであろうか．これは「国民統合」のメカニズムの問題である．そのメカニズムには，(1) 法の抽象性の利用，(2) 民主主義などの制度の形骸化，(3) 利益・機会などの便宜の供

---

168) 前述のように（注137），現代国家については，ごく最近，10年以上も続く構造不況，IT革命，グローバリゼーションに対応するため，「構造改革」が叫ばれている．これは，市場メカニズムによる経済再生を信じる新自由主義に基づいて，民営化，「非効率」企業の切り捨て，労働力の流動化，労働の合理化と賃金抑制，社会保障の削減，財政の効果的配分などを遂行し，少数の優秀な企業を育て国際競争にも備えようというものである．こうした政策の結果，上述の「福祉国家」的サービスや土木関係の公共投資などは削られ，それに見合った「小さな国家」が一方では出現しつつある．しかし他方では，グローバリゼーションに伴う国内・国際的な秩序維持のために，軍事・治安国家は拡大しているし，企業支援や新しいインフラ整備など経済再生のための国家支出は増大するのであるから，上述の国家規定が本質的に変わったということにはならない．

与，(4) イデオロギー上の操作がある．以下，日本の国家を中心に置きつつこれらを順に見ていこう（これらの他にも，利益団体や会社組織・宗教団体などを使った組織化，マス・メディアの利用——テレビでは政見や業績を宣伝すること以上に，内容なく肯定的イメージを繰り返すだけの宣伝が効果を上げている——なども問題になるが，ここでは論じない）．

  (1)　法の抽象性の利用

　法，とくに近代法は抽象的・形式的であり，その抽象性を利用して支配階級の実質的な支配が貫徹する．例えば，①政治運動や選挙は，法的には対等な市民間の競争として展開する．しかしそれらには巨額の活動資金が必要である．支配階級は，格段に優越した経済力と社会的影響力を有しており，それゆえ実際には優位に立つ．アメリカの大統領選挙はその典型である．②また，表現の自由は，法的には全市民に保障されている．しかし，資金をもたない者は，新聞，雑誌，テレビ番組などを自由にできず，それゆえ自分たちの意見を宣伝することが困難である．③そもそも，資本主義的な搾取にしてからが，雇用者と被用者との自由な雇用契約・自由な労働という形態の下で，その形式性を利用して行われる．しかも，実際には両者の間に大きな社会的実力の差があるため，弱者は契約において選択の自由が少なく，「自由な」契約は強者に都合のよいものとなる（この点は139頁で論じた）．これらの真相にも拘らず，表面は対等性や自由を原理としているから，国民は，その不利な結果をもごく自然に受け止めるのである．

  (2)　民主主義の形骸性

　法制度が民主的であっても，それがそのまま現実を規定するのではない．それを担う人間が，その制度を骨抜きにしてしまうことはしばしば起こり得る．行政官僚・警察・検察・裁判所の不公正な対応，サボタージュがそれである．また，被支配者が支持した政党や議員が，選挙民を裏切り支配階級の政党に迎合することも多い．被支配者の組織した団体（組合や職業団体）の幹部が裏切ることもある．この点で日本では，戦後50年もの間，一つの政党が事実上政権を独占してきたことから来る，官界・財界・政界の癒着，そのことによる政権政党の求心力（他の政党・エリート・マスメディアを引きつける力）の強さがもつ意味は，中央政治，地方政治を問わず，大きい．また，大衆社会化現象（前述

のように（164, 182 頁），都市化の中で群衆内の孤独で匿名の一人となってしまった個人は，政治に対して無関心となり，また社会を批判するための価値規範を喪失し，その結果，世の大勢に流される）は，民主主義を担うべき主体の深刻な骨抜きをもたらす．

それにもかかわらず，表面が民主主義を原理としているから，国民は統治をごく自然に受け止める．

(3) 便宜供与

被支配階級がすすんで支配階級ないしその道具としての国家を支持する原因の一つとして，被支配階級に対する便宜供与がある．その大部分は，支配階級が利益追求のために利用する措置——とりわけ国家を使った措置——が，同時に被支配階級の利益向上に結びつくという形で，実行されている．例えば次のようなものである．

生産の社会的基盤創出 支配階級がもっとも重視するのは，生産を高めて利潤を拡大すること（儲けること）である．しかしその生産活動は，副次的には被支配者をも豊かにする．たとえば，生産力を伸ばすためには，交通・通信網の整備，生産用地の造成，水・エネルギー資源の確保，資本の創出（税や国債発行，貯金などによる），防災設備の強化，労働力創出のための施策（例えば，教育，「産めよ増やせよ」の育児・家族政策など）などを通じて生産活動の基盤を整備しなければならない．これらが，同時に市民生活の基盤整備ともなる．古代ローマ軍が植民地を支配するために，また中世において領主が領民を支配するために，造った軍用道路や橋も，同時に植民地人や領民が通行するのに利用する．ドイツのアウトバーンは，ヒットラー（Adolf Hitler, 1889-1945）が軍事用に造ったが，市民にとっても重要な道となっている．

同時に，公共事業自体が中央のゼネコン（総合建設会社）の収益源となるのだが，その事業は下請け化を通じて，地元業者の動員，地元での資材購入，地元の雇用創出などで若干は地元を潤す（この種の利権獲得こそが，今日の農村部での保守政治の新たな基盤を成している）．

生活基盤整備の措置 人々がもっとも関心をもつのは，自分たちの生活の向上である．支配階級にとっても，生産秩序の維持・生産の拡大のためには，生産行為にたずさわる者（労働する者）の生活を，ある程度は

よくする必要がある．そうでなければ，かれらが不満をもち，秩序維持にとって危険であるし，そこまで行かなくても，支配階級の政党が選挙で負ける可能性が強まるし，国際世論の批判も高まる．労働する者の知的・技術的向上は，生産性向上にとって必要でもある．国家は，こうした形での生活保障のために使われるものでもある．そうしたものとしては，公営住宅の建設，生活環境施設（水道，ガス，電気，ゴミ処理など）の充実，医療衛生や社会福祉の諸施策の拡大，国家の教育・文化活動，住民の交通・通信手段の支援（例えば公営交通手段，国営郵便）などが，挙げられる．

流通・信用の条件整備 これは，国家による，通貨管理，公的銀行の経営，度量衡の基準決定，地理に関する資料の整備，経済統計など統計の充実，交通管制などである．

秩序維持の装置 どの国にとっても，企業や投資を誘致し活動の安全を保障するためには，治安対策が必須である．企業にとってはとりわけ，犯罪者の活動とともに企業内外における被支配階級の反対運動を抑圧する必要がある．軍隊や警察はそのために創られたとしても，しかし同時に，被支配階級の生活防衛にもなる．企業に対する犯罪，とくにテロ活動は，従業員や一般住民をも巻き込むし，犯罪者は被支配階級をもターゲットにするからである．軍隊や警察はまた，災害救助にも使われる．

以上4つの国家の役割は，全体としては，生産の維持・拡大という課題に規定されている．とりわけ資本主義社会においては，全体としてはこの課題が重視され，そのためにこれら4つの諸活動が促進されるということが，歴史の事実である．ということは，逆に言えば，生産の維持・拡大という資本の論理からして非効率であり阻害になることについては，支配階級は，選挙で負ける等の憂いがなければ，サボタージュないし民営化するということでもある．

(4) 統合のイデオロギー要素

統合のイデオロギー要素は数多いが，ここでは下記のものを取り上げる．

① 共同幻想　共同幻想とは，人々が，利害が対立するにも拘らず「ともに同じ共同体の構成員である」と意識し共同することである[169]．国家につい

---

169) 幻想国家論のモチーフは，すでに青年マルクスの「ユダヤ人問題に寄せて」や「ヘーゲル法哲学批判序説」（ともに1843年）に出てくる．すなわち，現実の市民社会では諸個人が分裂し対

てそうした意識が強化されるのは，民族としての，あるいは国民としての同一性（言語，文化，血，国土の同一性）がことさら強調される場合である．それには，イデオロギー，儀式，統合するシンボルの働き（カリスマ的人物，モニュメント物，国歌・国旗，神話など）によることもあるし，また，事実としての政治的運命共同体関係（すなわち戦争――軍事的，経済的なものを含む――に負ければ，支配者・被支配者ともに悲惨な状態に置かれる，という恐怖の下に結束すること）の影響によることもある．運命共同体の観念は，スポーツ（オリンピックやワールド・カップ）や文化的成果を国際的に競う場合にも，出現する．

共同幻想のために有効なのは，「敵」・「ライバル」・「スケープ・ゴート」を創り出し，人々の攻撃本能を煽ることと，自分たちを「トップ」に上げることや「最下位」から脱出することを国の共同課題にしてハッパをかけることである．中でも敵への憎悪は，内部結束を固めるために最も効果的な手段となる．

共同幻想の形成のためには，マス・メディア，教育，文化・芸術・スポーツ，各種祭典など，あらゆる社会的営みが利用される．非政治的なものの中に，密かに政治的支配・統合の網が張りめぐらされているのである．

なお，国家はその支配を行う官吏や，支配のためのその他のスタッフ（教員，マス・コミ関係者，軍隊・警察など）を，被支配階級からもリクルートする．企業にとってもそうしたリクルートは，不可避である．このことが，『国家・企業は被支配階級にも開かれたものであり，国家・企業の前で差別はない』，『国家・教育・企業はみんなの場である』という意識を生む．

立し合っている．孤立・競争・搾取・収奪・抑圧・差別がつきものだ．こうした分裂した人間に対して，「国家」の観念が，虚偽の共同性を提供する．それが愛国心や国への奉仕の観念である．そしてそのことによって，人々を体制に安住させ，働かせ，戦場に駆り立てる．大切なのは，国家の観念によって植え付けられた虚偽の共同性を克服し，真の人間の類的本質（連帯）を取り戻すことだ．そのためには，虚構の共同体である国家を脱して，現実の市民社会における現実の人間について，そのあり方を考えることだ，とマルクスは言うのであった．

その後の幻想国家論については，影山日出弥『憲法の原理と国家の原理』（勁草書房，1971年）162 頁以下参照．また竹内芳郎は，次のように言っている，「人間が直接的に生きている位相は，けっして物質的過程そのものではなく，あくまでひとつの幻想過程でしかなかった．とりわけ〈国家〉のような社会制度は，まずなによりも社会的な象徴体系のなかで，記号論的にその意味を解読されねばならぬはずのものであって，わたしたちの〈幻想国家論〉も，そのための最初の方法論的装置のひとつにほかならない．」竹内芳郎『国家と文明』（岩波書店，1975 年）229頁．「幻想過程でしかなかった」と言い切れるかは疑問であるが，その面は確かに大きい．

② 「国民主権」の仮象　　上述したように，近代国家においては支配階級の支配は，『国民全員が主権者であり，国家はその国民全体のためのものであり，国家の官吏は全体の奉仕者である』という建前の下で行われる．こうした建前下では，『国家の活動は，実際にも国民全体の利益のために行われている』という見方が生じるのは，自然である．

その一例を示そう．1970年7月17日の家永教科書訴訟東京地方裁判所判決（杉本判決）を受けて，文部省は次のように反論した[170]．「現憲法下の国家は，主権者である国民の信託を受けて国政を行なっているのであり，国民と国家とは対立的な関係にあるものではない．……公教育もまた国民の意思にもとづき国民の付託を受けて行われるべきものであって……」．これが建前と現実とを混同する思考の一典型である．ここで文部省が言っているように，法律に規定されていることがそのまま現実であるなら，『憲法14条が「すべて国民は，法の下に平等であって」と規定している以上，日本には差別がない』ということになる．『第36条に「公務員による拷問および残虐な刑罰は，絶対にこれを禁ずる」とあるから，今では警察で被疑者取り調べにおいて警察官の暴力は全くない』ということになる．しかし，これはわれわれの経験に著しく反する．

民主主義を採用している国家においては，国民の代表が国民の信託を裏切って権力を濫用したり職権を悪用して私利を図ったりすることは，本当にないのだろうか．そもそも，「国民と国家とは対立的な関係にあるものではない」のであれば，何のために憲法によって国民の人権を権力から保護する必要があるのだろうか．いずれにせよ，日本ではこのような思考が国家の公式見解であるところに，国民主権の規定が，逆に国民をその建前に安住させて現実にはその主権行使の姿勢を失わせる効果をもつ側面があるのである．

③ 「公的なもの」の仮象　　この仮象は，第一には，「国家は公的なもの（みんなのためのもの）」であるという建前が，実際と混同される形で起こる．日本では実際には，長期に及ぶ中央・地方の保守体制下で行政機構，警察，裁判所はきわめて偏向して編成されており，また後述の，GDP拡大を至上命令とする政策によっても，国家は大企業の私的利益に奉仕する働きをするのだが，

---

[170] 文部省初等中等教育局長「教科書検定訴訟の第一審判決について」（通知），1970年8月7日付，『ジュリスト』461号．堀尾輝久『人権としての教育』（岩波書店，1991年）123頁参照．

人々は「国家は公的なもの」だと信じて疑わない（「共同幻想」が共同体としての国家に関わるのに対して，これは，国家がみんなのための道具であるとすることに関わる.）

そうした認識が生じる原因としては，まず第一に，『国家ないし官僚制度の中立性』の仮象がある．国家，すなわち行政官や裁判官は，一方では，紛争当事者の間に立って調整の役割を果たす．同じ支配階級に属する者の間でも実際には利害対立はあるものであり，国家はその間に立って調整をする中立者的働きぶりを見せる．同様に国家は，被支配階級の間での利害対立を中立的立場で調整する．国家はまた，時には支配階級と被支配階級との間で調整をする中立者として現れることもある．そして場合によっては，国家は，支配階級の支配を長期的視野で確保させるために，支配階級の行きすぎた無理強いや乱暴を押さえたり，かれらの近視眼的な儲け本意の行為を抑えたりもする．国家は，こうした働き方をするとともに，しかし他方では，決定的な局面で支配階級の道具として働くのである．ところがそのときにも，先の中立性の装いが功を奏して，被支配階級は違いに気づかない．

第二に，物理的にも，国家は企業の事務所で活動しているのではなく，市民に開かれた役所で活動しているのだが，この役所の建設や維持の費用は市民の金でまかなわれている．この市民の施設内での行政が企業のために機能することが問題なのだが，『市民が建てた建物の中で，市民の金で動いている機関は，市民のものである』という印象を与えるのは，自然なことである．

この仮象は，第三には，「開発・整備事業は公的なもの」との仮象として起こる．前述のように，開発・整備に関する諸事業が，国や地域の産業の構造改善に関わるものとして，あるいは地域の近代化の一環として，公共目的をかかげた開発政策として行われることが挙げられる[171]．企業の進出は，地域の雇用創出や税の増収につながるとして，さらには町の名を世界に広げることになるなどの理由で歓迎されるのである．実際には，コンビナートはさほどの労働力を必要としないし地場産業と結びつかないし，主力の法人税や消費税は国税である．地元に還元されるのは，汚れた空気と汚水，産業廃棄物，公共投資に

---

171) 宮本憲一・前掲注164)『現代資本主義と国家』12頁．

起因する多額の財政赤字であったにもかかわらず，である．

　仮象は，第四には，大きな企業のサービスを「公共性」をもつものだとする形で起こる．資本主義経済の特徴は，私的所有を基盤にしながら人々の求める需要を充たす形で生産が行われることにある．すなわち所有の私的性格とサービスの社会的性格が一体である．私的企業のサービスは，企業が小さい場合には「公共性」をもつとは映らない．しかし，大きな企業が一つの地域市場を独占したり一国市場を寡占（少数者で占めること）するようになると，人々の生活がその企業のサービスに依存し，また深く関わることになるので，「公共性」の仮象が顕著になる．

　鉄道・バス会社，電気やガスの供給会社，大病院，銀行，放送局，大商店などがそうである．そうした大きな企業は，その独占・寡占によって私的利益を拡大するのだが，同時に人々の目には，実際にもそうした企業活動は，地域生活や地域の振興に欠かせないので，地域全体のための公共サービス体のように映る．

　また，こうした企業が営業を止めると，顧客である住民に大きな不便が生じるし，その周辺がさびれたりして都市計画上大きな問題が生じる．そうした企業が損害を被ったり破産したりすると，その損失は商品・サービス・雇用などの悪化に転嫁されたり――企業が巨大化し独占化が進めばそれが簡単になる――，また自治体の税収入が減って，結局は住民が損をする構造も事実としてある．大きな企業は，進出する時には国家のお膳立てを利用するが，調子がよくなって儲かるようになれば「市場の原理にまかすべき」とする「新自由主義」を前面に出して，国家の規制・介入を排除しようとしたり，さらには，公営事業の民営化によって，公共用地や顧客を獲得したりする．しかしまた，危機に陥ると，「企業がつぶれると国民に与える悪影響が大きいから」として「公的支援」に頼ろうとするのである．

　仮象は，第五には，『ＧＤＰ増大や資源配分の効率性向上に貢献するものが「公的」だ』とする形で起こる．経済政策に関わる物事を考えるに当たって，全体としての国内生産をいかに高めるかの観点に立つことが前提にされ，そのためには，生産性の高い産業が重視される．それら大企業は，日本や地元自治体の未来を担い公的に重要なものとして保護されることになる．これに対して，

効率性が悪い中小企業の営業活動や，市民の憩いの場であるきれいな自然は，利益をもたらさず GDP を高めないどころか，逆に公費がかかる無駄だ，「遊休地」だ「未開発地」だとして，公共性をもたないとされる．経済成長が最大の目標である国や自治体においては，きれいな自然海岸よりもコンクリートで塗り固めた工業港湾の方が「公共的」だと映る．市民が海岸の光景を楽しんだり漁民が漁をしたり渡り鳥が群れて休んだりムツゴロウが飛び跳ねたりするよりも，コンビナートが稼働して煤煙と汚水を排出する方が，『経済的効果が高く，それゆえ国益にかない，公共の福祉に適合し，したがって公共的である』とされる．

「公共性」のこうした使い方は，単に大企業が海岸や土地を安価で利用するための論理となっているだけでない．それはさらに，たとえば大企業が生じさせた社会的損害（とくに公害）を，住民に我慢させたり——大企業の活動は公共的なものであり住民の被害は個人的なものであるから，利益衡量すれば住民は多少の犠牲は公共のために我慢しなければならないとする受忍限度論がその典型である——，また損害補償を公費で行い，企業に補塡させない際にも使われている．

こうしたことが自治体と大企業による，自然破壊と住民の健康破壊，地域産業の破壊への二人三脚の哲学となっている．

*

以上からして，公共性を考える場合には，第一に，GDP とか経済の効率性とかといった，人間一人ひとりの顔をもたない基準（この基準による処理は，法学分野では，『法と経済学』の導入によって強まっている）だけで考えてはならないのである．社会的効率が低くなろうとも，人間らしい生活を維持し，生活文化を伝承し，社会的公平を維持する，すなわち一人ひとりの幸福の観点から，「公共」が問題にされなければならないのである（注 150 の分類では B-1 の「公共」が大切なのである）．一人ひとりが幸福になることが国家と法の目的であり，かれらが社会構成員の圧倒的部分であるのだから，その幸福を追求することこそが「公共的」である[172]．収入が多少増えても，あるいはそういうこともな

---

172) 「公共性とは基本的人権を守ることではないのか．」（宮本憲一『日本社会の可能性』，岩波書店，2000 年）61 頁．同『公共政策のすすめ』（有斐閣，1998 年）79 頁以下をも参照．

いままに企業が富んで国の GDP が伸びたり町役場が立派になったりしても，きれいな海岸や美しい丘陵・河川を失い住民間に分裂を生じさせて，さらには殺風景な利益追求活動に巻き込まれて，われわれは本当に幸福だろうか．公共輸送機関を廃止し自家用車に輸送手段を切り替える方が，確かに効率は高かろう．しかし，それをやってしまうと，運転できない人々は移動のための自由を奪われる．スーパーほどに安くはない零細商店街は，潰した方が効率性の観点からは良いかもしれない．しかしそれでは，ダウンタウンの生活が破壊され情緒・文化面で町が失うものも大きい．それを失って人々は幸福だろうか．商店街は，効率性を基準にすれば「公共性」が低いが，そこに住む人々の幸福に関わる，生活の「人間化」（この語については 18 章参照）や地域文化の観点からみれば，「公共性」が高いのである[173]．

　第二に，国や地方自治体がやることだから公共的であるということにはならない．国や地方自治体は，結局は議会の多数派に規定される．『多数派はより多くの人の声を反映しているのだから，もっとも全体の利益のために動く』というのは建前に過ぎない．かれらが，一部少数者の利益のために動くことがしばしばあり得る．その極端な例が，頻発する汚職であるが，しかしたとえかれらが全体の利益のためだと考えて行動していても，それが誤っていることもある．その典型が，「経済成長こそが全体的利益だ」とする考えに立って動くことによって，実際には一部大企業の利益にしかなっていない点である．われわれは，経済成長が，地域開発が，道路建設が，ダム建設が，原子力発電所建設が，実際には誰の利益になっているのかを，具体的に考えなければならない．

　開発によって脅かされるのが，一地域の住民の生命や健康といった個人的利益であれば，それらによって恩恵を被るのも，一部の人——すなわち企業，あるいは客として利用する人々——である．個人的利益を超えた抽象的な公益（「公共の福祉」，ましてや「国家の利益」）などがあるわけではない．戦争の際に守るべきだとされる「祖国」ですら，守られる内容の観点から見れば，それはそ

173）　その際にとくに重要なのは，絶対的損失である．絶対的損失とは，「貨幣的に計量しがたい，事後的な補償によっても原形復旧が困難な不可逆的損失」である．具体的には，人的損失（健康障害，死亡など），人間社会に影響をあたえる再生不能な自然破壊，修復不可能な文化財の損傷などである（宮本・前掲注 164）『現代資本主義と国家』140 頁）．そうした損失は GDP や効率性の算定に当たって考慮に入れられない．

の国に住んでいる国民個々人に還元される．抽象的に「祖国」があるわけではない．だから，「祖国を守るために」と称して，具体的な生身の人間である国民の多くの生命と自由と生活を犠牲にするのでは，「祖国」は守られたことにはならない（「祖国」をもち出す発想は，基本的に前述の **A-1** の国家観に結びつく）．

　重要なのは，「一部の者の利益のためなのか，より多くの者の利益のためなのか」の識別であり，また，「犠牲となるのが一地域の人々である場合であっても，その人々の人間の本源的価値（生命や健康，ゆとり，共同生活）が損なわれるのでないかどうか」の識別である．犠牲になるのが人間の本源的価値である場合には，生存権が損なわれることでもあり，単純な量的比較ができない．そうしたものを犠牲にして GDP や効率の計算をし，その結果一部の企業が繁栄しまたその利用客が利益を受けるのは，著しく正義に反する[174]．

　国民が本源的価値を享受するという形において真に豊かになり，それを本位として国家が働くという意味で国家の公共性が発揮されるためには，結局のところ，法や政治を経済とくに GDP や効率性に還元して考える発想から解き放たれ，またなによりも民主主義を発達させて国家の働きを変えて一人ひとりの国民を大切にするものにし，かつそうした力によって，企業自体をもこれまでのような我利我利亡者であることから，真にその公共性を自覚し，国民や自然環境とも共存し得る組織へと変えていかなければならないのである．

---

174) 宮本憲一「公共性を問う」（『日本社会の可能性』岩波書店，2000 年）参照．開発経済学における構造学派が提起した，単に経済指数だけでなく経済構造の観点からも「発展」を考えなければならないという観点が大切である．『誰が豊かになる反面，誰がどういう点で貧しくなるか』の観点である．この観点は，単に低開発国だけにではなく，先進国でも重要である．「経済人」（企業）のための開発・公共性・国家ではなく，人間のためのそれらが求められているのである．西川潤『人間のための経済学』（岩波書店，2000 年）114 頁以下．

13 民主主義と自由主義(1) 民主主義対自由主義

　ここでは民主主義と自由主義との関係について論じる．これら近代政治上の二つの根本原理は，しばしば一体的に扱われる．たとえば，戦後日本の改革は，民主主義の導入（「国民主権」）と自由主義の導入（基本的人権の尊重や三権分立・法の支配）を相ともなっていたが，われわれは，これを指して「戦後の民主化」とか「戦後民主主義」と言う．アメリカは，民主主義と自由主義を二原理にしているが，人々はこれを指して「アメリカン・デモクラシー」と呼ぶ．要するに，「民主主義」が「自由主義」を包み込み，両者の区別があいまいになっているのである．

　しかし同時にわれわれは，実際には日常生活において両原理を区別して使ってもいる．たとえばわれわれは，ボス支配を廃して皆で運営するように変えることを，「サークルの民主化」とか「町内会の民主化」と呼び，これに対して，規制をなくして自分たち自身で選べるように変えることを，「サークル活動の自由化」とか「制服の自由化」と呼ぶ．これらにおいて，「民主化」と「自由化」を入れ替えると，奇異に響くだろう．

　確かに，両原理には協働する面がある．しかし，二つのものが協働するのは，両者が似ていることによる場合とともに，相反していることによる場合もある．そこで，この点を考察しよう．

　これまでのところで前提にしていたように，民主主義と自由主義は，一方では同一の原理を基底に置いている．この点をまとめると，次の通りである．

　第一に，民主主義と自由主義は，ともに自己決定を原理としている．自由主義は，各人の個人的世界（内面および私的世界）における自由・自己決定を尊重し，そのために様々な自由を確保することによって，その世界を他者や外部社会から守ろうとする．民主主義は，各人の属する共同体を構成員全員が自己決

定すること，自治としての自由を原理としている．したがって，自己決定ないしその意味での「自由」を追求すれば，自由主義とともに民主主義にも至る．

　第二に，自由主義には，一人ひとりの人間を自己目的的存在として尊重しその尊厳性を承認することを基底的な原理としている．これは，すべての人の平等ということでもある．そしてこの，個人の尊重と平等とを政治の場において徹底すれば，すべての人が主体として政治に参加する民主主義に至る．

　第三に，一部の特権者による支配が，たいていは権力の濫用を生じ各人の自己決定を損なう結果に至るために，自己決定を求める自由主義は，全員が権力を掌握しそれに参加することによって権力の濫用を防ごうとして民主主義に至ることが多い．

　しかし他方では，両者では，以下のように根本原理が正反対でもある．

13-1　民主主義

民主主義の根本は，権力と個人の同一性にある[175]．各人が主権者となり，

---

175) カール・シュミットは，民主主義の根本に同一性の原理（国民と支配者が同一であることと，国民が同質・対等であること）が働いており，この原理は，指導者を全員一致の喝采によって選ぶことによってこそ真のものとなるとする．これに対して，かれによれば自由主義の根本には議会主義があり，それは全体の代表であること，理性的討議と公開制とに立脚している．しかし，代表制，全体の代表である建前，理性的討議，公開制は，大衆民主主義下ではもはや非現実的となり，それゆえ自由主義はもはや時代遅れとなった，とするのである（『現代議会主義の精神史的状況』1923年，『議会主義と現代の大衆社会の対立』1926年，『憲法理論』1928年，など）．
　筆者は，シュミットの立論から多くを学んだが，本書の記述から明らかなように，シュミットのこの結論には疑問をもつ．その理由は次の通りである．①民主主義の根本には自由希求――自由主義の根幹――がある．②民主主義と自由主義はともに自己決定を基底にしているように，原理を共有している点もある．③自由主義的な「個人の尊重」は民主主義が前提にする個人の平等と不可分である．④自由擁護には民主主義が貢献する面がある．
　シュミットのように，民主主義と自由主義の対立点ばかりを強調するのは一面的であるし，独裁と民主主義が一致するとするのは詭弁である．また，民主主義の前提として国民の同質性を強調しすぎるのも，危険である（とくに，民主主義の基底にある全ての人の自己決定，独裁とは相容れないし，少数派排除とも相容れない）．
　これとの関連でシュミットに対する疑問点は他にもある．たとえば，（イ）シュミットがいうように代表制や理性的討議，公開制が大衆民主主義下では困難であるとしても，だからといってそれらを追求すべきではないと言うことにならない．（ロ）シュミットは，公開制を，それが権力をコントロールするためのものであるから自由主義原理につながるとしている．しかし，公開制は，それによって民衆が情報を得て公的事項について意思表明をしたり，また公開制を通じて

権力に各人が参加し，その結果，国家が各人の意志によって動いていく．各人が国家そのものであることになる．そのことから，次のことが帰結する．

① 人は，社会に関わる存在だとされる．すなわち社会において自己を形成し，自己実現をしていく存在だとされる．つまり，民主主義では「人は本性上，社会的動物である」（アリストテレス）ことになる．

② 個人の自由は，共同体に参加しその共同体の部分として動く自由，すなわち積極的自由であると観念される．

③ すべての人が共同体に積極的に参加するから，全体の共同体内にある部分集団・部分権力は，その全体の共同体に服すべきものとなる．すなわち，自由主義が大切にしてきた，特権や分権，小集団のエゴイズムは，否定される．ルソーが『社会契約論』の中で，一般意志を確保するためには，市民の中に分派があってはならないとしたのも，これに通じる思考である（民主主義は，したがって多元主義に敵対的であり，国家一元主義に傾斜する）．

④ すべての個人が主権者であるということは，これまで一部の者が独占してき，差別が常態であった政治的権利の配分をめぐっても，各人が平等であるという原理が貫徹したことを意味している．その端的な表現が，「どんな人間も一票をもつ，一票しかもてない」ということである．

⑤ 「どんな人間も一票をもつ，一票しかもてない」ということは，一人ひとりが同等同質の者として捉えられ，その限りで，個性が問題とならないことを意味する．「最大多数の最大幸福」（ベンサム）がその端的な表現である．ベンサムのように幸福を生物的快楽を基準にして考えると，それは各自共通のものであるから，その総計が大きい方が善いということである．また，①で見たように人間が政治に積極的に参加する者として，すなわち集団を構成する存在として捉えられることも，各人のそれぞれ独自な私的世界よりも，集団的同質性が重んじられていることを意味している．

⑥ 以上を反映して，代議制を採用する場合，民主主義では代表は，「全体の代表」となる．それを確保するためにも，民主主義は，セクトを認めること

政治を学ぶものでもあるから，民主主義とも不可分である，等々．なお，シュミットは，自由主義と議会制とを同一視しているが，筆者は，自由主義は，各個人がユニークな存在であるとする「異質性・非同質性」を原理としていると見る．

に消極的である（これに対して，自由主義では代表はあくまでその選出母体の固有権を守る形で行動する「部分代表」となる）．

⑦　民主主義では立法権の優位が特徴である．ここでは，法を制定する行為は，自分たちを拘束するルールを人民が自分たちに課すこと，すなわち自己立法と捉えられる．法（法律）は人民の意志であるから，最高のものとなる．権利はこうした法律によって創られたものだとすることになり，したがって法律が権利に優位する．法律に先立つ特権は否定される．「法律に先行する基本的人権」という自由主義的観念は，民主主義原理下では発達しにくいのである．同様にして，先例の拘束力も弱くなる．集まってその都度立法することが尊重されるからである．

⑧　民主主義では，権力はそれ自体が悪だとは考えられない．人民に属さない権力は悪いが，人民の権力は悪ではないとされる．人民は善い存在であり，人民が参加することによって権力はコントロールでき，また人民の権力が人民自身を損なうことは，自分が自分を傷つけることがまずないのと同様，まずない，とされるからである．したがって，権力を如何に制限するかという自由主義的関心は重大問題とはならない．

⑨　民主主義の主たる担い手は，人民，すなわち下層を中心とした人々である．この人々が最も差別されて来たのだから，徹底した平等を求める．また，この人々が圧倒的多数であるから，かれらの政治参加は，「すべての人の政治参加」ということになる．

13-2　自由主義

自由主義の根本は，個人にとって権力が危険なものであるとの警戒にある．そして，その根底にあるのは，個人の相互異質性の強調であり，したがってまた集団ないし権力と個人とが相対立するものだという見方である．自分は自分だけの大切な世界をもっており，他から干渉してもらいたくない，ましてや権力による介入はごめんだ，権力は自制し，中性・中立であるべきだ，ということである．こうしたことからの帰結として，自由主義においては，各人の自由を他人から，また自分が属する集団から，どのように守るか，また，ある集団

の自由を他の集団からどのように守るかが主要な関心事となる．以上のことから，次のような観念が自由主義の特徴となる．

　①　各個人ないし各集団は，それ自体で完結した独自の存在であり，他の個人ないし集団を第一義的には必要としない．各人・各集団の，一個性，非同質性，非連帯性，非国家性である．各人は，唯の一票には還元できない独自性・独自価値をもつ．したがって自由主義は多数決になじまない．むしろ，多数決を拒む各人の固有権，特に拒否権（veto）と，多数決によっても奪い得ない基本的人権，既得権とを重視する．自由主義は，それゆえ多元主義と結びつく．

　②　各個人ないし各集団の自由は，第一義的には，他から干渉されないで自己の世界を享受する自由，すなわち消極的自由と観念される．

　③　各人が自己目的でありそれ自体として完結したものであるから，集団それ自体は各人にとって外的なものとなる．集団よりも各個人がより高い存在となる．この観念の行き着くところはアナーキズムである．自分たちの外の権力から来る一切の規制を排除して，それゆえ国家を拒否して，自分たちだけでやっていこうとするのである．自由主義においては，また，国家や民族といった個人にとって外的である集団を超えて各人が自分の判断だけで──人間同士として──結びつき合うことを重視するから，コスモポリタニズムにも行き着く．

　④　国制論としては，本来的に悪いものである権力──自由主義にとってとりわけ危険な権力は民主主義のそれであった──をいかに制約するかという観点から，司法権の優位と分権思想（三権分立や団体自治，地方自治，多元的国家論）に結びつく．

　⑤　法論としては，法律よりも権利を重視することが出てくる．法律は個人にとって外的な権力に属するが，権利は個人自身に属するから，権利こそが大切なのである．さらには法律と法とが峻別され，法は権力から切り離される．つまり法は，権力を超えた自然の法，あるいは権力に先立つ法慣習として捉えられ，国家の立法権によって簡単には変え得ないものとされる．これは，基本的人権の強調，既得権重視，慣習法の重視，先例の重視などとなって現れる．これが「法の支配」の中身である．さらに，法は権力が創るものでなく人民が発見するものだという観念とも結びつき，立法・行政に対する司法の優位も出てくる．イギリスで判例法が権威をもつのも，判決とは法慣習として既にある

法の発見であり，それは裁判所の固有の任務であるという観念によるのである．また司法は，権力を超えた法ないし基本的人権の担い手として，状況によっては，人民が民主主義的な選挙を通じて選んだ立法府や行政府をも規制することになる．

　民主主義的に選ばれたものではない司法が，違憲立法審査権を有しそれを積極的に行使することの正統性は，まさにこのような厳密な意味での「自由主義原理」に求められる（注260参照）．

　⑥　自由主義の主たる担い手は，名望家，独立自営の中間層，財産と教養に支えられた教養専門職の人々である．かれらには守るべき確たる自分の世界があり，かつ，それに基盤を置いて生活している点で，かれらは一人ひとりがユニークであるという自覚をもち，そのことを大切にするからである（したがって自由主義は，他分にエリート主義的なのでもある）．上述のようにイギリスで判例法が権威をもつのも，他面ではこうした名望家である，貴族やジェントリーや教養専門職（バリスターら）によって司法が担われていたからである（この点については，「18　司法をめぐる合理化と人間化」において詳述する）．

＊

　（下でも述べるように，自由主義は系譜からしても多様であり，そのどれに結び付くかによって，上述のことが当てはまったり当てはまらなかったりする．たとえば，経済的自由主義は，階層として産業資本家につながり，名望家層と結び付いた既得権・慣習法擁護の立場に反対する場合が多い．政治的自由主義でも，ドイツ自由主義は共同体主義に傾斜するが，英米の自由主義は個人主義に傾斜する場合が多い．

　自由主義者の中には，「個人の尊重」・「自然権」といった特定の価値を絶対化せず，多様な価値観の共存を目指し，そのための自由主義原理（としての手続上の正義原則）を尊重する立場もある（井上達夫は，この立場を，特定の価値に結び付いた「自由主義」と区別して「リベラリズム」と呼んでいる．注65, 66参照）．)

13-3　民主主義と自由主義の現実的対立点

　両者がその論理を貫いて相互に対立する現象を実際に呈するのは，次のような場合である．

① 民主主義は多数決原理を採るため，現実問題としては多数者の支配によって，（自由主義が尊重する）少数者の固有権や自由を侵害する場合がある．

② 民主主義は衆愚政治に陥った場合には，その誤った決定・意志が，多くの人々の自由にとって脅威となる．

③ 自由主義を一面的に強調するところでは，各人は，自分だけの世界が完結していると観念するので，その世界に閉じこもってしまう．このことが政治に対する無関心（アパシー）を惹起し，政治の世界は権力がやりたい放題できる真空状況と化す．このような状況下では，民主主義の基盤が崩されてしまう．その結果は，悪しき権力によって各人の自由が奪われる状態，すなわち，自由主義が求める自由自体の終焉である．

④ 自由主義は，自分の世界ないし秩序を守ってくれる強力な権力を求めることもある．「自由」の立場に結びつく人々では，心底においては，「自由」よりも「安全」・「秩序」を尊ぶ気持が支配的である場合が多いのである．たとえば，中世末に経済的自由を求めた市民は，荘園領主の制約を逃れるため，皇帝や国王の側に与した．ホッブスが『リヴァイアサン』で強力な国家を引き出したのも，市民的自由を確保するためであった．近代においても，自由主義的な中間層は，労働者の運動がもたらす革命や混乱を嫌悪し，ナポレオンやビスマルク，ヒットラーといった強権者・独裁者を求め，その力によって自分たちの世界を守ろうとした．しかし，こうしたことの結果は，それら独裁権力によって民主主義が否定され，自由も奪われる状態，すなわち自由主義自身の終焉である．

⑤ なお，両者の思想史的系譜の違いにも注意すべきである．この点についての詳説は，拙著『法思想史講義』上・下（東京大学出版会，2007）に譲らなければならないが，ここで概要を示しておくと，次の通りである．

　自由主義には，三つの系譜がある．第一は，内面的な世界の自立によって，外部世界から自由な〈個人の世界〉が主張されだしたことである．これは，原始キリスト教，宗教改革，そしてロックの寛容論やカントの道徳論で鮮明になった．この系譜は，同時に，〈永遠なものと個人が直接つながっているのだ〉という事実を明らかにすることによって，個人の尊厳をも鮮明にした．第二は，政治的に自立した諸権力の自己主張によって，〈国家権力から自由な生活圏

の観念が強まった点である．これは「18 司法をめぐる合理化と人間化」で明らかにするように，中世的世界の遺産であり，近世の身分制的自由や，近代の基本的人権ないし団体自治，法の支配，三権分立などの原理を結実させた．第三は，経済的自由主義である．これは，アダム・スミス以来の自由な市場経済を基礎にした経済思想において展開した．近代法における私的自治の観念も，この思想と深く結び付いている．

これに対して，民主主義は，古代ギリシア・ローマ世界の遺産である．ローマ共和制の遺産は，ルネッサンス期に，自分たちの自由な共和国を自分たち市民の軍隊で守るという，マキアヴェリに見られるような，「シヴィック・ヒューマニズム（Civic Humanism）」の思想において再生した．プロテスタントの諸教派の，教会自主運営の実践も，民主主義に貢献した．民主主義はまた，社会契約論の伝統に立って思考したロックにおいて，〈理性的人間の共同統治〉という形でも再生した．これらの影響は，17 世紀以降のイギリス・アメリカ・フランスなどで鮮明となり，アメリカの民主主義，ルソーの思想，若きヘーゲルの思想などに結晶し，19 世紀後半には，マルクスをはじめとする人々によって社会主義運動に結び付けられて具体化した．

以上のように，両者の系譜は地理的にも時間的にもはなはだ異なる．しかしまた，両者をいかに両立させうるかを追究した思想家も見逃せない．その最初の試みはロックにおいて鮮明である（ロックは，社会契約論的な民主主義と，寛容論に示された自由主義との，複合的な思考者であった）．アメリカ建国の原理は，民主主義と自由主義の実に巧みな結合であった（その内では，シヴィック・ヒューマニズムとプロテスタンティズムとロックとの民主主義，ロックの寛容論的自由主義，モンテスキューの三権分立的自由主義などが，見事な共生体を成している）．トックヴィル，ジョン・スチュアート・ミル，ハロルド・ラスキなどの思索も，両原理の同時追求を目指したものとして重要である．今日では，こうした共生の方向がすっかり定着しているので，先に述べたように人々の中で民主主義と自由主義の区別がつかなくなるという事態が生じているのである（両原理の今日的共生状態を「自由・民主主義」と呼び，その一つの論点を 14 章でテーマとして取り上げる）．

13-4 民主主義と自由主義の相補性

民主主義と自由主義が相互に支え合っている面は，次のとおりである．

① 自由主義は，内面的自由（思想や信条の自由）によって内面的に自立し，また社会活動上の自由（生活上の諸自由や集会・結社の自由など）によって社会的に自立した主体を創る．そして，そうした主体こそが民主主義の担い手たりうる（自由自体も，民主主義の健善な展開を支える）．また逆に，民主主義を担うような社会的に積極的な主体であってはじめて，自由を単なるエゴイズム（「自分勝手」）に留めず，社会的にそれを位置づけ行使する主体となれるのであって，民主主義こそ，自由主義が社会で根付く上で必要である．

② 前述のように，自由主義は自己決定を重要な原理とする．ところで，この自己決定は共同体内の自己決定をも含むが，この社会的自己決定こそが民主主義である．したがって民主主義は，自己決定の欠かせない表出であり，その限りではけっして「単なる制度的装置」（井上達夫）ではない．前述のように（182頁），自由主義も民主主義もそれ自体が自己目的物ではないが，だからといって，それらを単なる手段とすることはまた一面的なのである．

③ 前述のように，民主主義的な政体が自由擁護に適している可能性は高い（しかしまた，衆愚政治的な民主主義よりも，賢人による独裁や寡頭政治が自由擁護に適している場合もある）．

④ 民主主義が前提にする平等は，自由主義が個人の尊厳という形で擁護するものでもある（「全ての人が尊厳をもつ」とするのだから，「全ての人が平等だ」とすることになる）．もっとも，自由主義が各人の平等を要請するときには，念頭に置かれているのは，各人の，社会的な同質性ではなく，非社会的・内面的な世界でともに自己実現を追求する存在としての同質性である．

以上から言えることは，問題は，「民主主義を採るか自由主義を採るか」でもなければ，「両者をいかに理論的に統一するか」でもない．

一方では，両原理がともに不可欠であるのだし，どちらかを欠くと片方が暴走するのでもある．われわれは，歴史を通じて，そしてまた個人的な体験を通

じて，偉大な民主主義者が不寛容（非リベラル）であったり，逆に，尊敬すべきリベラリストがエリート主義的（反平等）であったり権威主義的（非民主的）であったりするケースを，たくさん経験してきた．われわれは，そういう事例を国家や体制についても，多くもっている．これらにおいては，どちらか一方が目的となり，それゆえ他方が敵視，無視ないし手段視されているのである．

他方では，上述のように，両者は本質的に相異なるのだから「理論的統一」はあり得ない．本質的に異なるものを「統一され得た」と思い込むこと自体が，有害である．実際には統一され得ない対立に目を閉ざすことになるし，『両者を不断に緊張させ合い相互にチェックさせ合うことを通じてそれぞれの力を活用する』ことができなくなるからである．むしろ逆に，「両者は統一され得ない，しかし両者はともに追求しなければならない」という，ディレンマの意識こそが，両方の良さを発揮させうるのである．

大切なのは，相補的だが相対立もする，これら二つが，共に必要であることを自覚し，両者の不断のバランス化と，両者を共に追求しなければならない緊張関係の意識を堅持し続けることである[176]．対立するものを同時に追求するのだから，そのこと自体が困難をもたらす．しかし一方だけを採っても，安易な「統一」に進んでも，より一層の問題性が避けられない．むしろ，緊張関係の意識に積極性があるのだから，この道を行くしかない．

---

[176] 民主主義と自由主義のこうした関係づけについては，拙著・前掲注2)『丸山真男論ノート』を参照．こうした点で，アイザイアー・バーリン（Isaiah Berlin）の，「消極的自由か積極的自由か」という二者択一の発想（バーリン「二つの自由概念」,『自由論』, みすず書房, 1971年, 所収）は誤りであるし，最近のアメリカに見られる「リベラリズムかリパブリカニズムか」という二者択一の発想や，両者の対立を理論的に統一し得たと思い込んでいる諸学説も誤りである．この点については，阪口正二郎『立憲主義と民主主義』（日本評論社, 2001年）207頁以下が興味深い．

もっとも，その社会の特性に応じて，ある局面でどちらかの原理を前面に押し出すということはあり得る．たとえば，本書6章・7章は，日本社会の特性に応じて，自由主義原理を前面に押し出している．

13-5 民主主義と自由主義の対比図 (差異の面を強調した場合)

	民主主義	自由主義
自由の捉え方	「～への自由」（積極的自由） 自分の作った法に従うのが自由．つまり参加の自由・共同体を形成する自由	「～からの自由」（消極的自由） 制約の欠如としての自由 内面的・私的自由
個人と国家	国家は自分自身である	国家は自分の外にある異物
権力観	人民の権力は善	どんな権力も悪
個人同士の関係	自分と他人の共通性を重視 連帯志向（共に共同体を担う）	自分と他人のちがいを重視 孤立志向・多元主義
平等観	平等こそが自由の保障	平等よりも自由を
政体	民主制以外にあり得ない 人民投票優位，したがって人民投票的議会・大統領優位 立法権の優位 その都度の立法尊重	君主制・貴族制・民主制に限らず，自由を保障する政体を尊重 三権分立・司法権優位 法の支配・判例・非原意主義
代表	全体の代表	部分代表
権利論	参政権を重視	基本的人権・法の支配を重視
歴史	民主化をめざしたラディカルな変革	これまでの状態保持が安全性高い 伝統・特権・既存の法の重視 したがって部分的改良の志向
理論	ラディカルな批判主義	中庸主義・歴史主義・折衷主義 もしくはアナーキズム
法の理論	「法」を優先させる	「権利」を優先させる
社会層	人民（下層の人々中心）	「財産と教養」のある中・上層
法論	（共同体の）法の優位	（個人の）権利の優位

14　民主主義と自由主義(2)　　政治と自由・民主主義

《A：政治は，本質的に非合理性を基盤にしている．》
《B：自由・民主主義の政治は，合理性に基盤を求めなければならない．》
——これら二つの一見相互に矛盾する命題がはたして共存しうるかが，現代の国家生活に根本問題として投げかけられている．この点について考えていくことを通じて，政治の一特徴を明らかにしよう（ここで「自由・民主主義」とは，13章で論じた自由主義と民主主義とを，両者の共通性・協働性に着目して共に扱ったものである．246頁および注179を参照）．

14-1　「政治の本質的非合理性」について

前述したように，政治とは——「共同体の運営行為」という側面を有しつつも，すぐれて「政治」の固有性を印象づけるものとしては——ヘゲモニーをめぐる「友と敵」の関係である．この関係が顕在化していないところには政治はまだ発生していない．ヘゲモニーをめぐって二つの集団が対立すれば，「友と敵」の関係が顕在化したわけで，政治が発生したことになる．

① この「友と敵」の関係は，友の間での連帯感と，敵に対する憎悪を基底とする．これらは，ともに強い感情であり，その極みは激しい情念，すなわち理性によってコントロールされがたく，逆に理性の影響を排除して人間を動かす非合理の力である．「いかに友を結束させ敵を効果的に打倒するか」は，きわめて冷静な，戦略・戦術に関わる合理的思考を必要とするが，しかしそういう思考をも動員して敵に立ち向かわしめる力は，激しい情念なのである[177]．

177）　シュミットは，「政治的なもの」が本質において非合理的なものであることを次のように指

② 「友と敵」の関係の発生自体がまた，非合理的なものと関わっている．すなわち，敵を作り味方を結束させる動機を規定するのは，主に，権力欲・支配欲・物欲・差別感・復讐心といった感性的要素である．

③ 政治の動き方もまた，非合理的なものに深く関わっている．

(a) 人々をして行動に向かわせ行動を続けさせるエネルギー自体も，情念である．なぜなら，行動は意志によるが，この意志は——理性に方向付けられるとともに——情念によってヨリ強い方向付けとエネルギーを得る（これに対して思考は，主として理性による）．すなわち，利益誘導，人々のルサンチマン・救済願望・コンプレックス（強迫観念）に訴えて動員は行われる．（正義感や人道主義といった普遍的要素も動員に使われるが，これらも動員時に力を発揮するためには，道徳原理としての理念的説得力よりも，それらの道徳内容に対する人々の情熱に訴えなければならない．）また，運動ではしばしば，『集団員が理性的であれば団結を損なう』として，各個人が理性的な判断の持ち主となることが嫌悪される．「文弱」という言葉に見られる反文化主義がその一つの例である．『葉隠』にも見られるように，集団行動の世界では，知性を感じさせない「バンカラ」，「イゴッソ」，「ヤボ」のエネルギーが重視されるのである．

(b) 政治は集団での行動に結び付いている．集団行動を推し進めるときは，集団心理が大きな役割を果たす．この集団心理は，個人の心理を超えたものであり，それだけにヨリ非合理的なものになる．なぜなら，個人だけの場合にはかれの理性が規制力をもち得るが，集団の場合には理性の働く余地が少ないからである．集団においては人は内省によってよりも全体の動向に従って動き，とくに派手な目立った動きや声に影響を受けるものである．その最たるものが，群集心理である．また，内省は各人によって異なるので，集団行動を導けない．これに対して，派手で目立つ動きや声，集団の気分は，全体において一つであり，それだけに集団をまとめ画一化し動かしていくのに好都合でもある．

摘している．「現実の友・敵結束は，存在的に強力かつ決定的なものであるから，非政治的な対立も，それがこの結束を生じさせるとたんに，それまでの「純」宗教的・「純」経済的・「純」文化的な標識や動機は後退させられ，いまや政治的と化した状況からくる，まったく新しい，独特の，そして「純」宗教的・「純」経済的等々の「純粋な」出発点からみれば，ときにひどく矛盾する「不合理な」諸条件，諸帰結に支配されることになる．」前掲注4)『政治的なものの概念』36頁（この点は，本書9頁との関係で重要である）．

(c) さらに，集団間の政治において最も効力をもつのは，相手の集団に対する威嚇力である．集団は，自分たちの結束力や実力を相手集団に対して誇示することによって，相手の精神を萎縮させようとする．この実力としては経済力や文化の高さも入るが，相手の精神を萎縮させる上でもっとも効果的なのは，軍事力すなわち暴力における優越性の誇示である．このため集団は暴力性の誇示，暴力装置の崇拝——その最たるものが軍事演習や軍事パレードである（そうしたミリタリズムは国民の紀律化（284頁参照）のためにも使われる）——に走る傾向をもち，それと結びついた情念，非合理性を内部に蔓延させる．

(d) 前述のように，個人道徳と集団道徳は相対立するものである．たとえば個人的には「汝の敵を愛せよ」ということは美しい道徳として推奨される．しかし，集団においては，逆に「汝の敵を殺せ」が推奨され，大量殺人者が徳ある英雄となる．そしてたとえば指導的政治家がその集団の敵を愛そうとしたら，「裏切り者」・「内通者」として打倒される．逆に敵に対する憎悪を煽る政治家は，人気を博す．こうした点においても，集団においては理性の働く余地が少ない．

④ 日常的政治における伝統・習慣の支配

政治が運動から静止に入ったとき，たとえば，敵が打倒されて自分達の支配が安定し平和が確保されたときは，人々は理性的に行動するようになるだろうか？ 運動が止んで久しくなると，確かに一方では，ノルベルト・エリアス (Norbert Elias, 1897-1990) の言う「文明化」が進展し，人々は洗練性，それを基盤にした女性的文化，実利から自立し高尚な文化を追求する知性などの讃美に向かう[178]（これはルソーが『人間不平等起源論』で批判した civilisation の傾向でもある）．しかし，他方では，安定が長く続けば，政治において伝統や習慣が大きな力をもつようになる．伝統は，支配者の正統化のためにも重要なので，権力によって上から促進される．伝統や習慣は，理性による自覚的な改良・革新とは相異なるものであり，むしろ理性の弛緩（前述の，福沢諭吉のいう「惑溺」）として非合理性に根ざす要素が大きい．

前述のように，政治が激しい闘争の形態をとらないところでは，キャンペー

---

[178] ノルベルト・エリアス『文明化の過程』上・下（赤井他訳，法政大学出版局，1977・78年）．

ンや議会での論戦，さらにはマス・メディアでの論争が主軸となる．これらにおいては，確かに理性的な説得や事実開示が大きな意味をもつ．しかしまた，われわれの経験の教えるところでは，選挙キャンペーンにおいても，議会においても，マス・メディアにおいても，人々が理性的討議にのみ訴え，またそれに立脚して立場を選択しているとは言えないだろう．国民がいかに理性的討議や事実の評価に習熟しているかの「政治意識」の高さにもよるが，平常政治もまた，概して情緒的な要素に大きく規定されている．このことは，大衆社会状況下にある現代政治においては，とりわけ顕著である．

⑤　政治における決断（賭け）の要素の重要性

政治行動の各局面でも，決断の要素が大きな意味をもつ点で，非合理性が前面に出る．決断とは，合理的に結論を導き出せないところにおいて，賭けによる方向選択で進むことである．こうした事柄は，次のような点で無視できない力をもつ．

(a)　政治的判断においては，法則を前提にして推論することは難しい．法則を読み取れないし適用しがたいのである．すなわち，すべてのケースに妥当するような理論は政治の場では存在しない．また，先例を類推適用しようにも，似たケースを見つけるのが難しい．

(b)　判断の材料を十分集める前に決定を出すことを迫られることが多い．その不十分な段階でどう結論づけるかは決断によるしかない．

(c)　予想しうる選択肢間での比較が困難である．それぞれのプラスとマイナスとを単純に総計するには，プラスの諸点とマイナスの諸点との一つ一つの間で質の差があまりにも大きい．それゆえ単純計算できず，どれを採るかは結局は決断によるしかない．

⑥　保守派と革新派における，合理性と非合理性

保守は本質的に非合理性に定礎する．保守が依拠するのは，伝統，伝統的権威，習慣的思考（「惑溺」）・ステレオタイプ，理念による変革よりも現状がもたらす物質的利益の保持，といったものであるからである．これに対して，革新派は，非合理に定礎する場合と合理に定礎する場合とがある．たとえば，暴動や一揆，ファッシズム運動，極右の運動，反植民地闘争などにおいては，生活の不満，絶望感，人種差別意識，民族感情，宗教感情などが大きな働きをする．

しかし他方，共産主義革命運動，民主化闘争，革新自治体運動，環境保護運動などは，単に生活上の不満（ルサンチマン）に定礎するのではなく，正義や人権といった普遍的・理念的原理，未来社会への青写真，歴史法則の認識に定礎し，問題点の理論的解明を重視し，人々に場合によっては現在の物質的充足を放棄してでも原理・理想のために立ち上がるべきことを訴えるところまで，合理性をベースにする．

　非合理と合理のどちらが人々を引きつけるかは，人々がどれだけ知的訓練を受けてきたか——その国の文化が原理や理想をどれだけ重視しているか，自己統制や討議・会話の訓練をどれだけ積んできたか——に大きく依拠しているが，たいていは非合理性の方が，人々に対する牽引力が大きい．なぜなら，非合理は人々の自然態に依拠すればよい点で，人々に生活を通じて浸透するが，合理は人々に現状を超えて原理・理想を見ることを求める点で，人々に（わざわざ日常性を脱して原理・理想に向かう）自己否定的な精神的努力を要求する，面倒なものであるからである．また，伝統や習慣，物質的利益などは人々が手に触れ眼に見て理解できるし，今すぐ充足できるが，正義や歴史法則，未来構想などは，抽象的思考を要求するし，それが実現するかどうか，成功しても最終結果がどうなるかについて不安も大きいうえ，うまくいっても成果を喜べるのは先のことだからである．

　(7)　現代の大衆社会における政治

　これまでに度々述べて来たように（164, 182, 229 頁），自立し人々に責任をもつ名望家や家長である市民が政治を担っていた時代とは違って，高度に近代化した社会では，共同体の喪失，大都市への人口集中，規格化された大量生産・大量消費，大衆的マスメディアの発達などによって「砂のごとき大衆」が出現する．私的世界に閉鎖し，共同討論の場を欠き，宣伝や世論操作に動かされるこの大衆は，政治の世界でも理性よりも欲望・情念に規定されて非合理的に動くことが多くなるのである．

14-2　自由・民主主義政治は合理性に根ざす必要がある点

　自由・民主主義の政治は，次のような点で合理性に根ざすことを必要とする．

① 自由・民主主義の政治においては，討論が重視される．それは，理性的な世論形成という形でもそうだし，議会における討議においてもそうである[179]．

② 自由・民主主義の政治においては，みんなが決めた決定，とりわけそうして作られた法に準拠した政治が行われる．法は，本質的に理性に結びついている．それは，恣意を許さない客観的で公平な基準であるし，合理的な解釈を要求するし，運用する機関も合理的に構成されている（官僚制）．

これら①と②の場では，政治に固有の「友と敵」の関係が本質的に排除されている．たとえば，討論においては相手の言い分が正しければ（相手が敵であっても）それに従うこと，少なくとも，相手の言い分をも受け入れて自分の意見を修正すること，が求められる．討論はまた，暴力を否定する．近代の法は，「法の下の平等」の原則に従い，「友と敵」の差別をしない．紛争も，当事者が理論的主張を戦い合わせて第三者によってその優位を判断するという，裁判の形で解決される．

③ 自由主義と民主主義の政治は，歴史的にも合理性と結びついている．すなわち，古代ギリシア，中世都市，キリスト教の教会や教団，市民革命時など，歴史上において自由主義と民主主義の政治を実践してきたのは，財産と教養があって社会的責任を担った人々（合理人）であった．かれらは，余暇をもち，それを討論や学習に使えたので教養が豊かで十分な情報を判断材料としてもてたし，十分な財力があるから物欲に支配されることが少なく理性的に考えることができた．また，家長として家族集団で，あるいはエリートとして，所属する営業団体・自治団体において，責任ある立場にあって行動する点で，克己心を鍛え理性的判断を訓練しており，合理的な討議の手続や，作法に習熟している人々であった．加えて，自由主義と民主主義の政治が歴史上で力強く開花した市民革命の世界は，近代的で合理的な資本主義の発展とも不可分であり，またその前提には，ルネッサンスと啓蒙時代の合理的思考と，理性的討議の場で

---

[179] 注175にあるように，シュミットは民主主義と自由主義を区別する際，自由主義を，討議と公開制に支えられたものとして，理性的契機と結びつけている．しかし筆書は，ここでは，こうした討議や公開制，自由主義をも取り込んだ現代型の民主主義という意味で，「自由・民主主義政治」を使う．

ある市民的公共（ハバーマス）との発達がある．

　民主主義はまた，下層の人々の運動や女性解放の運動と結びついて発展して来た．このような場合には，政治主体の数が多くなるだけに，放置すれば民主主義は堕落するか暴走するとして，国民教育や文化運動の必要性が強調されて来た．ルソーは，「もし神々からなる人民があれば，彼らは民主政を採るだろう」（『社会契約論』）と言った．民主主義は理性と結びついており，人間は神的理性者ではないので民主政を担うためには工夫がいるというのである．モンテスキューが，『法の精神』で民主主義にとって最も大切な徳として「節欲」を挙げているのも，これに関連している．大衆的な民主主義がうまく機能するためには，人々が欲望に支配されていてはだめだと，モンテスキューは警告しているのである．マキアヴェリ，ルソー，トーマス・ジェファソン（Thomas Jefferson, 1743-1826）らもまた，大衆的な共和政治がうまく機能するためには，その主体として質実剛健な生活をする独立自営の中産農民層を主軸にしなければならないと考えた．人々が清貧な生活に慣れ親しみ徳性が高い国でのみ，欲望によって政治が動くことが避けられると考えたのである．

14-3　自由・民主主義の政治の困難

　このような本質的に合理性に根ざすべき自由・民主主義の政治が，本質的に非合理性に根ざす政治と結びつくとき，次のような，自由・民主主義の政治の構造的な困難が生じる．

　①　主体が上述したような合理性を担える人々（合理人）ではなくなった現代においては，自由・民主主義の政治は一層衆愚政治に陥りやすい．

　そうした状況下にあって，とりわけ民主主義は欲望に対して弱い．たとえば民主主義下の選挙で欲望が支配的になると，候補者は，将来公害や財政破綻を招くような政策をも目先の票集めのために採用しようとする（しばしば論じられるようには，これは民主主義そのものの病理ではない．そうではなく，欲望が政治を規定したことの帰結である）．

　②　党派政治――これは人々が欲望や情念に支配されたところに生じる――が蔓延すると，みんなが自分たちの党派の主張を譲らず党派の利益しか考えな

いため，理性的な討論が不可能となり，民主主義が機能不全に陥る．これはルソーが一般意志（理性的な討議を通じて獲得された合理的な共同意志）と，全体意志（理性的な討議ができなかったため各自のエゴイズムがそのままに集約されて得られた意志）との違いとして示した問題である．ダールが，有力な少数者の圧力団体こそが民主政治を牛耳っているとしたのも，民主政治の原理がもつ問題点に関わっているというより党派政治の実態に属する問題点である[180]．

　③　世代間の文化継承上の問題　　自由・民主主義が必ずしも自由・民主主義的な主体を生むものではない．大衆民主主義の問題を除外視しても，世代間継承の困難がある．第一に，次世代は旧い世代とは異なるものを求めがちである．自由・民主主義が体制化すると，体制に対する反発は，反自由・民主主義に向かう．そして自由主義は，そうした傾向を抑圧しない．第二に，自由・民主主義が定着すると，それが当然のものとなってしまい，その根底にあった激しい自由希求や上昇志向がなくなり，制度が形骸化する．第三に，これが，ここでは重要なのであるが，自由・民主主義（とりわけ自由主義）が強まると，ともすれば自由放任が一般化し，それが次世代の放縦を生む．すなわち，自己抑制の訓練が欠落し，このため若い世代は非合理の要素にヨリ強く規定される．

14-4　自由・民主主義の政治の実践課題

　以上の考察を照らし合わせると，自由・民主主義の政治を営む際には次のような困難な課題との対決が避けられないということになる．
　①　それ自体非合理な政治と，合理的な自由・民主主義とをどう関係づけるか．
　②　自由・民主主義の政治も運動として効果をもつためには（人々を引きつけ動かすためには），集団としての人々のエネルギーという非合理的なものに訴えなければならないが，他方で自由・民主主義の政治運動は，手続においても目標においても合理的なものを大切にする．この二つの方向をどう結びつけるか．

---

[180]　佐々木毅・前掲注6)『政治学講義』133頁以下．

③　前述したような合理人が解体し，合理性そのものの基盤が揺らいでいる現代において，あるいはそのような合理人の伝統が欠如している（アジアやアフリカ，ロシア・中南米の）世界において，いかにして新しい合理人形成を成し遂げ，自由・民主主義の政治の基盤を確保することができるか．

　上の①・③に関しては，「だから自由・民主主義は虚妄である」ということにはならないことを述べておこう．政治が本質的に非合理だからこそ，合理的なものによって枠付ける必要がある（かつて前近代には，この枠付けを政治道徳が果していた．君主に対しても臣民に対しても徳性が強調された．近代に入って政治や法と道徳の分離が進んだため，今やその機能が，自由・民主主義に求められているのである）．加えて，自由・民主主義は建前であるが，しかし人間的存在の現実に根ざしていないというものではない．先にも見たようにそれは人間の本源的な要求（自由・平等・幸福追求）に根ざしており，それゆえ現実的なものなのである．

　ところで，このこととの関係で，また，上の②に関係して，『自由・民主主義を支える非合理的要素』を生かすことが一つの課題となる．非合理的要素がすべて反自由・反民主主義的であるというわけではない．情念に依拠することが常に自由・民主主義の基盤を崩壊させるというものではない．情念でさえ，自由・民主主義の運動意識を高めるために活用できる．たとえば敵に対する憎悪と味方に対する結束とを促す情念は，敵が反自由・反民主主義者で味方が自由・民主主義の擁護者たちである場合には，自由・民主主義を促進する原動力ともなる．

　この点を自覚していた一人が，ルソーである．前述のように，ルソーは『社会契約論』において，民主主義政治を人間に可能にさせるためには，党派に分裂しないこと（「友と敵」の関係を出さないこと），国の規模が小さいこと，生活が質実剛健であるため人民が欲望に支配されないことと並んで，市民の精神を一致させるための市民宗教が必要だとした．この市民宗教は，古代ギリシアをモデルにしたものであるが，それを提唱することの狙いは，民主主義を単に理性的な意識にのみ定礎させるのでは，民主主義を担う人々に強い団結が期待し得ないと見て，かれらを理性とともに感性においても，すなわち全人格的にトータルに捉えうる宗教の力を利用して強い民主主義的団結を獲得しようとすることにあった．こうした発想は，すでにマキアヴェリに見られたし，若きヘー

ゲルも，ルソーの影響下に，こうした市民宗教論の思考を展開した[181]（穏やかな情念，時間の経過の中で黙契によって形成された正義が道徳の本質であるとするヒュームの指摘も，この観点から興味深い）．また，丸山眞男は，これと同様の問題意識から，「民主主義の非合理化」，すなわち人々が自由・民主主義を単に観念的に信奉するだけでは不十分であって，その原理をさらに日常の感覚に根ざしたものにまで血肉化する必要があると，しばしば強調した[182]．

具体的に考えられるのは，アメリカに見られるように，幼児期から討議と紛争の民主主義的な解決の訓練をルーティン化させたり，自治活動を奨励したり，授業での発言を活発化させたり，さらには，イギリスにおけるように，「ユーモアの感覚」や距離を置いてものを見る思考を訓練したり，要するに生活を通じた習慣化によって，自由・民主主義的な「型」を身につけさせることである．

これは，確かに困難な課題である．人々の非合理にまで根ざした自由・民主主義運動を進めつつ，同時に，人々を自由・民主主義を担える合理人に陶冶しなければならないのだからである．しかし，これは，政治と自由・民主主義とを結びつけるためには，有効な方途でもあるのである．

---

[181] 拙稿・前掲注5）「マキアヴェリ再考」（『法学雑誌』），拙稿・前掲注152「自由人の連帯」参照．
[182] 拙著・前掲注2）『丸山真男論ノート』第四章（250頁以下）参照．

15 戦争責任論

　戦争責任の問題は，第1編で扱った法・政治と道徳の関係を深める重要な論点の一つである．それはまた，自由・民主主義を考えるための一つの重要な論点でもある．ある国民が戦争責任（侵略と非戦闘員加害と国際法違反との責任）をどれほど深刻に受け止めているかは，その国民の精神に自由・民主主義の政治がどれくらい根付いているかを知るための有効な指標であるからである．ここでは 1985 年 5 月 8 日のドイツ敗戦 40 周年記念日に当たって，ヴァイツゼッカー（Richard von Weizsäcker）旧西ドイツ大統領が連邦議会で行った講演[183]を議論の出発点としつつ，上の問題を考えるとともに，その背後にあるドイツと日本の政治文化の比較という形で，考察を進めていこう．

15-1　過ちを不断に想起することがなぜ大切か

　この問いに対する答えは，以下の通りである．
　(1)　被害者の人格に配慮するために
　自分たちが害を加えた人々の尊厳に配慮するのであれば，自分たちの過ちを不断に想起することを怠ってはならない．これは犯罪行為を，加害者である自分たちの側からではなく，被害者の側から見ることである．犯罪行為の記憶は，被害者やその遺族の心の中で簡単に消えることはない．かれらは，かけがいのないものを奪われ損われたのである．そうした状況にある被害者にとって，加

[183) ヴァイツゼッカー大統領のこの講演は，前掲注 103)『ヴァイツゼッカー大統領演説集』に「荒れ野の四〇年」と題して収録されている．それはまた，『朝日ジャーナル』1985 年 12 月 27 日号に「過去に目を閉じる者は現在に盲目となる」と題して収録されている．同号は，この講演と，同年に中曽根首相が行った演説とを並べて掲載していて，その対比が実に興味深い．

害者が自己の加害行為を忘れるとしたら，それは，——単に無責任という不正であるだけでなく——被害者に対する侮辱であり，被害者の人格の尊厳を否定することでもあり，すなわち重ねて害を加えることになる．

とくにユダヤ人（およびキリスト教徒）にとっては，思い出すことが宗教の根本に関わる．楽園追放や，ソドムとゴモラの町の経験（背徳の町が神の火によって焼かれた），モーゼ（Moses）に指導されたエジプトからの脱出（エクソダス）中の苦い経験（シナイ山でユダヤ人たちが偶像崇拝を行ったため神の怒りを買った），などがそうであろう．キリスト教では原罪は，遥か昔にアダムとイブが行った罪が，われわれ人間一人ひとりの罪深さの問題として，今でも不断に想起されるということに関わっている．こういう思考をする人々に対して，かれらに対する自分たちの犯罪行為を忘れることは，かれらの人格と精神に対する甚だしい侮辱となる．忘れることは，人間を傷つけるだけでなく，「生き延びたユダヤ人たちの信仰を傷つけ，和解の芽を摘みとってしまうことになる」とヴァイツゼッカーは言っている．

（日本においても「仇討ち」の伝統には，「忘れない」の精神が息づいていた．被害者は，執念深く敵を追跡するのである．この被害者は，自分がやっと見つけた加害者が加害行為を忘れていることを知ったら，どういう気がするだろうか．）

(2) 被害者からみれば加害集団は持続する

加害が集団行為として行われた場合，被害を受けた集団員の側から見れば，加害集団は一つの人格として持続している．とりわけ民族国家は，その民族国家内で人々の生命を徴兵や死刑によって奪ったりするほどに人格の根本に関わり，かつ，血や言語，文化，土地による強い一体性をもっている．とりわけ外からは民族は一つの人格と映る．そうした他の民族国家に被害を受けた民族国家構成員には，その，持続している過去と現在の同一民族全体が犯罪行為の主体として，忌まわしき記憶の対象となるのは，自然である．この現実を前提にするとき，われわれは「全員が過去からの帰結に関わり合っており，過去に対する責任を負わされている」（ヴァイツゼッカー）ことを自覚しなければならないのである．

(3) これからの自分にとって指針となるから

過去の過ちを想起することは，これからの自分たちのあり方を考える上で大

変重要なことである．単に反省によって自分を戒めるだけではなく，日本人が，ドイツ人が，そして一般的に人間が，そうした恐るべき過ちを犯しやすい存在であることを自覚し，自分たちの営みを不断に軌道修正するために不可欠である．「想起」にあたるドイツ語の Erinnerung は，「〔経験を〕内面化する」ことを意味している．自分たちの犯した犯罪の経験から学び，それによって自分たちのこれからの生き方を方向付けることである．「過去に目を閉ざす者は，現在に対しても盲目となる」と，ヴァイツゼッカーは言っている．

15-2　責任の主体

　責任は，その犯罪時に国民を構成した一人ひとりの問題であり，かつ後の世代をも含む国民構成員一人ひとりの問題でもある．
　① その犯罪時に国民を構成した一人ひとりについては，実際にかれらが何らかの形で犯罪行為に加担していたことが問題になる．兵士として，銃後の守り手として，さらには，侵略行為による利益の享受者として．
　とりわけ民主主義社会では，自分の判断で国家代表を選び，そうした代表による意志決定によって国家を動かす．各人は，そうした国家から脱出するか抵抗に出るかしない限り，その国家行為を是認していることになる．民主主義国家の行為は，その国民一人ひとりの行為であり，自覚的な民主主義の主体であればあるほど，自国の犯罪を，自分の犯罪として責任を深く引き受ける．
　② 犯罪行為を行った世代の後に生まれた世代に属する者は，自分の側から見て「先の世代がやったことで自分の世代は関係していない」とするだろうが，上述のように，被害を受けた他民族の側から見れば，加害民族は一つの持続した集団，一個の人格そのものである．その，持続している過去と現在の同一民族全体が犯罪行為の主体として，忌まわしき記憶の対象となる．前述のように，客観的に見れば，国家は幻想共同体であり，民族国家の一体性は仮象である．しかしこのことは，戦争責任をめぐる民族国家の国民同士の，上述したような心境の現実存在を消し去るものではないのである．
　③ 犯罪行為を行った世代の後に生まれた世代に属する者は，自分の側においても，その加害国民の国家を引き継いでおり，そのプラスの遺産を相続して

その上に成り立つ生活を享受しているのであるから，かれはまた，マイナスの遺産をも引き受けなければならない．これは単に遺産相続上の原則に留まらず，広く公正原則に関わる事項である．遺産相続と異なって相続放棄が不可能ではないかという見解があり得るが，ここでの問題は，そのような法的責任に関わる事柄である以上に，道義的責任に関わっている．

　④　過ちを二度と繰り返さないという不断の警戒，すなわち，前述した，過去の教訓を生かすということは，次世代が犯罪行為の責任を引き受けるところでしか，可能でない．

　⑤　戦争責任を引き受けない政府を擁し続けている場合には，次世代は，相手国民の人格を傷つけ続けている責任を問われる．

15-3　責任の内容

　ところで，ここでいう「責任」とはどういう種類のものであろうか．戦争責任には，①国家ないし国民としての法的責任があり，それには刑事責任と民事責任がある．また，②国家ないし国民としての集団的道義責任がある．この集団的道義責任は，補償で答えるべき責任であったり，謝罪すべき責任であったりする．さらに，③国民の一人としての個人的道徳責任がある．これらのうち，過去の戦争責任に関して後の世代が関わるのは，主として②と③である．

　すなわち①のうち，刑事責任は，戦犯個人に対する刑事訴追として問題になる．民事責任は，国家および独立の協力者の賠償責任として問題になる．②は，国家レヴェルでは，補償責任や謝罪責任に関わる（ここで賠償とか補償とかいうものは，厳密な意味での損害賠償──一つの加害行為に一つの損害が関係する──ではなく，自己の一連の行為によって生じた相手の一連ないし特定の損害を償うことである）．国民に関わるものとしては，戦犯ではないにしても指導的地位にあった国民が政治責任を引き受けること，国民一人ひとりが補償を実質的に負担すること，謝罪すること，国民として反省行為（誤りを二度と繰り返さないという立場からの政治行為）に出ることに関わる．③は，国民一人ひとりとして，責任を自覚し，個人として反省行為に出ることに関わる（それぞれ相手国民に対するものと，自国民に対するものとがある）．

後の世代は，①には関わらない．②については，上に述べた点からして，自分たちの時代の国家が補償や謝罪をした際，その負担や効果を自分たちが受け止めるという形で関わる．個人的には直接の責任は問われない．③については，後の世代は，自分自身のこれからの生き方として自分に関わらせる．この③をどこまで内面化するかが，戦争犯罪国の人間には重要なのである[184]．

15-4　日本における戦争責任意識欠如の構造

なぜ多くの日本人は，天皇も国民も，戦争直後において自己の戦争責任を十分には自覚できなかったし，その後において戦争犯罪を忘れてしまったのか．

15-4-1　民主主義と戦争責任意識

国民が主権をもち，その主権の行使として国政が行われるところでは，戦争もまた各人の主体的選択の結果として捉えられ，したがってその結果に対して国民は責任を引き受けることができる．日本国民は，第二次世界大戦に敗れるまで，天皇の赤子である臣民であって民主主義の主体でなかったため，自国の戦争犯罪に対して国民としての責任を自覚することができないし，自分たちがやったこととしてそれを内面化できない．

ドイツは少なくとも 1918 年のワイマール革命の形で民主主義国家を実現し，ドイツ国民は，男性のみならず女性も国政の主体としてその戦争にも関わってきた．ヒットラーの独裁は，国民に情報や討論の機会を与えず，その誤った判断を利用して侵略戦争を進めたのではあったが，しかし「ヒットラーを自ら選び支持した」という悔恨はドイツ人の心から消えない．

これに対して日本では，敗戦に至るまで主権者は天皇であり，しかもこの主権者は神としてあらゆる価値体系を独占してきた．国家は天皇の国家であり，国民はそれに全身全霊を捧げることを求められた．このため，国政は国民一人ひとりが選択するものであるという観念が出てこなかった．戦争もまた，天皇

[184) このような責任論については，家永三郎『戦争責任』（岩波書店，1985 年）、瀧川裕英「個人責任の原則と集合的責任」井上他編『法の臨界』III（東京大学出版会，1999 年，所収）参照．ただし，家永，瀧川の「責任」の分類の仕方は，本書のものとは異なる．

である他者が選んだ道に，道具として貢献するという関係で行われた．「軍馬の徴発には代金支払いが必要だが，兵隊の徴集には赤紙（召集令状）一枚で足りる」という観念に，兵士の人格が軽んじられていた上に，戦争が兵士一人ひとりの民主的決定でない事実がはっきりしている．このようなところでは，国民は責任を感じることがない．逆に自分たちもまた，戦争の被害者であるという意識が強まる[185]．そもそも日本人の中に，「天皇ヒロヒトを自ら選び支持した」という悔恨がどれほどあるだろうか．

15-4-2　内面的な自立と戦争責任意識

15-4-1 で述べたことが，民主主義と戦争責任との関係であったのに対して，これは自由主義と戦争責任の関係の問題である．そしてこの後者の問題は，国民一人ひとりについても言えるし，戦争の指導者についても言える．

①　日本では，多くの国民がその集団（国家）から自立していなかった．

これは，先に「法と道徳」で問題にした，日本に伝統的な集団主義の問題である．日本の共同体観念によれば，集団に属する個人は，それ自体としての独立した存在ではなく，それ自体が自己目的である共同体に制度的にも精神的に

---

[185]　ある兵士は，玉砕を前にして米軍に投降するにあたって，第二次世界大戦についての自分の位置づけを次のように記している．「国家としての動き，国の政治などというものは，僕などと何のひっかかりもないところに原動力があり，勝手にどんどん回っていた．しかし，できあがって出てきたものは，僕をさらって容赦なくひきずっていった．だから自分の力では，どうにもならないもののために，たえずおびえ，たえずひきまわされた．この戦争はそうして現れ，そうして僕を捲きこみ，ここまで連れてきたのであった．ひきずられながら，わめき，悲しんだが，それでどうなるものでもなかった．絶対的な力に流されながら，少しでも抵抗力を少なくしようとするあがきだけだった．いよいよ死ぬときも，できるだけ抵抗力を少なくして，──そう，楽な気持で死ねるように自分にいいきかすだけだった．[……] 僕にとって，戦争は生活の苦しみであり，個人生活を奪われることであり，あらぬ痛苦にさいなまれ，あげくのはてが死を強いられるだけのものであった．冗談にも戦争歓迎などはいえなかった．戦争は，自分が生まれた国の政治を握るおえら方の好むところであるにすぎない．おえら方の乾坤一擲の大賭博なのだ．おれはただ，その賭博に強いられたかけの何十万分の一，何百万分の一なのだ．その考えは十年昔からのものだった．そのために，学業を始め数年もがいた．しかし大きな壁にぶつかって，自分の力に自信を失い，居丈高にわめくことを諦めたのであった．僕は，この戦争を始めた連中には，もう何の義理も感じていなかった．」（横田正平『私は玉砕しなかった』中公文庫，1999年，334-335頁．横田は戦後，朝日新聞の記者を勤め，この手記はその死後に公刊された）．

傍点部分にあるような意識は，今日でも，たとえば幹部の不正で会社が突然倒産したような場合に，一般社員がもつそれであろう．会社経営は，民主主義とは無縁の，戦前型天皇制のミニチュア版に他ならないからである．

も包摂された存在であり，共同体の意志なき部品であるにすぎない．日本の国家は，天皇が主権者ではあったが，この天皇もまた，「皇祖皇宗」の権威に吸収された存在であった——天皇は神であったが，同時に皇祖皇宗である神を祭る神主でもあった．このようにして，個人を超えた超歴史的な「天皇教」，その神の家の財産（家産）である日本国そのもの…，こうした伝統が国家の価値を規定していた．このような共同体の行為に対しては，意識的に独立していない部品である構成員（天皇・その小官僚としての戦争指導部・国民）は，誰も責任を自覚できない[186]．

こうした集団主義においては，一人ひとりとしては優しい人物が，集団員としては凶暴化するということが起こりやすい．各人は集団の価値やその運動目的に同化し，自分の独自判断力を行使して自分をコントロールすることができないことに加えて，倫理的人間であればあるほど自己犠牲を美しいと考え，自分を抑えて集団の行為に同化する（こうした「公」に対極するのは「私」である家族や恋人との関係だけである．この後者は，「公」の前には，うしろめたいものでしかなかった）．それゆえ凶暴化する集団の一員としては，個人道徳において真摯なかれは，人が変わって，あるいは変わらないからこそ，凶暴化してしまう．

② 一般に日本人には，歴史は人間が意志によって作るものだという観念が弱く，自ずからそうなっていくもの，事実の積み重ねでできていくものという観念が強い．これは，丸山眞男が日本人の歴史意識の「原型」・「古層」ないし

---

186) 次の興味深い指摘を参照．「わが国の軍隊の秩序というものは，もっぱら権威によって維持されたものであったからであります．軍隊では，しゃばのことはみんな忘れろ，個性も失ってしまえ，自分自身の考えも捨てろ，そして，ただ命令に従えと教えました．いわばすべての人の個性を削り落として四角なれんがをつくったようなものです．そのれんがを積み上げたのだから，整然たる秩序にみえるのは当然のことでありましょう．しかし，この整然とした秩序は，決して一人一人の自覚と責任にもとづいて築き上げられたものではない．ただ外からの権威，絶対なるものを頂上にいただいた権威によって維持されたものでありました．したがって，その秩序を維持する唯一のきずなであった命令系統が破れたときには，その一人一人は，どこに行ってよいのかわからなくなってしまって，収拾すべからざる混乱に陥った．それがわが国の軍隊の権威であり，秩序であったと私は考えております．わが国の軍隊でも，一人一人の自主自立ということをもう少し尊重するような立場をとり，その秩序が，各人の責任観念に訴えて立てられたものであったならば，命令系統が破れた場合でも，あれほどの醜態を生ずることはなかったのではないか，と私には考えられるのであります」我妻栄『法律における理屈と人情』（日本評論社，1955年）155頁．個人を押しつぶす形でのこうした集団主義は，日本では未だに多くの場で——会社で学校でスポーツ団体で——再生産され続けている．

「通奏低音」として捉えたところのものである[187]．実際，日本人は，既成のものを革新するという発想が弱く，また，原理に基づいて物事を正式に作っていくよりも，それとなく曖昧に既成事実を積み上げていくことを好むし，そうしてできた既成事実にいつとはなしに順応してしまう（自衛隊強化や天皇制復活の態様を見よ）．日本社会では，不断に異議申し立てをし続ける強い主体は少ない．

　こういうところでは，当時の支配層においてさえ，自分達が行った侵略戦争というような犯罪行為も，成り行きでそうなったもの，そこに至ることが抗じ得ない世界情勢の流れとしてあったもの，と観念し，自分達の意志的な選択結果とは観念できない．

　③　一般に日本人には，普遍的・超越的な価値を堅持してそれに照らして現実を批判するという発想が弱い．超越的な原理（たとえば自然法）や神（キリスト教のような超越神）の観念は，親鸞（1173-1262年）や道元（1200-53年），徳川期の朱子学，明治以降のキリスト教などの例外を除いて[188]，ほとんど定着しなかった．「触らぬ神にたたりなし」，「苦しいときの神頼み」という発想からも，日本では神は人間にサービスする存在であることが分かる．神は人間を超越的に規制するものではなく，人間の物欲のために存在しているのである．この「実利主義的」発想がまた，既成事実の受容を生むことにもなる．「勝てば官軍」，「長い物には巻かれよ」の発想には，原理に反するものを原理に照らして批判し続ける精神はない．それは，原理よりも実益，長期的な視点よりもこの時点での（短期的な）効果，といった人間的要素を重視することでもある．「花より団子」，「宵越しの銭はもたない」である．大国，「世の大勢」，「時の流れ」，流行，歴史のトレンドなどへの追随も，開国後の明治期以来，日本人に付き物の傾向である．こうしたところでは，ファッシズム期の悪法を自然法や正義に照らして無効とし，あるいは時効を停止させ，その法に基く法律行為の責任を追及したり，その法の犠牲者を救済するという発想も定着しにくい．

　普遍的な原理に照らして自分の行為を評価することがないところでは，自分を他の人間や集団と比べて評価する傾向が強まる．その結果，『自分達も悪い

---

[187]　丸山眞男「歴史意識の「古層」」（『丸山眞男集』第10巻，岩波書店，1996年），同『丸山眞男講義録』第4巻（東京大学出版会，1998年）など．

[188]　この点については，同上・『丸山眞男講義録』第4巻参照．

ことをしたが，悪いことをした連中は他にもいる』として自分を免罪してしまいがちである．これはまた，ルース・ベネディクトが，「恥の文化と罪の文化」[189]という形で定式化したところのものである．『他人に知られると恥ずかしいからこういうことはしない』というのであって，『原理に照らして，良心に問うてみて，悪いことだからしない』というのではないのである．

　こういうところでは，また，後で経済的に「強国」になったりして他国から見直されたりするようになると，それでもって過去のことは清算されたとしてしまう．また，自分達が行った戦争にしても，成り行きでそうなったという上述の発想のあるところでは，「自分達も戦争の被害者である」という意識が支配的となる．しかも戦争が成り行きで起こったとするのでは，「自分が加害者ではないか」と問うことはないし，戦争を反省して，「その再発を防ぐ社会関係を形成していこう」という発想が出てこない．

15-4-3　過去の象徴化と戦争責任意識

　これは，過去の出来事を象徴化し観念化して現在を意味付け，方向付けようという伝統の欠如の問題である．

　前述のように，ユダヤ教・キリスト教には，過去の一つの出来事が象徴化され，現在の一人ひとりの生き方にも関わる問題として，不断に想起の対象となる．旧約聖書において，アダムとイヴが犯した禁断破りの行為が「楽園追放」として今日に至るまでの人間の罪深さの表れと受け止めることや，（神の国にまで達する塔を作ろうとして神の怒りにふれた）バベルの塔の物語を，人間の傲慢さの象徴として受け止めることがそうである．悪徳の町であるソドムとゴモラが神によって破壊された物語や，人間の悪徳が神の怒りにふれて起こったノアの洪水の物語も，象徴化されて，人間に自己反省を不断に迫ってくる．新約聖書においても，イエスの受難は，罪深い人間が神に赦されるための贖罪として位置づけられ，人間の原罪を問う象徴的な出来事であり続けている．イエスの第一の弟子であるペテロが，イエス逮捕の直後にイエスを三度裏切った行為（「おまえはあのイエスと一緒にいた人物の一人ではないか」と問われて「イエスなど全

---

189)　ベネディクト『菊と刀』(長谷川松治訳，社会思想社，1951 年).

く知らない」と答えたこと——『マルコによる福音書』14章66節以下）は，人間の自己保身から来る弱さの象徴的行為とされている．

　ところが日本では，日常において「旅の恥はかきすて」，「すんでしまったことは仕方ない」，「過去のことは水に流して」として過去のものを簡単に清算する傾向が強い．それだけでなく，「禊ぎ」・「お祓い」・「お清め」といった形で，過去のものを簡単に清算することが宗教上の行為となっている．加えて日本人は，過去を重く受け止めて現在を問い直すことよりも，現在に都合の良いように過去を構成することを好む．われわれは，暗い過去は忘れて，楽しい過去のみを懐かしがるものである．「故郷は遠くにありて思うもの．そして悲しく詠うもの」となる．日本人がことさら「流行」に敏感だとか，テレビ報道に流されやすいというのも，大勢に順応しやすいこととともに，過去にこだわらないという，この問題に関わる．こういうところでは，現在の成功がすべてを赦してくれる．「終わりよければすべて良し」である．

15-4-4　自己中心性と戦争責任意識

　自己中心の狭い視野でしか自分を見られない国民には，戦争責任の意識がもてない．

　他者を「野蛮人」，「毛唐」とする傾向は，どの国民にもみられるが，アジア蔑視，および長い間の鎖国がもたらした「井の中の蛙」，「島国根性」の発想が根強い日本では，自己中心性がとりわけ顕著である．しかも日本では，歴史を通じて，前述のように一方の絶対的支配者と他方の「家」に閉じこもる私人とが分裂したまま並列した．その結果，「公」とは支配者が独占し権力によって強制するものだということになってしまった．市民が自由な参加・共同によって共通の世界を運営するという「公共」の観念（注150の分類では**A-2**），が発達しなかったのである．このため，『外は強制の世界であり他人の世界であり，自分の家の中や家族員同士だけが落ち着く．家や家族員さえよければ他はどうでも良い』という発想が避けられない．「家」への自閉性は，現代に入って日本の都市化によって一層強まった．こうしてわれわれは，自分の家はきれいにするが，公園や駅，山野は平気で汚す．自分の車はぴかぴかに磨くが，そのきれいな車から道路や空地に平気で空き缶を捨てる．都市全体をいかに調和のと

れた空間にするかという構想がないままに自分の建物を建てる結果，街は個々の建物の無秩序な雑居空間となる[190]．

　責任とは，自分の良心に対する問題であるとともに，被害者の心に対する配慮の問題でもあることは前述の通りである．自分の側からしか世界を見ることができない自己中心者は，被害者の感情を理解できない．

15-4-5　戦後政治と戦争責任意識

　日本国民ほど，国家を信用し，国家による影響を受けやすい国民はない．国家のやることは間違っていないと考えるだけでなく，先にも見たように，御上（おかみ）のお墨付きをもらうことが，なにが真で，なにが善で，なにが美かの決め手になると考える傾向にある．政府の発表は私的団体の意見より正しく，警察が逮捕すれば即，犯罪者となり，学者・芸術家でさえ叙勲してもらうことが業績の証明だと思うし，「宮内庁御用達」が最高の品質保証なのである．ところが，このような「ありがたい国家」の政府を形成し続けてきた人々が，戦後のドイツとは正反対に，先の戦争を侵略戦争であるとは認めず，日本軍の戦争犯罪を否定し，天皇や政治家の戦争責任を認めない．そしてA級戦犯格が首相や国会議員になり，元特高が大臣になる．加えて，ドイツ政府はナチス肯定の運動やシンボルの使用を法的に禁止しているのに対して，日本の政権党は，戦後の自由・民主主義の憲法を敵視し，日本ファッシズムのシンボルであった旗や歌を強制しようとする．こうしたことが日本人の道徳意識に与える影響は大きい．

　以上われわれは，戦争責任の問題を素材として，①日本の政治における民主主義的伝統の欠如，②多くの日本人をめぐる内面的自立の欠如，③物質主義（理念的・原理的なものに対する感覚の欠如），④自己中心主義，⑤戦後政治の問題

---

[190]　次の興味深い指摘を参照．「日本人のこうした性質を公徳心がない，といいます．それに相違ない．それに相違ないのですが，その公徳心の欠けていることは，何に原因することでしょうか．私は，それを家庭生活の封鎖性によるものだと考えるのです．花そのものとしては公園に咲き乱れているままの姿が美しいにきまっています．しかし，われわれ日本人は，公園でおおぜいと一緒に眺めたのでは，何となく落ち着かない．ただの一枝でもよいから，自分の家に持ってきたときに，はじめて花を眺めたような気になる．家庭の封鎖性がそこに現われております」我妻栄・前掲注186)『法律における理屈と人情』134頁．国家的「公」と家の「私」との間にあるべき，市民社会的な「公共」が弱いのである．

を対象化した．

15-5 （補論）日本とドイツにおける三つの民主主義運動の比較

15-5-1 日　本

　明治以降の日本には，三つの民主主義運動があり，きわめて相似た展開構造と敗北の軌跡を残している．その三つとは，A：明治の啓蒙・自由民権運動，B：大正デモクラシー，C：戦後啓蒙・民主主義，である（ここでの「民主主義」については13-1の定義を参照されたい）．これらに共通する点は，次のようにまとめられる．

　① 主として国外からの働きかけによって火がつき，15年以内に急速に燃え上がった．

　Aは，黒船の来航（1853年），それに続く開国（1854年）・西洋文明の流入・明治維新（1868年）によって火がついた．

　Bは，ロシア革命（1917年）やドイツ革命（1918年）による民主主義・社会主義思想の流入によって火がついた．

　Cは，日本の敗戦による連合国軍（アメリカ）の占領・民主化政策（1945年）によって火がついた．

　② 運動は，最初は左派のインテリによる啓蒙に始まり，やがて国民的運動——政党の結成をももたらす——に至る．そしてこれに対して権力側の反撃が本格化する．この権力側の反撃は，かれらが対外戦争での勝利や経済的繁栄によって国民を惹きつけ得たことによって成功し，その結果，国民の体制内化が進む．また，当初の運動を担った啓蒙的知識人がやがて老齢化して第一線を退き，その後継者が運動を継承する力量を十分もてなかったこともあって，啓蒙の影響力が衰える．その頃には逆に，それまでは劣勢であった右派の知識人が，軍事的・経済的に自信をつけた権力やマスメディアに支えられて活性化し，大衆の心を捉え出す．こうしたことの結果，運動が始まった当初とは正反対の，強権的な体制が確立し，政治は利権と官僚支配に規定され腐敗を強める．民衆は，豊かになり，かつ保守派による政治の独占で政治から疎外され，その結果，脱政治化されて私化（私生活・内面に閉じこもること）してしまう．こうして，

国家と個人，政治と私生活の二極分解が進行する．

すなわち，《火がついて15年以内に大変革運動，20年以内に権力の反撃，30年以内に形勢の逆転》，というサイクルであり，具体的には次のようにである．

Aにおいては：1880年代の自由民権運動—1894年の日清戦争・1904年の日露戦争—体制化の進展，というサイクル．

Bにおいては：1925年の普通選挙法に至る大正デモクラシー—1931年の満州事変—ファッシズム化，というサイクル．

Cにおいては：1960年代の安保闘争・革新自治体運動—1974年のオイル・ショックとその後の日本の経済的成功—新保守主義化，というサイクルである．

この全サイクルを図示すれば，次のようになる（波線は民主化運動の山と谷を示す）．

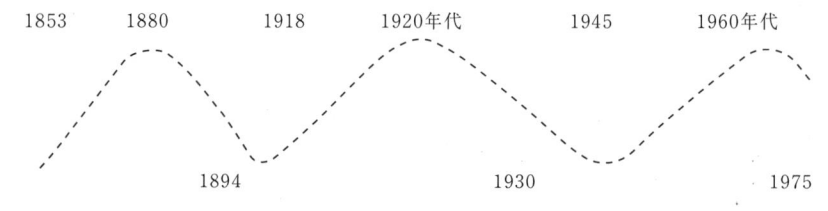

```
1853    1880        1918    1920年代     1945      1960年代
                1894              1930              1975
```

③　変革運動は，当初，民主主義を目指す．すなわち，

Aにおいては，自由民権運動の「民権」，すなわち民撰議院や地方民会の開設という民主化運動であり，

Bにおいては，普通選挙権をめざす運動（大正デモクラシー）であり，

Cにおいては，国民主権（戦後民主化）の運動と社会の民主化運動としてあった．

④　ともに——民主主義が優先された反面——自由主義原理（個人の尊厳・私生活における自立，内面の自由・自立）への関心は弱かった．すなわち，

Aにおいては：「よしやシビルは不自由でも，ポリチカルさえ自由なら」（市民生活は自由化されなくとも，政治世界が民主化されさえすれば，という意味）とうたわれたように，市民社会の自由化・近代化は，複雑な関係に直面したため後回しにされた．市民社会の近代化を国家の近代化の基礎として重視したのは，福

沢諭吉やその弟子の馬場辰猪 (1850-88 年) ら一部の人々に過ぎなかった．福沢は,「一身独立して一国独立す」(『学問ノススメ』) という形で, 政治と市民社会的な自由とを結びつけることができた, 日本史上数少ない根源的な啓蒙家であった．

B においては：個人を超えた集団運動に依拠し集団変革を重視する社会主義と, 私生活中心主義 (私小説の傾向), 没社会的な自然回帰 (国木田独歩 (1871-1908 年) の『武蔵野』参照), 没社会的な教養主義 (阿部次郎 (1883-1959 年) の『三太郎の日記』参照)) 等との二グループに分かれた．両グループともに, 民主主義と自由主義とを内在的に結び付けることができていないのである．

C においては：丸山眞男が警告し続けたように, またマルクス主義と実存主義の相互反撥にも見られるように, 政治と内面, 集団と個人の分裂が顕著であった．丸山眞男は, 戦後の啓蒙・民主化を個人の自由, 内面の確立と結びつける方向を追求した点で, 明治の啓蒙・民主化運動における福沢諭吉に対比される歴史的位置にある．

⑤ 当初は日本的なものが,「悪しき伝統」,「前近代的なもの」として克服の対象となる．進歩史観・近代主義が推奨され, 理性的なもの・合理化が近代化として強調される．しかし, やがて右派の反撃が強まり, 日本的なものの再評価, 伝統・前近代的なものの再評価, 進歩史観・近代主義・啓蒙主義の克服の動き,「近代の超克」のキャンペーン, 反進歩史観の提唱, 理性よりも感性・情念を重視する傾向の強化, 非政治性の重視など, 社会的価値の評価に反転が起こる．また, 国民, とりわけ青年層が, 当初の強い政治志向から, 政治的無関心へと傾斜していく．こうした状況下で, 左派知識人が大学や言論界から追放され, 政治的にも革新勢力は抹殺される．

⑥ 革新が強い当初においては, 政治は「変えられるもの」, 社会や歴史は人間が「作るもの」, と主張され, 人々もそれを革新して集団運動によってそれを現実化しようとした．

しかし, やがて体制側が自己を強化するにつれ, 官僚制と大組織によって整備された体制は「不動のもの」と見えるようになる．人々は政治や社会の運営から疎外され, 権力があらゆる部面で強権を発動するようになり, 人々は無力な存在として自己を見るようになる．こうした状況下で人々は, 政治は「簡単

には変えられないもの」，歴史は「自然に成長するもの」，「自生的秩序こそ信頼できるもの」，「社会は設計できないもの」と観念するようになる．

　こうした状況下では，現在や未来の自分を犠牲にしてでも体制を変革しようという意欲は減退し，不動の体制の中でいかにうまく泳ぐかが関心事となり，人々は競って体制内化する．それに異議を申し立て，体制に抵抗する者は，こうした基盤の上では，やがて，異常者（かつては国賊・非国民・アカ，最近では変人・狂信者）として排撃されるようになり，社会意識の体制内化・画一化がさらに進行する．

　⑦　運動が体制側からの反撃によってつぶされやすい要因は，次の点にある．
　（イ）　運動が当初の一時期成功しえたのは，外圧を受けて体制側に動揺が生じた，あるいは権力が未確立であるという，支配の空白状態に乗じ得たからである．①明治維新直後の権力の未確立状況，②大正デモクラシー時に立憲政友会の西園寺公望（1849-1940年），原敬（1856-1921年），犬養毅（1855-1932年）らが体制派の期待に反する行動をとったこと，③そして敗戦直後の体制の動揺が，そうした空白状態である．
　（ロ）　運動の対象は制度変革に集中し，制度の担い手（旧支配者が担当してきた，議員・官僚・裁判官・軍隊・警察・教員など）の交代を徹底させなかったため，やがて居残ったこれらのエリートの勢力によって，新しい制度自体が骨抜きされてしまう．
　（ハ）　都市中心の運動であるため，保守的な農村に浸透せず，それに支えられた保守派を崩せなかった．
　（ニ）　運動を次世代（特に三・四代目）に継承させることができなかった．急速な近代化の中にあり続けたため，世代間ギャップが日本では昔からことのほか大きいのである．

　⑧　運動の主たる担い手は，その時代の経済成長の中で活性化した中間層であった．
　Aにおいては：農業の市場経済化に伴って活性化した豪農・中農や，初期マニュファクチャーの経営者がそれであった．
　Bにおいては：第二次産業革命・都市化の中で活性化した市民層と労働者がそれであった．

Cにおいては：天皇制から解放された市民・労働者，1960年代以降の高度成長下で成長した新中間層がそれであった．

そしてこれらの中間層は，あるいは確立した体制下での繁栄によって（その世代ないし次世代が）体制に吸収され，あるいは経済成長によって没落し（明治の豪農・中農），闘争力を失った．

15-5-2 ドイツ

以上のような民主化の三つの運動史は，ドイツにおいて日本と極めて似た軌跡を示している．すなわち，A：1848年の三月革命後の動向，B：1918年のワイマール革命後の政治，C：1945年以降の戦後変革においてである．このうち，Cだけが，日本と異なり，持続的な革命を成功させた．

① これらはともに，外国の影響を受けて展開した．

Aは，フランスの2月革命の影響を受けて展開した．

Bは，第一次世界大戦における敗北とロシア革命の影響下で展開した．

Cは，第二次世界大戦における敗北と連合軍の占領下で展開した．

② 運動の始まりはインテリが担い，やがて運動が民衆に浸透する中で，変革力をもったものとなる．しかしやがて，体制側が力を盛り返し，体制側によってなされた政策の成功によって，運動の支持基盤を失っていく．たとえば，Aにおけるビスマルク（Otto E. L. Bismarck, 1815-98）による対オーストリア戦争の勝利，対フランス戦争の勝利，Bにおけるヒットラーの経済政策の成功や軍事的成功がそれである．

③ AとBにおいては，権力の中枢部（官僚機構，裁判官，軍隊）などにおいて旧勢力の首をすげ替えることができなかった．このため，盛り返した旧勢力の中枢部によって，変革はやがて骨抜きにされてしまった．Bにおいては，これが下からのファッシズム運動と結合した．

これらに対してCにおいては，徹底した戦犯追及が行われ，しかも1968年以降の国民的運動と社会民主党政権の誕生によって，権力の中枢部もが変革された（この変革の世界史的意味については，「18　司法をめぐる合理化と人間化」において詳しく論じる）．これが戦後日本の民主化と比べて，大きな違いをもたらした．

④　運動を担ったのは，それに先行する産業の構造変化の中で成長した中間層である．すなわち，Aにおいては，産業革命に至る過程で成長した中間層，Bにおいては，第二次産業革命下で成長した都市市民，Cにおいては，1950年代の経済復興の中で成長した市民である．

以上から読みとれる事柄の一つは，日本のC（戦後の日本の民主化）が，ドイツのB（ワイマール共和国の民主化）の轍の跡を踏んでいるという点である．国家体制が民主主義的に変革されたにも拘わらず，旧エリートとその支配の伝統，そしてそうした支配の社会的基盤が温存され，その結果，時間の経過とともにかれらが勢いを盛り返すことによって，民主主義がまず上から圧殺され国家的な強制的一元化（グライヒシャルトゥンク）が準備された轍の跡をである．しかも，ここにおいて，もし1920年代のドイツのような経済的混乱と社会不安が加わるならば，旧勢力は下からの反民主主義の運動ともタイアップしうる条件を得るので，事態はヨリ深刻になろう．日本のCがドイツのCと同じ形を採り得なかったところに，今日の日本の民主主義上の根本問題がある．そしてその根底にあるのが，先に扱った戦争責任をめぐる無責任・無反省・責任追及の不発という事態である．

16 日本における〈前近代・近代・超近代〉

はじめに

A:「だが，〔日本が〕何故そんなに超急速度に超近代化されたかという理由のなかに，前近代的なものがあると私はいいたい．つまり，機構上，思想上の前近代の存在が，いわゆる『近代化』を阻止するという形でなくて，超近代を超スピードで作りあげる，そういう仕組みに鋳こまれているということを考えてみたいと思うわけです」（内田義彦『日本資本主義の思想像』岩波書店，1967年，336頁）．

B:「つまり，現代日本社会の特殊な権威的性格は，前近代の遺制によって生じているのではなく，『現代』企業社会と保守支配の所産なのである．いいかえればそれはブルジョア的『近代』を規制する労働の力の無力に起因する『近代』の過剰の産物でもある．そのもたらす困難の克服は，したがって『近代』化の途ではありえない」（渡辺治「現代日本社会の再構成」，『UP』1989年6月号所収，27頁）．

上のAとBは，対立する．Aは，日本では近代化が不十分であったため前近代的なもの（たとえばボス支配や集団主義）が残存し，それが日本が超近代化するのを支えた（今日の発展を支え，かつそのことによって現代日本の社会問題を深刻化させた）とする．（「超近代」とは，高度に発達した現代社会の様相のことである．）これに対してBは，日本は近代化を達成したのであって，現代日本の社会問題は，この近代化が進み過ぎ，その矛盾がもたらしたものだとする．両者では，それゆえ戦略も異なる．Aは，現代日本の諸問題の解決のためにも，近代的なものの確立（一層の近代化）が重要だとする．Bは，近代化はもはや課題ではなく逆に克服の対象であり，特殊現代的な病因が何かを問うことが大切だとする．

A，Bのどちらが正しいのか，どちらもが誤っているのか，どちらにも正しい点と問題点があるということなのか．これを考えることは，今日の日本における国家の活動態様，民主主義と自由主義の実態と，その実態を規定している要素とについて考える上で重要である．この問題に関する論点は，以下の二つである．すなわち，①「日本的なるもの」と前近代・近代・超近代との関係，②「近代」あるいは「前近代」で何を意味させるか，である．以下，この二点を分けて論じよう．

16-1　「日本的なるもの」と前近代・近代・超近代との関係

16-1-1　現代日本

　現代日本，すなわち近代化を遂げ，さらには超近代化も進んでいる日本において，未だに「前近代的なもの」がどう作用しているか？　これは，きわめて難しい問題である．

　前述のように，現代資本主義を考える場合には，一方で，国家が経済や社会生活に介入している点（企業を育成し支援するために様々な措置を採っていること，階級間の矛盾を悪化させないために様々な対策を講じていること，国際的な紛争に備えた軍事的・政治的措置を講じていること）と，他方で，企業が独自の力をもって市場を組織化し，社会における権力として活動していること，そしてこれらが相互に相補い，また相対立する関係にもあることを，認識しなければならない．東京大学社会科学研究所の共同研究『現代日本社会』（東京大学出版会，1991・92年）は，この関係を現代日本において企業の支配力がきわめて巨大化していること（「企業支配」）に焦点を当てつつ分析している．その際，問題とされている，企業支配の原理的特徴は，集団主義，権威的支配，競争原理の三つである．日本企業では，従業員──「労働者」という観念がうすい──が企業に対して強い帰属意識・忠誠心をもつ．また，従業員の私生活，個人的人格，そして生命をも破壊するような，企業による労働者支配が貫徹する（それは単身赴任，サービス残業，「過労死」などに見られる）．企業はまた，対社会的には，あくどいまでの利権・営利追求をする（それは，公害・出店による地域社会の破壊，贈賄，総会屋や暴力団とのつながり，欠陥商品隠し，ニセ商品の販売，下請け・中小企業

いじめなど，企業のモラル・ハザードとして問題になっている）．その際企業は，そうしたことに国家をも利用しようとし，政治の極端な私物化，それを確保するための非民主化，財界・政界・官界・学界の癒着が進行する．

　企業のこのような社会支配が進行したのは，高度成長後であった．企業はその際に，今までにない新しい手段を使った．たとえば，①法人化現象といわれる，大銀行を中心とした企業集団の形成，②日本型経営（会社主義）といわれる，年功序列賃金と終身雇用，昇進競争，家庭福祉などを通じて労働者を「企業一家」的に企業につなぎ止める制度（およびQCサークルなどの活用），③組合幹部を会社幹部にし，逆に権利主張をする組合員は差別するなどして，御用組合を育成する労務政策などである．

　問題は，なぜ日本でそれが可能であり，他の先進国ではそういうことがあまり生じなかったのかという点にある．こうした「日本的特殊性」をもたらした要因としては，経済的・法的・政治的・文化的などの多様なものがあり，かつそれらの中には現代に至って顕著になったものもある．しかしまた，その場合でもその「根」を日本の伝統に求めることも必要ではないか，が問題となる．たとえば上述の「企業支配」は，確かに1970年代以降に顕著になった現象ではあるが，しかしその「根」は古い日本社会の集団主義や政治・行政の伝統と無関係か．日本の「前近代的なもの」が，現代社会をも規定しているのではないか，が問われなければならない．

　この点で興味深いのが，加藤周一の指摘である．かれは，『日本文化のかくれた形』（岩波書店，1984年）において，「日本社会・文化の基本的特徴」を，（イ）競争的な集団主義，（ロ）「いま」・「ここ」だけを考える現世主義（現実主義），（ハ）一方での，パーソナルな関係が社会を動かす極端な主観主義（浪花節主義，「顔」，なじみ，コネ）と，他方での，官僚主義に見られる極端な形式主義との併存，においてとらえている．そしてかれは，日本の古代以来の歴史の中にその例証を求める．

　加藤の指摘を参照しつつ筆者の考えを整理すると次のようになる．
　まず，上の加藤にある（イ）（ロ）（ハ）の三つは，競合することによって，次のような現代社会を作りあげている．すなわち日本では，①自分の帰属する

集団内で全員一致主義(「みんな一緒」)を大切にしコンフォーミズムに陥る傾向がある．②集団を超える価値や原理・理念をもたないため，その集団の価値を絶対化し，人は，集団に精神的・人格的にも支配される．つまり集団至上主義に陥りやすい．③「個」の観念が未発達であるとともに心情的一体感を重視するため，集団内では構成員は「私」や「個」を殺してしまうし，指導者は構成員の「私」や「個」を無視してしまう．そして④――以上の①②③が相まって――仲間の目を気にし同調しようとする傾向(他者志向)や，目上の権威にすすんで服従しようとする傾向に陥る．⑤昇給・昇進・出世などの利益誘導に弱く，また長いものには巻かれよという現世利益主義・即物性が強まる．⑥競争原理がこのような集団主義や現世主義と結びつくことによって，集団間競争と集団内競争――仲間間評価・給与・昇進で他者に勝とうとする競争――とを煽られ，このエネルギーが集団内部での自己疎外と，外部への攻撃性とを生みだす．⑦会社や学校などで支配者は，従順な者に対しては面倒見のよい保護者となる(温情主義)が，反抗する者，異端分子は徹底的に差別し隔離する．従順な者は，それに対し見て見ぬ振りをする．

　以上のうち，集団主義・集団至上主義と現世主義は過去の日本からのものである．ただ競争原理だけが，近代日本以来のものである．しかし，この原理も単に近代的競争原理として機能したのではなく，日本的集団主義・現世主義と結びつくことによって，たとえば旧日本軍内の集団行動に典型的に見られるように，集団間競争と結びつきつつ，非人間的な動力となった(その現世主義は，近代的形態としての「欲望個人主義」，すなわち「自分ないし自分の家族がいま，ここで満足できさえすればよい．他人が，あるいは後の世代がどうなろうと知ったことではない．」の発想にも転化しうる．この欲望個人主義は，超越的価値を欠き，かつ「いま・ここ」を離れられない点で，「自分たちの集団がいま・ここで満足できさえすればよい」という発想の集団主義と結びつくものでもある．個人主義と集団主義は本来対立するものだが，欲望個人主義と集団主義は同調し合うものである)．

　日本人のこのような精神構造と，前述の企業支配の構造とでは，その編成原理に著しい近似性がある．しかも，こうした，集団主義的競争の利用や，集団内での画一化・権威主義的な管理主義・異端者差別[191]，集団の外の各人の私生活をも統制しようとすることは，日本では企業内だけでなく，学校，スポー

ツ組織（部活），町内会，議会，裁判所（裁判官に対する統制）などにも見られる．これら全てを渡辺治のように企業の論理が浸透したものだと見ることはできない．時代と場所を異にする集団をともに規定する共通の要素が問題になる．すると，それがやはり歴史的な「根」（日本の社会文化）につながっていることを考えざるをえなくなる．

　われわれはまた，以上のような企業支配の構造とは別個に，国家の作用，人々の政治行動，企業以外の社会集団などについて，それらがどのような形態で動いているかを見なければならない．そしてここでは「前近代」と「超近代」の結合はさらに明らかである．たとえば，田中角栄は，利権誘導型のボス支配──すなわち地元中心主義的な後援会組織を固め，その地元に国家予算をばらまくことによって支配を確かなものにする，古い型の地方主義的な政治──と，第二次全国総合開発計画（日本列島改造論）のような超モダンな政治とを結合しえた人物である．ここでは，前近代的なものと超近代的なものとが，うまく共存しているのである．こうした結合は，他にも，先端を行く企業が，ワンマン支配であるとか，総会屋・右翼・暴力団などの集団と深く結びついているとか，原子力発電所やコンビナート，リゾート施設などの最新施設の建設が，古いタイプの地元のボス支配（利権集団と結びついた場合が多い）と不可分であるなどの点に見られる．

　このように見てくると，渡辺治が，1960年代以降に見られた企業による労働者管理の新しい手法（日本型経営）をめぐって，『この新しい手法こそがさらに社会全体に浸透し現代日本を規定したのだから，現代日本社会の病根は，過去のそれが持続しているところにあるのではなく，1960年代以降に新たに生じたものだ』と主張するのは，一面的に思われる．前述のように，採られた手法がモダンであっても，過去からの旧い要素がその根底に働いている可能性はあり得るからである．

　渡辺治が，日本は既に「前近代的」なものを解消したとするのはまた，かれ

191）こうした，職場での思想差別が問題になり，企業の非を認めた裁判として，1995年9月に最高裁判所で判決が出た関西電力人権訴訟，1996年3月に名古屋地方裁判所で判決が出た中部電力賃金差別訴訟，1999年9月に福岡地方裁判所で和解が成立した安川電機賃金差別訴訟，1999年12月に大阪をはじめ四つの地方裁判所で和解が成立した関西電力賃金差別訴訟，2001年1月に大阪地方裁判所で和解が成立した三和銀行争議などがある．

が「前近代的」なものを「戦前天皇制国家の支配構造」と同置し，したがってそれは戦後に解体した，と見るためでもある．しかし，上のように，「前近代的」なものを，単に明治期以来に見られた「戦前天皇制国家の支配構造」としてではなく，それよりも遥か以前から日本人・日本社会を規定しているもの——丸山眞男の言う「原型」・「古層」・「通奏低音」——の現れであると見ると，「戦前天皇制国家の支配構造」はもはや弱まったとしても，「前近代的」なものが「超近代」を規定している可能性がなお問われざるをえない．

　ところで，前述のように（注137，注168）2001年以来，日本では「構造改革」が叫ばれ，新自由主義に則って新しい社会関係が展開しようとしている．たとえば，派遣労働や「リストラ」が広がり，また「成果主義」賃金（各人があげた成果に応じて支給する賃金）が導入されだした．大企業はまた，工場閉鎖によって「企業城下町」からさえあっさり撤退したり，永年使ってきた下請け業者を切り捨てて中国に生産拠点を移したりする．地域に進出して地元の商店街を壊滅に追い込んだスーパーやデパートが，採算がとれなくなるとあっさり撤退してしまう．銀行も永年の融資先であった中小企業を見捨てて倒産させたりするようになった．このようにして，大企業の，かつての温情を伴った権威主義的支配に代わって，いまやドライに効率を重視する権威主義的支配が強まっている．自由競争，自助努力，自己責任，起業家精神が強調され，落伍する者に対しては，「市場競争では消えるべきものが消えるのは当然」として，もはやかつてのような共同体主義的な支援や，人類が20世紀に築き上げてきた社会的連帯のシステムは拒否される……．

　こうした「構造改革」は，これまでの旧き良き「日本的なるもの」に乗っかかっていた企業社会，日本型経営が，上からも軌道修正されるときが来たことを意味しているといえよう．それは，支配層が，1990年以来持続している，深刻な日本の「構造不況」と，グローバリゼーションによる激しい国際競争とに直面して，もはやこれまでの「日本的なもの」による生産システムではうまくいかないという自覚を強め出したことを物語っている．

　しかしそれでも，支配層が「日本的なるもの」を消滅させて全く変容すると見るのは誤りであろう．そもそも「構造改革」のやり方自体が「日本的」であ

るからである．すなわち，たとえば，——国際「競争」や集団的「危機」を煽ってムードでことを遂行しようとしたり，官僚と財界の主導で，議会での十分な討議を抜きにし，審議会答申を錦の御旗にして行こうとしたり，大政翼賛の雰囲気を作り出して，反対する者を「抵抗勢力」という形で無視ないし排除したりする手法がそうである．「構造改革」をめぐっては，当面は超近代的な効率性の論理と旧い「日本的なるもの」とが，からみ合ってそれを推進すると考えられるのであって，その追跡は今後の興味あるテーマの一つである．

16-1-2 「日本的なるもの」のルーツ

「日本的なるもの」[192)]のルーツを前近代に探る場合，そのようなものとしては，(イ) その時々の時代の産物だとし得るものもあるが，さらに，(ロ) 歴史貫通的なもの（歴史の至る所で日本人を無意識のうちに規定しているもののことで，前述の，丸山眞男のいう「原型」・「古層」・「通奏低音」に当たる）や，(ハ) 東アジアに共通のもの，(ニ) 後発国に共通のものもあるだろう．一つひとつの「日本的なるもの」がそのどれに属するかの判定は難しい．その際，(イ) は近代化すればやがては崩れ去る可能性をもつが，(ロ)・(ハ)・(ニ) は，近代化する作業をも規定し，さらに近代の発展過程（現代化）自体をも規定する．したがって，(ロ)・(ハ)・(ニ) を明らかにするには，アジア諸国で働いている要素と「日本的なるもの」との対比や，アジア外における現代社会現象との比較が必要になる．

上述の要素に限定し日本歴史に即して見ようとしても，上に見た，集団主義，集団至上主義，他者志向，現世主義・実利主義＝即物性，主観主義と形式主義の結合，競争原理など一つひとつについて，ルーツをたどっていかねばならないし，時代毎の違いや身分毎の違い，それらが現代へどう作用しているかなどを分析しなければならない．

---

192) ここでは「日本的なるもの」の悪しき一側面を対象にするのであって，「日本的なるもの」が，ここで論じるものに尽きるとか，全て悪しきものだとかといったことを前提にはしていない．

16-2 「近代」・「近代化」について

上記の第二点に移ろう．すなわち，「近代」や「近代化」の中身をどう考えるかの問題である．

この二つの語の内容として人々が考えてきたのは，①工業化・生活の中への機械の導入，②国家の合理的編成・「紀律化」，③初期ブルジョワ社会・産業資本主義社会の成立と発展，④合理的・科学的思惟の発達と「文明化」，⑤個人の解放・自由化と民主主義化，親密圏の成立，⑥内面的自立・社会的主体性の定着，の 6 つである．

①は，近代科学の発達が機械の発明をもたらし，18 世紀以来，それが生産や社会生活に利用され，社会が大きく変化したことを意味している．

②で言う国家の合理的編成とは，17 世紀の絶対王政以来，中世的な自立権力の分散状態を破って，国家統一が達成され主権国家が形成されたこと，それを運用する専門官僚制が整備されたことを意味する．「紀律化」とは，合理的な秩序付けが，単に官僚組織にだけでなく，人々の生活のあらゆる場にも浸透し，また精神的にも規則に従うべく人間改造が行われたことを意味している[193]．

③で「初期ブルジョワ社会」とは，18 世紀の近代市民革命を経てやがて産業革命が結実していくまでの社会を意味する．ここでは，「市民」は，自営業者・教養専門職を中心にしており，また，国家は，産業育成のために上からの保護政策を遂行する大きな国家であった．「産業資本主義社会」とは，産業革命が結実して産業界が自立した後の国家である．ここでは，「市民」は，19 世紀に産業資本家階級と労働者階級に分裂する．また産業界は，「レッセ・フェール」を求め，「夜警国家」と称される「小さな政府」の国家が成立する．

④は，科学と近代哲学の発達により，合理的な精神が定着したことを意味する．また「文明化」とは，前述のように，ノルベルト・エリアスの言葉で，マ

---

193) 「紀律化」については，エストライヒ『近代国家の覚醒』（阪口他訳，創文社，1993 年），ハルトゥング他『伝統社会と近代国家』（成瀬他訳，岩波書店，1982 年），屋敷二郎『紀律と啓蒙』（ミネルヴァ書房，1999 年）など参照．

ナーの洗練性や生活様式・文化の上品化が進むことを意味する．近代社会の富と知は，この「文明化」をそれまでとは比べようもないほどに推し進めたのである．

⑤は，自由や民主主義が政治生活・市民生活の原理となったことを意味し，「親密圏の成立」とは，家族が愛情に基づく私的な世界となり，国家の介入からも家長の専制支配からも自由になっていくことである（とはいえ家長の支配は，20世紀の遅くまで克服されなかった）．

⑥の「内面的自立」とは，各人が自我を強め自分の理性によって自分を方向付ける傾向を強めたことを意味し，また「社会的主体性」とは，各人が政治社会の主人公であるという意識を強め，政治社会・市民社会の共同体の形成と運営に自由な主体として関与するようになったことを意味する．

以上のうち，①②③はおおむね一体的に展開するが，それらと④，⑤ないし⑥とは常に一体であるわけではない．⑤と⑥との間でもそうである．

たとえば，後発の資本主義国家のように，国家主導で（上から）資本主義化（①②③の発展）を進める国では，国家主義が強まるから，⑤が不徹底となり，⑥は重視されない．また資本主義体制を堅固にするためには労働者市民の反体制運動を抑える必要があるため，⑤や⑥は障害物となる．また資本主義が高度化して矛盾が深刻化し社会的不安が高まると，非合理主義が強まり④さえもが損なわれる．③の発達による官僚制（②）の肥大は，官僚支配や官僚主義をもたらし，⑤を損ない，その国家パターナリズムの強化によって⑥をも損なう．⑤で，社会がマス・デモクラシーの方向へ発達すれば，人々がアパシー（政治的無関心）を強めることによって，④⑥が損なわれる．

日本におけるいわゆる近代主義者・市民社会派（経済史学者の大塚久雄，法社会学者の川島武宜・戒能通孝，政治学者の丸山眞男らを人々はそう特徴づける．その特徴は下記に示す）は，④⑤⑥を形成することが日本では重要だと考え，それを達成するためには，生活基盤の近代化，すなわち①②③を進展させることも必要だとした．しかし，かれらは④⑤⑥から出発したことによって，以下の二点において上述の関係——①〜⑥が必ずしも順接でないという点——をも見通せた．

すなわち第一に，日本では，国家主導による資本主義化，すなわち「上からの近代化」の路線を採って来たことに，自由や民主主義が阻害された一因がある．市民が自らの力で近代化を進めた（「下からの近代化」）のであれば，その生活を通じて旧い社会関係や旧い意識を根底から崩すことができる．しかし，「上からの近代化」においては，旧い社会関係が根底から崩されることはなく，むしろその旧い社会関係を利用して資本主義の基盤整備や搾取がおこなわれる．その結果，旧い意識が残り④⑤⑥の形成が阻害される，という点である．

第二に，日本では，④⑤⑥が未発達であったため，③の矛盾が社会的に深刻な現象を生み出した．日本において大衆社会状況が重症的である——たとえば流行に流されやすい，風評やマス・メディアに煽られやすい，イヴェントばかりを追って定着性がないなど——原因は，制度の近代化が④⑤⑥の進展を伴わず，そのためしっかりした自己がもてていないことにある，という点をも見通せたのである．

いわゆる市民社会派はまた，そのことによって，資本主義を乗り越える運動や制度（労働運動・革命運動・社会主義体制）の積極面を評価し，かつまたそれらの問題点を指摘することもできた．

つまり，いわゆる市民社会派にとって，④⑤⑥の形成は，これからも追求されるべき課題であって，かれらが追求する「近代化」は，とうてい①②③に解消し切れるものではなかった．

上述の視点は，歴史認識にとっても重要である．たとえばヴェーバーは，④⑤⑥がむしろ①②③成立の前提になること，また，④⑤⑥は③以前の要素によって準備されることを認識した．すなわちかれは，論文「プロテスタンティズムの倫理と資本主義の精神」（1904-1905 年）において，禁欲に徹したプロテスタント，すなわち非資本主義ないし前資本主義の精神をもっていた人々が，そのことの故に近代資本主義を担う主体となった点を明らかにした．宗教的禁欲が資本主義的な生産労働と結び付いたのである．ヴェーバーはまた，『経済と社会』において，中世の封建制や自治都市の団体自治の伝統が近代的な自由の基盤となったことを明らかにした．そしてヴェーバーは，③の発展が，逆に近代的な精神を形骸化させる（「化石化 Versteinerung」する）ことをも予見できた．

かれの考察において魅力的なのは，このようにして①②③と④⑤⑥のパラドクシカルな関係——非資本主義的な精神が資本主義を発達させ，近代化が近代精神の衰退をもたらす関係——を洞察している点である．

最近でも，丸山眞男の論文「忠誠と反逆」(1960年)[194]の視点が，そうしたパラドクシカルな関係を描き出している．丸山は，近世のサムライの精神の中に⑥に通じる主体的精神を見出した．丸山は，サムライの主体的精神こそが，明治の近代精神の骨格を成し得たと見るのである．「前近代」(の武士の魂)が，「近代」の(自由を追求する明治初期の)主体的精神を支えているという見方である．しかも丸山は，その後の近代化の進展によってサムライがいなくなり，こうした主体的な精神が消えていくとともに，大正期以後の大衆社会の出現によって人々の心が根無し草的になり，これらの現象が相まって，日本の政治から主体的精神が喪われていったとも見るのである．

村上淳一の近代精神論(『市民法史』東京大学出版会，1985年)もこれに連関している．近代人・近代的自由である⑥は，近代に入って新たに作られたというものでなく，前近代社会(とくに後述の身分制的・「家」的伝統)において成長した「旧市民」の自立のエートスに関係している．旧市民のこのエートスは，近代社会において③の発達に伴って解体し，その結果，アモルフな大衆社会化・国家の強権化が強まる．村上は，現代社会における主体性の喪失の根源を，この点に求める．ここにも①②③と④⑤⑥のパラドクシカルな関係への眼がある．

村上をはじめとする近代像の再検討が進むにつれて，「近代市民社会」像は次のように変わっている．すなわち，川島武宜・渡辺洋三・平田清明らがイメージした『前近代性を脱却することによって自由で独立・平等となった人格が，全く新しい市民社会を形成するとともに，その論理で新しい国家をも構成する』という関係は，ヨーロッパの歴史の中にそのままの形では見出せない．その関係をもっとも近似した形で示す社会は，1830〜1870年代の西欧社会であろうが，しかし，そこでも実態は次のようなものだった．
(a) 市民社会の主体は，主として家長であった．家長は，家族員に対して

---

194) 筑摩書房版『近代日本思想史講座』第6巻所収．『丸山眞男集』第8巻(岩波書店，1996年)再録．

家父長的支配を行使した．近代市民社会は古代，中世以来の「家」的伝統に立っていたのである．つまり「自由平等な市民の社会」は，家長たちだけに限定されていた．

　(b)　ヨーロッパにおいても，経済の資本主義化は政治世界の近代化を必ずしも伴うものではなかった．経済的自由が政治的民主主義を伴わなかったのである．なぜなら，資本主義化の最先端を行ったイギリスですら，産業資本家は，貴族の文化的・政治的権威にあこがれ，貴族の生活様式を取り入れようとした．ドイツでも産業資本家は，上からの資本主義化や保護主義の必要や，労働者・下層民を抑圧・排除する必要のためにも，国王や貴族などの旧い政治権力に結びついていった．

　(c)　19世紀中葉において近代化を担った人々の多くは，名望家の市民であり，中世以来の「旧市民」としての伝統的な倫理観念・伝統的身分制的自由，それを支える市民的共同生活に支えられていた，等々である．

　このようにして，近代主義は西洋史論としては崩れている．しかし，それが指し示した，新しい主体を形成していく課題は，日本人にとって不断に追求するべき（永久革命的な）課題である．最近，「近代的なるもの」の再強調の気運があるのも，これに関係している．

　たとえば，渡辺洋三は，当初は，④⑤⑥を押し進めるための戦略として③の法制化，すなわち法の近代化（市民法原理の徹底）に重点を置いた．近代的な社会関係の形成が，近代的な精神をもたらすと考えたのである．しかし，やがて渡辺は，資本主義が高度化して④⑤⑥に危機が生じていることに目を向ける．かれは，資本主義が高度化した段階の法を国家独占資本主義論を基礎にして捉える．そしてそこにおける市民の権利，自由の危機に対抗する戦略として，⑤⑥を追求していく課題を新たな形で提起した．それはたとえば，労働権や「広義の生存権」を重視する「社会法」原理の提唱，そして機構や組織の巨大化によって脅かされる個人存在を擁護するための市民法原理の再評価（本書387頁参照）といったものであった[195]．

---

195)　渡辺洋三『現代法の構造』（岩波書店，1975年），『法とは何か』（岩波新書，1979年）など．

最近の日本の法学界で「個人の復権」が提唱されている——自己決定権論・人格権論・個人の尊厳論・現代正義論などの強調——のも，①②③と④⑤⑥との関係に関わっている（この点については，前述の「7　自己決定権」を参照のこと）．すなわち，それらは第一には，①②③にも拘らずなお⑤⑥が達成されていないことから，それらを「個人の復権」の戦略によって達成しようというものである．日本では，社会諸制度の近代化が進んだにも拘らず，なお主体的人格の形成等が進んでいないので，それを進めようという，いわば近代化の課題である．第二に，①②③によって⑥が形成されつつあり，それに応じた法実務や制度が必要なことが反映している．日本でも，諸制度が近代化されたことの結果として，自由や主体性を求める意思が現に強まっている面もあるので，それを正しく反映させて「個人の尊重」を追求する必要があるということである．第三に，さらに①②③の発達により④⑤⑥に新たな危機が発生していることから，「個人の復権」のスローガンによってこれに対処しようとしているのである．制度の近代化が進み，それが組織の官僚化や巨大機構化などに起因する近代の疎外をもたらし，「個人」が危機に直面している．それに対処するために「個人の尊重」を改めて説くという点である[196]．

　本章冒頭の引用の内，Ａの内田義彦が上述の市民社会派の見方にあるのは明らかであろう．これに対し，Ｂの渡辺治は，「近代」を①②③に限定して理解している．渡辺治はその観点から，市民社会派が実際には④⑤⑥まで視野に入れ①〜⑥の不連続を論じ，①②③にも拘らず，あるいはそれらの問題性ゆえに，④⑤⑥が開花していないので，これらを開花させる「近代化」はなお課題であるとしているのに，それを①②③だけを論じるものだとして扱い，既に①②③は完了したのだから「近代化」はもはや課題ではないと批判しているのである．

　市民社会派の問題提起は，このように主体問題，および「前近代」・「近代」・「超近代」の重層構造への眼を啓いた点で，大きな意義を有している．

---

196)　この点については，拙稿「近代法の再定位」（『創文』436号，2001年10月）参照．

17 抵抗権

　抵抗権思想とは，「不正」・「不当」あるいは「不法」な国家，すなわちその，命令，執行，悪法，支配（圧制）に対して，「消極・積極さまざまな抵抗（すなわち不服従や反抗）を行うことを，何らかの根拠に基づいて『正当』な行為あるいは『権利』だとする観念形態」である[197]．本章は，この問題の考察を通じて，学生・院生諸君に，制定法を超えて実定法の問題を考える訓練の場を提供したい．

　抵抗権をめぐっては，すべての市民あるいは特定の市民に抵抗権があるとする立場と，それを否定する立場とが相争ってきた．

　抵抗権肯定論には，①キケロ，②パドヴァのマルシリウス（Marsilius, 1290-1342）など中世の抵抗権思想（社会契約説の立場から契約違反の君主に対する反抗を認める）や，③近世の「モナルコマキ」の思想（暴君放伐論＝暴君は神の秩序に反するから神の名によって放伐殺害し得るとする），④近世自然法思想の立場にあって社会契約に反した統治者への革命を説く，ロック，アメリカ独立宣言，フランス人権宣言などが属する．

　抵抗権否定論者にはホッブス，カント，新カント派の法実証主義者などがいる．ホッブスやカントは，抵抗を市民に認めた場合に社会が無秩序化することを嫌ったのである．かれらにあっては，国家権力は公共を代表するものとして絶対化された．また，新カント派は，法実証主義の立場を採って，法は主権者（国家）の命令だとして自然法を認めず，したがって，抵抗には正統性がないとしたのである（そのほかにも，国家を絶対化する立場や，国家の公共性，秩序の重

---

[197] 小林直樹『法・道徳・抵抗権』（日本評論社，1988 年）313 頁．

要性を強調する立場からも，抵抗権は否認されてきた）．

　今日における抵抗権論では，『抵抗権は国家権力に反抗する権利であるから，それを国家権力が認めるはずはない．裁判で認められ得ないし，立法化も困難である．立法化された場合にはそれらは枠づけられ馴化されてしまったものであって，もはや本来の抵抗権ではなくなっている．結局，実定法上の抵抗権を論じることは無意味である』とする見方[198]が有力である．また，日本をはじめとする先進諸国では国民の抵抗運動が弱まり「抵抗権」は死語化しつつある．「抵抗権の合法性」を論じてみても「捕らぬ狸の皮算用」に映る状況にあるのである．しかしまた，基本的人権や民主主義の根本，そしてそれらが権力によって侵害される可能性を考えると，抵抗権を論じる必要は依然としてあり，「抵抗権」を死語化させてよいとも思われない．

　それでは，今日においては抵抗権はどう論じるべきであろうか．抵抗権論に一つの総決算を行ったとされる[199]樋口陽一の『近代立憲主義と現代国家』（勁草書房，1973 年）所収の抵抗権論は，「実定法上の抵抗権」と「自然法上の抵抗権」とを分け，前者は「平常的状況」下で問題になるのに対して，後者は「ナチズム体制の下でのような」状況下で問題になるとする．そして前者については，「裁判所がそう判定してはじめて保護を受ける」ものであるとして，それへの「期待過剰」に対し警告し，後者については，裁判所の保護が期待できな

---

[198] 最近の抵抗権論の一つにおいても，次のように主張されている．「抵抗が許される事態は常に例外的場合であるという抵抗権論における思考の常道に反する「実定法上の抵抗権」なる概念は放棄されるべきである」（芹沢斉「近代立憲主義と「抵抗権」の問題」，『現代国家と憲法の原理』有斐閣，1983 年，477 頁）．この芹沢論文は，最近に至るまでの抵抗権論を総括し，「実定法上の抵抗権」が無用でかつ無理であることを論証しようとしたものであるが，裁判上で問題になる抵抗は「刑法上の違法性阻却事由，（正当行為・正当防衛・緊急避難）で十分カバーしうる」ので抵抗権をもち出す必要はないとか，上述のように「抵抗が許される事態は常に例外的場合である」（抵抗権は圧制下でのみ問題になる）とかとするなど，本書とは異なる前提認識から出発している．

　芹沢をはじめとして憲法学者が抵抗権を扱う際の特徴は，第一に，抵抗権を革命権にも匹敵するような例外的で非常手段的な権利だと前提し，それゆえ普通の国家では認められがたいと決めつけることにある．第二に，抵抗権は憲法規定ないし憲法秩序を守るための保守的な権利だとすることにある．しかし，本論で述べるように，これらの前提は，正しくない．第三に，実定法と関連づけて抵抗権を扱うことが「はなはだ困難である」と論じる人は，裁判等で抵抗権を実際に認めさせることが困難であることと，抵抗権を理論づけることが困難であることとを混同しているようでもある．

[199] 佐々木高雄「抵抗権」（『法律時報』49 巻 7 号，1977 年）．

い性質のもの——樋口はそれを実質的に「革命権」と等置している——だとしてその「幻想的疑似実定化」の作業（抵抗権が許される条件を列挙する作業）の無意味さを論じる．樋口が抵抗権のケースを二種に区分したのは評価すべきであるが，しかし，それぞれの扱い方には誤りがあり，それゆえ結論も誤っている．後述のように，「平常的状況」下でも「自然法上の抵抗権」が問題になりうるし——したがってそれは「革命権」と等置できない——，逆に「ナチズム体制」的状況下の抵抗も「平常的状況」下の裁判所において審理の対象になる場合があるからである．ケースの類型化は，もっと多様でなければならない．

そこで本章では，抵抗権に関わる事柄を二つのケースに大別し，それをさらに細分して問題を考える．すなわち，まず，①近代憲法の原則が守られ民主主義が機能している体制下で，〈憲法やそのヨリ上位の正義に違反して，不正・不当・不法な命令や法を作りあるいは執行する権力や，違法行為を行う公務員〉に対する抵抗行為を問題にするケースと，②〈近代憲法の原則を根本的に廃棄した圧制〉に対する抵抗を問題にするケースとに分け[200]，それぞれを後述のようにさらに場合分けして考える．

17-1 近代的憲法体制下での市民の抵抗

このケースにおける抵抗は，行為の目的によって二つの場合に分かれる．第一は，現行憲法に違反して行為する権力に抵抗する場合であり（17-1-1），第二は，現行憲法によっては保護されていないが重要である価値を侵す権力——すなわち現行憲法には反していないが，しかし，それでも不当と考えられる権力——の行為に対して抵抗する場合である（17-1-2）．17-1-1 の場合における抵抗行為の事例としては，後述する，大学でスパイ行為をしていた警官を学生が追及した，東大ポポロ座事件，集会に入り込んだ当局のスパイを追及した舞鶴事件，当局の盗聴行為を内部告発し守秘義務違反で訴追されたドイツのペー

---

200) 天野和夫は，抵抗のケースを，「官憲の違法行為にたいする批判，抗議の意味をもつ」場合と，「支配体制にたいする全面的拒否の姿勢をとる」場合とに分けている（『抵抗権の合法性』，法律文化社，1973 年，116 頁）．同様な分類としては Günther Scheidle, *Das Widerstandsrecht*, Berlin, 1969, S. 90 がある．樋口陽一も上述のように，実定法上の抵抗権が問題になる「平常的状況」と，自然法上の抵抗権が問題になる「ナチズム体制」のような「極限状況」とを分けている．

チュ判決 (Pätsch-Urteil)[201]などがある．この場合は，後述する 17-2-1 の場合（ここでは裁判所も圧制側にある）とは基本的に異なって，裁判で認容される見込みが全くゼロだとは言えない．なぜなら，この場合は，現行憲法やそれを基礎とする法体制に内在する原理から，抵抗権を導き出す形を採れるからである．これに対して 17-1-2 の場合は，法源上の問題があり，裁判で認容される可能性は少ない．

（ここで「抵抗」は客観的な概念であって，当事者が「抵抗」だと意識して行為したかどうかを問わない．たとえば，大学や集会に潜入した当局のスパイを学生や集会開催者が追及する場合，かれらの意識にあったのが「大学の自治擁護」や「集会の自由擁護」であって「抵抗権の行使」ではなかったとしても，その行為は客観的には抵抗に関わっている．同様にそれらに関わる裁判では「大学の自治」や「集会の自由」のみが争点になっても，客観的にはそれは「抵抗に関する裁判」であり得るのである．

また，「抵抗権」は，権力に対抗する行為の評価に関わる総括概念であって，それ自体が個別人権と並ぶ人権ではない．それゆえ，たとえば当局の盗聴を内部告発する人が念頭に置いているのは「通信の秘密」擁護であり，裁判では内部告発が「表現の自由」として保護されうるか否かが争点になるだけで，「抵抗権」の有無が争点とならないかもしれない．しかしそれでもそれは客観的には「抵抗権に関する裁判」である．実際，裁判官が「抵抗権が背後に働いているケースである」と認識したか否かで裁判の帰結は大きく異なるのである．ちなみに，こうしたことが，逆に，抵抗権はその他の人権に内在しているという，後述の「抵抗権の合法性」の問題提起の重要性を物語っている．）

17-1-1　現行憲法に違反して行為する権力に抵抗する場合

17-1-1-1　問題の所在

公務員が憲法や法に違反して行為することに対して，市民ないし管轄外の公務員が国家権力に頼らず直接に抵抗することは，「正当」か．ここで「正当」とは，「法的に許される」こと，すなわちそういう抵抗が罰せられないか，損害賠償の対象にならないか，抵抗したために被った不利益が救済されるかを意味する．

---

201)　連邦通常裁判所刑事部判決（1965 年 11 月 8 日）（Entscheidungen des BGHs, Str. 20, S. 342 ff.）．

「急迫不正の侵害」に対しては，正当防衛が認められる（刑法36条）．しかし，そこで予想されているような「急迫」ではない「不正」の侵害行為に対して個人が抵抗することは，法的に許されるか．民法720条は，「他人の不法行為に対し，自己又は第三者の権利又は法律上保護される利益を防衛するため，やむを得ず加害行為をした者は，損害賠償の責任を負わない．ただし，被害者から不法行為をした者に対する損害賠償の請求を妨げない．」と，刑法よりは広い範囲を許容している．こうした許容を，さらに刑事事件にも適用できる場合があるか？

これを問う余地があるのは，第一に，ここでは単なる私権としての「権利」の侵害ではなく，不可譲とされている基本的人権の侵害が問題になるからであり，第二に，ここでは単なる私人に対する抵抗ではなく，主権者としての国民と，その信託によって統治していながらそれを裏切り違法に主権者の人権を侵害した国家機関との関係が問題になるからである．すなわち民法720条が前提にしているのとは本質的に異なる関係が問題になるからである[202]．

17-1-1-2　田畑・天野説

そうした場合に，憲法に保障された基本的人権に抵抗権の存在根拠を求める説が，田畑忍・天野和夫説である．田畑は，

> 「抵抗権論に於てたいせつなポイントは，悪法・悪政に対する抵抗を，法的に許し認め組織し，活用する，と言うことである．つまり，抵抗を，法的に，憲法の枠の中で許容する，と言う点に，近代主義と人間尊重主義とデモクラシーとが存在するのである．歴史が進歩してここにいたった今日では，自然法に根拠した抵抗論的主張の代りに，憲法に根拠した抵抗権の主張が，憲法第一主義の立場に於て正しくなされるべきであり，かつなして効果があるのである．このことを閑却してはならない」

と述べている[203]．また天野は，

> 「近代憲法における人権規定の根底には，国家権力の不正な行使にたいする国民の

---

202)　「抵抗権は，国家の活動そのものに対する抵抗の権利である点において，個人に対する正当防衛と区別される」（村井敏邦『公務執行妨害罪の研究』成文堂，1984年，272頁注5）．
203)　田畑忍「抵抗権と抵抗義務について」（『法哲学年報』，1960年）86頁．

抵抗の歴史が横たわっているのであり，したがってそこには，国民の抵抗権が実定的権利として結晶し，内在しているものと見られなければなるまい．そうでなければ，各種の人権規定は，現実においてけっきょく無意味な存在と化するおそれがある．しかもなお，現代の抵抗権をもってこれを単に自然法上のものと見ることは，憲法を中心として発展してきた近代的法制度の歴史，なかんずく人権保障の歴史に逆行するものと言わなければならない」

と主張する[204]．人権の形成過程上では，人民の権利を制度化し擁護するための人民の抵抗が決定的な意味をもった．それゆえ人権は人民の抵抗権と不可分であり，抵抗権を欠いては人権は支えを失うのだから，人権を擁護する以上，抵抗権をも擁護しなければならない，というのである[205]．

(1) 「抵抗権の合法性」について

天野の提起した「抵抗権の合法性」は，『明文の規定がないのに，どうして「合法性」が主張できるのか』として憲法学者からはまともに受け止められてはこなかった（注211参照）．しかし天野は，抵抗権の単なる「正当性」——根拠となる実定法がないためただ自然法に根拠を求めること——でもなければ，抵抗権の単なる「適法性」——抵抗権が実定法で明文化されているがゆえにそれに根拠を求めること——でもない，第三の方向を指し示す立場から「抵抗権の合法性」を提起したのである．不当な権力行使に対する市民の抵抗が裁判で争われる時に，いきなり自然法をもち出すのでは展望はほとんどない．裁判上の議論は実定法に根ざす必要がある．とはいえ，抵抗権を明文化したケースはごく例外的である[206]．明文の規定がない場合に，どうすれば実定法に関わら

---

204) 天野和夫・前掲注200)『抵抗権の合法性』5-6頁．
205) アルツール・カウフマンも次のように，抵抗権を人権から引き出している．「人間が不正に対して「ノー」と言えるところに自由が存する．そしてその「ノー」と言う権利が自由を支えているのだから，抵抗権はすべての人権のもっとも基底となるものである．人間の尊厳の不可侵性を規定している基本法第一条から権利が導き出せるとしたら，それは抵抗権だ．」Arthur Kaufmann, *Rechtsphilosophie im Wandel*, Fn 25), S. 256. ドイツでは，このように抵抗権を「明文化されてはいなくとも憲法体系に内在する (systemimmanent) 基本権である」とする見方がむしろ一般的である．シャイドレは，同様に論じる者としてカール・シュミット，ヴィリ・ガイガー等を挙げている．Scheidle, a. a. O., S. 36 f.
206) 1946年のドイツ・ヘッセン州憲法147条は，「①憲法に違反して行使された公権力に抵抗することは，各人の権利であり，義務である．②憲法破壊又は憲法破壊の企図を知ったものは，国事裁判所に訴えて責任者の刑事訴追を求める義務がある．詳細は法律で定める」とする．1947年のブレーメン市憲法19条も同趣旨である．また，1946年のドイツ・ベルリン市憲法23条は，

せた根拠付けが可能になるか．天野が問題提起した「抵抗権の合法性」は，この点に関わる．

この問題提起の意義を理解するためには，実定法的原理の考察が必要である．筆者が仮にここで名付けた「実定法的原理」とは，個々の実定法規の全体的連関を見渡し，さらに当該事項に関わる思想史や他の社会関係をも視野に入れて考察することによって得られる，実定法規が根ざしている原理である．これが法の解釈において意味をもつのである．

それは，ドイツ基本法の第 20 条 3 項が，「行政権と裁判権は法律と法に服す」と規定している点と密接に関係している．この規定にある「法 Recht」——「法律 Gesetz」と区別された——について，ドイツ連邦憲法裁判所は，1973 年のソラヤ事件判決において「意味の全体としての憲法適合的秩序に源を有し，成文の法律に対して修正をなしうるもの」とする．このような「法」に基づく法解釈とは，「憲法適合的な秩序に内在しているが，成文法の規定には明記されていないか不完全にしか規定されていない，価値観念」を，「実践理性の基準と社会の理由づけられた普遍的な正義観念」に基づいて認識し判決の根拠付けにすることである[207]．〈制定法に明文化されてはいないが制定法の基盤を成す秩序〉を根拠にした法命題が，裁判官を方向付けるとするのである．

「③憲法に確立された基本権が，明らかに侵害されたときは，各人は，抵抗する権利を有する」とする．これに対してドイツ連邦共和国の基本法 20 条第 4 項（1968 年追加）は，憲法「秩序の廃止を企てるすべての人に対して，あらゆるドイツ国民は，他の救済手段が不可能な場合には，抵抗の権利を有する」となっており，ここでは抵抗権が，憲法違反に対してではなく憲法に敵対する者に対して制度化されているのであって，事情は異なる．（以上翻訳は岩波書店版『基本六法』による．）つまりヘッセン州とブレーメン市の憲法がもっとも明確に，抵抗を市民の「権利であり，義務である」とする．

日本国憲法については，第 12 条が問題になる．第 12 条は，「この憲法が国民に保障する自由及び権利は，国民の不断の努力によつて，これを保持しなければならない」としているが，「国民の不断の努力」とは，「自由及び権利」を侵す者に対して国民が抵抗すべき義務をも意味しているとする田畑・天野説がある．しかし，そこまではっきりとは言えないと言うのが通説である．肯定する側も，遠慮がちである．たとえば，小林直樹は，日本国憲法に「抵抗権」は明記されていないとしつつも，97 条と 12 条からして「基本権規定の全体がその存在を予定している」とする（『憲法講義』上，東京大学出版会，1980 年，246 頁）．樋口陽一も 12 条に関連させて，「少なくとも思想として」は実定法上の抵抗権が日本国憲法から読みとれるとする（『憲法』創文社，1992 年，94 頁）．

207) 1973 年 2 月 14 日の連邦憲法裁判所第一法廷の判決（BVerfGE. 34. 269 ff.）．この判決は，民法に規定のない，人格権侵害に対する損害賠償を裁判所が認めたことに関する．

これは，戦前・戦中の法律実証主義がファッシズムに対する裁判官の無抵抗ないし追随を招いたことの反省から，また法律には欠陥がありかつ時の変化によって問題を生じるものだという認識に立って，それに適切に対応できる裁判を求める立場から，法律だけでなくそれを超えた法の原理的考察を——ここでは私法領域について——裁判官に求めた結果である[208]．したがってこれは，ドイツだけの問題ではないであろう．これが本書がいうところの実定法的原理の問題である．「抵抗権の合法性」に関する天野の問題提起は，こうした作業の一環を成すと位置づけることができる．

　実定法的原理は，具体的に裁判官の作業にどう関係するか．この点で興味深いのが，佐藤幸治の議論のインプリケーションである．佐藤は，ドヴォーキン『権利論』(1977年)[209]に示された，「背景的権利」と「制度的権利」の区別を踏まえながら，「人権」を①背景的権利，②法的権利，③具体的権利に分類する[210]．①は「これが人権だ」という様々な主張において人権とされているもの，②は憲法に根拠をもつ人権，③は判決で認められ保護救済があった人権（佐藤は「救済を請求しうる」人権だともする）である．②には，憲法に根拠があるが，明文化されていない人権（②−1）と，憲法に明文化されている人権（②-2）とがある……[211]．佐藤のこうした分類を参考にしつつ，筆者の考察を加えると，次のようになる．

　実定法を根拠とせず自然法論として議論される諸権利は，①に入る．（憲法13条に内在するとされる）環境権・平和的生存権や，（田畑・天野によって人権に内在するとされる）抵抗権は，その論証が成功しておれば，②-1に入ることになる．また，憲法13条から引き出され判決で認められた日照権やプライバシー

---

208)　石部・笹倉・前掲注2)『法の歴史と思想』155頁（石部執筆）．
209)　Ronald Dworkin, *Taking Rights Seriously*, 1977, p. 101-106.
210)　佐藤幸治『憲法』(第三版，青林書院，1995年) 393頁以下．同『現代国家と司法権』(有斐閣，1988年) 267頁，513頁以下．本書143, 145頁参照．
211)　ドヴォーキンにおいては，一方で「原理」が強調されているものの（本書注215参照），②-1と②-2の識別は明確ではない．それゆえこのドヴォーキンを踏まえた小林直樹は，「明示的もしくは暗黙の仕方で」実定法が認めている権利（「実定法上の抵抗権」）と自然法上の権利との区別しか行い得ないため，田畑・天野の抵抗権論を，法実証主義の新正幸にならって「実質的自然法説」に分類している（前掲注197)『法・道徳・抵抗権』318頁)．これでは，田畑・天野の問題提起の意義が見逃されることになる．

の権利は，(②-1 から) ③になったといえる．裁判官が法源として拘束されるのは②-2であり，かれは同時に，判例である③をも尊重する．裁判官は②-1を問題にするが，それに拘束されることはない．しかし裁判官は，法理上正しくかつ社会の実態に即した，という意味でヨリ良い解釈をするためには，②-1を尊重し得る裁量権をもち，尊重する「法的」義務をもつ（こうした扱いを受けてきたものとして，学説法がある．学説法とは，法学者が法秩序の考察を通じて獲得した法原理が，裁判所に採用されるところに成り立つ．実定法的原理の問題は，こうした伝統に関わっているのである）．そして裁判官は，場合によっては，①をも，問題の根本的な把握のために，参照する必要がある，と言えるであろう（ドヴォーキンや佐藤が以上のように論じているわけではない）．

　それでは，この②-1の法的権利はどのようにして③になるか．これは，法の妥当性に関わる事柄である．前述のように（3章），「法が妥当する」とは，第一に，権力がその法を実行すること，第二に，権力ないし人民がその法に従わねばならないという意識をもつことを意味する．法の妥当の根拠の一つは規範論理的構造だとされるが，それは，法実践上で人間が論理構造を尊重するからである（法そのものがひとりでに妥当することなど，あり得ない）．この点が②-1の論証のうまさにかかっている．しかしまた人間は，規範論理構造だけで動くのではなく，生活上の必要性や社会的通念の力によっても動く．この最後の点との関係で重要なのが，前述した，尾高朝雄の「社会規範」の問題である．「社会に生活する一般人の行為を直接に規律する」社会規範は，定着度を強めると，やがて国家法に結晶化していく[212]．社会規範が成立し，このようにして定着するのは，社会生活上の必要に応えて人々の或る習慣が蓄積されることや，人々の或る道徳観念・法観念が強まることを通じてである．そしてこの後者の諸観念を造り出すのは，世論や文筆活動の力であるが，②-1に属する諸理論も，その文筆活動に関わる事柄の一つでもある．

　(2) 「抵抗権の合法性」の根拠付け

　それでは，「抵抗権の合法性」は，具体的にどの様に根拠づけられるか．それはここでは憲法原則に定礎して行われる．したがって，この試みには，①人

---

212)　尾高朝雄・前掲注3)『国家構造論』183頁．

権が形成される過程で闘争・抵抗が重要であった事実に基づいた根拠付け，および②国民主権に関わらせる根拠付けがある（実際には②も人権保障に本質的に関わる面をもつ．なぜなら，今日では民主主義は，人権擁護を基本目的にしているからである）．これらを見ておこう．

① 人権形成史による根拠付け　これは，田畑・天野理論が重視している．ここでの問題は，第一に，人権の形成は人民の抵抗と不可分であり，それゆえ抵抗権を欠いては人権は支えを失うという認識の妥当性である．そして第二に，この事実認識を踏まえれば，『人権を擁護する以上，抵抗権を承認しなければならない』という当為命題が帰結するかである．

第一の点は，日本国憲法自体が認めるところである．すなわち 97 条は，「この憲法が日本国民に保障する基本的人権は，人類の多年にわたる自由獲得の努力の成果であつて」と規定している．「人類の多年にわたる自由獲得の努力」とは，宗教改革，イギリスの近代革命，アメリカ独立運動，フランス革命等々の，圧制に対する抵抗を通じて人権が獲得されていった歴史を指すことは明らかである．

そして，この人権形成史と 12 条の「この憲法が国民に保障する自由及び権利は，国民の不断の努力によつて，これを保持しなければならない」という規定とを結びつけると，第二の点（『人権を不断の努力によって保持するには，抵抗権を承認しなければならない』）が出てくることになる（注203参照）．フランス人権宣言の 1793 年版は，その第 33 条で「圧制に対する抵抗は，それ以外の人権の帰結である」としているが，その背景にあるのは以上の論理であろう[213]．

しかし，この 12 条は「抵抗権」を明示していないのだから，ここにもち出すことに対しては異論の余地があり得よう．そこで，12 条と切り離して上の

---

[213] 同様に権利の成立史の考察から権利の性格付けを行う作業としては，野村平爾の政治ストライキ肯定論がある．その趣旨は，団体行動権が制定されたのは第二次世界大戦後であり，その背景には，ゼネストを含めた政治ストが反ファシズムの有力な武器となったことの教訓や，ワイマール共和国憲法が団結権しか認めなかったことがドイツでファシズムの台頭を許したという反省がある．この成立史を踏まえれば，団体行動権を政治ストとして行使することは，制度本来の含意である，とするものである．野村は，政治ストの歴史を，政治スト肯定の客観的解釈の有力な根拠として位置づけ，その合法性を主張しているのである．野村平爾『日本労働法の形成過程と理論』（岩波書店，1958 年）89 頁以下．佐藤昭夫『労働法学の方法』（悠々社，1998 年）62 頁以下も同趣旨．

問題を考えると，どうなるか．この場合は，実定法規がないのだから，人権形成史から抵抗権の根拠を直接引き出さなくてはならない．しかし，これに対しては，『事実認識は正しいとしても，そこから「抵抗権を認めるべきだ」という当為命題は論理的には引き出せない．それを敢えてすれば，〈自然主義のファラシー〉を犯すことになる』という批判を受ける可能性がある．

　この点について，われわれはまず，事実から当為は厳密な論理のレヴェルでは引き出せないとしても，人間的生の次元ではどうかを考えなければならない．第一に，この次元では，法は現実の関係の所産でありつつ現実に対し働きかけるものであるから，法は事物ないし事物関係の自然を無視し得ない．第二に，この次元では，人は厳密な論理に拘束されて生きているのではなく，蓋然性に依拠した経験的判断や，確率の相対的な高さや，一応の常識的な筋道に依拠して方向を決めるのである．この第二の点は，次のような形で具体的に問題となる．

　「人権形成の歴史は人民の抵抗と切り離せない」と認識すれば，「それなら，人権を擁護する以上，抵抗権を承認しなければならない」と考える人が多いのは何によるかを考察しよう．それはかれらが，「人間が犠牲を払って獲得したものは大切にしなければならない」とか，「人権獲得に抵抗を要してきたのであれば，これからもそれを要する」といった媒介項で，事実命題と当為を結びつけるからである[214]．他方，そうした人権形成史を共有しつつも抵抗権を否定する人もいる．その際かれらは，「秩序が最優先されるべきである」といった媒介項を前提にしているのである．こうした媒介項は，一定の普遍命題であるため，そのいずれかを選んだ人は，他の問題についても，その基準を一貫させることを期待されるし自分でもそれを求める．それが判断をめぐる事情である．

---

[214]　天野の場合にはさらに，「社会の発展法則」が「抵抗権を究極において基礎づける」とされている（『抵抗権の合法性』102頁）．しかしこれは，たんに法則だからというよりも，人権と民主主義の拡大が歴史の流れだから，それを尊重すべきであるというものである．これらが歴史の流れであることは，全体的には否定できないことだし，それによって人々が幸福――幸福の内容には多様なものがあろうが――になるのも否定できない．「歴史の法則に沿うべし」もまた，「幸福は追求されるべきである」あるいは「これまでの歴史的努力は尊重すべし」等の媒介項に依拠しているのである．

これが意味しているのは，第一に，当為命題が，価値情緒説の人々が考えているようには，全くの個人的な好みの産物としては現れないということである．判断に際して人間は，これまで蓄積されてきた基本的な原則——これをMaximとかトポスとも言う．ドヴォーキン的意味での「法原則」[215]もこれに当たる——，良識としての上述の媒介項に依拠して判断する点で，判断は単に個人的ではない．またその際に媒介項の使用に一貫性が求められる点でも，判断は単に個人的ではない．新しい媒介項を作る場合にも普遍化可能性の要請に応えなくてはならない．（以上の点は「21　法の解釈 (2) 　価値判断論」でさらに論じる.）

　それでは次に，媒介項のうち，「人権獲得に抵抗を要してきたのであれば，これからもそれを要する」と「秩序が最優先されるべきである」とのどちらが，抵抗権をめぐっては選ばれるべきか．これも，媒介項の性質からして単なる好みの問題ではなく，根拠付けが求められる性質のものであって，それゆえ問題は議論の説得力に関わる．この点は，すぐ後（次頁）で論じる．

② 抵抗権の国民主権に根ざした根拠付け　　次に，国民主権に根ざした根拠付けを論じておこう．

　個人が主権者である（国民主権・民主主義）ということは，「国家は人間のためにあり，人間が国家のためにあるのではな」[216]いこと，つまり個人の本源的な必要である生命・財産・幸福追求・共生，すなわち人権を確保するために国家があり，その国家は究極的には各個人に帰属し，個人がそうした国家を自分の意思で動かすことを意味する．公務員は，こうした個人である国民の信託を受けて政治を行うのであり，それゆえドイツの基本法が規定しているように，「人間の尊厳を尊重し保護するのはすべての国家機関の義務である」（第1条1項）．したがって，人権や国民主権を侵害する国家の機関は，きわめて重大な義務違反を犯したものであり，その時に主権者である国民＝個人からの不服従・抵抗を受けても，それを排除する正統性を有しない．以下ではさらに，この原則との関連で，論点となる事項を検討しておこう．

---

215) ドヴォーキンは，また,「平等な配慮と尊敬を求める権利」を理論の基底におき，功利主義に対抗するのであるから，この点では，かれは，Maximに留まらず，われわれのいう「実定法的原理」でもあるものをももつ．ドヴォーキンは，しかし，どうしてそのような権利がもち出せるかの理論付けを行っていない．Dworkin, Fn 209 *Taking Rights Seriously*, Chap. 6, 12.
216) Scheidle, a. a. O., S. 117.

法的安定性との関係　近代国家は，国民の生命・財産・幸福追求・共生のために，内乱を防ぎ秩序を維持する使命をもっている．確かに秩序，法的安定性は重要だが，しかし，近代国家のうちでも民主主義と自由主義を原理とする国家においては，秩序・法的安定性は，それ自体が目的ではない．それは，国民の人権確保のためのものであって，したがって国民の人権を犠牲にして追求されるべきものではない．民主主義と自由主義を原理とする国家においては，ラートブルフの有名な指摘とは異なって，秩序価値が個人的価値に従属する．そこでは「秩序が最優先されるべきである」ということにはならないのである（秩序価値は，例外的に，諸個人の生命に対する「明白かつ現在の危険」に直面する場合にのみ，優先される）．

ところで，秩序維持は，通常は国家の機関が行う．しかし，状況によっては侵害の救済を国家に求められないことがある．国家機関が侵害している場合はなおさらである．この場合には，権利の保持者であり主権者である国民が自己防衛の行為に出ることは，十分考えられる（そもそも，抵抗権を認めれば秩序が崩壊するという議論そのものに根拠がない．それは，自力救済を認めればカオスが生じるとか，離婚の自由を認めれば家族関係が崩壊すると言うことと同様，いきなり極限に行く議論である）．

近代国家の「全能」との関係　確かに近代国家は，国民の権利義務を定め，国民に対し生殺与奪の権利ももっている．この国家は部分的権力を認めない．しかしこの国家も，至上ではなく主権者としての国民に服している．この国民の基本的意思が憲法の根本原則の内容となる．その具体化として憲法と法があり，それゆえこれらは，国民が自らに課した準則であるとともに，とりわけ国家機関に遵守を課したものである．これが近代的法治国家（Rechtsstaat）の基本である．このようにして，近代的な法治国家においては法は，国家による国民統治のための道具ではなく，国民が国家機関を支配する（国家機関に何をすべきか何をしてはならないかを画定する）装置である．したがってこの装置が正しく機能するようにコントロールするのは，最終的には，国家機関ではなく（なぜなら，それであっては法を守ることをとりわけ義務づけられている者の監視を本人に委ねるという，効果を期待し得ない関係になるから．自己拡大の本能をもつ権力についてはなおさら，そう言えるからである），国家機関の上にあって

憲法と法の尊重を国家機関に課した国民の力——それは最終的にはそれぞれの局面で関わり合う一人ひとりの個人である——に求めるほかない[217]。

代議制および最高裁判所の究極的判断権との関係　確かに近代国家は代議制を採っており，しかも多数決原理で事を処している．したがって，国民は，多数決には従わなければならないし，それによって構成された政府に服しなければならない．しかし，この多数者といえども，個人の本源的権利を侵害し得ない．人権を保障した憲法に反する法を多数者が制定し，あるいは多数者によって任命された政府が憲法違反の法を執行し憲法違反の行政行為を行うときには，それらは無効であるばかりか，代議制・行政はその限りで正当性を喪っており，国民に服従を強要することはできない．自ら不法を犯している者（個人ないし組織）が，それに抵抗する者を非とする資格はないからである．

そうした場合において，憲法や法の究極的な解釈を行うのは最高裁判所である．しかし，最高裁判所の判断を待てない時は，国民が自己の判断で行動しなければならない．最高裁判所が国民の信託を裏切った場合も同様である．それが主権者としての国民，究極的には各個人に課された憲法擁護のための権利であり義務である[218]。

以上のような事情によって，抵抗行為に出ることは，主権者自身の自己防衛のためであるとともに，民主主義社会が前提にしている人権ないし憲法そのものの防衛のためであり，したがって，そうした抵抗は，個人の権利であるとともに，共通の利益を共同で保護し合うべき国民の相互義務でもある．結城がいうように，この意味において「抵抗権は民主制においてはじめて実定法の内部

---

217) この点については，Scheidle, a. a. O., S. 116 f. 結城光太郎「抵抗権」（『日本国憲法体系』第8巻，基本的人権II, 有斐閣，1965年）132頁．
218) 村井敏邦・前掲注202)『公務執行妨害罪の研究』，262頁．クレーガーは，『代表民主主義の根底に直接民主主義が潜在していて，前者が機能不全になると後者が自動的に前面に出てきて抵抗権を発動させる』という考えを批判する（Klaus Kröger, Widerstandsrecht und demokratische Verfassung, in: *Recht und Staat*, Heft 399, 1971）．その理由は，民主主義が依拠している「人民」は，個々の個人のことではなく，「多くの多様な営みや利益から，秩序化された意思形成手続を通して不断に作り上げていくべき関係概念（Bezugssubjekt）」（S. 18）であるから，代表制を離れて実在しているわけではない，というものである．しかしながら，そういう見方を前提にするにしても，村井が言っているように（本書306頁），抵抗権は，第一義的には，直接民主主義の発動そのものではなく，不法によって代表民主主義を機能不全にした権力が，現行法に反する抵抗を不法だとする資格があるかの問題である．

に位置を占めるに至り，人権と憲法のためにその最終的担保の役割を演ずるものとなる」．

17-1-1-3 抵抗権行使の基準

次に，こうした場合に抵抗権が認められる基準について考えよう．「抵抗」は，どういう状況下で，どの程度までなら許されるか．抵抗権行使のこの基準を考えるに当たっては，(1) 行政法学における行政行為の「公定力」に関する議論，および，(2) 刑法における公務執行妨害罪に関する議論，(3) 抵抗権に関するこれまでの判決が参考になる．

(1) 行政行為の「公定力」に関する議論

公定力については，従来，行政行為の無効と取り消しとを分け，『行政行為の違法性が「重大でかつ明白」な場合には行為は無効であり，そうした行為には公定力を認めない』とされてきた．無効な行為を行う行政機関は正当性を欠いているので，それに対する主権者からの抵抗があってもそれを排除し得ない．

しかし，実際には，「現実の争いにおいては，だれにでも分るほどに客観的に明白な，かつ重要な法律違反等というものは，めったにあるものではない．むしろ，現実に紛争となる大部分の場合，行政庁は有効な行政処分と思い，国民は無効だと思うから見解が対立して法律問題となるのである」[219]．とくに問題になるのは，権力行為に伴う人権侵害が単なる権力濫用として一本調子では起こらず，他の人権ないし利益を擁護するためと称して所定の手続を踏みつつ行われる場合である．たとえばペーチュ事件にしても，当局の盗聴行為は明らかに憲法違反であるが，それは治安維持を目的としその権限をもつ機関によって行われたのである．識別の困難さ，および主権者に本来的に抵抗権があることに鑑みれば，抵抗行為に出た主権者の側の，「抵抗が正当である」，「権力の違法行為が重大かつ明白である」とした判断が，裁判によって事後的に誤りであったと認定されても，判断時の状況から考えてそう判断したことに相当な理由があると認定される場合には，過剰緊急避難に関する刑法 37 条 1 項但書の場合と同様に，情状により刑を減軽・免除される，とすべきであろう．

---

[219] 渡辺洋三「法治主義と行政権」（前掲注 12）『法社会学研究』1）．

それでは，行政行為の違法性が「重大でかつ明白」でない場合は抵抗権は認められないか．この点に関しては，そもそも公定力論に疑問が出されていることを見ておかなければならない．公定力の一根拠であった，国家を個人よりも価値あるものとすることは，今では克服された絶対主義的ないしは全体主義的な見方である．また，〈公共の福祉を担う行政には公定力が必要〉だとする議論についても，『公共の福祉は個人の基本的人権に優越するものではない．基本的人権が公共の福祉によって制約されるにしても，公共の福祉も基本的人権によって制約されるのであるから，公共の福祉は，行政に優越した力を与える根拠とはならない』という批判があり得る．また，そもそも基本的人権を護ることが最大の公共の福祉である．なぜなら，それこそが全ての人の利益であり，しかも本質的な利益であるからである（注172参照）．こうした観点から，今日では公定力の理由付けは，行政上の便宜のための，あるいは法的安定性を確保するための，政策的配慮によるものであって，法治主義を原則としかつ個人の基本的人権を尊重している体制の下では，国家の本質に属するというよりも，その国家の本質になじまない例外的なものであり，それゆえごく限定的にのみ認められるとされているのである．
　以上からすると，「重大かつ明白な違法性」を，メルクマールにすることにどれほどの意味があるか問題であるし，抵抗できる場合をそのレヴェルに留めてよいかも問題である．

(2)　刑法における公務執行妨害罪に関する議論

　ここで問題は，違法な公務執行に対する抵抗が可罰的か否かである．この点に関しては，「適法性の推定の理論」が問題になる．これは，第一には，権限ある官吏が定められた方式に従って行った拘束命令の実行は，救済措置がとられるまでは適法な行為として国民も尊重すべきであり，たとえそれが実際には違法な行為であったとしても，それに抵抗することは公務執行妨害となる，とするものである．抵抗を認めると法的安定性が危うくなるとするベーリングらがこの立場をとる．「適法性の推定の理論」は，第二には，公務員の行為時の判断を重視するもので，実際には違法であっても公務員が行為当時に適法であると判断したことに相当の理由がある場合には適法であると見なされ，それに対する抵抗は公務執行妨害となるとするものである．その根拠となっているの

は，行政をスムーズに機能させる必要，および抵抗による法的安定性侵害をおそれることである．

しかしこれらに対しては，「国家が違法をおかしながら，それに従わない者を処罰する権限がそもそも国家にあるか」という疑問，および法的安定性の価値のみを一方的に考え，人権がその上位にあることを見ないことの問題が指摘されている．先にも述べたように，今日における行政は，主権者である国民に服しており，各個人の基本的要求を実現させるための装置であるから，それを侵害する行政は上述の程度の形式を備えただけでは正統性を主張し得ない．むしろわれわれは，違憲な公権力の行使に直面した国民が，主権者としての地位からして，それに抵抗する権利と義務を有していることの確認から出発しなければならない[220]．

(3) 超法規的違法性阻却の基準

これについては，1956年5月14日の舞鶴事件東京地方裁判所判決[221]が提示した，次のような基準が重要である．

「行為の違法性はこれを実質的に理解し，社会共同生活の秩序と社会正義の理念に照し，その行為が法律秩序の精神に違反するかどうかの見地から評価決定すべきものであつて若し右行為が健全な社会の通念に照し，その動機目的において，正当であり，そのための手段方法として相当とされ，又その内容においても行為により保護しようとする法益と行為の結果侵害さるべき法益とを対比して均衡を失わない等相当と認められ，行為全体として社会共同生活の秩序と社会正義の理念に適応し法律秩序の精神に照して是認できる限りは，仮令正当防衛緊急避難，ないし自救行為の要件を充さない場合であつても，なお超法規的に行為の形式的違法の推定を打破し犯罪の成立を阻却するものと解するのが相当である．」

すなわちここでは，①動機・目的の正当性，②抵抗行為（手段）の相当性，③抵抗によって保護しようとする利益が抵抗によって侵害した利益に比較して価値が高いこと，の三点が呈示されている[222]．

---

220) 以上，村井敏邦・前掲注202)『公務執行妨害罪の研究』262, 270頁．
221) 『判例タイムズ』58号，1956年，100-101頁．
222) 東大ポポロ座事件東京高裁判決（1956年5月8日），および第一審の東京地裁判決（1954年

この点については，シャイドレが，①目的が，単に私的な利益のためであるか，それとも自覚的または客観的に，人権保護やヨリ良い体制確保を求めてのものであるか，②手段が状況から判断して妥当なものであるか，③抵抗によって第三者の利益を損なうときには，損なわれる利益が得られる利益より優越しているか，をメルクマールにしている[223]点と，併せて考える必要がある．すなわちシャイドレは，違法行為に出て主権者の抵抗を受けた国家機関（としての個人）の利益は問題にしない．抵抗権を前提にする場合には，権力の違法行為とそれに対する正当な抵抗権行使行為との間で利益衡量することにはならないとするのである．そしてこれが，ドイツの法実務の立場でもある．

17-1-2 憲法違反ではないが不当である権力行為に対して抵抗する場合

これは，現行憲法によって保護されてはいない利益に関して，その利益を侵害することが正義に反するとして抵抗する場合である．したがって，ここでの抵抗権の根拠付けは，17-1-1 の場合とは異なって，憲法内在的ではなく憲法を超えた正義に定礎させて行われる他なく，それゆえ問題は，「抵抗権の合法性」の射程外にある．その一例として「動物の権利」のために権力に実力で抵抗する場合——アメリカやイギリスではしばしば問題になる——を考えてみよう．

動物の権利は，現行憲法が保障していないので，それを守るための抵抗——たとえば種を絶滅させるような漁猟・開発行為・軍事上の実験，残酷な動物実験，法的には保護されていない動物に対する残虐行為などを行う公人・私人やそれを保護する官憲を，妨害・内部告発すること——については，その行為の超法規的違法性阻却を求める場合には，超実定法，すなわち「動物に関する自然法」といったものに依拠するほかない（ここから明らかなように，抵抗権は，必

5月11日）も同趣旨である．1963年5月の最高裁判決では，こうした判断は否定された．
223) Scheidle, a. a. O., S. 138., S. 103. このことは，結城（前掲注217参照）もポポロ座事件判決について同様に指摘している．すなわち，「抵抗権」の観念をもとにしてこの事件を扱うならば，「大学自治保全の法的価値」と「警察官の個人的法益の価値」という二つの価値が対峙し合っているということではなくなる．抵抗を受けて警察官個人の利益が侵害されたとしても，かれは個人的に行動したのではなく国家機関として，しかも違法に行為したのであるから，その個人的価値は衡量の対象にならない，と．

ずしも憲法に保障された権利や秩序を保守するためのみのものではないのである）．したがって問題は，第一に，こうしたものの根拠付けはどのようになされるかにあり，第二に，こうしたものをどのようにして実定法レヴェルで効力あるものに至らしめ得るかにある．

17-1-2-1 自然法的根拠付け

動物の固有権・自然権の根拠付けは，結局のところ人間に人権や命の尊厳を保障するときの根拠と関連づけてなされる．この点については，すでに「10 環境」のところで詳述したので，ここではそれらを要約的に示す．

① 人間はすべて幸福を追求する．幸福の内容は人によって異なっているが，追求すること自体はすべての人に保障される．ところで動物も，快を求め不快を避け，また意志によって自分を方向付けており，それを制限されると，人間と同様，動物もその存在の根元的なものを失う．それゆえ，人間が幸福追求それ自体を重要視するのであれば，同様に幸福追求をする存在である動物にも配慮しなければならない．

② 生命は，人間が創り出せず一回きりでしか存在しない．そのようなものには人間は，畏敬の念をもって対するべきである．

③ 生きる要求を根源的なものとする点で人間も動物も変わらない．それゆえ，人間の生命を尊重する立場に立つならば，動物の生命に対してもその尊重を及ぼさなければならない（②と③の観点からは，意識と意志が鮮明な生物であろうとそうでなかろうと，平等に尊重されるべきものとなる）．

④ 人間は事実として他の生物を殺すことはあっても，権利として殺すことのできる地位にはない．それらは，自己の感覚や意志をもち人間とは別の生を形成する，ともに神（ないし自然）の創造物であるからである．

こうした根拠付けは，社会制度についての根元的考察にもとづくものであるから，議論の仕方は，先に抵抗権の根拠付けを行った時と変わらない．制度や人間の根元にさかのぼって問題をとらえ，それに法的意味をもたせようとするこうした議論は，「事物の本性」に基づく自然法論と同質のものである．

17-1-2-2　自然法の実定法化

　前述したように（「3　法の拘束力」参照），法が妥当するとは，権力がその法を実行すること，もしくは権力ないし人民がその法に従わねばならないという意識をもつことを意味する．ここでの「動物の権利」のための抵抗権が法的に妥当するということも，これらの事柄を意味する．今日の国家においてこうした抵抗権が認められるかどうかは，最終的には「動物の権利」に関する立法措置が講じられるかどうかにかかっている．そしてそれまでは裁判官が判決に当たってそれを踏まえつつ，文字通り「超法規的な」違法性阻却・責任阻却を説得的に構成することにかかっている．裁判官が自然法を判決で実質化しようとするに至る条件は，①それに関する理論が説得力をもっている——理論付けがしっかりしており，かつそれを単なる倫理の問題としてではなく何らかの実定法に多少強引にでも根拠づけて主張できる——場合で，②しかもその立場が一般社会できわめて強くなり社会規範となり，それが裁判官にも政治的影響を与えることであろう．以上のように，ある自然法が法実務で効力を獲得するかどうかは，第一義的には，論証の問題ではなく世論形成の問題であり，そのために当該自然法論が世の人々に対してどれだけ説得的であるか，それの支持基盤があるかの問題である[224]．

　この点から「動物の権利」を見ると，この20年の間にそれを是認する世論は高まり，それを根拠にした抵抗は，世論によって飛躍的に支持されるようになってきた．たとえば，グリーンピースの運動に見られるように，そうした抵抗は，官憲による当初の問答無用の排除や懲罰から，次第に穏やかな排除や罰の緩和・起訴猶予・不起訴へと移っていく．ここには一つの自然法の実定法化への動きが目撃されると言えよう（安楽死をめぐっては，そのことが既に起こっており，オランダでは立法化にまで至っている）．

　しかし，そうしたことも，日本のような司法風土の下ではなかなか進まないであろう．ここでは既存の動物保護法[225]の拡張解釈，類推適用を通じて動物

---

[224]　こうした意味での自然法の実定法化は，社会規範がいかにして国家規範にまで高まっていくかの問題でもある．それはまた，田中成明・前掲注9）『法理学講義』（81頁以下）の言葉を使えば，「自治型法」（「正義・衡平感覚に基づいて自生的に生成し存立する法」）が，いかにして「国家法の精神に照らして是認」されていくかの問題でもある．

[225]　前述のように1999年施行の「動物の愛護および管理に関する法律」第2条で，「動物が命あ

保護を拡大し，動物の固有権を実質化していく道を採る他ない．ここではまた，動物を保護しその固有権を認めることが人間を幸せにするし人間の義務であるという論理を使い，人間的価値・人間的論理を媒介にして動物保護に進む道が重要であろう．

　「動物の権利」のための抵抗の合法化は，これらによる「動物の権利」確立のさらにその先にある課題である．合法化されるまでは，「動物の権利」のための抵抗の問題は，健全な体制下におけるまともな裁判を前提にしている点では前の 17-1-1 に，訴えるのが憲法秩序ではなくそれを超えた自然法である点では 17-2 に，構造が類似しており，両者の中間に位置する問題なのである．

17-2　圧制に対する市民の抵抗

　国家権力が憲法を根本的に改変し，もしくは廃棄することによって，圧制を敷いたことに対して，市民が抵抗することは，何によって正当化されるか．ここでの「正当化」とは，第一義的には，17-1 におけるような，まともな裁判を経た結果として罰せられないことを意味しない．というのも，そのような圧制に立ち向かった場合，抵抗が失敗したなら圧制者が抵抗者への懲罰を行うことは必至であるからである．また逆に，そうした抵抗が効を奏する場合，すなわち，抵抗者の運動が圧制者を圧倒し，その政権を打倒したりその悪法を撤回させたりする場合には，罰せられないことが必至であるから，「正当化」の必要がない[226]（**17-2-1　圧制下の抵抗**）．

　　るものであること」という規定がなされたことは，「命の尊厳」ないし「命あるものの尊厳」を媒介にして，動物の固有権への展開がしやすくなる条件となる．
　　　動物の自然権尊重を実定法化するには新しい法律の制定で十分であり憲法改正の必要はない．なぜなら，憲法はそれについては否定も肯定もしていないからである．しかし，動物の自然権に基づく抵抗が「合法性」を得るためには，憲法改正が必要である（動物の自然権が憲法で承認されているか，あるいは少くとも動物保護の義務が憲法で規定されているかしなければならない）．なぜなら，この種の抵抗権は，憲法に根拠を求めなければならないからである．
226)　圧制下における抵抗ではなく，憲法秩序を維持している権力の悪しき行為に対する抵抗であっても，「その抵抗を禁止する」とか「その抵抗を罰する」とかといった判決が出た場合に，その判決にも抵抗するときには，事情はここでの場合と同様のものになる．なぜなら裁判という究極的な判断が下り違法性阻却の可能性がなくなった以上，抵抗者への罰は必至であるのに敢えて抵抗するのだからである．この場合に抵抗権に訴えるのは，もはや裁判官を説得するためではな

しかし第二義的には，17-1 の議論がここでも問題になる場合もある．それはたとえば，ヒットラー，フランコ (Bahamonde Franco, 1892-1975)，マルコス，ピノチェト，全斗煥，スハルトなどの独裁者の政権をめぐって見られたように，それらが崩壊し自由・民主主義の体制が確立した後，独裁時代にレジスタンスに出て不利益を被った市民を救済するような場合である (17-2-2 解放後)．この場合において，その市民の属するレジスタンス勢力が権力を掌握したのであれば，ほとんど無条件に免罪や救済が行われる．しかし別の勢力によって解放されたような場合には，救済に当たって抵抗行為の態様がかなり厳格に審査される．

以下では，この二つに分けて論じる．

17-2-1　圧制下の抵抗

この場合において「正当性」とは，抵抗そのものに大義名分があり，他の市民がそれを支持することが道義上求められる，という意味である．このような場合に問題になる正当性は，どこに求められるか．

ここでは，以下の二つの道が考えられる．

実定憲法の援用　これは，たとえば，日本国憲法前文にあるように「そもそも国政は，国民の厳粛な信託によるものであつて，［……］．われらは，これに反する一切の憲法，法令及び詔勅を排除する」と規定されておれば，国民の自由な主権行使は憲法改変によっても廃棄し得ないものだとして，それを廃棄した圧制に対する抵抗に元の憲法規定を生かすことである．

外国の憲法には，こうした意味での抵抗権や革命権を明確に規定したものがある．たとえば，アメリカ合衆国の独立宣言第 2 条やバージニア州憲法の第 3 条がそうである．フランス人権宣言の 1793 年版も，第 35 条で，「政府が人民の権利を侵害するときは，叛乱は，人民及び人民の各部分にとって，権利のうちでは最も神聖なものであり，義務のうちでは最も不可欠なものである」と規定する．

これらの規定は，抵抗権の実定法化であるとはいえ，まともな裁判での準拠

く，権力の発動を世論の力で押さえようと意図してのことである．

規定となり得る性質のものではなく，圧政に対する抵抗の大義名分となる程度のものであって，したがって，実際上の意味は，次に述べる自然法上の抵抗権論と大差はない．

自然法の援用　これは，憲法にそうした規定がない場合の問題である．この場合でも，基本的人権や国民主権は，明文で規定されていると否とに拘らず，侵すことのできない人類普遍の原理であり，一切の憲法制定行為によっても否定できないものとして，それらを廃棄した新憲法に対抗することは，効果的な戦術の一つと考えられる．そしてこの場合には，依拠すべき実定法（改正前・改正後の憲法）の明文がないのであるから，根拠はそれ以外のもの，それを超えたもの，すなわち自然法・自然権に直接求める以外にはない．たとえば国家の本質を問題にし，『そもそも国家は，諸個人の契約によって成立し，公務員はその信託によって統治を行っている．従って，公務員がその個人の本源的な権利を侵し，信託に反して圧制を敷いたならば，国民はその信託契約を解除してその公務員を追放し得る』などとする形である．

以上において元の憲法や自然法を援用するのは，政治運動の大義名分としての，すなわち道徳的価値付けという効果を期待してのことであり，したがって，ここでは樋口が言うように（本書291-292頁），抵抗権行使の基準論は大した意味をもたない．

17-2-2　解放後

次にわれわれは，独裁者の政権などが崩壊し自由・民主主義の体制が確立した後，独裁政権時代に反抗に出て不利益を被った市民を救済するような場合を考えよう．こういう場合には，抵抗の正当性は，正常に機能する裁判所で審理されることが可能であり，その際には抵抗権行使の基準論が重要となる．すなわちそこでは，①不利益の原因となった行為が本当に政治的抵抗行為であったか，②その行為に出ることがやむを得なかったか，③手段が状況から考えて妥当であったか，④抵抗の結果侵害された第三者の利益よりも，抵抗が追求した利益の方が価値が高かったか，などが問われる．

こうした場合，国によっては立法措置が採られる．たとえば旧西ドイツは，1956年6月29日公布の「ナチスによる迫害の犠牲者補償のための連邦法」

(Bundesgesetz zur Entschädigung für Opfer der nationalsozialistischen Verfolgung)（とそれに先行する 1953 年の連邦補充法）以来,「ナチスに反対する政治的立場，人種，信仰，世界観のゆえにナチスの圧政によって迫害された人々」に対する補償を進め，450 万人からの補償給付申請に対して 220 万人を認定し，現在でも 15 万人に月平均 900 マルクの年金を支払っている[227]．この法律の前文では,「確信，信仰，良心のためにナチスの暴力支配に対して行われた抵抗はドイツの国民と国家に対する貢献であった」と評価してもいる（この点は，天皇制ファッシズムに抵抗した治安維持法犠牲者にすら補償していない日本と対照的である).

このような場合には，認定をめぐる裁判は，形式的にはこの法律をめぐる実定法解釈として行われる．しかし，こうした場合にもっとも特徴的なのは,「抵抗」が，解放後の水準から考えて合法的なものばかりでなく，解放後の社会でもそれ自体としては犯罪行為ないし非合法となるものをも含むことである．

合法的なものには，意見発表，政治宣伝ビラの配布，出版，ストライキ，サボタージュ，ボイコット運動，政治的なヴィッツ（小話）を語ったこと，禁止されている外国放送の傍受，亡命，などがある．

他方，解放後の社会でもそれ自体としては犯罪行為・非合法となるような抵抗行為には，密出国，爆発物の準備・使用，ファシストに対する襲撃・殺害，敵前逃亡，外国軍への協力，徴兵拒否，国家秘密の公表，政治スト，非合法政党所属などがある．

後者は，解放後に行われたのであれば許されないが，圧制下の抵抗行為として評価されるときには許容されることがある．すなわち，上記の補償法に関わるおびただしい数の裁判で主要問題点の一つとされたのは,「全ての文化国家の正常な状況下ではその政治的性格だけで可罰的であるとされるに留まらない犯罪行為が，ナチスに対する抵抗として行われた場合には，その動機を評価され，それゆえ補償法第一条の補償対象となるか」[228]であった．こうしたことのゆえに，この 17-2-2 の場合においても，実定法から独立した思考，自然法観

---

227) 清水正義「ドイツのナチス迫害犠牲者への補償」(『世界』591 号，1994 年 2 月).
228) 1933 年に反ナチ運動のため爆発物を製造した罪に問われたアナルコサンディカリストに対する，1952 年 7 月 12 日のフライブルク高等裁判所判決．*Neue Juristische Wochenschrift*, Rechtssprechung zur Wiedergutmachungsrecht, 1952, S. 282.

念との結びつきが必要となる[229]．逆にいえば，上記の保障法のような法律は，自然法を実務につなぐ媒介物となる．自然法と実定法は，抽象的には対立するが，現実の生活の場においては結合させることを追求する他ないことが多いし，現実政治の場においては，結合する可能性のある場合も多いのである．

しかも，もし上記のような法律がなければ，依拠するのは，当時の実定法ではなく，当時をも今をも規定していると考えられる自然法のみということになる．しかるに，解放後に一般に見られる雰囲気，すなわち圧政に対する批判が強く，それに抵抗した英雄達に対する評価が高く，したがってかれらの犠牲を救済し補償しようとする気運が高まっている状況下では，自然法に依拠する他ない裁判においても抵抗権が認容される展望は，上のドイツの例や光州事件に対する韓国の裁判所の例が示しているように，実際にはかなりあるものなのである．そしてそこでは，純粋に自然法や正義を引照しつつ，①その行為が本当に抵抗行為であったか，②その行為に出ることがやむを得なかったか，③採った手段が状況から考えて妥当であったか，④その行為によって損なわれた第三者の利益と比べて，抵抗が追求した利益が優越していたか，の基準が重要な考察対象となる．ここではすなわち樋口の前述の主張とは反対に，自然法に関わるケースでも抵抗権行使の基準論が問題になるのである．

*

以上からして，第一に，抵抗権を法律の明文で認められた抵抗権に限定することも，また，抵抗権は本来的に「例外権」だとしてもっぱら自然法的なものであるとすることも，ともに法生活の実際の展開に対応しえない論議であることが分かる．また，第二に，抵抗権を論じるに当たっては，実定法秩序の歴史と全体構造が示す論理を明らかにし，そこに実定法解釈を基礎付ける，「実定法的原理」の考察がきわめて重要であることが分かる．この点を鮮明に押し出したのが，田畑・天野の問題提起であった．そして第三に，裁判が正常に機能している体制下でも，問題の適切な処理のためには自然法に依拠する必要が多

---

229) たとえば，注228の判決は，「普く承認されている道徳を無視し目的を達成するために道徳的非難に値する犯罪的ですらある手段に見境いなく訴える政府は，それに反対する人々が同様な武器に訴えて抵抗することを余儀なくさせるものである」と述べて，抵抗権を認めた．1962年11月7日の連邦通常裁判所判決も同様である．Scheidle, a. a. O. S. 50. これらは明らかに自然法的に捉えられた抵抗権に基づいている．

様な形で生じることが分かる．法実証主義の立場から「自然法を実務に使うことは認められない」と叫んでみても，それに依拠して法生活上の問題に対処する他ないケースは，これまでに生じてきたしこれからも生じうるのである．

　本章の考察から分かるように，「法律」を超えて「法」を問うことは，単に抵抗権論を深める上で重要であるだけでなく，他の法的基本問題，とりわけ新しい人権の確立について考察する上でも重要なものなのである．

18　司法をめぐる合理化と人間化

　本章の主題は，日本の裁判所における官僚主義の現状をどのように位置づけるかという観点から，司法を歴史的に考察することにある．その際，考察のメルクマルを，司法をめぐる「合理化と人間化」の問題におく．本章では，この観点からの歴史の考察に集中することによって，学生・院生諸君に，歴史の大きな構造転換をどう押えるか，とくに近代の重層性をどう捉えるかについても，一つの考える素材を提供したい．

　「合理化と人間化」とは，次のような問題である．すなわち，筆者は近代を，合理化と人間化との，相互に補完し合いつつ矛盾し合う運動において捉える．

　合理化とは，社会の合理的編成であり，それは組織化・紀律化・専門化を内容とする．「組織化」とは，国家や企業の組織を合理的に編成し効率を高めることである．「紀律化」(Disziplinierung＝国家生活・社会生活における規則へのしつけを徹底させ精神を革新させる運動) については先に述べた (284頁参照)．「専門化」とは，分業を発達させ，それを担当する人々の技術と任務への忠実さとを高めることである．こうしたことの代表的な帰結の一つが，官僚制の発達であり近代法の整備である．

　これに対して人間化とは，ヒューマニズム化，個人の解放，親密圏・privacy の確立といったものである．「ヒューマニズム化」とは，「個人の尊重」の原則を強め，これまでの残酷な処遇を廃止することであり，「個人の解放」とは，同様の原則に立って個人の人格の自由な発達を促進することである．「親密圏の確立」については，前述した (285頁参照)．

　確かに近代は，合理化と人間化とを共に促進した．その際，①合理化は，国家主導あるいは市民社会主導の近代化によって古い抑圧的体制を打破し，人々の生活を文明化の方向に改善し，また権力の恣意的な発動を規制することを通

じて，人間化に貢献した．とりわけ，合理化の一環である近代法の発達は，ヒューマニズムを法の中に取り入れ，また両性の平等やプライバシーを促進し，親密圏の形成に貢献した．②合理化を進めるためには，他方で人間化を強化する必要もあった．この点は，近代家族の親密圏が近代資本主義社会の合理性を支えたことに典型的に見られる．

合理化と人間化とは，しかし同時に，すでに近代の前夜から相拮抗するものでもあった．また，近代が高度化していくにつれ，合理化によって人間疎外が進行し，人間化の後退が問題になったのでもある．たとえば，組織の巨大化と官僚制とは，組織に編成されている諸個人の間で人間性を枯渇させ，社会からはつらつとした活動性を奪う（社会を「石化」する）動きを強めた．

今日，近代に関しては，もっぱらその合理化の側面を問題にする立場からの近代批判が注目されている．たとえば，ヴェーバーについては合理化・官僚化へのかれの危惧が着目され[230]，フーコ（Michel Foucault, 1926-1984）については近代を一望監視（パノプチコン）原理の支配[231]において捉えた点が着目されている．ジンメル（Georg Simmel, 1858-1918）における「形式」による「生」の枯れ死に化[232]，ハバーマスにおける「システム」による「生活世界」の蚕食（植民地化）の問題提起についても，そうである．また，実存主義，疎外論，構造主義の「構造」やルーマンのシステム論も，近代化を人間化抜きの合理化が進展していく過程において批判的，あるいは肯定的に捉える見解である．しかし筆者は，近代の進展は，合理化と人間化とを併行させ相拮抗させ続けていると考えるのである．

合理化は，「すべて悪」でもなければ「すべて善」でもない．また，人間化は大切だといっても，歴史上その担い手に問題がなかったとも言えない．それぞれにプラスとマイナスがあり，それらはそれぞれの歴史的コンテクストによる．そしてこの視点こそが，合理化のマイナス面に集中して近代を論じて「近代はすべて悪だ」といった清算主義——それは戦前の（ファシズム的）「近代の

---

230) 山之内靖の最近のヴェーバー研究（『マックス・ヴェーバー入門』岩波新書，1997年，『日本の社会科学とヴェーバー体験』筑摩書房，1999年など）が，その代表である．
231) フーコ『監獄の誕生』（田村俶訳，新潮社，1977年）．
232) 拙稿「丸山眞男における〈生と形式〉」（『歴史と方法』第3号，青木書店，1998年）参照．

超克」運動と，今日のラディカル・フェミニズムやポストモダニズムが共有している方向である——に陥るのでもなく，また，人間化のプラス面のみを見て，近代合理性の必然性と重要性を無視して，センチメンタルな人間主義に陥るのでもない，近代をしっかり踏まえて近代を越えていく建設的な道を切り開くものだと考える．

ここでは，このような観点から司法の世界がどう展開したかを考える形で，今日の日本の司法をめぐる問題を歴史的に位置づけ，現状打開の方向を考えよう．

18-1　近　世

合理化と人間化が激しく対立するようになるのは，近世の絶対主義下においてであった．それ以前には，確かに合理化は進展したが，その程度は牧歌的であって，人間化と鮮烈な対抗を示さなかった[233]．そうした前史に対して，絶対君主制下では合理化と人間化が激しく拮抗を始めた．合理化は官僚制に担われ紀律化の形で進展し，これに対抗する動きは絶対君主化に対抗する等族（Stände）の，自分たちの伝統的な生活，そうしたものとしての自由を擁護する運動として展開した．それゆえ後者は，内容的に人間化の動きを含んでいた．

---

[233] たとえば，人類史上，社会生活において厳格な組織化・紀律化が展開するのは，まず古代ローマの軍制においてであったと言われているが，しかしこの古代ローマにおいても，皇帝権力が拡充するまでは，元老院に見られるように名望家による政治が中心的役割を果たし，官僚制の発達は見られなかった．学問においても，体系的思考はローマ人には無縁であった．中世においては，貴族的・騎士的支配が前面に出たため，軍制すら組織性を失った．ただ，中世においても教会・修道院において官僚制や体系的思考，紀律が発達した．ルネッサンスにおいて，傭兵制や市民軍による集団戦が展開する中で，ヴェゲティウス（Flavius Renatus Vegetius, 4世紀）の『戦術論』などの古代戦術論が再評価されて印刷された．それをベースにしたマキアヴェリの『戦術論』（1521年）は，この古代軍制・紀律の伝統を高く評価した．こうした動向がリプシウス（Iustus Lipsius, 1547-1606）によってオランダに紹介され，やがて絶対主義国家において市民生活の紀律化の運動となって展開するのだが——この点については拙稿・前掲注5）「マキアヴェリ再考」参照——，しかし全体としては，ルネッサンスの社会はなお名望家支配であり，また，その思考も非体系的だった．逆にルネッサンスは，人間の尊厳を主張し人間的自然を強調したことによって，人間化の発展に貢献した．

合理化，とくに紀律化の積極面については，前掲注193の，エストライヒ『近代国家の覚醒』，屋敷二郎『紀律と啓蒙』，ハルトゥング他『伝統社会と近代国家』（エストライヒの論文）など参照．

その際，合理化が君主による制定法 Gesetz に依拠して進展したとすれば，人間化は諸身分（貴族・僧侶・市民・農民等＝等族）による「善き旧き Recht」擁護の形で進展した（この立場を身分制的自由の立場と言う）．中世後期以来の観念によると，Recht とは，王権によって創られるものではなく王権の上にあるものであった（118 頁以下参照）．この観念と結びついて，中世後期以来「善き旧き Recht」の観念が形成され，さらに近世に入ると，それと結びついて「自然法・自然権 Naturrecht」の観念が発達した．この動きは，とりわけ貴族的自由主義（君主に対して自立性を有した貴族が伝統的な法や政治のあり方を根拠にして君主の専制を抑えようとしたこと）に担われた[234]．

（上のように言うことは，人間化が反抑圧で自由志向であり，合理化が抑圧的で退歩である，とするものではない．等族の特権は，抑圧的で非人間的であり反進歩であった．これを打破して自由な制度を発展させるためには，すなわちまた人間化を推進するためには，啓蒙的な君主・官僚のイニシアティブによる改革も必要であった．宗教改革のような内面的自立化の運動でさえ，君主に支えられたケースも多かった．しかし他方，こうした開明的な改革が，国権を強化し人間抑圧，内面性の否定をもたらしたのも事実である．）

法曹は，国や地域によって異なるが，等族と結びついた名望家である場合が多く，それゆえ基本的に Recht と結びついていた．典型的には，フランスの高等法院（パルルマン）がそうであった[235]．高等法院判事の官職は，裕福な市民がそれを購入して就任するケースが多く，かれらは，各地方に伝統的な自由・Recht の擁護者となり，王権に対抗した．かれらの家系から，自由な思想生活を展開したモンテーニュや，伝統的な自由の観念を基礎にして法の問題を論じたモンテスキューらが出たことは，偶然ではない．

また，ヴェーバーは，近世におけるイギリスとイタリアとの名望家法曹をドイツの法曹と対比した際，前二者の独立性を強調しつつ次のように述べている．

---

234) 村上淳一『近代法の形成』（岩波書店，1979 年）参照．
235) 二宮宏之「フランス絶対王政の統治構造」（前掲注 127）『全体を見る眼と歴史家たち』）184 頁はいう，「高等法院は国家裁判所であるにもかかわらず，しばしば地方の利害の代表者として王権と対立することにもなったのである」．

「これらの〔ドイツの〕法記録の作者たちは，一方においては，名望家裁判の代表者であったが，しかし他方において，彼らは，イギリスの弁護士やイタリアの公証人とはちがって，強力なツンフトに結集した身分を形成してはいなかった．これに反して，イギリスの弁護士やイタリアの公証人はこのような身分を形成しており，この身分は，彼らの営利関心と裁判官の地位の独占とによって，中央裁判所の所在地に集中的に結集しており，国主や議会の力をもってしても容易に排除しえないような勢力を握っていた．このようなわけで，法記録の作者たちは，イギリスの弁護士とはちがって，ツンフト的な法修習の担い手になることができず，したがってまた，合理的な大学教育の法思考と大学で訓練された法律家たちとに長期にわたって抵抗しうるような，確固とした経験的な伝統や法発展の担い手になることができなかったのである．」
（『法社会学』世良晃志郎訳，創文社，347 頁）

　すなわち，イギリスとイタリアの法曹は，団体自治によって身分制的自由の伝統に定礎しており，その自由によって，「経験的な伝統」の担い手となり，官僚的合理化に対する抵抗体となったというのである．（同時にかれは，ここで，ドイツの法曹も「名望家裁判の代表者」だったことは認めている．しかしかれらは，基盤が弱く，官僚に対抗できなかったというのである．）
　ドイツの法曹についても黒田忠史が，絶対主義下の裁判官には貴族的な自由主義が強かったことを次のように指摘している[236]．

　　「一八世紀においてもなお，官僚制化する国家・社会「構造」の中で裁判所がこのような自律的性格を保持したということ，そしてそれが主権者とその政府の権力からの「司法の自律性」ひいては「法と裁判」に対する権威の保持につながっていったという側面に注目したい．」

　こうした身分制的自由，「善き旧き Recht」の伝統に立つ法曹にとって，法は発見するものであり，「Recht」とは制定法だけでなく，上述のような意味での権利でもあった．〈国家よりも前に，国家の上に〉ある「Recht」の観念は，やがて（ロックやビュルラマキらの）近世自然法論によって理論的に補強され，かつ，基本的人権を宣言した章典に制度的に支えられ，たくましさを強めた．

---

[236] 黒田忠史『西欧近世法の基礎構造』（晃洋書房，1995 年）第 3 章．

こうした形で展開する「法の支配」の原義は，法律を超えて存在してきた「権利の擁護」・そのための「行政権力の規制」であり，それゆえそれは，制定法によって紀律化を進める「法治主義国家」・官僚制に対抗し得た．この「法の支配」を第一義的に実行する場が裁判であったから，司法権は，基本的に──民主主義というより──（身分制的）自由主義と結び付いた制度であった．

　（裁判所は，権力を超えた法ないし基本的人権によって行政府や立法府をも規制する．これが前述したように「法の支配」の中身である．この裁判所は同時に，立法府や行政府が作った法律に従って裁判する．これが「法治主義」の一場面である．これはどの近代国家でもそうなのであって，したがって，よく言われるように『英米系が法の支配，ドイツ系が法治主義』といったものではない．）

18-2　近　代

　さて，市民革命後の近代国家において，合理化は一層進展したが，ほとんどの国家生活は──旧東欧社会主義の官僚国家や現代日本の人間疎外社会を除いて──，ヴェーバーが危惧したようには「石化」には至らなかった．それは，第一には，19世紀後半のヴィクトリアニズムに見られるような，近代化に対抗する文化がかえって強化される現象が広範にあったからであり[237]，また第二には，官僚支配に対抗する力が，なかんずく，初めは (1) 教養専門職（プロフェッショナリズム）に，後には (2) 民主主義原理に依拠して強化されていったからである．ここでは，この第二点を問題にする．

18-2-1　教養専門職

　イギリスで「ジェントルマン」とは，伝統的にはジェントリー（大地主階級）に代表される名望家層を指してきたが，1870年代になると，第一義的には，パブリック・スクールとオックスフォード大学・ケムブリッジ大学などとで教養を積んで法律家・医師・教師・牧師・建築士・文筆家などになった人々（教養専門職と呼ぶ）を指すようになった．この変化には，土地が高価となりジェ

---

[237]　この第一点については，拙稿「女性史から見た〈ヴィクトリア時代から一九二〇年代へ〉」（『法学雑誌』41巻4号，1995年）参照．

ントリー化が難しくなったこと，パブリック・スクール改革や大学改革，官僚養成改革によって，エリート養成コースが整備したことなどが原因している[238]．ドイツでも，フンボルトのベルリン大学創設やギムナジウムの近代化などの教育改革によって，教養を積んだ専門職エリートが形成された．

こうして確立した教養専門職層は，近世における「善き旧き Recht」のエートスを近代において継承した存在として，イギリスで 19 世紀末まで地方自治を担い続けたジェントリー層とともに，近代政治において官僚制に対抗して人間的要素を担う重要な役割を果たした．

たとえば，ヴェーバーは，一方で合理化とくに近代官僚制の必然性と積極面（廉直性・中立性，法治主義，専門性・高度の知性）を強調したが，他方ではそれがもたらす官僚的支配のマイナス面に危機を懐いた．このヴェーバーが現代において官僚化の防波堤として大いに期待したのは，──実はしばしば論じられるようにはカリスマでなく[239]──弁護士であった．それは，かれが弁護士の教養専門職的な自由の精神をこの観点から評価したからであった．『職業としての政治』[240]においてヴェーバーは，歴史上，職業政治家の職を担った階層として，聖職者，「人文主義的教養を身につけた文学者」，宮廷貴族と並んで，イギリスにおけるジェントリーと，大陸における「大学教育を受けた法律家」を挙げている．その際，ヴェーバーがジェントリーについて評価する点は，「この階層こそ，ヨーロッパ大陸のすべての国の運命であった官僚化からイギリスを守った」という点である．すなわちヴェーバーは，かれらの名望家的独立性が，機構化する国家に対しても，また官僚化に対しても，自由な人間的意識を確保した点を評価するのであった[241]．ヴェーバーは，これとの連続において，大

---

238) 村岡健次『ヴィクトリア時代の政治と社会』（ミネルヴァ書房，1980 年）149 頁．
239) 拙稿「いわゆる「ヴェーバー問題」について」（『法学雑誌』25 巻 3・4 号，1979 年）参照．
240) ヴェーバー『職業としての政治』1919 年（河出書房版『世界の大思想』3 巻，1973 年）385 頁以下．
241) 戒能通厚も，19 世紀におけるイギリス法曹の独立性がそれ以前の貴族的自由主義と関わりをもっていることについて，次のように言う，「イングランドのバリスタの貴族的=閉鎖主義は，ヴィクトリア朝時代の「プロフェッショナリズム」の普及にあわせて再編され，国会主権=名誉革命体制の憲法的原理に「法の支配」の原理を「付加」させることに「寄与」した．つまり，名誉革命によって確立された私の言う「名誉革命体制」とは，「生まれながらの支配者」たるジェントリと言われる地主階級およびそれを基盤とした地方的名望家の支配を意味した．この構造を揺るがしたのがベンタム派の諸改革であり，それは，ノブレス・オブリジェによる地方の治安判

陸の教養専門職としての弁護士を評価している．かれは，次のように，近代のリベラル・デモクラシー化におけるその重要性を指摘している．

> 「これらの法律家がいなかったなら，急進的な知識階級とその計画に生命を吹き込んだ独特の精神は全く考えられなかったでありましょう．それ以来，近代の弁護士と近代の民主政治とは，完全に一つに結びついております．」（上述の『職業としての政治』401 頁）

ヴェーバーはとくに，弁護士出身の政治家が政党制と議会制を通じて選ばれ，指導的政治家になることに，合理化の極端化――すなわち官僚支配――に対抗する人間化の可能性を見いだしたのであった．かれは，今日において，官僚化に対する存在としての弁護士の意義を次のように指摘している．

> 「今日の政治の大部分は，公衆に向って演説をしたり，文書を発表したりするという方法で行われるからなのですが，その効果の計算は，弁護士の仕事であって，専門的官吏の仕事ではないからです．専門的官吏はデマゴーグではありませんし，その目的から言って，デマゴーグであってはならないもので，それでもデマゴーグになろうとする場合は，最悪のデマゴーグになるのが普通であります．」（『職業としての政治』，401-402 頁）

ここには，弁護士の職業柄と官僚のそれとが鮮やかに対置されている（ヴェーバーは，官僚と指導的政治家（「デマゴーグ」）との分業，合理化と人間化の棲み分けを重視したのである．つまり，かれは，官僚に教養専門職的な精神を浸透させるという立場にはなかった．そして裁判官は，ヴェーバーにとってそうした官僚に留まるべき存在であった．ちなみに，こうしたヴェーバーとは対極的に，同時代のエールリッヒらの自由法運動は，後述のように（326-327 頁）もう一つの西欧の伝統である，法曹の独立・自由人的自由主義の伝統に立って，裁判官を教養専門職的な精神に結び付く，自由

事制による名望家的＝「地方統治」の「民主化」を実現し，治安判事職の「司法職」への限定という結果を導いた．しかし，この過程で司法部が果たした役割は大きかった．またプロフェッショナリズムの確立を促すものとして，裁判所の改革とあわせて法曹の養成と選抜システムが確立したことも，決定的に重要な意味をもった．」（「プロフェッションとしての法律家」『市民法学の課題と展望』日本評論社，2000 年，103 頁）．

な思考の持ち主にしようと努めた).

　一般に, 弁護士を含め教養専門職はなぜ, 官僚化に対して人間的要素を擁護し, また国家に対して個人を擁護する拠点となりうるのだろうか. それは, 第一に, かれらが「財産と教養」に依拠し自由な法的思考を駆使できる主体だったからである. すなわちかれらは, 独立し安定した生活と, その職能団体の自治に支えられて独立した精神を堅持でき, かつその精神が liberal arts (自由学芸) によって形作られ, しかも官僚のそれに対抗しうる高度の専門的知識をも備えていたからである.

　とくにイギリスにおいては, 弁護士・医師・会計士・建築士といった教養専門職は, 独立した職能自治団体を結成し, この自治団体が, 後輩となるプロフェッション資格者を独自の養成課程と資格審査によって育成し認定してきた. この点は, こうした専門職をも国家によって上からつくり出し, その養成においても国家が主導権を握り, かつその資格を国家試験によって認定していく日本などとは, 発想が正反対である. いわばかれらの存在自体が——日本のように国家に依存したものではなく——国家以前的であったのである (これとは対照的に, 日本では, 司法の全てが「国家」抜きでは考えられない体質にされてしまっているのである. こうした国家依存症こそ, 既に福沢諭吉が指摘したように, 近代日本人の業病の一つなのである).

　イギリス史研究者の中には, こうした自治を 19 世紀中葉のレッセ・フェールの一環として位置づける人がいるが[242], それは近代の現象を近代の枠組に押し込めてしか説明しようとしない一面的な見方である. その実体は, 中世以来の団体自治の伝統が継承されていることに求めるべきである. この点でも教養専門職は, 前世紀の「貴族的ないし名望家的自由」の伝統の継承者であった[243]. こうしてかれらは, 一方で, 産業資本家と国家とによる近代化に協力

---

242) 村岡健次・前掲注 238) 235, 257 頁.
243) リンガー (『知の歴史社会学』筒井他訳, 名古屋大学出版会, 1996 年, 40-41 頁) の次の指摘を参照,「かいつまんで言えば, ドイツ教養市民層は近代的な「能力」エリートとして生まれたのである. それは世襲貴族階級とは区別されるひとつの知的貴族なのである. そして, 彼らは自分が生まれた職人の世界から徐々に離れていった. 他方で教養という概念のほうは, 当初は貴族的な性格を追い出してしまうつもりであったが, とどのつまりはそうした性格を残すことになった」.

するとともに，他方で，同時にその近代化の行き過ぎに対して警鐘を鳴らすことができる存在でもあった[244]．

　しかし，この点だけでは，説明は足りない．イギリスにおいてもドイツにおいても，19世紀の官僚養成もまた，liberal arts を基礎にした，エリート養成の大学で行われたからであった．そこで「なぜ弁護士か」について考えなければならない．これが，次の第二の点，すなわち，とりわけ弁護士は，その職業活動からして，〈国家的制定法に視野を全面的に占められる〉傾向とは無縁であるという事実に関わる点である．弁護士は，職業柄，まず「人間」を見る．人間が織りなす生の秩序がまずあり，それを念頭に置きながら法を考える．そもそも，かれらのもとに来る依頼者にとって，出発点は，その生活自体であり，そこに発生した，自分と相手との「生」同士のもつれ合い，そこでの自分の可能性である．このように人間に直接結びついた「生」の秩序を法的に再構成する，そしてその際，そこにおける法的なもの，すなわち制定法を超えた Recht（法・権利・正しさ）を重視するのが法曹の役割だと考えるのは，依頼者から出発する弁護士にとって，ごく自然のことであった．この点においてもかれらは，近世における「善き旧き Recht」の観念の伝統――国家以前的な人間的生から出発する伝統――を現代に引き継いでいる．かれらが前提にするのは，もはや旧い形態における「善き旧き Recht」ではなく，その近代的なバージョンである，「基本的人権」であり，「生ける法」であるのだが，かれらはこうした形で国家以前的なものを志向する伝統，「人間」から出発する伝統を，職業柄，なお堅持する．

　法曹一元が重要である理由の一つは，「人間」から出発し，それゆえまた「権利」から法を考える，弁護士のこのような思考こそが，法実務から官僚主義を減殺できる重要な保証となる点にある．キャリア官僚に頼るのでは，どうしても国家の制定法から出発して法を考える傾向，エールリッヒのいう「国家

244）　リンガーは，『読書人の没落』（西村稔訳，名古屋大学出版会，1991年，83頁）で，教養専門職の「教養自由主義はしばしばその本来のブルジョワジーに対して強い嫌悪感を示し，その唯物論的精神と純粋の利益政治を」非難した，と指摘している．この態度は，19世紀の貴族やジェントリーのものでもあった．

的法観」が避けられないからだ．

　実際，イギリスやアメリカでは，法曹一元によって弁護士である教養専門職の意識が法曹全体（裁判官や検察官を含む）の意識を規定した．このことがそこでの司法の官僚化を防止する上で大きな貢献をした．ドイツでも 1970 年代に至るまで，教養専門職の意識が，弁護士はもちろん，官僚法曹である大学教授や裁判官の特性の一部でもあった（1870 年代以降にかれらがビスマルク国家に傾斜していき，自由主義から権威主義への傾斜が強まったことは事実だが）[245]．

　裁判においては，制定法を基準にした問題処理が求められるので，裁判官に廉直性や論理的・合理的思考といった，官僚の資質でもある資質を求め，その結果，裁判官を純官僚としてイメージすることが，ヴェーバーが考えたように，一つの自然な帰結ではある．しかし，実際には裁判官を純官僚として構成したのは，特定の国の一時期に限定されたものであるに過ぎず，他の国では名望家的・専門職的な自由人，すなわち非官僚としての裁判官の存在があったことを見逃してはならない．実際，廉直性や論理的・合理的思考は，必ずしも官僚だけに特有の思考ではなく，教養専門職やイギリスのジェントリーのそれでもある．しかも，これが重要なことであるが，法の解釈・裁判は，けっして制定法の機械的適用に終わる営為ではない．何を法とするかについても，機械的思考だけで処理できる事柄ではない．たとえば，エールリッヒが考えたように，制定法でなく民衆の生活に根ざした「生ける法」を認識できるためには，自由な思考が必要である．したがって，この，官僚裁判官とは対極の自由人裁判官の伝統も，見逃してはならない[246]．

---

245) この点については，拙著・前掲注 2)『近代ドイツの国家と法学』83 頁以下参照．大学行政の面でも，変化があった．ベルリン大学を創設したフンボルトの伝統は，1880 年代以降，ビスマルクと結びついたアルトホフによって解体され，大学の官僚統制が強まったのである．この点については，上山安敏『ウェーバーとその社会』（ミネルヴァ書房，1978 年）2 頁以降，および潮木守一『ドイツの大学』（講談社，1992 年）247 頁以下参照．

246) この点については，磯村哲・前掲注 57)『社会法学の展開と構造』85-86 頁，171 頁以下参照．絶対主義下において，地域によっては裁判官は，国家に忠実な官僚にされた．エールリッヒが言うように，そこでは裁判官は，「その本質上国家の命令を遂行すべき行政官僚」であった．この，官僚的裁判官について，磯村哲は次のように，名望家的な自由人の裁判官と比較している．「かような国家官僚としての裁判官の把握は，ただちに裁判官職の価値低下を帰結することは明らかである．いまや裁判官職を占めるものは，かつてとは全く異なった社会層，とりわけ全く種類の異なった人間であり，しかも国家によって社会から隔絶せられ，賞讃・非難の彼岸におかれることによって，そのよき性質さえもそこなってしまう．かかるいうに足りない汚貧な小官僚・その

18-2-2 民主主義原理

ところで，とりわけ 1960 年代末以降，西欧ではこうした名望家や教養専門職による自由主義の原理を本質的に修正し，大切な諸点でそれに取って代わる新しい原理が人間化の担い手となった．それが，民主主義原理である．名望家や教養専門職による自由主義は，確かに官僚化に対する有効な防波堤ではあったが，しかしそれは本質的にエリート主義的・権威主義的であって，20 世紀の動きに即応しない要素をもっていた．民主主義の原理は，共同運営と市民参加を拡大することを通じてこれを脱却していくことを意味している．自由主義原理は，民主主義原理によって本質的に変化を遂げ，自由・民主主義の形を採って，新しい時代の司法原理となったのである．

先にも述べたように（「13　民主主義と自由主義(1)　民主主義対自由主義」参照），近代の歴史上で民主主義原理が前面に出てきたのは，フランス革命，およびジャクソニアン・デモクラシー以降のアメリカ政治においてである．それは，19 世紀末には，労働運動・社会主義運動と結びついて強化され，ワイマール革命等に結晶した．しかしこの原理が西欧の市民社会を深く規定するようになるためには，1960 年代以降の，平等・反権威主義・民衆参加を求める変革運動をまたなければならなかった．

そうした運動は，西洋世界において広く公民権運動・大学・企業・環境保護運動などに見られた．その典型は 1960 年代のアメリカだが，旧西ドイツも，

俸給と役得のゆえに国家権力に無条件に従属してしまっているようなひとびとからは，もはや社会の要求にしたがって法を発見するというような巨大な課題を期待しえないことはいうまでもなく，せいぜい，彼の管轄内で通常の裁判事務をできる限り彼の Brotgeber〔雇い主〕の趣旨にそって処理することぐらいである．ここでは，したがって一切が立法者に依存することになる」．磯村はまた，自由人裁判官の喪失＝小官僚化によって，「法規への拘束は制定法への拘束に転化し」てしまい，国家法が「国家の勢威の表現・裁判官を国家目的に奉仕せしめる手段」と化する，とする．磯村・同上 262 頁．ここには，身分制的な自由の伝統に立つ裁判官，官僚化された裁判官とのエートスの違いばかりでなく，「生ける法」や，それに基づいた法曹法の伝統に立つ前者と，国家の制定法しか頭にない——国家的法観にとりつかれた——後者との違いも鮮明である．エールリッヒや磯村の見解は，〈名望家法曹—それによって発達した法曹法（国家法に対立する）—法曹法の基盤となった自由な学識と「生ける法」—「生ける法」の舞台となった団体自治——総じて自由主義の伝統〉という関係を，〈官僚的裁判官—それを拘束した国家法—法曹法や「生ける法」の否定（国家的法観）—総じて自由主義と民主主義と伝統の否定〉という関係との対比において明らかにしたものとして，きわめて重要である．

1969年のブラント率いる社会民主党主導内閣の誕生以来，職場の民主主義に貢献した「共同決定」制度の全企業への拡大，「静かなる革命」と称される，官僚機構中枢部への「部外者」の浸透，反核・環境保護などでの「新しい社会運動」の強化，民主主義を前面に掲げた大学や学問の革新運動，女性の社会進出などが見られ，権威主義的社会体制の克服の動向が顕著になった[247].

　法の世界もその例外ではなかった．ここでは専門職制が持続し，専門職が自立と自己統治を確保しつつ，しかし裁判の新たな公共化・民衆参加によって，生活する人間が司法の場に加わり，これらが相まって人間的要素が官僚制をチェックする力を発揮した（前述のように，民主主義原理はさらに，せまいセクト主義を克服し，問題を公共的なものとして扱う傾向を強めるものでもある）．これを典型的に呈示したのはドイツである．この点は，木佐茂男の『人間の尊厳と司法権』（日本評論社，1990年）や，映画『日独裁判官物語』（記録映画『日独裁判官物語』製作・普及100人委員会，青銅プロダクション製作，片桐直樹監督，1999年）にヴィヴィッドに描かれている（司法への民衆参加もまた，自由な裁判官の伝統と同様，もともと西欧では古代・中世以来の伝統であった）．

　民主主義原理は，生きた人間の声を反映し，国家のイニシアティブによって上からではなく，民衆の生活要求に根ざして下から社会を動かすものとして，今日において人間化を担う重要な要素なのである．実際，民主主義原理の浸透は，Recht（法・権利）の観念を強化する力を発揮し，それによって制定法が相対化される，上述の効果を再現してみせた．それは何よりも，民主主義原理が，〈国家より前に，国家より上に〉ある Recht としての基本的人権の観念と結び付くことによって，新しい局面に入っていった．こうしたことの中から，次のような動きも出て来た．たとえば，ドイツ基本法第20条3項の「行政権と裁判権は法律（Gesetz）と法（Recht）に服する」という規定の，ドイツ連邦憲法裁判所による新しい解釈がそれである．前述（「17　抵抗権」参照）のように，ドイツ連邦憲法裁判所は，1973年の判決で，「Recht」に基づく法解釈とは，「憲法適合的な秩序に内在しているが，成文法の規定には明記されていないか不完全にしか規定されていない，価値観念」を認識し，それによって法律の不

---

247) 山口定『政治体制』（東京大学出版会，1989年）．

十分さを補っていくことだとした．ここには「成文法」から自由な思考がある．こうした自由な思考を裁判官が駆使できるためには，かれの精神が自由でなくてはならない．それは，官僚化されしかも司法上で民衆とのコミュニケーションをもたない存在からは期待し得ない自由な思考である．これが可能であるためには，地位の独立性・官僚統制からの自由および「〈国家より前・国家より上の〉基本的人権」の思想とのつながり——これらは自由主義原理につながる——とともに，人間的「生」とのつながり——これは自由主義原理とともに民主主義原理につながる——を必要とする．これが可能になったところに，ドイツ司法の新しい動きが窺われる[248]．

---

248) こうした自由な法思考は現代ドイツでは制定法の枠を無視して行われているわけではない．現代ドイツの法学の主要な傾向は，事実を制定法にいかに巧みに論理的に包摂するかを中心とした，オーソドックスなものである．この点では，むしろ日本の法学の方が，利益考量論に典型的に見られるように，法規範から「自由」な思考に立っている．利益の考量が結論を導き出す過程上で重要であることは，ドイツでも変わらない．この点は，後期のイェーリングの構成法学以来の共通了解である（拙著・前掲注2）『近代ドイツの国家と法学』参照）．しかしドイツでは，そうした利益の考量を行う際にも，また法律によって理由づける際にも，制定法に基づく理論構成が行われ人々はそれに拘束されるのである．

日本の法解釈論争について考察したドイツのラーン（Guntram Rahn, *Rechtsdenken und Rechtsauffassung in Japan*, München, 1990, S. 397 ff.）は，法解釈をめぐって日本とドイツでは態度が大きく異なるとする．すなわち，日本の川島武宜，加藤一郎，星野英一らの解釈論では，まず結論が，法律とは独立に，すなわち常識ないし民衆の法感情に依拠した利益考量ないし価値判断として獲得される．そして法解釈は，そうした結論を人々に納得させるためのものであると位置づけられ，それゆえ結論を理由づけるのに都合のよい規定やその解釈が事後的に探される．こうした観念を反映して判決文でも，厳密な法律構成は重視されていない，と．

ラーンの見解には疑問点も多いが，法的構成を法的判断の準拠としてではなく，結論（実質論）を正当化する手段（形式論）とする傾向が日本で強いことについては，日本の法学者も「形式論を実質論の手段とみるのは，我妻博士の『法律的判断の衣裳』，川島博士の『価値判断とことばの技術』——『科学としての法律学』はことばを道具とみる——以来である」という風に指摘している（瀬川信久「民法解釈論の今日的位相」，瀬川編『私法学の再構築』北海道大学出版会，1999年，21頁）．

ラーンは，他方，ドイツでは結論付けに当たっても制定法の枠が重視され，それゆえまた厳密な法律構成が要求される，とする．この点は，村上淳一が『現代法の透視図』（東京大学出版会，1996年）の第4章において，現代ドイツの法学教育と法実務において厳密な法律構成（包摂）がいかに重視されているかについて報告していることと，その限りでは照合する．

日独のこの差は，何を意味するのだろうか．思うに，それは，第一には，日本の法学が単にドイツの法学の主流に影響を受けただけではなく，とりわけ，①アメリカのリアリズム法学，②ドイツの主流を批判するエールリッヒやカントロヴィッツ，③そしてナチス法学に影響を受け，それゆえ法教義学の伝統を早くから克服したこと（本書163頁参照），第二に，日本にはドイツと異なり，原理・原則からの厳密な論証や体系性を徹底的に追求するという傾向はなく，むしろ「建前と本音」や「花より団子」に見られるような，プラグマティックな傾向が強いこと，第三に，ド

さて，以上の点をめぐって，日本はどうだったか．

第一に，日本の司法の特色は，身分制的自由や名望家的・専門職的自由人の伝統を欠いていたことにある[249]．前述のように，明治期の日本では司法に関するすべてが——大学（大学の自治）や地方自治や市民社会（私的自治）や結社（団体自治）と同様——国家によって上から創出された（貴族制（華族）すら国家によって創り出されるという珍現象もあった）．このため国家以前的な自治に依拠して国家に対抗するという自由人の意識が育たなかった（明治期においてだけで

イツの法学界は，——大学にもよるが——未だに法社会学がマイナーな科目であったり，政治学との交流がほとんどないなどの，伝統主義的で保守的な傾向が強いこと，などを背景にしていると考えられる．ドイツ法学界の保守的体質は，ドイツの弁護士や裁判官に社会民主党関係者が多いのに比して，ドイツの法学界の主要科目担当者の間では，そうした傾向が弱いことからも窺われる．

とはいえ，こうしたことから，『リアリスティックな法思考は政治における進歩性を意味している』という結論を引き出すのは，正しくない．むしろ逆に，日本では，法思考の柔軟性は，戦前の官僚法学の主要特徴でもあったのである．すなわち，磯村哲が指摘しているように（前掲注(57)『社会法学の展開と構造』），戦前の日本では，天皇の主権を絶対視し，それゆえ法を，天皇をも拘束するルールとしてではなく逆に天皇による統治の道具に過ぎないとする，絶対主義的（家産国家的）権力観が支配的であった．この結果，「法に厳格に拘束される」という発想が育ちにくかったのである．磯村は言う，「ドイツ理論ではともかく国家・社会を極力法的に（したがって原則でもって）カヴァーするという前提がとられているのに対し，わがくにの概念主義は法の権力に対する制約を制限し「法」外の権力および権力的倫理秩序の作用範囲をできる限りひろげる方向に機能せしめられているのである．このようにみてくると，公法における概念法学的方法の主張なるものは，ドイツ公法教義学の国家的権力的法律観と行政権力の優越性の側面を極大化された形態において継承するとともに，その本質的思想である「家産的」法思想の道具に転化せしめたものであることは明らかであろう．その歴史主義がドイツ歴史主義に対して「偽歴史主義」とでもいわるべきものならば，その概念法学はまさに「擬似概念法学」とでも称すべきであろうか．いずれにせよ，概念法学がわがくにの土壌のもとでは特殊日本的な変質をうけたことは銘記されねばならない」（同19頁）．日本では，「概念法学的法律実証主義」が，「制定法の論理体系への包摂という純粋認識過程の外見によって「法律解釈」における法創造の実質を隠蔽し，このことによって，「法律解釈」の社会への適応性を保障しえないだけでなく，かえってその表見的認識過程にひそむ実質的法創造に際しての「法曹」の恣意を防止する合理的規準を欠如していた（111頁）のである．来栖三郎が批判したのも，この官僚的不誠実の伝統に対してであった（本書415頁参照）．

249) 日本では名望家的専門職の伝統が弱く，弁護士，戦前には三百代言と蔑視された．福沢諭吉が指摘するように，さらに官尊民卑の伝統も強かった．このため上からの官憲的支配，官憲的な司法が強く，在野の独立自尊が弱かった．

なお，日本における「合理化と人間化」をめぐっては，ここで丸山眞男『日本の思想』（岩波書店，1961年，42頁以降）の指摘，すなわち近代日本は「合理的官僚化」と「共同体的心情」の「架橋しえない対立」を現出させたという指摘を想起する必要があるだろう．日本近代では，合理化が人間化に支えられることを通じて制御されなかったため，一方で官僚化が横暴化し，他方で，人間化によって解放されない，つまり公的には抑圧された，「生」の要素が非公式の社会領域でガス抜きされるという関係ができ上がっていったのである．

18 司法をめぐる合理化と人間化　331

なく，今日においても，今回の司法制度改革がそうであるように，日本では制度改革もまた必ず国家主導になる）.

　第二に，まさに上述の 1960 年代末以降に，日本社会は，西欧とは逆の方向に向かった点が注目に値する．日本でも，1960 年代には，確かに民主主義原理を押し進める動きがあった．それは，学生運動・革新自治体運動・労働運動の高揚となって展開した．しかし，日本では，それらはやがて骨抜きにあった．この時期には司法部においても，青年法律家協会の運動や，公務員のストライキ権をめぐる最高裁判所の判決（本書 35 頁以下参照）に示されているような変化が起こりかけたが，しかし，いわゆる司法の反動化の過程において，これらの民主主義原理の芽はていねいに摘み取られ，しかも，上述した，〈専門職的自由人としての裁判官〉の伝統の流れを汲んで戦後日本で導入された，裁判官の独立のための諸制度（身分保障・自治・良心の自由など）も骨抜きにあい，やがて人間化を極度に萎縮させた官僚化[250]が司法部を覆ってしまった．同様の現象が，司法部だけではなく，警察・自治体・中央行政府などの非民主化・権威主義体制化，教育における管理教育，企業における会社主義などとして，時を同じくして進行した[251]．今日の日本で諸制度改革を論じるときには，この

---

[250]　中野次雄他『判例とその読み方』（有斐閣，1986 年）は，「裁判官は最高裁判所のするであろう判断に拘束される」とする．裁判官は「裁判組織の一員」であるから，最終的・確定的な判断である最高裁の権威に従うのが「職務上の義務」だと言うのである．しかしこれでは，Recht に向かう自由な思考は期待し得ない．しかもそれは，三審制に関する一面的な見方に立っている．三審制は，三度，異なる眼で検討することによって正確を期そうとしてのものである．そのためには，それぞれの裁判官が，事実認定と法解釈について，自分で納得できる，自分の良心にかなった判断をしなければならない．この点では，それぞれの審級の裁判官は，相互に対等である．自分に納得のいく判断を奪われて，「他人は，上司はどう判断するだろうか」ばかりを気にしていて，どうして正しい判断ができるだろうか．日本国憲法 76 条 3 項が，「すべて裁判官は，その良心に従ひ独立してその職権を行ひ，この憲法及び法律にのみ拘束される」と述べているのは，このためである．しかし同時に，裁判は国家内で統一したものであることが望ましい．審級制を設け最高裁判所を最高の最終審としているのは，このためである．裁判制度は，これら二つの原理の緊張の中で展開しているのであって，この緊張こそが，正確さと生ける統一性との保証である．それを，中野らのように統一性に傾斜してしまうのでは，裁判官に対する官僚統制が不可避となる．
　　現在の司法研修所で行われている「要件事実」教育は，多分にこうした小官僚的な考え方，すなわち，法的判断の基準は，日本の司法部のこれまでの判断の中にすべて内在している，学説や社会規範の変化を反映した変更はない――したがって理論法学や基礎法学は要らない――という発想に基いている．原島重義・前掲注 88）『法的判断とは何か』89 頁以下．

[251]　山口定は，次のように述べている．「結局七〇年代を通じてヨーロッパと日本とに大きな違

60年代末以降における，合理化と人間化をめぐる世界の動きからの大きな乖離という重い歴史的事実を，われわれは自らに受け止めなければならない．

　（もっとも，上述の1960年代の民主主義原理が，日本の司法関係に何も残さなかったとするのは一面的であろう．司法部の官僚化とは対照的に，日本の弁護士界のその後は，人権に根ざした人間化への動きを確かなものにしている．法学界においても，人間化への動きが他国に比して弱いわけではけっしてない．司法制度改革において大切なのは，それゆえこうした人間化への在野のエネルギーを，国家的な「公共」ではない新しい「公共」の確立と，司法部の変革とにどう結びつけるかであろう．）

18-3　法曹教育における教養教育

　それでは，民主主義原理を活性化させ，また法曹一元を採用すれば，司法から官僚化の要素を減らし人間化の契機を強め得るかといえば，そうではないだろう．重要なのは，自由な精神の人間がそれを担い得るかでもある．では法曹のこの自由な思考はどの様にして創られるか．この点ではわれわれはやはり，上に述べた，官僚制に対抗するプロフェッショナリズムの伝統を重視するほかない．すなわち，liberal arts の伝統である．

　私見によれば，「教育」には二つのものがある．

　一つは，合理化，とりわけ専門化を担う人間，道具になる人間を創るための教育である．これは，そのために必要な知識や技術を外から注入しなければならないから，instruction (in + struere, 中に＋据える) としての教育である．それは，〈与えられた専門的課題をいかに巧みにこなすか〉の方向に訓練をすることを中心にする．

　もう一つは，役には立たないが自分が面白いから学ぶという教育である．ここでは教育する者は，やる気や関心，そして各人に潜在する独自の能力・個性

いができたのではないかということですが，それは，ヨーロッパではホワイトカラーと青年層の革新化が見られたのに対して，日本ではその層の「保守化」が見られたということだと思います．そのために，ヨーロッパで起っている若者の「文化革命」について，日本人はなかなか理解できないという事態が生じているのではないでしょうか』『現代ヨーロッパ史の視点』第2版，大阪書籍，1988年，229頁）．市民層の「保守化」が，70年代日本において社会システムの非民主化，官僚化を進展させた，と山口は見るのである．しかし同時に，政治の保守党回帰，官僚制や企業をはじめとする諸制度の権威主義化が，市民の保守化をもたらしたという面もあろう．

を本人の中から引き出すから，この教育は education（ex + ducere，外に＋引き出す）としての教育である．本人は，興味を喚起され，面白いから学び，そのことを続けていく内に成長する．ここで成長とは，問題究明の過程から取得した，問いかける能力と解決を進める能力を身に付けることである（つまりそれは，研究者の作業そのものだ）．ひとはそのことによってその置かれた環境を問い直し，新しい関係を創造しうる自由な——道具ではなく主体としての——人間になる．このように道具的人間を作る教育とは対照的な，総合的能力を発揮する，すなわち自由な，人間を作る教育だから，education は，liberal arts と呼ばれる（西欧のリーダー——すなわち自由人——の養成がこの学の上に成り立っているのも，まさにここに理由がある）．（学生は，研究者の研究作業を目撃しつつ学び取ることを通じて自由人に成長する．これこそが，「研究と教育の一体化」ということの本来の意味なのである．）

さて，最近の日本では，司法部の官僚化が大きな問題となり，それを克服するための司法制度改革が問題となっている（司法制度改革審議会の 2001 年 6 月 12 日付け「意見書」参照）．そしてその一環としての，法曹養成教育（法科大学院）をめぐる議論では，新しい法学教育のあり方を，「専門的な法知識を確実に習得させるとともに，それを批判的に検討し，また発展させていく創造的な思考力，……を育成する」ことが課題として強調されている．法曹にこの「創造的な思考力」を付けさせることを真剣に追求するならば，法曹養成教育は，instruction に特化するのではなく，education としての教育，すなわちまた liberal arts を正しく位置づけなくてはならない．そしてそれは，直接には司法試験にも役立たずその後の法曹活動上の直接の道具ともならない，そういう「無駄な」教育に着目することをおいて他にはない．そうした教育とは，専攻（メジャー）を明確にした一般教養課程において問題を自由に解明していくこととともに，学部の専門課程と法科大学院で，ひとときは効用を忘れて探求することである[252]．

252) liberal arts の教育において重要なのは，いわゆる「教養」を高めるためと称して，あれもこれもをつまみ食い的に学ぶことではなく，自分で問題を見出した一つのテーマについて探求する中から，様々な事柄を関連づけて学ぶことである．そのためには，ある程度の専攻を確定しておかなければならないし，その中で，かなり小さなグループの授業を中心にして，教員との密接なコミュニケーションを通じつつ自主的学習が進められなければならない．

このことは，法科大学院でも，学生が研究者から研究作業を学び取る形で自己形成する教育が大切であることを物語っている．そして，このような教育が，法哲学を含めた基礎法学科目の特性であるのだから，基礎法学科目は，法曹養成課程・法科大学院の飾りでもなければ，学部専門教育での instruction の一環でもなく，「役立たないがゆえに役立つ」そういう特性において，官僚化に対抗する人間化の学問として正当に位置づけられるべきなのである（こういう教育は，ただ基礎法学科目だけに限定されるだけではない．実定法学でも，やりようによっては liberal arts として機能する．しかし，実務教育との絡みがあるため，実定法学でそれを行うのは実際には難しいのである）．

　以上において〈合理化と人間化〉をめぐる観点から，司法を考えてきた．上から分かるように，問題は，「合理化か人間化か」の二者択一にあるのではない．合理化が冷たく反人間的で悪であり，人間化が暖かく善である，とは単純に言えない．今日においては組織の拡大や官僚制による統治は，不可避であるし不可欠でもある．自由な専門家による自由主義の伝統も，弁護士自治や，裁判所の自由な運営のための裁判官会議，裁判官の独立，国家から自由で liberal arts に結び付いた法曹養成などにおいて重要な意味をもっている．その上にさらに，民主主義原理が必要なのでもある．それは，人間化を担った名望家・専門職の自由主義が，他面では権威主義的であり，民主主義によって相対化される必要があるからである．

　課題は，近代が育ててきたこれらの諸原理をいかに上手に相互に結合させかつ拮抗させ合って，生き生きとした司法を作り上げるかにある．とりわけ日本では，これまで自由主義や民主主義の発育不全があっただけに，そうした課題の遂行において，組み合わせ上の工夫がきわめて重要なのである．

　その際，またこの日本では，「官僚裁判官だけが裁判官像の全てでなかった」ことの確認と，「制定法だけが法源の全てでなかった」ことの確認が，とくに大切なのである．

19 象徴天皇制の法哲学

　本章の課題は，日本国憲法の象徴天皇制にかかわる「象徴」概念の法哲学的な検討である．

　現憲法下における天皇の象徴性は，それが天皇の戦争責任の問題と並ぶ一つの争点であるはずなのに，未だに正面から論じられていない．すなわち，明治憲法下の天皇への郷愁をもち現行の天皇に対しても臣下として畏服しようとする人々（ロイヤリスト）は，「象徴」を「ありがたいもの」とし，君主固有の特性としてさらに聖化しようとしている．他方，これを批判する側には，①象徴天皇を単なるアクセサリーと見て，畏服することを新憲法の国民主権に反するものだと批判する見方と，②「象徴」を特別のものと見て，「人間を象徴にすることは特異なことである」とか，「天皇はそのような特別の存在であるから新憲法の国民主権に反するものだ」とかとする見方とが共存している．以上において，ロイヤリストと批判者の②とは共に，「象徴」を神秘のヴェールを被った，得体の知れぬ特別性をもったものとしているのであって，ただ前者はそのことの故に崇拝するが，後者はそのことの故に拒絶するのである（「象徴の神秘性」を前提にして，一方は「象徴は特別の者，つまり君主だから拝め」といい，他方は「象徴は特別の者，つまり君主だから廃止すべし」といい，結局象徴天皇はどちらの側からも君主扱いされている．象徴天皇は，さらには，「象徴」の「神秘性」ゆえに，一部のロイヤリストによって，並の君主をも超えた，それゆえ人間をも超えた存在として扱われ始めてさえいる）．こうしたことは，「象徴」それ自体の性質によるというより，法律学が「象徴」概念を正面から論じてこなかったことに起因する．

　そこで本章では，この観念を中心対象として憲法学の成果を踏まえつつ法的側面に重点を置いた考察を行うことによって，象徴天皇制の特徴の一端を明らかにしようと思う．

(以下の議論は,「日本国憲法の規定の背後にある原理を法哲学的に考察した場合に, 象徴天皇制はいかに捉えられることになるか」という観点からのものであって,「象徴天皇制が政治の実態としてどういうものか」をテーマとはしていない. すなわち, ここでは幾分かケルゼン的な手法を採り, 社会学的考察とは厳密に区別された規範理論的考察を行う. それは, 学生・院生諸君に, そうした考察もあり得ること, 原則を明らかにして現実を批判するにはそうした議論の仕方こそが重要であること, を理解してもらい, その手法を習得してもらうことを, 本章の一つの狙いとしているからである.

　以下の議論はまた,「このように厳密に理解された象徴天皇なら, いても問題はない」ということを主張するための議論ではない.)

　さて, 象徴とは, ある抽象的なものを具体的なものによって表現することである. それは, ①人間が抽象的なものをそのままでは観念しにくいために, 具体的なものの介在を必要とすること, および②象徴を使って人間の意識に或る働きかけをするためにそれを必要とすること, による. そこで, 象徴天皇に関わる象徴の問題を法的に扱う際にも, 象徴自体(ここでは一人の人間の姿をとる)の考察と, 象徴されているもの(抽象的なもの)の考察とが必要である. また, 国家生活上で象徴として機能している人物は, 実は象徴天皇以外にもいるのであって, これらをも視野に入れつつ整理して論じなければならない. そこで, 以下では, 19-1 象徴性を支える権限の問題——象徴であることが君主の権限の効果なのか否か, 19-2 象徴性と国民との関係の問題——象徴であることが国民の意志によるのか否か, の観点から象徴自体について分類しつつ, また, 19-3 象徴されているものがどういうものかの問題——それが国民を超越したものか国民自身か, の観点から象徴されているものについて分類しつつ, さまざまな国家的象徴を検討したうえで, 19-4 で以上を踏まえた考察に入ろう.

19-1　象徴性を支える権限による象徴の区別

　これは, ある人間が国家生活上の象徴であることが, ①その人間の法的地位や作用の効果であり, したがって象徴性がかれに帰属する, 象徴以外の(以上の)権限に支えられている場合と, ②ある人間が象徴であることがその人間の

別の権限に支えられてはおらず，したがってただ象徴であるに留まる場合との区別の問題である．これは他の国において一般に君主がもっている象徴性と，日本国憲法下の天皇がもっている象徴性との第一の違いとして問題になる．

　一般に君主は，国家生活上の象徴でもあるとされている．それは，君主について法律に「象徴」の規定があるなしにかかわらず，君主は，統治権を有し元首として対内的・対外的代表権をもつことによって，国家作用を一人の人間の行為として具体的に表現する存在であり，かつ国家の持続を一身において体現している——ケルゼンの言葉で言えば，国家的秩序の統一性を単一人の，目に見え，捉えることのできる人格性において象徴的に表現している——からである．このことは，もちろん明治憲法下の天皇（以下これを旧天皇と呼ぶ）についても妥当する．旧天皇は天皇大権をもち元首として，さらには神として君臨していたのであり，この結果（そうした権限に支えられて），その一身において日本国を体現している存在として象徴性をもっていた．

　ところで，君主たちにおいては，その象徴性は，かれらの法的・政治的に重要な国家行為——とくに元首としての対内的・対外的な国家代表行為——の蔭に隠れて通常は表面に現われない．しかし君主の権限が制限されるにつれて，その象徴性が析出されてくる．とくに立憲君主化が進めば進むほど，その象徴性が目につくようになる．それはあたかも，普段は目に見えない太陽のコロナ（太陽大気の外層）が，皆既日食が進むにつれて，はっきり見えてくるのに似ている．しかしその場合でも，後述のように立憲君主制は，君主が法文上は，あるいは形式的には，なお統治権や元首性を保持している制度であり，君主はそれらの権限行使ができず，したがって実権（ポテスタース）は有しないものの，その法的権限に支えられた権威（アウクトーリタース）はなお保有しており，それゆえ，かれの象徴性は，——まさにコロナがその本体（光球）の熱で輝いているように——それらの法的地位の効果なのである．

　すなわち，国政にほとんど関わらず象徴的存在として機能している，ヨーロッパ諸国の君主——かれらは天皇に比べて，はるかに国民に開かれており，その結果，タブー化・神秘化や特別な扱いをきわめて希薄化させた存在である——にしても，憲法の条文上はなお統治権を保持し，実際にも元首として機能しており，かつその身分は不可侵である．たとえばデンマーク憲法第12条は，

「国王は，この憲法の定める制限の下に，王国の国務のすべてについて最高の権限を有し，この最高の権限を大臣を通じて行使する」と規定しているし，オランダ憲法42条は，「政府は国王と大臣から成る」とし，ベルギー1994年憲法第40条は，「司法は，王国の全土を通じ，王の名においてこれを行う」と規定している．また，イギリスの君主（女王）の法的・社会的地位が高いことは周知のことである．すなわち，イギリス政府は女王の政府（Her Majesty's Government）であり，統治は女王の名において行なわれ，主権は議会の中の君主（King in Parliament）に属し，裁判は女王の名において行なわれる，等々．こうした抜群の法的地位に支えられた女王の権威の高さは，たとえばイギリスの切手やコイン，紙幣などに女王の姿が描かれていることにも現われている．

このような形において，法的にはなお統治権保持者であり実際にも元首であり，かつ19-2で述べるように，法的に見てその存在が国民の意思に基づいているのではない君主が国民の代表に統治や対外的行為を委ねているのが，「国王は君臨すれども統治せず」という法諺に要約される立憲君主制である（国民主権を明記したベルギーやスウェーデンにおいても，前者では「共和君主制」の形態をとって，国王に主権行使上重要な権限が認められているし，また後者では国王はなお元首である）．このように立憲君主制下における君主の象徴性・象徴的君主性は，今なお，元首性と法文上では強大である権限とに支えられた権威を基底にもっているのである．

以上のような象徴性をここでは「コロナ型の象徴性」と呼ぶことにしよう．

さて，以上に対して日本国憲法下における天皇は，第1条とその関連規定がなければ象徴でありえない存在であり，かつそれ以外の性格付けの規定をもたないため，「象徴でしかない」存在である．言うまでもないことながら，名前は同じ「天皇」でも，象徴天皇は，旧い天皇制と旧天皇の諸権能とを根本的に否定したうえで，新憲法によってまったく新たに創設された，つまり「無からの創造」物である（これは「八月革命」の効果である．「八月革命」とは，1945年8月のポツダム宣言受諾による全面降伏と，国民主権を基底とした新憲法制定とによって，旧天皇制国家が法原理の点で崩壊したことを意味する）．その際，象徴天皇は，象徴であることだけに存在を限定され，さらにその行為も第4条で厳格に制限され

たのであり，したがってここでは「象徴」の背後に別の地位や実体を求めえない（輝く光球をもたないのである）．この点でここでの「象徴」の語は，法的にはきわめて単純・明快で，それは統治権者でも元首でもない単なる象徴であり，かつ象徴としても二重に限定を受けていること——過去の伝統から決別しなければならないこと，及び，主権者である国民に服する一公務員にすぎないこと——を意味している．これが世界でただひとつ，象徴天皇にのみ見い出されるタイプの象徴性である．以下これを——「コロナ型の象徴性」に対比して——「単なる象徴性」と呼ぼう．

旧天皇に対する関係においてはもちろん，ヨーロッパの立憲君主に対する関係においても，かれらと象徴天皇との対比は，〈統治権者＋元首＋象徴〉対〈象徴〉の対比である．また，別の言い方をすれば，〈「象徴」であることが君主的属性の一表徴である場合〉対〈「象徴」であることが他の君主的属性の否定である場合〉との対比である（その際，これら両極における「象徴」がはたして内容上同じかどうか，また象徴性が君主だけに固有の属性がどうかは，19-2以下で検討する）．

いずれにせよ，「単なる象徴性」はその法的地位が他の象徴的存在に比して著しく劣っているのであって，「単なる象徴」に過ぎない象徴天皇が，君主達と同等，ないしそれ以上の扱われ方をするべき論理は法的には出てこない（法的にのみならず，法の「外」にも，そのような同等ないしそれ以上の扱われ方をする根拠は見い出せない．憲法は，単に天皇の法的地位の制約をするだけでなく，国政上の「伝統」や「政治文化」のあり方をも規制する最高法規であり，憲法の原理に反する伝統や政治文化は廃されるからである．憲法第98，99条参照）．以上が，「象徴」をめぐる，旧天皇や立憲君主と象徴天皇との「非同等性」に関する考察である．これに対して，以下においては，さらに両者の「非同質性」が問題となる．

19-2　象徴性と国民との関係による象徴の区別

これは，ある人物を象徴にする権限が，国民を超越した地位から来るものか，それとも国民自身に由来するものかによる区別である．これも君主たちのもつ象徴性と象徴天皇のもつ象徴性との対比において明らかになる．

先に述べたように，君主たちの象徴性は，かれらが統治権をもち元首であることの効果であるが，これらの権限は国民の権限より法的に見て上位にある．そしてさらに，この統治権や元首性，および総じて君主であること自体を正統化するものは，かれの超越的な特性——たとえば君主の神性，血統・伝統・偉大な業績など——に根ざしたカリスマ性などであり，これらも一般の国民を超えたものとされる（こうしたものに立脚して，君主はそれ自体の存在根拠をもつというのが，「君主の固有権」の観念である．君主の固有権は，国民の基本的人権や国民主権と同様，憲法以前の本源的権利であり，革命に訴えるか君主の同意をとるかしない限り憲法改正によっても奪うことはできない，とされている）．これらの結果，君主のもつ象徴性も，そうした超越的なものに基づいていることになる．君主に対する畏敬は，——後述の様に，かれによって象徴されているものの超越性とともに——君主の特性のこの超越性（超法的尊厳性）にもよっている．
　旧天皇の象徴性は，こうしたものの典型であった．旧天皇は，臣民をはるかに超える大権をもち，かつ，神であるところの「我カ祖我カ宗」の血統と伝統にその正統性をもっていた．すなわち，旧天皇の大権は「朕カ祖宗ニウクルノ大権」として超越的であり，旧天皇は「神聖ニシテ侵スヘカラ」ざる神であった．このようなものとして，旧天皇は，旧憲法自体をも国家をも超えていたのである．
　以上のような象徴性を「国民の上に立つ者としての象徴性」と呼ぶ．

　さて，これに対し象徴天皇は，もはやこのような超越的な正統性を否定された存在である．天皇は大権を否定され，神でなくなり，その血の特別性は否定され，また敗戦の将であり，「伝統」は深刻な反省を受け，総じてかれがもっていたカリスマ性は，新憲法によって法的世界からは追放された．象徴天皇は，旧天皇制の否定をふまえて新憲法によって創設されたものとして，憲法に全面的に服する一つの公職（憲法第99条参照）に留まり，かつ，その存在は「主権の存する日本国民の総意に基く（第1条）」．つまり，ここでは国民がその意思を変えれば憲法改正の手続だけで——君主の同意を要せずに，逆に言えば革命的な政治変革を俟たなくても——天皇はいなくなる，そういう新しい関係が成立したのである（君主たちに対してはそうはいかない．そこでは「君主の固有権」が

抵抗物として機能するからである．廃位に対する抵抗物としての君主の固有権は，立憲君主制でも——国によって程度は異なるが——完全には消滅していない）．

　天皇はまた，その国事行為を行なうにあたっては「内閣の助言と承認を必要と」する（第3条）．この「承認」の語は，憲法では第96条にも出てくる．そしてそこでは，憲法改正に際して，各議院で総議員の3分の2以上の賛成を得て国会が発議し，「国民に提案してその承認を経なければならない」とあるように，「承認」の語は，上位の権限を有する者（主権者としての国民）がそれに服した者（国会）に与えるものである．つまり，第3条で天皇が内閣の「助言と承認」によって行動するということは，象徴天皇が，その上位に立つ内閣に服した存在である——もちろんこの内閣は主権者である国民にさらに服している——ということを意味している．

　このようにして，戦前の《神＝天皇→内閣→臣民》という権限関係は，今やまったく逆転し《国民→議会→内閣→天皇》という順序になったのである[253]．

　天皇はここまでその存在を国民に依存させた関係にあり，したがって憲法上ではその象徴性は全く超越性をもっていないし，「君主の固有権」をもった独立存在でもない．このような象徴性を，ここでは「国民に依存した象徴性」と呼ぶ．

　「象徴」の性格が以上のように新旧両憲法下では相異なることを考えると，憲法学者の一部にある，「旧天皇の諸特性のうち象徴性だけが残され象徴天皇に結晶した」という説，および「天皇は象徴的存在として日本文化の伝統の中軸である」とする見方が，ともに「象徴」の質の違いを見ない点でも正確ではないことがわかる．「象徴」の中身は変わったし，伝統との決別が行われたからである（この点はさらに次の19-3においてより明らかになろう）．

＊

　ところで，今までの部分では，上の19-1と19-2を分けて論じることは，実際には必要でなかったのである．今までのところでは，国家生活上の象徴を君主の属性として扱ってきたのであり，19-1における君主の特徴は，19-2におけるそれとタイアップしていたからである．しかし，この区別は，われわれが

---

253) 横田耕一『憲法と天皇制』（岩波新書，1990年）．

大統領のもつ国家生活上の象徴性を視野に入れるとき，無視できないものとなる．大統領の象徴性についてはあまり論じられず，象徴性は君主の特性だとされているようだが，しかしアメリカ合衆国憲法の制定過程を見てもわかるように，大統領は，（アメリカの場合，イギリスの）君主をモデルにした機関であり，それゆえ——国民の一般意思に定礎しつつも——君主の場合と同様に，統治権の保持者であり元首であることによって，その結果，国民統合の象徴としても機能している．

実際，たとえばイタリア憲法87条1項は，「大統領は，国の元首であり，国の統一を象徴する (Il presidente della Repùbblica è il capo dello Stato e rappresenta l'unità nationale)．」となっている．この表現は，スペイン憲法50条1項が国王について，「国王は，国の元首であり，国の統一及び永続性の象徴である (El Rey es el Jefe del Estado, simbolo de su unidad y permanencia)」としていることと対応している．ここで大統領について君主と同様に「国の統一の象徴」であることが，明記されていることに注目しよう．この事実は，大統領と象徴性とが相容れないものではないことを意味している．

そしてこの，大統領の象徴性は，一方では，大統領の統治権や元首性，その他の法的権限を基盤にしたものとして，実体を有した「コロナ型の象徴性」でありつつも，しかし他方では，大統領の地位が国民の意思に依存しているため，国民を超えた超越的な正統性をもたない，逆に国民との同質性を前提にし，国民に定礎した「国民に依存した象徴性」である．すなわち大統領の象徴性においては，19-1において君主の特徴である点（「コロナ型の象徴性」）と，19-2において君主の特徴ではない点（「国民に依存した象徴性」）とが，共存しているのである．

大統領の象徴性は，君主のそれと同じく，太陽のコロナに似て，一般的には本体の作用に隠れて見えず，その権限が制限された象徴的大統領において初めて顕在化する．有斐閣版『新法律学辞典』の「大統領」の項には，大統領には「強大な権限を持つものがある反面，そうした権限を持たず単に名目だけの象徴的存在にすぎないものもある」として，この関係を示唆している（政治的権限をもたない大統領において，象徴性が顕在化するのである）．

権限をもたない大統領の典型はドイツの連邦大統領である．ドイツの連邦大

統領は，ワイマール共和国下の大統領制に対する反省から，統治権や緊急命令権を否定され，きわめて限定された国事行為のみを行う点で，19-1 における「単なる象徴性」に接近した象徴性をもつ（基本法第58条, 60条, 82条など参照）．しかし，この連邦大統領はまた，一定の対外代表権（第59条）や連邦首相提案権（第63条）などのある種の政治的な権限をも有しているのであり，つまりその象徴性は，部分的には，実のある政治的権限に支えられた「コロナ型の象徴性」でもある．この点では，連邦大統領は，象徴天皇のそれとは異なり，実体を有したものであり，「単なる象徴」には留まらない．

以上のような形で大統領の象徴性を見て来ると，既にこれだけからでも，象徴性がなにか神秘性をもち後光のさす，君主に固有のアリガタイ特性ではないことがわかる．大統領を後光のさすアリガタイ存在と見る人はいないだろう．そうした人が，この大統領が「国民統合の象徴」であると知ったとしても，そのことのゆえに大統領の上に後光を感じ取るということにはならないであろう．この点も，さらに次の 19-3 において一層明らかとなろう（さらに言えば象徴性は，君主や大統領の専売品ではない．大学の象徴は創立者ないし総長である．会社の象徴は創設者ないし社長である．新興宗教団体の象徴は教祖である．暴力団の象徴は組長である．ディズニー・ランドの象徴はミッキーマウス君である）．

また，象徴天皇制を批判する立場から，「ある個人を象徴にすることは特異なことだ」，「どうして人間が象徴になれるのか」といった議論がしばしばなされる．しかし以上のように象徴性は，君主や大統領，総長，社長，新興宗教団体教祖，暴力団組長，ミッキー君らが一般に有しているものであって，それを明文化したケースが少ないだけだということが明らかになれば，そうした疑問は氷解するであろう．

そして象徴天皇の象徴性は，「国民に依存した象徴性」であり，かつ限りなく権限に支えられていないものとして「単なる象徴性」であり，ドイツ連邦大統領のそれにもっとも近い，しかしそれ以下の法的内容しかもたないものであることがわかる．

19-3　象徴されているものが何かによる象徴の区別

　これは，象徴と象徴されているもの（実体）との間にどのような関係があるかによる区別である．そしてこれは，とりわけ「象徴への畏敬」の問題をめぐって重要になる．この問題は，直接的には法教義学（実定法の原理的考察）的なものでなく，心理学的な，事実のレヴェルのものだが，しかし以下のように法的なものにも関わっている．

　一方で，象徴が神秘性や特別の尊厳性を有し畏敬の対象となることが確かにある．それぞれの関係者にとっての，十字架や印相，鳥居，かつての菊や葵の紋章，ハーケンクロイツなどがその例である．しかし他方では，象徴が何ら神秘性をもたず畏敬の対象とならない場合が多い．平和に対するハト，言論に対するペンなどがその例である．この違いは何によるのか，そして象徴天皇制はどちらにむすびついているのであろうか，この点を密教論やユング（Carl Gustav Jung, 1875-1961）の象徴論などに学びつつ考えてみよう．

　象徴が畏敬の対象になるのは，象徴されているものが超越的で絶対的帰依の対象となる，聖なるものである場合で，そのことのゆえに，それを象徴するもの（象徴）が聖なるものとされるときである．この関係がもっとも顕著であるのは密教的な宗教においてである．ここでは象徴されているものと象徴とが一体化する．象徴に接することや象徴的な行為を行なうことが，象徴されているもの（神性）にまで自己を高める道であるとされる．そしてこの関係においては象徴ないし象徴的行為は，象徴されているものの神秘性・神聖性ゆえに閉鎖性・秘密主義に包まれる．これが密教と呼ばれるゆえんである（こうした事柄は，未開社会の聖俗さまざまの儀式関係にも見られる．これに対して，アニミズムでは，ある自然物それ自体に神が直接宿るという形が中心であり，また偶像崇拝，現人神信仰や個人崇拝ではその偶像自体に神性が化体され，ある個人に神性や超能力が備わっていることが前提になっており，両者ともにそれ自体としては象徴関係ではない．もちろんそれらが同時に象徴としても機能することはありうるが）．

　同様な関係は，政治の世界でも見られる．たとえば古代ローマの共和国やファッシズム国家に見られるように，国家を聖なるものとして絶対化することは，

国家を象徴する事物（守護神，モニュメント，元老院などの建物）や儀式・祭典の聖化・権威化をもたらし，それらへの畏敬を要求する．また，君主が絶対化され，その君主の国家が，その結果，聖化されるときにも，国家の象徴（君主自身，君主の紋章・旗など）や象徴的儀式の聖化・権威化が進む．象徴のこれら超越的な性格が——それに服した人々に対しては——集団へと統合する作用をする原動力となる．

　総じてこうした象徴関係においては，象徴自体が，聖なるものと民衆とを媒介する能力や，集団を統合する能力をもち，そのことのゆえに象徴は独自の存在性をもつ（民衆を超越しその上に君臨する）．旧天皇の場合も明らかにそうしたケースのひとつである．旧天皇は，——それ自体が現人神でありそのことのゆえに畏敬の対象であったばかりでなく，同時におよそ日本的なるものの象徴として，そしてさらに——政治面で絶対的な君主としての地位のゆえに，絶対化された国家と一体化し，その国家の象徴として（も），それに服した広範な人々にとっては畏敬の対象であった．

　もちろん以上のような関係下においても，後述するように，今日的観点からするならば良心の自由や言論の自由が保障されているのだから，そうした象徴に対して敬意が強制されることはあってはならない．とりわけ敬意を法的に強制することなどはあってはならない．しかしこれらにおいては——心理的事実として——象徴自体が聖なる帰依の対象として，あるいは象徴に対する態度が象徴されているものに対する態度と不可分のものとして，扱われるのである．

　以上のような関係にある象徴を，ここでは「超越的なものの象徴」と呼ぶ．

　さて，これに対し，ここでのもう一つの象徴関係に特徴的なのは，象徴されているものが，超越的でなく絶対的な帰依の対象であるのでもなく，それゆえその象徴が，特別に聖なるものではなく，象徴されているものと象徴とが一体ではなくなっている，ことである（象徴されているものが聖なるものである場合でも，象徴が重視されず両者の一体性の観念が弱い，つまり意識への象徴の定着度が低い場合には，——たとえば宗教の世界においてであっても，禅宗やエックハルト (Johannes Eckhart, 1260頃-1327) の神秘主義，ルターの宗教などの場合のように，宗教意識がきわめて内面化・精神化し，人間が神に直接つながろうとしたときなどには——

これと同様のものとなる).

　ここでは象徴は，人々の合意に支えられた単なる記号的表現，確認手段ないしコミュニケーション手段であるにすぎない．典型的なものとしては，前述の，平和に対するハト，言論の象徴としてのペンなどがある．平和や言論が大切だとしても，それらは絶対的な帰依の対象ではなく，それゆえここには自由な関係があり，その結果ハトやペンに対して人々は，それらを特別に聖なるものとする観念を作り上げてはいない．ここでは象徴されているものに対する感情と，象徴に対する感情とは一体不可分ではない．横田耕一の表現を使えば，平和を尊ぶからといってハトを拝まなければならないということにはならないし，逆に，ハトを拝んだからといって平和のために働いたとは言えない[254]．そしてここでは，平和が人類普遍の願いであるとしても，ハトを愛するのはあくまでも各人の好みの問題であり外から強制しえないという関係があるのでもある．このような象徴は，人々が合意によってそれを象徴にしたにすぎないから，「人々の合意に基づく象徴」と呼ぶ．

　（ハト料理を食べたからといって，平和に敵対したということにはならない．ハトに餌をやるのが好きだからといって，平和主義者だということにはならない．これに対して，踏み絵の際に十字架を踏みつけたら，キリスト教を背教したことになる．鳥居を蹴飛ばしたら，神道の神に対する瀆神になるだろう．これは，象徴されているものが超越的で，それと象徴との結びつきが強力か否か，象徴そのものに対する崇拝の習慣が強いか否かによるのである．）

　ところで，こうした第二種の象徴の中にも，象徴されているものの価値がその象徴に反映し，その点で象徴されているものと象徴との強い精神的なつながりが観念されている場合がある．とくに人間集団やその運動目標が「象徴されているもの」である場合，象徴はその構成員にとって，集団の価値の確認手段として価値の高いものになり尊重され，場合によっては統合的機能をもつ（そのためには，教育や儀式による習慣化が大切である）．たとえば，国旗，団体旗，集団のシンボル・マーク，国歌，労働歌の場合などがそうである（上述のハトやペンなども，それぞれに象徴されている平和や言論が或る集団の運動内容となり，かつ

---

[254] 横田耕一「象徴天皇制の憲法論」(『法学セミナー』増刊『天皇制の現在』，1986年).

ハトやペンがシンボル・マーク化され尊重が習慣づけられたり，特定のハトやペンが象徴として選別されたりした場合はそうである）．これらの象徴をめぐって人々は，精神的結束・連帯感をもつことがあるし，かれらの敵対者は，それらシンボルへの攻撃をシンボル行為として行うことがある．

しかし，その際にも，象徴されているもの（集団）が各人の自由で民主的な合意に立って構成され，かつ現実にもそのように運営されているならば，集団それ自体が超越者でないため，その象徴もまた超越性・権威性によって各人に従属を強いる統合者としては存在していないがゆえに，象徴に対する尊重は，各人の自発性・主体性を前提とし，法的ならびに事実的な一切の強制やタブーを排除したうえでのものとなる．自由な国の，国旗や国歌などに対する関係がそうである．自由が健在である限り——集団ヒステリーに陥らない限り——，ここでは象徴への敬意に関して一律に行為を求める「例外を許さぬ雰囲気」はありえないし，また象徴をそのような特別のものとして自己目的化することもない．

そして日本国憲法第1条の「象徴」は，これに当たる．なぜならここでは，旧天皇制の否定の上に立つものとして，「象徴されているもの」が，〈超個人的・絶対的な国家〉から〈国民自身およびその結合体として民主化された国家〉に変ってしまったために，そしてまた，この国民を構成する各個人が「個人として尊重される」（第13条）べきものとされるようになったために，「象徴」は，もはやかつての，無条件的帰依を求める超越的象徴ではなく，自由な国民的合意に立った，確認手段・コミュニケーション手段としてあるからである．

（前述の大統領の象徴性も，もちろんこの一つである．ヨーロッパの立憲君主のそれも，象徴されている国家や国民統合がもはや超越性をもたないから，時間の経過の中でかつての超越的なものから記号的なものへと変化している．しかしこの後者の場合は，上述の19-1および19-2の点から来る君主的特性に支えられて，なお超越性を失ってはいない．）

また，このような関係においては，象徴は，それ自体が特別に聖なるものでないから，人々から独立した存在根拠をもたず，人々の合意によって初めて存在することができる．すなわち，象徴されているものとしての集団があって初めて，それの象徴が（合意を通じて）選びとられるのである．平和への運動が

あって初めてハト——ハト一般，選別された特定のハト，シンボル・マーク化されたハトを含めて——がその象徴となり，国民の統合があって初めてその象徴として天皇がその地位に就くということである．ここでは或るものがその特性からして必然的に象徴でなければならないということはない．シンボル・マークにしばしば見られるように象徴の選び直しがあり得るなど，根底には醒めた関係がある．

そしてその逆ではない．つまり，ハトがいて初めて平和があり平和運動が盛んになるというものでも，象徴天皇がいて初めて国民がまとまるというものでもない．確認手段がハトであり象徴天皇でなければならない必然性はなく——ハトや象徴天皇でなければ平和や日本国民の統合が象徴されないというものではなく——，平和運動や日本国民の統合を創る意思がそれを決めるものだからである．

上述のように，記号的象徴でも，それが集団の象徴である場合には，ある種の統合力をもつことがある．しかしここでもそれは，既に集団員が自発的に結束し運動への主体的エネルギーにあふれているとき，これを相互に確認し合うものとしての象徴が果たす役割であり，超越的・権威的なものが人を精神的に従属させることによって統合する作用とは異なる．それゆえここではまた，象徴それ自体が取り替えられたり，なくなったりしても，集団それ自体に本質的な変化はない．あくまでも相互確認のための記号的象徴に過ぎないからである．

（もっとも，人間の心理的事実としては，単なる記号的象徴が，象徴されているものの絶対化に伴い，——たとえば国家生活においては人々が深刻な危機意識やショーヴィニズムに煽られた時その集団自体が自己目的化するなどの形で——ともすれば超越的象徴の関係に転化しがちではある．とりわけこのことは，「日の丸」，「君が代」や裕仁天皇の場合のように，象徴されているもの（日本の国家）が超越的・権威的なものから民主的なもの（主権者である日本の国民）に変ったのにもかかわらず，象徴自体が取り替えられなかったときには，とくに起こりがちである．その場合は，象徴が取り替えられなかったということ自体が，象徴されているものの持続を印象付けるシンボル効果をもっている．）

以上の 19-3 を要するに，「象徴」は上の観点から大別して二つに区分される．人々が象徴天皇をめぐって「象徴」の語に神秘性を感じるのは，「超越的なも

のの象徴」と「人々の合意に基づく象徴」が混同されているからである．そして，この区別が正しく自覚され，かつ新憲法の自由と民主主義の原則が理解されているならば，「天皇は実に象徴であらせられる」といった神聖化や「天皇は象徴であるから敬え」といった畏敬の強制の言辞は出てこないはずなのである．

19-4 以上からの具体的帰結——天皇の象徴性をめぐって

象徴をめぐる以上の考察を踏まえて，最近のさまざまな議論でも暗黙の前提問題となっている諸論点について検討しておこう．すなわち，ここで扱うのは，①象徴天皇は君主か，②象徴天皇は「国民」に入らないか，③象徴天皇の象徴性は畏敬を要求するか，の三問題である．

19-4-1 象徴天皇は君主か

憲法学の通説が象徴天皇の君主性を否定しているものの，そこにはなお不明瞭な点があるように思われる．また，この通説と皇室典範などの内容や象徴天皇をめぐる既成事実，および政界やマス・メディア，論壇の通念（皇室報道の様子を見よ）との落差は大きい．そこでこの問題を整理しつつ考えてみよう．

有斐閣版『新法律学辞典』の「君主制」の項によれば，君主は次のように定義できる．「対外的に国家を代表し，統治の重要な部分（少なくとも行政権）を担任する世襲的な独立機関で，国の象徴としての役割を与えられているもの」．この標準的な定義に照らして現在の象徴天皇を見てみると，象徴天皇は，対外代表権をもたず，統治権をももっておらず，その象徴性も前述のように君主のそれとは三点において本質的に異なっているのだから，「世襲」についての検討をまたなくとも——「世襲」の点は後で論じる——，もはや君主であるべき本質的な条件を欠いた機関にすぎないことがわかる（これは，橋本公亘などによる「君主」のヨリゆるやかな定義に照らしても同様である）．

また，それゆえ天皇は立憲君主でもない．前述のように，立憲君主制下の君主は，形式的にはなお統治権や元首性を保持しつつ，実際の政治を国民代表に委ねているのだが，天皇はそうした権限を保持していないからである．先にも

見たように,「国王は君臨すれども統治せず」(The King reigns, but he does not rule or govern.) というのが立憲君主制であるが, 天皇はもはや「国王」ではなくそれゆえ「君臨」していない (reign とは, hold office as a monarch の意味である). 象徴天皇制をしばしばイギリスの立憲君主制の対応物だとする議論があるが, これはやはり正確ではないのである.

残るのは「世襲」の問題である. ある特定の家系に国家生活上の象徴の地位を独占させるのは, 確かに不平等であり, 日本における最大の差別の一つであり, この憲法第2条(と第5条)が, 現実には天皇を君主だとする方向に機能することによって, 日本の自由と民主主義にとってのつまづきの石になっていることも事実である.

しかしわれわれは, ——憲法の新しい原理の下での法的考察においては——象徴の世襲に不平等があることと, 天皇ないし天皇家がそのことによって君主的な地位に上がるかどうかという問題とを混同してはならない. 結論から言えば, 世襲は, 既成事実の面ではともかく法的には, そのことによって, 天皇を, 君主的存在にまで高め得るものでないし, 法的に特別のものとして権威付け得るものでもない.

この点を, 上述の三つの関係に対し世襲がどのような効果をもっているかという観点から考察してみよう.

① まず, 世襲は,「単なる象徴性」を「コロナ型の象徴性」にまで高め得るか?

世襲は, ある地位の——権限ある地位の, あるいは権限のない地位の——家系による独占的承継であって, 権限それ自体を創り出すものではない. 遺産相続をした結果, 相続財産の総量が増えた, 質が良くなったという話を聞いたことがあるだろうか. 統治権者であり元首である者は世襲によって子孫にその高い地位を伝えるが, それと同様, 統治権者でなく元首でないもの,「単なる象徴」は世襲によってその相対的に内容のない地位を子孫に伝えるだけである.

② 次に, 世襲は「国民に依存した象徴性」を「国民の上に立つ者としての象徴性」にし得るか?

たしかに, 世襲であることによって天皇の地位は大統領とは違って選挙によって左右されず安定する. つまり, 国民は象徴を自由に選べない点で, その主

権行使を制限される．しかし，それはあくまで主権行使の制限であって，主権の否認ではない（この制限が重大問題なのはいうまでもないが）．天皇は，選挙のあるなしにかかわらず，主権者である国民の意思に依存した存在である．国民は通常の憲法改正手続によって象徴天皇制を廃止し得る主権を保持しているし，また皇室典範の改正により世襲制の非民主制を緩和できるのであり，世襲制は，「国民に依存した象徴性」を「国民の上に立つ者としての象徴性」に変える効力を有しない．

③ 最後に，世襲制は，象徴を人々の合意に基づく記号的象徴から「超越的なものの象徴」に変え得るか？

世襲制はあくまで象徴それ自体の問題であって，象徴されるものの問題ではない．天皇の地位が世襲であるからといって，それとは別のものである国家や国民の統合体が，国民に対して法的に超越的な絶対的なものになることはありえない．憲法第2条は，他の条項（前文や第13条など）を停止しえない以上，象徴されるもの（民主国家）は変化しない．

以上の様にして，一見，象徴天皇の地位を法的に保護されるべき特別の尊厳性をもったものにするかに見える世襲制は，実は法的には，象徴の主体（象徴天皇）に対しては本質的な変化を与えないものなのである（もちろん実際政治の場では，人々はこの世襲制のヴェールによって象徴天皇を君主と観念させられているのであるが）．世襲には権威ある地位の世襲も，権威のない地位の世襲もあり得るのであって，世襲それ自体が権威，とりわけ君主的権威の法的根拠になるというものではない．そして天皇に関わる世襲は，右の後者の——君主的地位とは異質の象徴的地位の——世襲であって，ただそれだけのことである．

要するに，世襲制は，そのことによって天皇を君主にまで引き上げ得る法的な効力をもたない．このことが憲法学者の間であいまいなのは，〈君主は世襲である．しかるに象徴天皇は世襲である．それゆえ象徴天皇は君主である．〉といった誤りのパラロジズム（三段論法的思考）にいつしか陥り，また，象徴天皇を君主化しようとする既成事実や，「天照大神以来の」天皇家が存続しているという歴史的事実（神話）に規定されつつ憲法解釈を行い，どこかで象徴天皇を神聖視しているからであろう．

（天皇を君主扱いする傾向は，無意識下にわれわれのうちに働いているものである．

たとえば，そうした傾向の現れのひとつとして，われわれが，——一方で天皇の元首性を争い象徴をアクセサリーだと読みつつも——しかし他方で，「天皇」の訳語にEmperorやKaiserをあて，その住居をPalace，その家族をRoyal Familyとしてきたことが挙げられる．世界の君主に比すべくもない，大統領以下的なこの存在が，世界でただ一人Emperorと呼ばれているこのパラドックスを，われわれは自らに問い直すべきであろう．）

19-4-2　象徴天皇は刑事上無答責で，また「国民」には入らないか

　このようなテーマに実践上の意味はあまりない．しかし，ものの見方の整序化のためには，ここで論じておくことにも意味はあるだろう．

　先の考察で，われわれは，象徴天皇の象徴性が「単なる象徴性」であり，それを正統化するのは国民自身の意思にあること，象徴の性格は「記号的な」ものであること，そうした象徴性にもっとも近い象徴性はドイツ型大統領のそれであること，両者の相違点としての世襲制も象徴の性格を変えて「ありがたいもの」にする効力をもつものではないこと，を見た．そうすると，「天皇は象徴であるから刑事責任を負わない」という一部憲法学者の見方には疑問が出てくる．こうした見方の根底には，象徴が君主の特性であり，大統領のそれとの比定など思いもよらないという，天皇ないし象徴の神聖視がなおあるようである．君主も大統領も象徴であるが，一般に君主は訴追されないのに対して大統領は訴追されるという事実を見ていないのである．

　すなわち，君主については，その家産国家的観念（国家は君主のものであり，それゆえ君主は国家の上に立つという観念，本書209-210頁参照．）の影響や，前述の「固有権」の観念のために国家機関として相対化しえないことが，その「私人としての側面」を析出する妨げとなり，これが無答責の制度の背景をなす．しかし，象徴天皇は，（大統領と同様）明らかに一つの公務員——ただし独立の意思で行為できない点では大統領以下的なもの——であり，その結果「私人としての側面」をももっている．大統領は，この側面があるから，犯した行為の刑事責任を，象徴であるからといって免責されることはない．とすれば，これと同様の関係にある象徴天皇についても，本質的に免責されるという論理はない（以上の議論は，皇室典範第21条——摂政の無答責——の規定をも批判する観点からのものである．この下位の法律の条文を根拠にして憲法上の天皇の地位を論じるのは

妥当ではない．また，憲法について類推（正確には，もちろん解釈）を行なうなら，むしろ，国務大臣の訴追に関する憲法第75条との関係に着目すべきであろう．前述のように天皇は，内閣に服した存在なのだから，国務大臣が訴追されるなら，それに服した象徴天皇が訴追されないわけはない，という論理である）．

また，天皇は象徴であるから「国民」に含まれないという通説においても，「人間が象徴になることは特異なことである」，あるいは「象徴は君主の特性である」とする見方が作用しているようである．しかしながら，われわれが見てきたように，大統領は君主とともに象徴性を有しているのであって，このことは，第一に，人間が象徴になることが，さほど特異なことではないことを物語っている．また第二に，こうした大統領に注目すると，象徴性が君主だけの特性でないこと，国民統合の象徴であることと，その人物が国民の一員であることとは両立し得ること，また象徴性が一般的に国民主権と相容れないというものでもないこと，を物語ってもいる．さらに第三に，「国民統合の象徴は，政治的対立から独立していなければならないのだから，国民に含まない方がよい」というのもおかしいことになる．一般に大統領は或る政党の党員ないしそのシンパがなるものであって，それでも国民統合の象徴として立派に機能しているからである．

たしかに天皇には，選挙権を行使していないとか世襲であるとかの特徴がある．しかし，選挙権がないのは，国政への関与の禁止や住民登録をしていないことの結果であり，政策変更可能な事柄である（被選挙権はともかく，秘密投票である以上，選挙権は認めても問題はない．大統領が他の公職に対して兼職禁止でも選挙権は行使できるのと変わりはない）．また，世襲制については，上述したとおり「世襲一般の問題」としてではなく，「日本国憲法の象徴天皇の世襲の問題」として具体的に考えるべきである．たしかに象徴天皇と国民の間には不平等があるけれども，上述の関係において考えれば，それは象徴天皇を君主にする程度にまで本質的な不平等ではないのである（これら以外には，天皇が姓や戸籍をもたないとか，天皇が憲法第一章で扱われ，国民が第三章で扱われていることの意味とかが検討すべき問題としてある．しかし，これらも象徴天皇を君主にする程度にまで決定的なものではない）．

ちなみに，以上の議論は，憲法制定当時に政府が主張した，主権が「天皇を

含めた国民全体にある」とする発想や,「ノモス主権説」的な立場からのものではない. それらは, 天皇がその「特別な」地位のまま国民とひとつの共同体を構成しているというものだが, 筆者は, 新憲法の構造からすれば, 大統領が国民から選ばれて象徴になったように, 象徴天皇は国民の一人が新憲法によって象徴機関に選ばれたと解されるとするにすぎない.

19-4-3 象徴天皇は法的保護に値する特別の尊厳をもつか

これは, 良心・言論の自由および象徴天皇の上述の地位に関係している.

まず, たとえ天皇が君主であり, あるいは象徴が憲法上特別な神聖性をもっていたとしても, それはあくまでも法的関係においてであり, 法的関係は本質的に人間の外面にのみ関わり, 心情・信条には関わらないから, 憲法第一条の象徴規定は,「天皇に敬意を払え」と心情への強制を加えることはできない(モンテーニュは言っている,「われわれはどんな帝王にもひとしく隷属と服従の義務を負っている. なぜなら, それはかれらの職権に関することだからである. だが尊敬とか, まして情愛とかの義務となると, われわれはそれをかれらの徳性にしか負っていない.」〔『エセー』1-3, 岩波文庫版による〕. 絶対主義下の帝王に対してすら, 法的関係と道徳的関係は, このように峻別され得たものなのである).

むしろ「例外を許さぬ雰囲気」を広めたり, それを助長するような, 集団での表敬行為 (天皇の病気に際しての, 自治体による見舞記帳や祈禱,「自粛」宣言) を除去することこそ, 国民の自由を守るべき立法・行政機関の責務であろう.

天皇や皇室に対する批判は, また言論の自由の一環として各人の当然の権利であり, 一般人と同様, 民・刑事法上の名誉毀損に触れない限りは,──「象徴の尊厳」を理由にして議会での発言を封じたり, 公共施設を天皇問題を論じる集会に使わせなかったりの形で──制約されてはならないし, また, そうした言論をも伝えるのは報道機関の責務である (それがいかに「少数意見」であっても. 否, 報道機関がいやしくも情報を伝える役割を以て任じているならば, 少数意見だからこそ注意深く掘り起こして報道しなければならない. 多数意見は既に誰もが聞き知っているのだから).

以上のように, 法によって尊厳があると規定されている対象に対しても, 畏敬の強制や批判封じはあってはならない. しかるに, われわれが先に見たのは,

象徴天皇の象徴性が何ら特別の法的権威でもなく特別に奉られるべき神聖性をもったものでもないことであった．その象徴性は，せいぜい国民が自分たちの結合を自己確認するための一手段に過ぎず，国民の上にあって恭順と集団的畏敬行為を要求する超越的な象徴ではもはやない．

　法的に見て天皇は，君主として国民の上位には立っていない．むしろ，「固有権」をもたず国民主権に服しているのだから，国民相互間の名誉毀損以上の保護を受ける必要はないし畏敬の対象とはなりえない．この点で，たとえば皇室典範が「陛下」などといった秦の始皇帝にまつわる敬称を規定しているのは，奇怪という他ないだろう．『学研国語大辞典』によれば，「陛」は宮殿に昇る階段を意味し，「階段の下の近臣を通じて奉上し，直接に接しない人の意味」が「陛下」の内容である（「殿下」も同様である）．このような〈天皇→国民〉関係が憲法の第何条から出て来るのであろうか．

　また，天皇は国民の主権に基づいてその地位にあるのだが，この国民はというと，良心・言論の自由を欠いては主権者たり得ない．つまり，良心の自由や言論の自由を前提にして国民の意思があり，この国民の意思を前提にして天皇が象徴たり得るのだから，天皇が象徴だということを理由にして，国民のもつ精神的自由に圧力を加えたり天皇・天皇制をタブー扱いすることは，あってはならない．

　ヨーロッパの立憲君主や実権ある大統領ですら受けていない特別扱いを，象徴天皇が受ける法的根拠はないのである．そしてここでも，日本の「伝統」——いわゆる「文化的」・「精神的」——や，象徴天皇をめぐる「国民意識」ないし既成事実が引き合いに出されてはならない．それらが前提にしている，「神聖な天皇」の否定の上に戦後日本の再出発があり憲法があるのだからである（憲法前文は，まさにこの点において，日本的原理でなく「人類普遍の原理」に立つことを宣言している）．

　象徴天皇の「尊厳」とは，結局「ドイツ連邦大統領以下的」な機関のそれなのである．そのようなものとして，象徴天皇は日本国憲法が「発明」した，世界にただ一つの特異な公務員としてある．この，「世界にただ一つの特異な公務員」という視点こそが，象徴天皇にまつわる神秘主義から，われわれを解放

してくれる決定的なカギなのである．

参考文献：針生誠吉・横田耕一『国民主権と天皇制』(法律文化社，1983年)，『法学セミナー増刊，天皇制の現在』(日本評論社，1986年)，横田・江橋編『象徴天皇制の構造』(日本評論社，1990年)，高橋紘『象徴天皇』(岩波新書，1987年)，『ジュリスト・特集　象徴天皇制』(933号，1989年)，横田耕一『憲法と天皇制』(岩波新書，1990年)．

第4編　法の技法

本編では，法の技法に関する諸問題を扱う．「法の技法」のテーマは，法を取り扱う作業が，学問に関わるとともに，法律家が磨き上げて来た職人技(わざ)でもあるという前提に立ちつつ，いくつかの事項について，その中の手順や思考構造を明らかにすることである．ここでこのテーマに関わる事項としては，①法解釈の構造と特質，とくに法解釈をめぐる客観性と主観性の関係，②法解釈をめぐっても重要である，価値判断の構造や価値相対主義・価値客観主義に関する問題，③法解釈と法の科学との関係，④法における擬制などがある．以下では，こうした諸問題をテーマ毎に扱う．本編ではさらに補論として，⑤本書の全体に及ぶ諸テーマを，戦後日本の法哲学に関わらせて，総括的に考察する．

20 法の解釈 (1) 法解釈作業の分類と法解釈の客観性・主観性

　法解釈は，解釈者の主観的な価値判断を条文を使って言いくるめたものにすぎないのか，それとも条文に帰属する客観的な意味を認識することであるのか，また両方の要素があるとすると，法解釈はどこまで主観的でどこまで客観的なのか，そもそも法解釈とはいかなる作業なのか……．この問題をめぐっては，19世紀以来の，フランス注釈学派，ドイツ・パンデクテン法学における「概念法学」や「構成法学」，自由法運動，利益法学など一連の法学で重要な論点となってきた．日本においても，1953年頃から始まった「法解釈論争」以来，様々な議論がある．

　こうした議論に関しては次の二点を区別しなければならない．第一は，「法解釈に際して，法規に内在する客観的な枠（法の枠）がどれだけ規定力をもつか」という問題である．第二は，「そうした法の枠が規定力をもたない場合，解釈者の選択の余地が大きくなり，価値判断が問題になる．この価値判断は，どこまでそれ自体の客観的な枠に規定されるか」という問題である．ここではまず，この第一点を検討し，第二点は「21 法の解釈(2) 価値判断論」で検討する．

　ところで，上の第一点を検討する際に，重要と思われるのは，法解釈の作業には多様なものがあり，したがってそれらに対応した議論が必要だという点である．ところが，この点に関する，法解釈の作業の多様性を踏まえた考察は，いまだに不十分である．それゆえ，以下では，法解釈の作業をまず厳密に分類し，その上で，客観性の問題をそれらに対応させつつ考える．

20-1 法解釈作業の分類による検討

　法解釈作業の分類は，主として「法学入門」の教科書で扱われてきた事項で

ある．それゆえ，従来あまりつっこんだ議論が行われてこなかった．その分類の仕方は，人によって様々であり，相互に用語や配列上の混乱が見られる．ここでは，その代表的なものを取り上げて，現状を見ておこう．そして，それらを踏まえた，筆者の整理を提示してみよう．

20-1-1　分類例

① 山田晟『法学』（東京大学出版会，1964 年，94 頁以下）は，まず，「法の解釈の技術」（「方法」）として，拡張解釈・縮小解釈・勿論解釈・類推（解釈）・反対解釈・変更解釈・文字解釈・文理解釈・論理解釈を挙げる．そして，「以上のべたいろいろな解釈の方法もあるいは，論理解釈にふくまれ，あるいは，論理解釈によって完全なものとなる．たとえば『車馬通行止』という規定の反面から人間は通行してもよいという反対解釈をみちびくのも，論理による解釈であり，『不許葷酒入山門』の文理解釈も，仏教の教義から考えて論理的に『葷酒山門に入ることを許さず』という意味だという解釈がでてくる」（同 98 頁）と述べている．そしてさらに，これらの解釈を導くものとして，「目的論的解釈」を挙げ，拡張解釈・縮小解釈などを選択する基準は，「法の目的」を考察することによって得られるとし，立法者意思および法律意思による解釈は，目的論的解釈として同一に帰する，という．

このように山田は，拡張解釈・縮小解釈・勿論解釈・類推解釈・反対解釈・変更解釈・文字解釈・文理解釈の八つが，まず一つのグループに属し，それらは，論理解釈——これは体系的解釈とだとされている——と並列でありながら論理解釈に「ふくまれ」る．しかも，それらは論理解釈の形を採って実行される．そして，これら八つと論理解釈はまた，（立法者意思解釈と法律意思解釈を含む）目的論的解釈によって方向付けられる，とする．

拡張解釈以下の八つを，論理解釈および目的論的解釈とはグループを区別しつつ関係づけたのはよいが，他方で，拡張解釈以下の八つと論理解釈の関係には混乱が生じている．また，論理解釈と目的論的解釈の違いも不明確である．さらに，文理解釈や論理解釈が逆に目的論的解釈を規制することがある点は，ここでは問題になっていない．

② 団藤重光『法学入門』（筑摩書房，1973 年，304 頁以下）は，「規定の文理

をもととしたばあい」の解釈を論理的解釈と呼び，その中に，文理解釈・拡張解釈・縮小解釈・類推解釈・反対解釈・勿論解釈を入れる．そして，これらを導くものとして，第一に，実質的な考慮，すなわち「利益の較量」を挙げ，第二に，「法の奥にあるもの」を挙げる．この第二のものは，立法者意思（目的論的解釈），条理および自然法をもとにした解釈であるとする．団藤の指摘においても，文理解釈・拡張解釈・縮小解釈・類推解釈・反対解釈・勿論解釈の六つが，利益にもとづく考慮，目的論的解釈，条理や自然法にもとづく解釈とは別の集団に属するものとされており，利益にもとづく考慮以下の四つの実質的判断に導かれる関係にあるとされている．

これには正しい点もある．しかし団藤は，体系的解釈について論じていない．山田と同様「論理的解釈」の捉え方が曖昧なためである．「目的論的解釈」の中身も混乱している．また，山田と同様，体系的解釈と文理解釈が，実質的判断を規制する面を捉えていない．

③　林修三『法令解釈の常識』（第2版，日本評論社，1975年，89頁以下）は，法の解釈作業を「学理的解釈」と総称し，それは，文理解釈と論理解釈から成るとする．そして「論理解釈」には，(a) 条理解釈，(b) 目的論的解釈＝立法の趣旨・目的（すなわち立法者意思），(c) 他の法令との関係（体系的解釈），(d) 沿革・外国の例，(e) 正義と公平・公共の福祉の考慮が入るとする．林は，そうした上で，さらに，「論理解釈の方法」，あるいは「論理解釈の分類」として，拡張解釈・縮小解釈・変更解釈・反対解釈・類推解釈などを挙げる．林においても，拡張解釈以下の五つは，論理解釈によって方向付けられるものとして位置づけられている．

しかし，ここでも「論理解釈」の概念が曖昧であり，一方の条理解釈以下の五つと，他方の拡張解釈以下の五つとの関係がはっきりしていない．また，論理解釈を構成するこれらのもの同士の関係，例えば，体系的解釈と目的論的解釈との関係，文理解釈と目的論的解釈との関係などが捉えられていない．

④　五十嵐清『法学入門』（一粒社，1979年，133頁以下．新版，悠々社，2002年）は，法解釈の「方法」として，文理解釈，体系的解釈（論理解釈），目的解釈（目的論的解釈）の三つを挙げ，目的解釈には，立法者意思説と法律意思説とが含まれるとする．そうした上で，「法解釈の技術」として，拡張解釈・縮

小解釈・反対解釈・類推解釈を挙げる.

　この五十嵐の考察がもっともすっきりしているが，ここにおいてもさらに改良の余地がある．たとえば，五十嵐においては，歴史的解釈への言及が欠けている．また，五十嵐は，法解釈の技術の中に，(a)「文字通りの解釈」および(b)「宣言的解釈」を入れるべきであった．(a) は，法文をその自然な意味に従って適用するものであり，(b) は，意味が多義的であったり未確定であったりするときに，その確かな含意を宣言するものである．(a) は主として文理解釈の場合に使われるが，しかし，(a) は，ましてや (b) は，文理解釈以外でも，歴史的解釈や目的論的解釈の観点からも使われることがある．五十嵐はさらに，反制定法的解釈についても言及しておくべきであった．

20-1-2　筆者の分類

　以上四つの学説を踏まえつつ，さらに他の文献をも参考にして，筆者なりの分類を行えば次のようになろう．
　(1)　解釈の主たる考慮対象からする解釈の分類
　何を主たる考慮対象にして解釈を行うかによって，①文理を主たる考慮対象にしそれを根拠にした解釈（文理解釈），②規範や条文の体系的構造連関を主たる考慮対象にしそれを根拠にした解釈（体系的解釈），③立法者の意思を主たる考慮対象にしそれを根拠にした解釈（立法者意思による解釈），④法文の歴史的コンテキストを主たる考慮対象にしそれを根拠にした解釈．すなわち立法者の意図を歴史的に探ることと，法文が，立法者の主観から独立して歴史的コンテキストの中で何を意味していたかを考察すること（歴史的解釈），⑤法律意思（法規に内在するとされる合理的目的）を主たる考慮対象にしそれを根拠にした解釈（法律意思による解釈），の五つに分かれる．
　(2)　解釈作業の態様からする解釈の分類
　これは，①論理的考察を基軸にする解釈，②歴史的考察を基軸にする解釈，③目的論的考察を基軸にする解釈の三つに分かれる．すなわち，
　①　論理的考察を基軸にする解釈には，主として言葉の意味連関に関わる文理解釈，および体系的連関に関わる体系的解釈が対応する．
　②　歴史的考察を基軸にする解釈には，立法者がどういう意図で制定したか

を歴史的に探る，立法者意思にもとづく解釈，および法文が立法者の主観から独立して歴史的コンテキストの中で何を意味していたかを考察する解釈が対応する．

③　目的論的考察を基軸にする解釈には，第一義的には，もし立法者が今日生きていたらどう意思したか，何を妥当としたかを考える，法律意思にもとづく解釈が対応する．人によっては，立法者がどういう目的で制定したかを考える点で立法者意思にもとづく解釈や，法文が立法者の主観から独立して歴史的コンテキストの中で何を意図していたかを考察する解釈をも入れることがある．

(3)　立法者の主観的意図によるか否かによる分類

これは①主観説と②客観説の問題である．①主観説（主観的解釈）は，立法者が意図していたことを重視する（立法者の経験的意思に規定された解釈）．②客観説（客観的解釈）は，法規の意味は，立法者が直接意図していたことを離れて法規自体に内在する目的として存在すると考える．今日の必要や今日的正義（法律意思による解釈）を重視する[255]．また，立法者の意図から独立した，言葉の意味（文理解釈）や，体系的関連（体系的解釈），歴史的コンテキスト（歴史的解釈）への着目も，厳密に考えれば客観説に含め得る．

(4)　解釈の技法による分類

これには，文字通りの解釈，拡張解釈，縮小解釈，反対解釈，「もちろん解釈」，類推，反制定法的解釈，宣言的解釈が含まれる（ここで「文字通りの解釈」を，上述の文理解釈と区別する理由は，下記において明らかになろう）．これらは，上記 (1) (2) (3) で分類した解釈を基盤にしつつ，法文の意味を具体化するに当たって使われる．

---

255) 磯村哲・前掲注 52)『現代法学講義』第 3 章「法解釈方法論の諸問題」90 頁．広中俊雄・前掲注 46)『民法解釈方法に関する十二講』8 頁．原島重義・前掲注 88)『法的判断とは何か』296 頁以下は，この意味で「主観説」・「客観説」を使うとともに，それとは反対の使い方があることをも指摘する．その使い方では，「裸の利益衡量」で処理する傾向が，解釈者の主観的価値判断が決め手になるという点で「主観説」だとされるのである．

(1)と(4)に関する概略図

```
解釈の主たる考慮対象による分類    解釈の技法による分類

   ┌⋯ 法律意思による解釈 ─────→ ⑧宣言的解釈
   ┆    ↑
   ┆   歴史的コンテキ ──────→ ⑦反制定法的解釈
   ⇨   ストによる解釈
   ┆    ↑                    ⑥類推
   ┆   立法者意思 ───────→ ⑤「もちろん解釈」
   ⇨   による解釈                              ▶ 結論
   ┆    ↑                    ④反対解釈
   ┆ ⇨ 体系的解釈 ─────→ ③縮小解釈
   ┆    ↑
   └⇨ 文理解釈 ────────→ ②拡張解釈
        ↑                    ①文字通りの解釈
     ┌─────┐
     │ある法文│
     └─────┘
```

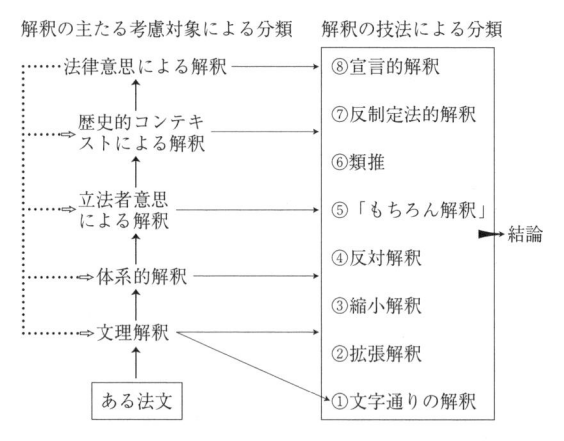

【図の説明】ある法文の解釈は，通常，文理解釈から始まる．それだけでよい場合は，右の①の「文字通りの解釈」で処理する．文理解釈だけですまされない場合（文意が不明である場合や，文理解釈だけでは，体系的に不整合であるとか，実際に不都合な場合など）は，さらに上昇して，順次，体系的解釈，立法者意思による解釈，歴史的コンテキストによる解釈を経過し，最終的には，法律意思による解釈に至る．それぞれの段階で，さらに上昇する必要がない場合には，右の①から⑧までの解釈のいずれかで，結論を出す．また，最終的な法律意思における目的論的判断からして，やはり文理解釈，体系的解釈，等々で行くので十分だということになった場合は，破線のように，下降してきて，文理解釈，体系的解釈等々を再経由して，①から⑧の解釈によって処理する．

20-1-3 「解釈の主たる考慮対象による分類」の説明

上のうち，「解釈の主たる考慮対象による分類」について，内容を説明すると，次のようになる．

(1) 文理解釈

文理（語や文の通常の意味）に即した解釈である．一見してきわめて明白な規定であれば，それに素直に従う．たとえば「満20歳以上」とあれば，満20歳未満を除くすべての人を入れる．このスクリーニングは，「ルール尊重」の立場をとる限り，どの法文解釈作業も必ず通過する．それだけで十分に意味を確定でき，結果的にも妥当であるものは，そこから，上の図の右の「①文字通りの解釈」に至る．その限りでは，これはほぼ認識行為である．

しかし場合によっては，そのまま文理解釈でいくのでは，結果が好ましくないものもある．その場合には，ヨリ上位の考察，とりわけ後述する法律意思的考察——どういう結果を導き出すのが妥当かの政策的判断——を踏まえて，文

理への忠実性が敢えて無視され，拡張解釈や縮小解釈，さらには反制定法解釈などに達することがある．

たとえば，憲法第3章は，「国民の権利及び義務」となっているが，人権は人が人であることによって当然にもっている権利（前国家的権利）であるという憲法の原理に関する考察（体系的解釈）を踏まえて，あえて「国民の」という語の文字通りの意味を無視して，日本に居住する外国籍の人にも人権を保障する場合がそれである（この場合は「国民」の語を「日本の領土にいる人」の意味に拡張解釈した，あるいは「国民」の語をもとに条文を外国籍の人に類推適用した，と言えよう．本来は，people, Volk の語に対応する「人民」が入るところだったが，この語を嫌って，「国民」にしたことが，間違いを生んだのである）．

歴史的解釈に基づいて文理解釈が行われる（あるいは歴史的解釈を経由して宣言的解釈に行く）こともある．たとえば，刑法235条の「他人の財物を窃取した者は，窃盗の罪と」するという規定における「財物」の内容は，当時の概念を示す民法85条「物とは，有体物をいう」に関係づけて解釈するべきだ．すると，電気エネルギーや光エネルギーは性質上「有体物」ではないのだから，「電気窃盗」は罪とはならない，とする立場がそうである（『刑法上の「財物」と民法上の「物」とは，当時から区別されていた．前者によれば，「財物」とは人が管理している物のことであった』と証明できれば，電気も管理しうるのだから「財物」に入ることになる．これも，歴史的解釈を経由した宣言的解釈である．大審院判決は，電気は「有体物」ではないのだから民法上の「物」に入らないが，管理可能という電気エネルギーの特徴は「財物」や「物」の想定している本質的特徴なのだから，刑法235条を電気窃盗に適用するのは当然だとした．しかし，これであっては類推適用となり，刑法では類推は禁止されているので，批判を受けた．そこで刑法245条が新設され，「この章の罪については，電気は，財物とみなす」と規定された）．

「信義誠実の原則」や「権利濫用」，「公序良俗」などの意味が確定しない語が意図的に用いられている条文（一般条項）については，文理解釈は不可能であり，その内容付けは主に法律意思的解釈によらなければならない．したがって，ここでは解釈は，単なる認識行為ではなく価値判断に一層関わっている．

(2) 体系的解釈

体系的連関を解釈の主たる考慮対象にした解釈である．法文を，その法文の

他の規定や全体構成，もしくは他の法文に照らしたその位置，あるいは上位の法（とくに憲法）の規定との関係などから判断して，意味をとる．

たとえば，プライバシーの権利が基本的人権に入るか否かは，憲法13条を，包括的基本権の規定として理解すれば，そこから（宣言的解釈を通って）引き出すことになる．しかし，13条を単なる一般原則を述べただけのものであり，とくに意義がない規定だと理解すれば，プライバシーの権利は他に規定がないのだから，文理解釈に戻って（あるいは体系的解釈からそのまま文字通りの解釈に行って），「人権に入らない」とすることになる．

また，法律の前文ないし最初の部分に目的（立法者意思）や精神（基本原則）が規定してあれば，それとの関連において，個々の法文を解釈する．そうした規定に示されている立法者の意思を原理とした体系的解釈は，当然のことながら，次の (3) の立法者意思による解釈でもある．

個々の条文の「根底にある原理」を「発見」して，それに基づいて条文の意味を再構成し適用するのも，体系的解釈である．これは概念法学や性格は異なるが日本の市民法原理論において発達した手法である（387-389頁参照）．

(3) 立法者意思による解釈

立法者意思を解釈の主たる考慮対象にした解釈である．法律制定の段階で立法者が意図していたことを歴史的に明らかにし，それにしたがって解釈する．立法者とは，立法機関およびそれへの提案者である．立法者の意思が，法律の前文や冒頭に「目的」として明示してある場合がある．それを参考にして解釈する場合には，上述のように，解釈作業は体系的解釈を前提にしている．

(4) 歴史的コンテキストによる解釈

この内容は，論者によって違う．磯村哲は，これを「歴史的解釈」として「立法者の規律意図・目的・評価（ないしその首尾一貫的に考え抜かれた合理的帰結）」の確定であるとする[256]．これに対して広中俊雄は，「歴史的解釈」とは立法者意思説（＝主観説）を克服するべく，立法者が自覚しなかった当時の客観的な諸状況，すなわち「立法過程での論議やその当時の社会的条件の解明」によって法文の意味を明らかにすることであるとする[257]．広中は，立法者の

---

256) 磯村哲・前掲注52)『現代法学講義』94頁．
257) 広中俊雄・前掲注46)『民法解釈方法に関する十二講』4頁．

意思から独立した歴史的意味を客観的な歴史的コンテキストの考察によって明らかにすることだとするのである.

これに対して筆者は,「歴史的解釈」は, ①立法者が実際に意図していたことを歴史資料によって捉えて解釈する作業と, ②歴史的コンテキストからすれば法文の意味はどうなるかを明らかにして解釈する作業とを含むと考える. ともに歴史的存在であるからである. このうちの②が, (3) の立法者意思による解釈と異なるのは, ②は, 場合によっては, 歴史的コンテキストからして立法者の主観的な意図や用語の意味を相対化することにも働く点にある. 歴史的解釈は, 多分に認識行為(歴史認識)である.

(5) 法律意思による解釈

法律意思を解釈の主たる考慮対象にした解釈である. 立法当時の意図がよく分からないとか, 立法当時の意図に従うのでは今日でははなはだしい不都合が生じるといった場合に, 立法者が今日立法しておれば, どういう規定にするだろうかという観点(政策的判断)から考えて, 今日においてもっとも妥当な方向で解釈をする. 目的論的解釈ともいう. 解釈はここでは第一義的には, 認識でなく優れて主体的な選択に関わる.

そのような不都合が生じなければ, この解釈に頼らずに (1) から (4) の解釈だけで処理できるのであるから, 論理的にはこれが最後に来る解釈であることになる. したがって立法意思による解釈は, (1) から (4) の解釈のもつ客観的認識行為の要素に枠付けられている. しかし, 他面から見れば, (1) から (4) の解釈を行う際には, これら (1) から (4) のレヴェルの解釈でやってしまって果たして不都合が生じないかという政策的考察が必要とされるのであるから, 実際にはこの (5) の解釈(で重要な政策的考察)が全ての解釈の前提として実行されていることにもなる.

法律意思による解釈に際しては, 次の点に注意しなければならない. 第一に, その結論が政策としてよいものであるかどうか. それには, ①当該の問題の解決として妥当であるだけでなく, その解決策が一般化しても問題は生じないかをも考える. ②政策として効率性ばかりを考えるのではなく, その採るべき手段・方法の道徳性, 正義や自然法との関係, 個人の尊重・自由・平等などとの両立をも考える. 第二に, 先例との整合性(当該事件の解決に使う論理や方法, 法

原則が類似したケースと整合的であるか）を考える．第三に，立法者が目指したことに著しく反していないか，著しく反しているのに選ぶ場合には，十分な説明が付くか，を考える．第四に，法秩序全体の体系性に重大な矛盾を生じさせないか，を考える．第五に，言葉の客観的な意味に著しく反していないか，反している場合には，それ相応の理由があるか，を考える．したがって，この点からも，法律意思による解釈は，単純に主観的なものではないことになる．

20-1-4 「解釈の主たる考慮対象による分類」と「解釈の技法による分類」との連関

体系的解釈，立法者意思による解釈，歴史的コンテキストによる解釈，および法律意思による解釈に立脚して解釈を行う場合には，364頁の図で右端の「解釈の技法」①～⑧までのどれかが使われる．また文理解釈による解釈の際には，必ず①が使われる．その例を示そう．

(1) 体系的解釈による縮小解釈

例えば，憲法第7条は，天皇の国事行為として，「天皇は，内閣の助言と承認により，国民のために，左の国事に関する行為を行ふ．一　憲法改正，法律，政令及び条約を公布すること．二　国会を召集すること．三　衆議院を解散すること，云々」と規定している．ここからの文理解釈によれば，内閣は，衆議院をいつでも解散する権限を有しているようである．しかし，解散に関しては，また，第69条がある．そこでは，衆議院の内閣不信任に関して，「内閣は，衆議院で不信任の決議案を可決し，又は信任の決議案を否決したときは，十日以内に衆議院が解散されない限り，総辞職をしなければならない．」とあり，解散できる場合が限定されている．したがって，第7条は，第69条との関係において，さらには立法権と行政権は相互に独立であるという根本原則をも考慮して——すなわち体系的解釈により——縮小解釈されなければならない．逆に，解散を自由にやりたいと思う内閣や，天皇の権限を強化したいと考える人は，上のような解釈は採らず，したがって第69条を例示規定と考えて，第7条の文理解釈でいこうとする．すなわち，目的論的解釈によって第7条の文理解釈に立ち戻り，そこから文字通りの解釈を引き出すのである（あるいは目的論的解釈によって，法律意思解釈から直接に文字通りの解釈に行くのだともいえる）．

(2) 体系的解釈による拡張解釈

憲法第14条以下に規定されていない基本的人権を，第13条を包括的基本権の規定とすることを通じて認める——「新しい人権」の理論——という解釈が，この例である．第14条以下の全体が構成する「人権」が，第13条と関連づけることによって拡張されたと見るのである．

それではその際，第13条を包括的基本権の規定とするのは，どういう解釈によるか．それは，種谷春洋の先駆的業績[258]にあるように，第13条が規定されるに至る背景，とくにそれの母胎である，近世のヨーロッパ・アメリカにおける「幸福追求権」の思想と立法過程を研究して，そこから結論づける．これは，立法者意思を歴史研究によって確定した上で，宣言的解釈によって第13条の確かな含意を宣言するのである．

(3) 立法者意思解釈による文字通りの解釈・縮小解釈・拡張解釈・類推など

例えば，公園の入り口に「他の来園者に危険ですので，犬はつないで入園して下さい」とある時は，「他の来園者に危険ですので」というところから，「犬をつなげ」と規定した立法者の意図が分かる．そこで，これを適用して次のように解釈していく．

① 子犬（小犬）はどうか **(a)** 立法者の意図が，来園者が噛まれる危険の防止にあるのだから，子犬（小犬）なら噛まないのでかまわない，と解釈すれば，立法者意思による縮小解釈である．縮小解釈は，概念の通常の意味を，立法者の意図や目的論的考察を踏まえて，より厳格にしぼって扱うことである．

(b) 子犬（小犬）でも子供を噛む危険はあるので，「犬」に入れるべきだとすれば，立法者意思による文字通りの解釈である（立法者意思を参照して文理解釈に戻ったということもできるが，立法者意思を参照した以上，もはや文理解釈ではなく，立法者意思を参照することによる文字通りの解釈とすることもできる）．

② 狸はどうか 立法者の意図が，来園者が噛まれる危険の防止にあるのだから，狸も噛む危険がある点を重視する．しかも，狸は犬科であるから，犬に関する規定を狸に適用することには，無理がない，と解釈すれば，立法者意思による類推である．

---

[258] 種谷春洋・前掲注47)『近代自然法学と権利宣言の成立』．

類推とは，規定が直接対象にしていないもの（常識的に考えて規定の概念にあてはまらないもの）に対して，規定の対象との何らかの本質的類似点——同じ犬科であるといったこと——に着目して，かつそれに立脚した目的論的判断によって適用の必要性を判断して，規定を適用することである．

　③　ライオンはどうか　　立法者の意図が，来園者が嚙まれる危険の防止にあるのだから，ライオンはもちろんダメだ，と解釈する場合は，立法者意思による「もちろん解釈」である．

　「もちろん解釈」は類推と似ているが，類推が，規定の直接の対象でないものに対して，規定の対象との何らかの本質的類似点に着目して規定を適用することであるのに対して，「もちろん解釈」は，規定の直接の対象ではないけれども目的論的判断からして規定の適用が一層必要であると考えられるものに，その規定を適用することである（これに対して拡張解釈は，本質的に同じであるがやや異っているものを，その本質的に同じである点に着目して同一概念に入れて扱うことである）．

　④　猫はどうか　　立法者の意図が，来園者が嚙まれる危険の防止にあるのだから，猫は嚙まないので除外している，と解釈すれば，立法者意思を反映した反対解釈——犬はだめということは，猫ならよいということ——である．

＊

　以上の諸々の場合に，「他の来園者に危険ですので」という一節がない時に，公園利用上の常識から当時の立法者の意思（「危険の防止」）を推定して解釈するのであれば，歴史的コンテキストによる解釈である（「立法者意思の推定」にこだわらなければ，常識による法律意思解釈だともいえる）．

　刑法38条第3項「法律を知らなかったとしても，そのことによって，罪を犯す意思がなかったとすることはできない」について，『法律には政令や条例なども入る，常識からして当然立法者もそう見ていたと想定できるし，法律意思からしてもそういえる』，と解釈すれば，同様に，歴史的コンテキストによって立法者意思を推定した，もしくは法律意思からする拡張解釈である．

　「不許葷酒入山門」は，仏教の教義から考えて，「葷（ニンニク）を許さない，しかし酒は山門に入る」（ニンニクを食べたばかりの者は寺に来てはならないが，酔っぱらいはかまわない）ではなく，『葷酒が山門に入ることを許さない』という

意味だという解釈がでてくる．これは，法文の背景にある禅の道の精神から法文を解釈したなら体系的解釈だが，『禅寺では当時から葷と酒とが禁じられていたのだから，立法者は当然そう意図しただろう』とするならば，上と同様に歴史的に立法者意思を確定する解釈である．

　憲法前文の平和主義からして憲法第9条を厳密に解するのも，体系的解釈からする文字通りの解釈に当たる．第9条の厳密な解釈を敗戦当時の平和への雰囲気や日本軍への反省などを踏まえることによって帰結させるのは，歴史的解釈による文字通りの解釈である（これに対して第9条の枷を無意味にしようとする者は，法律意思による解釈論で行くしか方法はないが，後述のように，権力を規制する条項の解釈には，それは不適当である）．

　類推やもちろん解釈，反対解釈等は，ある公園についての「犬をつなげ」という規定を，上述のようにその公園での狸やライオン，猫などに適用する形で問題となる他に，その規定を，一切規定のない駅前広場や市民農園などの運営の指針にしうるかという形でも問題になる．

(4)　法律意思解釈による縮小解釈・拡張解釈・類推・反制定法的解釈など

　例えば，神社の入り口に古い石碑があって，「車馬止」とある場合には，石碑の文句が簡単すぎて立法者の意図は分からない．しかし，この立法者が今生きてここにおれば，どう判断するかを考えればよい．たとえば，この石碑の意図（目的）は，常識から判断して，お参りの人の安全の保護と神社の神聖さの保護とにあると見て，次のような諸ケースを判断するのである．

　① ラバの場合はどうか　　ラバは，馬とロバの掛け合わせであって通常は馬の一種とされる．そこで，大きさからいっても性質からいっても馬と変わりはないので，ラバも神社に入ってはいけないと解釈すれば，拡張解釈である．これは「馬」の概念を「半分は馬」であるもの（ラバ）をも含むとしたものであり，「馬」とは異なるもの（ロバ）に，或る本質的類似性に着目して適用する，次の「類推」とは区別されるべきである．

　② ロバはどうか　　**(a)**　ロバは，馬とは種を異にするが，同じ様な体つきをしており，不潔さも同じなので，そうした本質的類似性に基いてロバにも適用すべきだと解釈すれば，類推である．

　(b)　ロバはおとなしいので危険でないから，馬と同等には扱えない，また

不潔さの点では，馬が神馬として神社では神聖視されているのだから，不潔さが問題ではない，として，ロバは神社に入れると解釈すれば，目的論的解釈を踏まえた，「馬はだめ」の反対解釈である（馬はだめだということはロバはかまわないということだ，とする）．

　③　キリンはどうか　　キリンは，馬よりももっと大きく，危険性も不潔さも馬より大きいので，法律の趣旨からしてもちろんダメだと言えば，「もちろん解釈」である．

　④　鹿はどうか　　**(a)** 鹿は，馬よりも小さいだけでなく，春日大社のように神社で神様のお使いとして神聖視されている場合もあるのだから，かまわない，と判断すれば，「馬はだめ」の反対解釈である．

　(b) 鹿も四つ足で顔が長く耳が長く馬に似ている．また，大きさが子馬程度なので危険であり，糞尿の点で馬と同様不潔だからだめ，とすれば，本質的な身体的相似からする類推である．

　(c) 鹿（雄の）は，蹄がある上に角があり，かつ本来野生なので，馬より遥かに危険だから，もちろんだめだとすれば，「もちろん解釈」である．

　⑤　子（小）馬はどうか　　**(a)** 子（小）馬は，危険でないので，かまわない．不潔さの点では，馬が神馬として，神社では神聖視されているのだから，不潔さが問題ではない，として子（小）馬はかまわないと判断すれば，目的論的解釈を踏まえた縮小解釈である．

　(b) 子（小）馬も馬に違いないからだめだとすれば，文理解釈を経た文字通りの解釈である．

　(c) 子（小）馬も危険だし不潔だから「馬」に入れるべきだとすれば，目的論的判断が入るから，法律意思による文字通りの解釈である（法律意思を参照することによって文理解釈に戻った解釈とすることもできようが，法律意思を参照することによる以上，もはや文理解釈ではなく，法律意思を参照することによる文字通りの解釈とすることもできる）．

　⑥　車が増えたが周りに家が建ち込み境内に駐車場を作らざるを得なくなり，もはや「車馬の進入を許さず」の厳格適用ではやっていけない．境内の駐車場への車の通行は，立法の趣旨を素直に考えると禁止されていると見ざるを得ないが，今日の状況からして例外として認めざるを得ない，と判断すれば，反制

定法的解釈[259]となる.

　反制定法解釈が縮小解釈（「乗物」の概念を縮小して，「駐車場に来た車は乗物の概念に入らない」とすること）と異なるのは，次の点にある．すなわち，縮小解釈は，「常識的に見て（立法意思・立法の趣旨から考えて），規定はそこまでは予定していない」とする――それはこの車のケースでは無理である――ものであるのに対して，反制定法解釈は，「これは規定が当然に予定している」と認めつつも，今日の事情のゆえに法の適用を止めるのである．

　法解釈とは，以上のような形で，条文を指針にしながら，それを柔軟かつ妥当な――目的合理的にかつ常識を大切にしつつ，しかも原則を見失わない――形で運用して，様々な事態に効果的に対応していく，法の技法なのである．

20-2　法解釈の主観性・客観性について

　以上を踏まえると，法解釈の主観性・客観性については，次のことがいえる．
　① 文理解釈　　文理解釈をめぐっては，「法の枠」がはっきりしているので，解釈行為には客観性が強い．ただし，客観性が強いことと，その結論が妥当であることとは別である．文言に拘泥した解釈は，妥当でないからである．
　② 体系的解釈　　ここでも，体系的連関をめぐる議論，客観的論理が重要であり，それだけに「法の枠」はしっかりしているので，解釈行為には客観性が強い．しかし，文理解釈ほどには争いのないものでもない．
　③ 立法者意思による解釈　　立法者の意思は，文理から，あるいは体系的関連から，あるいは歴史的考察によって確認するのであるから，歴史学が客観的認識を志向するものであるという意味において，この作業も客観的な認識の作業である．「法の枠」と言うより「歴史的事実」の枠がある．もちろん立法者意思が曖昧な場合や一つに絞れない場合など，完全に客観的な作業とはいえない場合もある．
　④ 歴史の解釈　　言葉の意味を歴史的コンテキストにおいて明らかにする作業は，優れて歴史的な考察であるから，歴史学が客観的な認識を目指してい

---

259)　広中俊雄・前掲注46)『民法解釈方法に関する十二講』95頁以下．前掲注52)をも参照．

るという意味において，この作業も客観性を目指す作業である．

　以上①から④の解釈作業の手順には二通りがある．一つは，ストレイトにその解釈レヴェルで解釈するものであり，もう一つは，目的論的解釈を踏まえて，その解釈レヴェルに戻ってくるものである．たとえば，①の文理解釈は，はじめから文理解釈だけをするものと，結果を目的論的に判断して，「文理解釈でよい」と出れば，文理解釈をするものとがある．これらにおいて，後者の場合には，文理解釈における主体的判断の要素がヨリ高いものとなる．

　⑤　法律意思による解釈　　ここにおいては，今日において何が妥当かを主体的に判断するのであるから，立場によって「妥当」の内容は異なり，価値判断がもろに入る．「一般条項」による場合など，「法の枠」はゆるくなる．しかし，ここでも全面的に主観的であるとはいえない．

　それは，第一に，この段階における解釈は，364頁の図における下位の作業（下から順に，文理解釈，体系的解釈，立法者意思解釈，歴史的解釈）を前提にしているからである．一般に上位の段階の解釈作業は，下位の段階の解釈手続によって絞られた可能性の範囲内で行われる．法律意思的解釈は，それを行う際に，文理の枠，体系的関連性，立法者意思，客観的解釈すなわち立法の歴史的背景からくる趣旨や目的の認識などを尊重し，そうした枠内で可能な結論を求める．それゆえ，解釈の決め手は全くの主観的価値判断ではない．

　第二に，法律意思による解釈については，主体的に法に意味を付加するのだから，それがどこまで許容されるかは，法の分野によって異なる．すなわち，「法の支配」は権力の規制にあるのだから，「法の支配」，その意味での法治主義原則がとくに重要視される刑事法はもちろんのこと，行政法や憲法などにおける，権力の行使のあり方を指示し規制する規定についても，安易に目的論的考察をすることは許されない．これに対して，国民の権利を保障した規定については，「この規定があるのは，その権利を大切にしているという立法者意思の積極的表明である」と考えられる．それゆえその規定については，権利擁護の立場に立って解釈する[260]．また，対等な市民間のルールを定めた民事法の

---

[260]　こうした問題と関わるアメリカの憲法学における論争として，「原意主義」と「非原意主義」との論争がある．「原意主義」とは，法文や制定者の意図に忠実であれという立場である．原意主義の根拠は，①選挙によって選ばれていない裁判官が法を勝手に変更することは民主主義に反

する，②裁判所の中立性は原意に忠実になることによってのみ可能である，といった点に求められる．

しかし，早い話が，アメリカ憲法制定時には，奴隷制・黒人差別や女性差別が当然視されていたし，労働者の権利についての配慮もなかったのだが，それを「原意だから」と言って墨守することはできない．こういう場合には，憲法の「幸福追求」や「自由」，「平等」の規定そのものを尊重しつつ──したがってその限りで「原意」を前提にしつつ──，それらの内容を，体系的連関から来る意味，および現代にふさわしい意味を考えて検討する作業が避けられない．

すなわち問題は，「原意」か「非原意」かの形式的択一にあるのではなく，「原意」の提示する原則（枠）を尊重しつつ，その内容を妥当なものにしていくことにある．

さらに，本文中にあるように（374頁），解釈の対象が，権力の規制に関わる条文か，基本的人権に関わる条文か，によって異なるという点もある．憲法とは，国民に人権・民主主義を確保するために，権力を規制する法である．したがって，憲法の「原意」は，権力を規制することと人権を拡大することとにある．この点から日本の憲法を見るならば，第1章の「天皇」や，第2章の「戦争放棄」などは，権力の規制に関わるから，「原意に忠実である」と言うことは，厳格な適用を意味する．これに対して，第11条以下の基本的人権規定については，「原意に忠実である」と言うことは，その概念を拡大することを意味するのである．

（ちなみに，上のことは，裁判官が「ある価値的立場にあらかじめコミットしてはならない」（中村治朗『裁判の客観性をめぐって』有斐閣，1970年，104頁）と言う主張と，どう関係するか．裁判官は，公務員であり，かつ法に従って裁判するのだから，憲法擁護の立場に立たなければならない．そして上述のようにこの憲法は，権力に厳しく，人権に積極的な立場を要求している．裁判官は，まさにこのような「価値的立場にあらかじめコミット」することを，制度上求められているのである．したがって，中村の言うところとは反対の帰結になる．）

なお，このこととの関連で，次の点にも注意する必要がある．アメリカの憲法学者の多くは，『裁判官が法を変更することが民主主義に反するかどうか』を論じるが，「18　司法をめぐる合理化と人間化」で論じたように，裁判制度は，歴史的に見て自由主義に関わるものである．すなわち自由主義は，第一に，国家権力を規制し国民の権利（Recht）を「法（Recht）」によって保護することを任務としている．それを確保するため，──民主主義とは異なる原理に立つ組織・運営のやり方であるところの──終身制・定年制や裁判官の独立，審級上の対等性などの自由主義原理をもっているのである．民主主義的に創られた国家権力（人民の政府）といえども，それらに服するべきなのである．

第二に，こうした司法を担う教養専門職としての法曹も，自由主義の伝統に定礎している．法曹法がかれらに担われて，国家の立法機関によって作られる国家法とは別個に，裁判規範として機能するのも，この自由主義の伝統の観点からでなくては，理解できないことである．

第三に，そのようなものとしての法は，「発見」するものであって「立法」するものではない．「立法」は制定者の意思に基づくから，合意，すなわち民主主義的な正統性を必要とする．これに対して，「発見」するのはすぐれた個人の能力によるから，第一義的には，民主主義的な正統性と結びつく必要がない．

したがってこうした動きを「民主主義」をモノサシにして測って，「選挙で選ばれていない裁判官が，選挙で選ばれた議員が作った法律を無効にするのは，民主主義に反する」と叫ぶのは，学問的ではない．（この点については，磯村前掲注57）『社会法学の展開と構造』209頁以下参照．前掲注246をも参照．）市民参加や国民審査，裁判の公開などで裁判制度を民主的に構成することは十分あり得ることだが，そのこととは別個独立の問題として，この自由主義原理を見逃してはならない．

「原意」か「非原意」かをめぐるアメリカの議論については，猪股弘貴『憲法論の再構築』（信山社，2000年），阪口正二郎・前掲注176)『立憲主義と民主主義』に詳しい．

規定については，解釈に当たって，その原則を重視しつつより良いルールを工夫することは，とくに非難すべきことではない（つまり，本章での解釈論は，主として民法的世界を念頭に置いたものである）．

　第三に，「なにが妥当か」自体をめぐる考察にも，主観だけが決め手になるものではないからである（この点については，367・368頁および21・22章参照）．

　総じて解釈とは，通常の場合においては，法文の文言からくる客観的な意味や，体系的連関上の意味，歴史的に付与された意味などを考慮しつつ，同時に現代における妥当な帰結，および先例についても考え，これらを相互に照らし合わせながら思考をめぐらせていく中から筋道を固め，結論を文言によって論理的に正当化する作業である[261]．それゆえ，ここには，客観的な対象の枠に従う作業と，主体的に方向付けをする作業とが併存している．解釈は，一面的に客観的な認識作用——文言や論理や歴史を詰めていけば結論が得られる認識作用（後述の「規範主義」に関連）——でもなければ，一面的に主体的決断——「なにが妥当か」まず結論を決めてそれを後から都合のよい法文によって正当化する（後述の「決断主義」に関連）——でもなく，（後述する——392-393頁——ところの，「螺旋モデル」を呈した）両者の組み合わせなのである．

　なお，本章を発展させたものとして，拙著・前掲注13)『法解釈講義』がある．

---

[261] 磯村哲によれば，法解釈に際して必要な作業は，次のような事柄から成る．すなわち，第一に，立法者の規律意図・目的・価値判断を歴史的に明らかにする作業．第二に，法を現実と照らし合わせることによって，(a) 法の文言の可能な語義と，(b) その法が認めうる，解釈に当たっての法原理や理由付け，(c) 従来の解釈や実務が設定した枠組み，を考えつつ，現代生活にとって妥当な結論を導き出す作業である．磯村哲・前掲注52)『現代法学講義』94頁．

21 法の解釈 (2) 価値判断論

21-1 前提的考察

　先に,「法の解釈は主観的か客観的か」という場合,二つの検討事項があることを確認した.第一は,「法解釈に際して,法規に内在する客観的な枠が,解釈者をどれだけ規定するか」という問題であった.第二は,「そうした法の枠が強い規定力をもたない場合,解釈者の選択の余地が大きくなり,価値判断が問題になる.この価値判断は,どこまでそれ自体の客観的な枠に規定されるか」という問題であった.第一点は20章で検討した.ここでは第二点を検討する.

　「価値判断は,どこまでそれ自体の客観的な枠に規定されるか」を考える際には,次の点を考察しなければならない.

　まず,『価値とは何か』が問題になる.これに関しては,『価値とは「よい」とされる性質だ』という通常の定義に従おう.しかし,そうすると,次に,『「よい」は,対象の属性か,あるいは対象の属性に関係なく人間が自分たちにとって「よい」とするのか』が問題になる.その際,この後者について,『人間が自分にとって「よい」とするのは,そうせざるを得ないからするのか,あるいは恣意的にそうするだけなのか』,および『「自分にとって」というが,すべての人間に共通なのか各人によって異なるのか』も問題になる.以下,これらの点について考えよう.

　たとえば,「人間を幸福にするものがよいものだ.幸福の内容は快楽だ」とすると,「人間に快楽を与えるものがよい」ということになる.すると,「或る対象の或る属性は人に必ず——あるいは,たいていの場合に——快楽を与えるものか,あるいは快楽は人によって異なるのか」が問題になる.

この問題に関しては，「快楽」を肉体的なものとするか精神的なものとするか，短期的観点からのものとするか長期的観点からものとするかで，あるものが「よい」か「わるい」かが区別される，という事実がある．肉体的なもの一つを採ってみても，「よい」とは，見た目に良いもののことか，味の良いもののことか，栄養のあるもののことかといった問題がある．人が選んだ評価基準によって「よい」か「わるい」かが異なるのである．そしてこの評価基準のどれを採るかは，各人の選択に依存しているのでもある．それゆえ，「よい」は評価主体に依存している，と言える．実際，「蓼食う虫も好きずき」というのが，われわれの日常の経験である．『何がよいか』は，その人によって異なるのであって，すなわちものの価値は，最終的には個人の側からの評価行為に依存していることを認めなくてはならない．

　とはいえ，他方では，評価は対象のある性質をめぐって，それをどういう基準で評価するかという形で行われるのだから，対象の性質が評価行為を枠づけることも否定できない．「蓼食う虫も好きずき」ではあるが，そういう「風変わりな」虫でさえ，石や鉄，毒蓼を食べることはないのである．いくら「物好き」でも，選択の余地は，『毒性のない，水分を含んだ，繊維質のもの』といった枠に規定されるのである．通常人には，肉は，その中にうまみがなければ「うまい」という快楽（としての「幸福」）を提供し得ない．曲は，その中に優雅さや工夫がなければ聞いていて「快い」という幸福を広くは生み出さない．われわれが物の「よい」「わるい」を論じるのは，個人についてでなく人間総体としてであるから，上のことが重要である．

　以上を要するに，ある対象に特定の価値を付与するのは評価主体（個々の動物ないし人間）である．しかし，その価値付与は，その対象に或る種の客観的性質が内在していなければ，また人間の感受能力に一定の共通性がなければ，不可能なのである．

21-2　価値判断における主体性と主観性・客観性

　こうした価値判断における主体性と主観性・客観性との関係は，具体的にどのようなものかを考えよう．問題になるのは，人間の意志と身体性・社会性と

の関係である（これまでの考察から，また後述のところから明らかになるように，価値判断において「主体性」と「主観性」は区別されなければならない．自分の意志で選ぶという意味で主体的な価値判断が，必ずしもつねに主観的——自分だけにしか通用しないもの——ではない．また，「客観性」は，正確には共通性（多くの人に同じことが見られること）・客観性（客観的条件に規定されていること）・間主観性（誰もが確認できること）を含む）．

価値判断の問題に関して，「認識から価値判断は論理的には出てこない」と言われる．これは，第一には，論理の問題である．すなわち，「～である」という命題と「～であるべし」という命題とが論理構造を異にするから，連続化し得ないということである．それはまた第二に，評価対象と評価主体との関係の問題でもある．人は，対象の態様がどの様なものであっても，それに自分なりの基準で「よい」と価値付与するものでもある．人は，さらに，そのようにして自分の基準に従って「よい」と評価付与したものでも，「それを選ばない」とする意志をももつ．すなわち意志は，単に対象の属性からだけでなく主体の属性からも独立した，そういう規定力をもつ．だから認識から価値判断は，その限りで，論理的にだけでなく現実にも出てこない，ということになる．

実際，たとえば，「人には生存本能がある」という認識を前提にし，さらに生きる本能に規定されて，「死」を悪だと評価しても，人は，意志すればそれを選択できる，すなわち自殺できる．ドストエフスキー（F. M. Dostoevskii, 1821-81）が『悪霊』でキリーロフに言わせているように，この自殺こそ人間に自由意志＝主体性があることの最終的な証明である（『葉隠』にある「武士道とは死ぬことと見つけたり」も，そうした観点からの武士の自由＝主体性の宣言である）．また，「個人の尊重」が歴史の発展方向（トレンド）だとしても，それを無視した政治が実力を背景にして進められ功を奏することもある．逆に「人間の疎外」や「官僚化」が近代史のトレンドであるとしたら，それに抵抗しそれを阻止することが課題となる（課題で一致しても，それを実現する手段で不一致が起こるという，別の問題もある）．

だがまた他方では，われわれは，或る価値判断に現実にかなりの人が同意することを期待しうるものである．たとえば「ここから飛び降りると死ぬ」という場合には，たいていの人は——ポストモダニストのような派出な不可知論者

でさえ——飛び降りない．これは，選択には，人間の「生きる」という本質的必要ないし「生存本能」といった客観的傾向がかなり作用しており——これを価値判断の客観性と呼ぶ——，また，それに規定されて「命は大切だ」といった価値基準がかなり共有されている——これを価値判断の共通性と呼ぶ[262]——からである．われわれはまた，通常は「自分の勝手だ」として行動することは少ない．選択に際して，社会への配慮をし，ちゃんとした説明が必要だと考える．すなわちわれわれは，自己の価値判断についての基準や正当化の手続きを踏まえている——これを価値判断の間主観化と呼ぶ——．こうした点は，裁判官等の判断については，一層あてはまる．その限りでは，「認識から価値判断は現実的には出てくる」面があるのでもある．

　こうした価値判断の一定の客観性，共通性と間主観化は，どういう構造をもった事実なのだろうか．これについては，次の三点に注意しよう．

　(1)　人間的生の客観的条件

　われわれは真空の中で生きているのではなく，①生きる存在としての生物的・社会的諸条件，②歴史的蓄積物（文化・習慣，歴史的経験や運動の結果として制度化されたもの），③社会関係（しがらみ）の網，④行動する際に関係する諸事物の性質などに規定されて生きており，したがってその基盤上で価値判断をせざるを得ない（これ以外に，行動のルールとしての法規範や道徳規範との関係があるが，これはすでに論じたので，ここでは議論を省略する）．

　これが人間に関わる存在の論理構造である．われわれの有り様が，こうした形であらかじめ客観的に規定され方向付けられているのであって，われわれには性格・価値観の違いや意志の自由があるものの，それらを無視して進むことができないのである．以上のことが価値判断の客観性の基盤となり，それに規定されて人々の価値判断は共通性を有し，かつ人々は間主観化を求められる．この点を詳述すると，次のとおりである．

---

[262]　広中俊雄『法と裁判』（東京大学出版会，1971年）48頁以下は，この「価値判断の共通性」の意味で「価値判断の客観性」を使っている．しかしわれわれは，「客観性」と「共通性」とを区別する．ここで「客観性」とは，生物としての・社会的存在としての人間の必要性が適切に価値判断に反映されていることである．これに対して「共通性」とは，広く支持されている価値観に対応していることである（たいていの場合は，人間に本質的に必要だから人間に広く支持されているという関係がある）．

生きる存在としての諸条件　われわれは生物的・社会的に規定されており，たとえば，①種を保存するためには男女の性的結合を認めなければならない．したがって，どのような禁欲的宗教であってさえも，ましてやどのような法であっても，まともである限りは，性や結婚を全面的に否定はできない．②肉体的な快を求め不快を避けようとするのも，最終的にはわれわれが生物的に規定されていることに関わっている．前述のように，幸福追求に不可欠なものとして自己決定の必要があることは，この快・不快と深く関わっている．③われわれが家族や仲間を求めるのも，かなり強い自然的傾向（人間的欲求・必要 need, Bedürfnis）である．④何かを創造したい，その意味で充実して生きたいという意欲も，人間的欲求・必要の一つである．これらが価値判断を客観的に規制するものとなるのである．

この点に関わって，次のことに注意しよう．たとえば「ある人が病気になった」という事実認識からは，確かに論理的には，「養生すべきだ」とか「医者にかかるべきだ」という当為命題は引き出せない．しかし，われわれの日常性の場では，そういう当為命題がごく自然に出てくる．それはなぜなのか．それは，われわれが「病気は悪化させるべきでないが，養生しなければ悪化する」とか「病気は医者によって治る」という経験知を共有しており，かつ，われわれが生きる存在であるという客観的条件に規定されて，「病気は医者によって治すべきである」という当為命題をも共有しており，これらが上述の事実認識と当為とを媒介する項として働くからである．ここでもそれを無視して「養生しない」・「医者にかからない」といった命題を選ぶことは，可能である．しかし，現実の生活の場では，そうした選択は不自然である．

歴史的蓄積物　われわれは歴史的蓄積物に規定されてもいる．たいていの現代人は，人間の尊厳を無視したり，動物を虐待したり，ほしいままに環境を破壊したりすることはできない．まともな戦後ドイツの政治家は，ナチス讃美や，強制収容所肯定はできない．個人に対する国家の価値を一面的に強調することはできない．日経連であろうとも，労働三権が確立されてきた歴史・国際世論を無視して，立場選択をすることはできない．歴史的経験の重みというものがあるのである．われわれはまた，民族やその他の諸集団の文化や慣習・作法に規定されている．それらは単にわれわれを未来に向かって枠づ

けているだけでなく，われわれの思考のパターンを創ってしまっているのでもある．これらは，一方で，多文化社会的にふさわしく価値観の多様性の相互承認をもたらすものであるが，他方で，そのことが逆に，集団内で或る価値観の専制的支配を帰結するのでもある．

こうした場合でも，歴史的蓄積物に敢えて逆らって動くことは，しんどいことだが不可能ではない．この点を押し進めれば，先にカール・シュミットの憲法制定権力論についてみたように，政治的実力さえあれば何でも意志し実行できる，ということになる．しかしまた，われわれの経験は，そうした政治的実力でさえ完全には無視し得ない歴史的蓄積物（や社会的必要・自然）があることも知っている．

社会関係（しがらみ）の網　われわれは，生まれて以来，社会関係の網の目の中に位置を占め，そこにおける人間関係に対応しつつ，またそこでの役割期待に応えつつ生きている．時には危機的状況において実存的決断に迫られることもあるが，しかしほとんどは，この網の目に組み込まれそれに対応して生きている．しかもわれわれは，生まれて以来，この網の目の中で個々の場面で価値判断・方向選択を積み重ねてきて現在の自分の生を形作っているのであり，そこにおける価値判断体系・世界観を踏まえ，かつそこでの自分の人間関係・役割期待に応えるあり方を指針としてもっている．

もちろん，われわれは，こうした網の目を切り裂き遁世ないし「脱サラ」したり，世界観の根本的転換，「回心」を経験することもある．しかし，そういうことのない通常の場合は，上の様に選択の枠付けをもっているのだし，遁世ないし「脱サラ」しても，われわれはまた，そこでの網の目にひっかかってしまう．

制度に組み込まれた指令　法規などのルールや制度にそれを作った者の価値判断が埋め込まれており，それの尊重が求められる．対象の中に，選択の一定の枠が組み込まれているのである．これは，立法者意思の問題を含むが，そうした法律以外の制度についても，問題となる．また，集団にある程度定着している（大多数の人の）価値判断があり，それの踏襲が求められる．とくに一定のポジションにある人に対してはそうである（これらの場合にも，敢えて反抗することが不可能ではないが，通常は，それらを尊重するものであ

る）．

　　事物の性質　　先に述べた，人間が生物であり，その自然を無視し得ないということの他に，われわれが日常的に依拠して生きている諸関係が，その性質からして一定方向に進むことをわれわれに余儀なくさせる．市場原理を採用すれば，技術革新が進む一方で，儲け本意に走って人間破壊や環境破壊，共同体破壊が進行することが避けられない．核兵器をもてば，逆に安易に戦争できなくなるし，またさらなる軍拡に迫られもする．国家が大学をもち，学問の発展のために自由を保障すれば，そこから体制批判を受けることを逃れられない，等々である．これらの関係に規定されて，われわれの選択は，最初の第一歩によって，その次の選択肢が限定される．したがって，その後の可能性を好まないならば，最初の第一歩の問い直しが必要でもある．しかし通常は，そうした根本的な選び直しや大幅な軌道修正は行われないので，選択は既成の枠の中でのものとなる．

＊

　これらの場合においても，論理的にはもちろん何でも選べる．決断を「無からの，意志による創造」（真空における選択）だと実存主義的に位置づけることは，ここでも理論的には可能である．また，あるユニークな思想や芸術が，これまで受容されてきた価値体系とは全く異なる価値体系を打ち出し，脚光を浴びて価値観を転換させるということもある．しかし，現実の生活の諸関係に規定された人間は，あるいは，現実の特定の歴史経験を踏まえて成り立っている国家における，まともな政治家や行政官をはじめ役割を担っている人間は，そうはいかない．通常われわれは，生活原理や常識，人権や民主主義を無視したり，侵略を煽ったりすると，強い非難を受け，場合によっては，個人の場合は人間関係を悪化させ，政治家の場合はその地位を失う．したがって，そうした決断は論理的には可能でも現実的には可能でない（友人や世論の批判を気にしないで方向選択することは，もちろんあり得る．しかし，人間関係が密であり，あるいは社会的・政治的地位が高くなればなるほど，それは実際には難しくなる．一時的には無視できても，長期的にはそのことによって座を追われることにもなる．こうした事実は，前述のように実存状況（危機的状況，例外事態）への眼がわれわれの存在の本質を理解する上で欠かせないものの，しかしまた，日常性・通常性も，われわれの存在の本質に

政治家・行政官・裁判官などはこのような規定性の下で，これまでの社会的蓄積，共通観念・作法との整合性や，自然的・社会的な関係に照らした普遍化可能性を考察しつつ，選択していくものなのである．選択はこのような意味において，生物的ないし歴史的・社会的に枠づけられているのである．そして，これら政治家や行政官，裁判官でない人間も，多かれ少なかれ生理・伝統・役割に規定された人間である．これらの内容は異なっても，そこから出てくる枠を背負いつつ良心に従って，方向選択をし，その選択について釈明するのである．こうした客観的な規定性が，価値判断に一定の共通性と間主観性を付与するのである．

　（後述するように，社会科学は，この『われわれはどの様な関係に置かれており，したがってどの様な価値判断が現実的には避けられないか，あるいはどの様に行動することが，その位置からして要求されているか』の考察にとっても必要なのである．たとえば，上述の例をとれば，「労働法の歴史的基盤」や「労働組合運動の意義」の科学的な認識が，それらが制度化され，かつ世界的常識を形成しつつ展開している現実においては，価値判断にとって重要になるのである．）

　(2)　正当化の必要

　社会に生きているわれわれは，その選択について周りの人に納得してもらわなければならない．納得を得るためには，正当化が可能でなければならない．正当化の前提としては，――結果が妥当であることの他に――自分がそれまでに行なった判断・行動との首尾一貫性が問われる．首尾一貫性のない選択・行動ぶりでは，社会的信用を得られない．同様に，集合体としての価値判断には，先例による拘束が見逃せない力となる．これは，裁判官の場合にとくに言えることである．

　われわれはまた，最高価値として何を採るかを決めれば，それを前提にして構成された価値体系（＝世界観）にかなり忠実に，下位の諸価値を選んでいくべきものである．集合体として原則となる或る共通価値が集積されている場合には，それらとの整合性を求められる．逆に，われわれは，個々の局面で選択するときに，それを正当化する必要がある．それは，その限りでの基準を立てての選択であるが，それが蓄積するにつれ，やがてそれらの間に一貫性・体系

的整合性を持たせようとすることになり，次々と上位の価値に収斂させていくことになる．

　以上の点に関しては，次の（イ）（ロ）（ハ）の三点に注目すべきである．

　（イ）　われわれは，主体的判断をする場合——たとえば法律意思による解釈をするような場合——には，自分の選択を正当化するために，ある一般化し得る基準を出して，それに照らした計算・価値判断を行う．

　そうした基準としては，①たとえば，功利主義の「最大多数の最大幸福」や，「パレート最適値」，「公正の基準」，「弱者保護」・「損害の分散」などがある．それらを基準にするに当たっては，人は，それらの基準が妥当であることについて釈明しなければならないし，いったん或る基準を採用すれば，その原理に拘束される．今日ではそれらの基準は，人権尊重や民主主義などに適合的でなければならない．②また，トーピク（Topik）の考え方がある[263]．ここで出される判断基準は，トポイというが，それは，「定評ある名人・専門家は，その専門領域において信頼されねばならない」（＝権威によるトポイ Topoi ab auctoritate）や，「一般に通用していることは，信頼できる」（＝ communio opinio）といったものである．これらが関係者間で共通の前提になっておれば，ある事柄がこれらを基準にして処理できるときは，そう処理することで了解が得られる．

　（ロ）　たいていの人が共有する原理や価値・制度が現存しており，われわれは，自分はそれに適合的な判断をしているのだとする形で，正当化を行う．

　①たとえば，「条理」に依拠する場合がそうである．何が条理かについては，判断に主観が入りやすい．しかしまた，何が条理かは，まったく個人の好みで決まるものでもない．先に抵抗権で行った考察や，象徴天皇論で行った考察が明らかにしたように，論証の是非の問題でもある．②その他に，「プロ・レーバー」（労働法の目的は労働者の保護にあるから，その解釈に当たっては，労働者保護を優先するという立場）の考え方や，「疑わしきは被告人の利益に」（この原則の明文規定がなくても，近代刑事裁判の原理からして，そのように運用する）なども，制度の根底にある原理を求めて，それに依拠する手法である．憲法で，「第三

---

263)　トポスについては，シュレーダー・前掲注67)『トーピク・類推・衡平』，および中村治朗・前掲注260)『裁判の客観性をめぐって』86頁以下参照．

者効力」を否定するか肯定するかの議論もそうであるし，憲法の規定中で，権力制限規定は厳格に制限的な方向で，権利保障規定は権利拡大の方向で解釈するというのも，憲法の原理からの立論である．

(ハ) われわれは，先例を重視し，似たケースには似た判断がなされるよう，ケースの類型化や体系的整理を進めることを前提にする．その際には，先例の中から共通のルール ── ドヴォーキンの言う前述の「Maxim」ないし「Principle」がそうである ── を探り出してそれを整序化していくことが重要になる．

(3) 合意獲得

われわれは，たいていの場合，選択にあたって関係者の合意点を探る必要がある．争っている当事者間で，どちらか一方の主張を勝たすのではなく，相互の調整を行っていくのが普通である．また，大抵の価値選択は，《人をとるか自然をとるか》，《個人をとるか文化をとるか》，《自由と平等のどちらをとるか》といった，究極的な二者択一，実存を賭けた決断というドラマティックな形で行われるものではなく，複数の選択肢間でそれぞれの両極のどちらをもとる，その調整をどうするかという散文的な形で行われる．したがって，単なる好みで選ぶというより，プラス・マイナスを塩梅しつつ調整していく合理的作業が決め手となる．これも，一定の客観化と共通化，間主観化をもたらすものである．

以上を要するに，われわれは，相互に異なった価値観・嗜好を持ち，また本質的には自由に ── 客観的関係に拘束され尽くさずに ── 何でも選べる．しかし，同時にわれわれは，上のようなものに制約されつつ，その枠内で，すなわち客観的関係にかなり規定されて，それゆえ相互の共通性をかなり示しつつ，価値判断する．その際われわれはまた，そうした方向選択をできる限り正当化（=間主観化）する必要に迫られる．こうして，価値判断が主観的か客観的か，決断（決断主義的）か規範構造に基づく（規範主義的）か，を抽象的に論じることにはたいして意味がないのである．実際はそうした単純な二者択一ではない．両極の間での緊張ある選択がわれわれの生き様なのだといえる（たとえ認識の主観性が宿命であっても，それでもなお (dennoch)，われわれは，できる限りの客観性

を追求しなければならないのでもある).

21-3 価値選択の構造・価値の階序構造

前述のように「認識から価値判断は論理的には出てこない」．しかし，われわれは実際には日常的に，存在の認識から価値判断をさほど無理なく引き出している．これは，どういう行動の構造によるのだろうか.

「認識から価値判断を引き出す」ことは，われわれの身近な法学の議論にしばしば見受けられるところであるので，考察をここから始めよう．たとえば広中俊雄は，契約に関する歴史的考察から『有償契約においては人的要素が捨象される』という認識を得，この市民法原理を出発点にして，『賃貸人と賃借人との間の友情関係が賃借人によって裏切られたとか，賃借人に不道徳な行為があったとかといった，賃借人の「背信」を理由とした解除は行えない』とする[264]．また，前述のように，原島重義や石田喜久夫は，大企業が約款を作り契約に当たって「異議を述べないと承認したものとみなす」としてそれを消費者に押しつけてくる最近の問題に対して，『それは市民法原理である私的自治と対等性の原則に反する．契約の一方当事者が自分の契約案を法規範として強制することなど，市民法上あり得ない』，と批判する[265]．高柳信一は，『市民社会の国家は市民の合意（＝法律）による．したがって，法的根拠のない行政行為に公定力を認めない』とする[266].

こうした関連づけがスムーズに行くのはなぜか[267]．それは，認識と当為の

---

264) 広中他編『民法の基礎知識』（有斐閣，1964 年）第 13 問．これに対しては，市民法論批判の立場からの星野英一の書評がある．『東北法学』29 巻 2 号（1965 年）．下注 267 参照.
265) 原島重義「契約の拘束力——とくに約款を手がかりに」（『法学セミナー』1983 年 10 月号）．石田喜久夫『民法秩序と自己決定』（成文堂，1989 年）.
266) 広渡清吾「潮見・高柳・渡辺法学の検討」（『社会科学研究』32 巻 1 号，1980 年）．渡辺洋三『法というものの考え方』（岩波新書，1959 年）86 頁以下.
267) スムーズに行かないという見解もある．たとえば，星野英一「民法解釈論序説」(1968 年，『民法論集 1』所収）がそうである．星野は，「存在から当為は論理的に引き出せない」という立場から，市民法原理の立場を批判する．しかしわれわれが問題にしているのは，『論理的に引き出せないとしても，人が多くの場合に現実的に引き出しているのは，どうしてか』である．この点に関してはこの星野も，実際にはたとえば次のような議論を展開している点が興味深い．「占有の訴において，相手方が本権に基づく反訴を提起することは認められるか否かの問題も，近代社会において自力救済禁圧という価値をどう考えるかという考慮なしには，十分な判断ができな

間に媒介項が働いているからである．それは，①「ある制度の運用はその制度の自然（＝本質・原理）を反映しなければならない」という命題であろう．こうした命題が成り立つのは，制度が適切に運用されるには，運用が制度の自然にかなったものでなければならないからである．それはまた，②「人々の共通了解，共有財は，尊重されなければならない」という媒介項でもありうる．これらの命題が成り立つのは，ある制度を採用した場合，人は通常その制度の原理をも採用したと了解し，制度がその原理によって運用されることを期待する．またその制度が定着する際には，その原理が実際に働きを強め，それに基づいた新しい諸関係を生み出し，それらが人々の生活の骨組みとなる，という点に基づいている．

媒介項としては，③「これまでの人々の努力は，尊重されなければならない」という命題もありうる．かつて歴史家の家永三郎が，正しい法解釈の基準は歴史の発展法則にあると主張し，多くの法学者の反発を招いた．多くの法学者は，「存在から当為は論理的には出て来ない」という決まり文句で対応しただけで，それ以上のことを考えなかったからである．家永の主張自体は，「これまでの人々の努力は，尊重されなければならない」という媒介項に結びつけて考えれば，さほど不可解ではないであろう．『歴史は，これまでの人々の努力によって，こう動いてきた．これまでの人々の努力は，尊重されなければならない．したがって，こう解釈されるべきである』と．

それでは，こうした媒介項は，どういう構造を成しているのであろうか．まず気が付くのは，媒介項には，形式に関わるものと内容に関わるものとが含まれていることである．前者は，上の①「ある制度の運用はその制度の自然（＝本質・原理）を反映しなければならない」および②，③の三つであり，後者は「自由は尊重されなければならない」といったものである．この点に着目して，それぞれについて考えてみよう．

いであろう」（星野・同21頁）．つまりここで星野は，「近代社会においては自力救済が認められない」という原理を基盤にして，占有訴権は自力救済禁止の趣旨の具体化であるから，それを制約する本権に基づく反訴を否認しようというのである．その際，なぜ近代社会においては自力救済が認められるべきでないのかという問題については，近代社会と近代法の原理的考察を抜きにしては説明ができないのであるから，星野もまた，存在の原理的認識から当為を引き出しているのである．

21-3-1 形式に関わる媒介項

　形式に関わる媒介項としては，先に挙げたものを含め，次のような命題がその例としてある．
　①「ある制度の運用はその制度の自然（＝本質・原理）を反映しなければならない」
　②「これまでの人々の努力は尊重されなければならない」
　③「人々の共通了解は尊重されなければならない」
　④「人々の習慣に即応するべきである」
　⑤「世の成り行きに委せるべきである」
　⑥「多数者に従うべきである」
　⑦「質より量を尊重すべきである」，「量より質を尊重すべきである」
　⑧「普遍化可能性を尊重すべきである」
　⑨「矛盾したことを為したり言ったりすべきでない」

個々の法解釈においては，こうした媒介項として，さらに多様なものが入ってくる．「損害は分散すべきだ」とか「自分の違法行為から利益を得ることはできない」とか「資源の有効利用」とかである．

　これらが形式的であるというのは，「自然」とか「努力」とか「共通了解」とかいったものには，上述の内容のどれでもが入りうるからである．この点でこれらは，特殊な格言（Maxim）ないしトポスの一種だといえる．これら形式的なものは，それ自体が一つの基準になるものであるが，しかしその正当性を問われるときには，前述の内容的なものに根拠を求めなければならない関係にある．たとえば，①について，なぜその制度の自然を反映しなければならないかと問われれば，「その自然が正しい内容のものだから」（自由が大切だから，神が絶対だからなど）と答えることになる．これらについてはまた，たとえば④について，「習慣よりも，人々の自由を擁護する方が大切だ」という内容的見解が強まれば，④はその限りで否定されることになる．⑧の基準に対しても，内容に関わった例外扱い，たとえば「文化価値の視点からして，この天才的芸術家は徴兵や死刑を免れさせるべきである」という取り扱いが主張され得る．

　したがって，形式に関わる媒介は，それを共有しかつ価値内容を共有してい

る人々の間では，結論をスムーズに導くものとなりうるが，その正当性が問題になると，結論を導き出すことが困難になる．

21-3-2 内容に関わる媒介項

実質的な価値内容に関わるものについては，ラートブルフの有名な分類[268]を今日的観点から改良して筆者による次のような分類を提示したい．そして下図を説明する形で，論じよう．

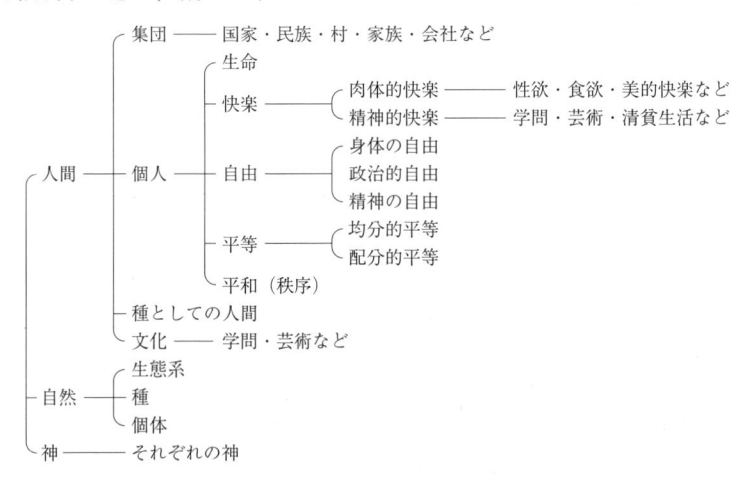

```
            ┌ 集団 ── 国家・民族・村・家族・会社など
            │  ┌ 生命
            │  │         ┌ 肉体的快楽 ── 性欲・食欲・美的快楽など
            │  ├ 快楽 ──┤
            │  │         └ 精神的快楽 ── 学問・芸術・清貧生活など
            │  │         ┌ 身体の自由
       ┌ 人間┤個人┤自由 ┤ 政治的自由
       │    │  │         └ 精神の自由
       │    │  │         ┌ 均分的平等
       │    │  ├ 平等 ──┤
       │    │  │         └ 配分的平等
       │    │  └ 平和（秩序）
       │    ├ 種としての人間
       │    └ 文化 ── 学問・芸術など
       │    ┌ 生態系
       ├ 自然┤ 種
       │    └ 個体
       └ 神 ── それぞれの神
```

すなわち，最高の価値としては，人間・自然・神があり，そのどれを第一位に置くかによって，（イ）人間中心主義，（ロ）極端な「自然の権利」擁護の立場，（ハ）絶対神の立場に至る．

（イ）　人間中心主義は，集団，個人，種としての人間，文化のどれを優先するかで，立場が異なってくる．

集団優先は，国家，村，家族，会社などのどれをとくに優先するかで立場は異なってくる．

個人については，生命，快楽，自由，平等，平和（秩序）のどれを優先するかで，立場は異なってくる．

---

268) ラートブルフは，最高の価値を，「個人」・「団体」・「文化」の三つに求める．（『ラートブルフ著作集』第1巻（『法哲学』田中耕太郎訳，東京大学出版会，1961年）第7章.）これに対し筆者は，他にも「自然」・「神」が最高価値になることがあるとするのである．

種としての人間の向上や保全を優先するとその観点から婚姻の規制や生殖の規制が主張され個人の自由が制限されることもある，等々である．

　文化を優先すると，文化財を保全するため，侵略されても抵抗しないということも起こる．逆に，民族文化を発展させるために，独立を求めることもあり得る．文化発展のために，個人の自由を強化することもあり得る，等々である．

　(ロ)　自然を最高価値とすると，動物の権利を唱えて人間の自由を制限することも主張される．この「自然第一」の立場内でも，個体を優先するか，種を優先するか，生態系を優先するかで異なる．希少な種の保全のために，個体を捕獲してもっぱら繁殖のために飼育することもあるし，生態系保全のためには，殖え過ぎた特定の種について間引きをすることもある．

　かくして前頁のような表になるのである（以上の説明は，法に関わるものでもあるが，道徳にも関わる．道徳もまた，何を最高価値にしているかによって，同様な分類が可能なのである．法と道徳は，この点では，価値を親とする兄弟なのである）．

　こうした形で捉えた諸価値の間で，われわれが一つの決定をする場合に，われわれの思考がどう展開するか，その時に社会科学的考察がどのように重要か，こうした点は，次の章において考える．

22 法の解釈（3）　（補論）法解釈に対する社会科学の貢献

　以上を踏まえて，法解釈に対する社会科学の貢献について考察しておこう．
　先にも見たように，法解釈の作業は，法文についても，文理解釈から立法者意思による解釈に至るまで，文言の通常の意味，体系的位置，立法の意図などに対する認識行為である面が大きい．しかし，他方で，法解釈においては，実践的意図が法文理解を規定し，とくに法律意思による解釈ではそれが前面に出るのだから，価値判断による方向の選択が欠かせない．その際，価値判断を大きく規定するのは実践上の基本的立場――民主主義の立場，ファッシズムの立場，労働者の立場，大企業本位の立場など――であり，どの立場を採るかは，究極的にはその人の，価値観の総体的構造，すなわち世界観による．法解釈の作業においてはこのように認識作業と価値判断が絡み合っているのである．
　より詳しく法解釈の作業過程を追って見ると，ひと（法解釈者）は，関係する事件に直面して，①事実を認識し，その認識した事実に対して，②自分の価値判断による解決方向を願望としてもちつつも，③法の枠や，法の性格（原理や構造），④先例の枠，⑤人々のそれに対するこれまでの評価・世の動向，⑥当該問題をめぐる関係者の有り様や意向，⑦自分が行った他の決定や自分の言動と原理的に矛盾しないか，などの諸要素を照らし合わせ，それら全体を煮詰めて一定の方向性を出し，さらに，⑧その方向性が一般化した場合にどういう結果をもたらすかをも考え，再度練り直す．ひとはこのような思考の複雑な展開過程を経ながら，一応の結論を得る．そしてこの一応の結論が固まると，今度はそれをちみつに論理的に根拠づける作業に入る．その際には，上述の諸要素を念頭に置きつつ法文に説得的に結びつけて，法的に構成して行こうとするのである．
　以上の作業は，一応の結論に至るまでに③と④とを踏まえているのであるか

ら，利益考量論の人々が言うような『まず決断してその後で適当な条文で正当化する』といった単線モデルではない．

総じてこういう思考の構造は，きわめて動的な螺旋モデルのものである．それは，上のように分析的に記述すれば複雑に見えるが，しかし訓練された専門法曹は，職業上の「勘」ないし知的直観，法律家の伝統に根ざした技法でもって使いこなしている．また，こうした思考は，単に法律の場においてだけでなく，日常生活においても，われわれが多かれ少なかれ駆使しているものである．

法解釈に対する社会科学の関係は，以上の諸ポイントに対応して問題となる．

(1) 法規範と事実の認識

法の解釈に当たっては，法規範と事実をしっかり把握し，それに対応した法適用のあり方（論理構成）を考えることが重要である．

法解釈は，《AならばBとすべし（大前提）．しかるにCはAである（小前提）．ゆえにCはBとすべし（結論）》という三段論法を形の上では採る．前の例で示せば，《「年齢二十歳をもって成年とする」（民法4条）．しかるに，Cは満二十歳である．ゆえにCは成人である》という形である（もっともこの際にしばしば，Aに関わる概念が多義的であり，また目的論的考察が入るから，完全に三段論法であるということは，あり得ないが）．

このうち，大前提である法文の解釈の作業それ自体についても，次のことが言える．①その法文に使われている文言は通常どういう意味をもつか，をわきまえておく必要がある．また，②「その法が作られた歴史的背景はどういうものであり，したがってその法はどう歴史的に性格づけられているか」，「その性格づけは今日のかくかくしかじかの状況とどう関係するか」をもわきまえておく必要がある．さらに，③「その法は，法全体の中にどういう位置を占めているか」，とくに「その法に内在するどういう法原理とどう連関するか」等々もわきまえておく必要がある．これらを知らないと，法解釈の方向を間違う．これは，歴史的解釈の問題であり，現状認識ないし構造認識の問題であり，さらには **(2)** で扱う法原理の問題でもある．これらは主として科学的作業である．

小前提である事実の認定も，科学的作業を欠かせない[269]．

---

269) たとえば，渡辺洋三は，入会権について，法社会学的認識の重要性を強調する．すなわち，公有地上の入会権は公法関係だとする説があるが，これはおおざっぱすぎる．入会権の性質は，

結論に関しても,「こういう方向をここで出せば,将来どういう現実が生じるか」(政策論的考察・先読み),「これまでの先例にどう適合するか」(歴史的・体系的考察),「他国ではどういう理由でどう処理し,どういう結果を得たか」(比較法的考察),などの考慮が必要であり,これらには科学的な認識作業が不可欠である[270].

(2) 法の原理的な特徴の解明

個々の実定法は,近代法としての,現代法としての,あるいは,市民法としての,社会法としての,日本の法としての,あるいはアメリカないしドイツなどから継受された法としての,全体連関と,それを規定する原理的な特徴をもっており,それらの法に対応する現実の法制度も,そうした原理的な特徴をもっている.そうした法や法制度の原理的な特徴を明らかにし,それに照らして個々の法を位置づけ性質を理解しまた批判し,そうした原理的な特徴をも考慮した解釈を行う必要がある.

ある法や法制度がどういう原理的な特徴をもつかは,法と法制度の歴史的考察および実態分析,すなわち立法時における立法者の意思や,その歴史的コンテクスト,そうしたものの制定に至るバック・グラウンド——とりわけそれらの制度を生んだ思想や運動の内容,制度をも巻き込んで動いている社会の構造との関係——,などの考察から明らかにする.さらには,「17 抵抗権」で論じたところの実定法的原理の考察や,法系ごとの原理などを比較法的に考察することも重要である[271].

　　当該権利関係の実態に照らして考えなければならない.入会権は,公法関係の場合のように住民の全員が行使できるものではなく,本家・分家,旧住民・新住民などで権利者に区別がある.また,権利者は家長だけで,家族員全員ではない.こうした実態をよく認識すれば,公法的権利だと単純に言うことに対し慎重になるだろう,とする(渡辺洋三「公法と私法(六)」(『民商法雑誌』38巻4号,1959年,34頁)).渡辺はまた,注11に見たように,公共用の財産・営造物は,通常に使用される場合には「公法上の利用関係である」とする見方を批判して,公共のものといっても,病院,学校,電車,賃貸住宅等々を地方公共団体が経営する理由やその意味は,それぞれで異っており,電車や賃貸住宅などは,性質上私的企業と変わらない.こうした違いを法社会学的に正確に捉えることが重要だとする(前掲注11)「公法と私法(五)」35-36頁).

270)　渡辺洋三『法社会学と法解釈学』(岩波書店,1959年)115頁以下.
271)　たとえば,渡辺は,実定法を超えて法原理をつかみ,それを基盤にして,実定法を批判し立法と解釈との参考にする作業が重要だとする.かれは言う,「われわれに必要なことは単に実定法の規定そのものを理解することだけではなく,実定法を支えているところの根拠ないしその底に働いているところの法原理を価値的に判断することでなければならない.たとえば公営住宅に

法の原理的な特徴は，法解釈を導く指針となるとともに，実定法の根本的批判ともなる点で，自然法に似ている．しかし，法の原理的な特徴は，上述のように法制度の社会科学的分析から得られるものであり，本質的に思弁に頼ることの多い自然法とは異なる．

(3) 判断基準・立場の帰結

法の原理的な特徴や歴史の方向を見つけていくのは主として認識作業であること前述の通りであるが，それらを踏まえつつ，どういう判断基準・立場を選ぶかは，最終的には各人の実存をかけた決断である．しかし，ある判断基準を選んだ場合，現実の社会においてそれを適用するために具体的にどういう行動をとることになるか，その選択はどういう帰結をもたらすか，それを予測してどう対処すべきか，の考察に当たっては，現実の社会科学的認識を踏まえなければならない．たとえば，民主主義を価値判断として選ぶのは，健全な良識，歴史の反省，多くの人が選択するものであるという事実，憲法をはじめとする近代の法の原理としてそれが認められているという事実などに，根拠をおいているのであろう．しかし最終的には，決断がくる．そして，いったん民主主義を自己の基本的立場とした場合には，「現実の社会の中で，だれの，いかなる利益をどのように守ることが民主主義に合致するか」，「この局面でのそういう選択がどんな効果をもたらすか」の考察は，社会関係の科学的認識に依拠して行われる[272]．それで全てが先読みできるというものではなく，最後は決断・賭けが避けられない場合も多いが．

もっとも，全ての解釈において，基本的立場との照合が求められるものでもないことは言うまでもない．そうした基本的立場が問題になるのは，多かれ少なかれ非日常的な，重大な原理に関わるケースをめぐってであり，日常的な細々したケースは，別の価値判断で処理されるであろう[273]．

関する実定法規（公営住宅法）が一定の特殊公法的規制を加えている場合，その公法的規律がいかなる根拠によるものであるか，またその規制の限度が合理的であり，したがつて実定法規が妥当であるかどうか等の判断の基準は実定法そのものの中にはない」（前掲注11)「公法と私法（五）」42-43頁）．こうした法原理への眼がなければ，「当面の法技術的処理に埋没する」傾向が避けられない（渡辺洋三・前掲注270)『法社会学と法解釈学』12頁，377頁）．われわれを法の機械（コンピュータ）にせず人間にするうえで，原理を問う社会科学が大切なのである．

272) 渡辺洋三「社会科学と法の解釈」（『法哲学年報』1967年，前掲注12)『法社会学研究』第7巻）226頁．

(4) イデオロギー批判

前述のところからも分かるように，事実認識に不正確さがある原因は，単に認識が不十分であることにだけではなく，ものを見る眼に歪みがあることにも求められる．この歪みは，法律家を無意識のうちに規定しているイデオロギーによる．このイデオロギーを析出して自覚させること，そして新しい時代の原理（たとえば新憲法の原理）に照らして認識枠組みの組み換えを提唱すること[274]，これもまた，社会科学の役割の一つである．

イデオロギー批判はまた，ある解釈論の提唱が実際にどういう効果をもたらしているかを明らかにする形でも，展開される[275]．

(5) 立場決定自体

以上の前提として，立場決定に当たっては次の諸点が考察されるのであるから，すでにここでも社会科学的な認識が大きな意味をもつ．

（イ）立場の決定では，ある社会関係についてそれをどういう方向に進むように働きかけるかが決められるのだから，社会関係の動きを正しく（客観的に）認識することが前提になる．その際，認識すべき事柄は，第一には，現実の事

---

273) 星野は言う，「仮にある価値を認めるにしても，例えば，「近代化は望ましい」という価値判断命題が妥当であるとしても，それだけから，あらゆる解釈論上の帰結が導かれるものではないことを，繰り返し述べておきたい［…］．第一に，ある価値の実現だけが問題になる場合でさえ，より具体的なレベルでの問題の解決においては，何がその価値をよりよく実現するかの判断は，しかく［し］一義的にきまることでない，第二に，他の価値の実現も問題になることが多く，このさい，あるいはその一つの選択が，多くの場合にはその調和的実現が問題なのである」．星野英一「書評『民法の基礎知識』」，前掲注267)『民法論集』1，351頁．

274) たとえば渡辺の郵便事業法批判がそうである．この法律は，国の郵便事業における損害賠償請求期間を極端に短く限定しているが，渡辺は，その理由を「郵便業務の特性に内在する要請」に求めることには根拠がないとする．渡辺は，この制度の背景には，「国の損害賠償義務をできるだけ早くうちきらせることによって，通常の賠償義務者には許されない特権を国にだけあたえる」という古いイデオロギーがあることを指摘する．そしてそれを踏まえて，今日の民主国家ではそうした規定は限定解釈すべきであり，「この規定を除斥期間と解すべきではなく，時効期間と解するのが当然である」と方向付ける（渡辺洋三「公法と私法（十）」『民商法雑誌』40巻4号，1959年，23頁）．

275) たとえば渡辺は，田中二郎が新しい時代の行政法のあり方を論じ，『行政法学では目的論的解釈が重要である』と強調している点について，実際にはこうした主張は，行政目的の効果的な遂行を重視することによって国民の権利を不当に制限する帰結をもたらしていることを実態分析を通じて明らかにする．そしてその上に立って，そうした帰結は，田中が他方で強調する法治主義の立場と矛盾するとして，田中の目的論的解釈論と，田中が他方で主張している法治主義の立場との間の齟齬を指摘する（渡辺洋三「法治主義と行政権」，前掲注12)『法社会学研究』1，65頁注4)．

実そのものであり，第二には，社会制度・法制度の構造，それに内在する原理（たとえば「市民法原理」や「社会法原理」）であり，第三には，歴史の到達点・進んでいる方向，これまでの人々の働きかけの歴史的教訓などである．

（ロ）　立場の決定は，自分だけの孤立した行為ではなく，自分の進む方向を人々の運動と関連づけ社会的に位置づけることが大切なのだから，人々を規定している判断基準（基本的価値）や運動の力学を明らかにして，その中に自分の選ぼうとしている方向を位置づけることが必要になる．そうしたことを可能にするのは，社会科学である[276]（その際には同時に判断基準を定式化しその正当性を示す必要もある．そうした基準とは，「最大多数の人々に最大の幸福をもたらす帰結を探る」とか，「弱者保護の優先」とか，「民主主義原理」とかといったものである）．

参考文献：渡辺洋三『法社会学と法解釈学』（岩波書店，1959 年），甲斐道太郎『新版法の解釈と実践』（法律文化社，1980 年），星野英一『民法論集』第 1 巻（有斐閣，1970 年），田中成明『法理学講義』（有斐閣，1994 年）第 14 章，北川善太郎

---

[276]　法解釈においては，各人の選択が大きな位置を占める．しかし同時に解釈者は，決断のみによってすべてを決すのではなく，(法規の枠や先例などとともに) 基礎的事実の認識をもそれと結びつける．すなわち，①問題がどういう性質のものであり，②それゆえ具体的にどういう手段を使いどういう手続で処理することが，目指している結果をもたらすかを考えるとともに，③そういうことを前提にした場合，何をどこまで目指すことができるかという形で価値判断そのものをも考え直す.

この点に関して渡辺は，労働法の解釈を論じた際に次のようにいっている．「ここで，普遍的正義ということばは，たとえば，民主主義，平等，人間尊重，平和，多数の幸福，社会の進歩，勤労人民の利益等々の抽象的なことばに置きかえてもよい．いずれにせよ，ことば自体は具体的内容を示していない．しかし，かりに今，民主主義を価値判断の原則的基準としてえらんだ場合，現実の社会の中で，だれの，いかなる利益を守ることが民主主義に合致するかを，われわれは，社会科学の力を借り事実に即して確定することができる．同様に，多数の幸福や平和の維持とは何であるかを現実社会の分析の中から具体的に見出すことも可能であろう．対立する解釈のうち，どれをえらぶことが，より民主主義に合致し，多数の幸福の実現や平和の維持に役立つかということを，社会科学的分析をつうじて明らかにすることによって，解釈者は，解釈とその結果との関係を具体的に理解することができるのである」（渡辺洋三「社会科学と法の解釈」，『法哲学年報』1967 年，『法社会学研究』第 7 巻，同 226 頁）．

渡辺のこの立場は，マックス・ヴェーバーが 1904 年の「社会科学的および社会政策的認識の《客観性》」で述べた，科学が価値に関わる三つの場合，すなわち，①価値判断をして得られた実践目的を達成するためにはどのような手段がよいかについて考察すること，②その目的達成のために或る行為をした場合，どのような効果が発生するかを予測すること，および③価値判断そのものについてその構造を解析することのうち，①と②に対応する，と言えよう（ヴェーバー『社会科学方法論』（富永・立野訳，岩波文庫，1936 年）14 頁以下）．

『日本法学の歴史と理論』（日本評論社，1968年），大橋他『法哲学綱要』第11章（青林書院，1990年）．

23 法の解釈 (4)　規範主義と決断主義

　法解釈に関するこれまでの考察から，人間の思考が示す重要な傾向として，規範主義と決断主義があり，その関係づけが人間の判断にとって重要であることが明らかになった．そこで，この点について以下のところで集中した検討を加えておこう．

　ここで規範主義とは，『世界には秩序があるので，人はそれに則って（それを規範として）行為しなければならない．したがって，秩序を発見しそれに従えるための強い理性をもたなければならない』とする立場である．私見によれば，こうした規範主義は，生活の法的側面については，①制定法的規範主義と，②実定法的規範主義と，③超実定法的規範主義とに分かれる．①は，秩序としては制定法（ないし実定道徳）のみを判断基準にする．すなわち，『われわれの生活の法的側面はこの制定法の秩序で構成されており，それゆえ，それに従って行為するべきだ』とする．②と③は，『制定法は不完全であるので，それを超えた秩序を見出してそれに従わなければならない』とする．そしてその際，②は，制定法の根底にある実定法秩序を問題にするのに対し，③は，自然法に向かう．

　これに対して決断主義とは，『世界は無秩序である．秩序がないところに人間が自らの意志と力で方向を切り開いていく．無秩序を前提にするから，法則の支配の上に成り立つ理性には頼れず，決断──すなわちその場その場での賭けによる方向選択──が決定的である』とする立場である．

　両者の関係は，規範主義に立つ近代自由主義を決断主義の立場から批判するカール・シュミットをめぐって鮮明になった．先に見たように，シュミットは，1930 年代までは，制定法的規範主義を「規範主義」と呼んで，自分が採る「決断主義」の立場に対置させた．また，1930 年代以降のシュミットは，①制

定法的規範主義である「規範主義」，②「決断主義」，③実定法的規範主義の一つである「具体的秩序思考」の三つの法学的思惟を対置し，かれ自身は「具体的秩序思考」を提唱した．

　しかし，両者の対立は，きわめて古くからのものである．そこで両者の思想史をここで概観し，われわれが直面している法学上の規範主義・決断主義をこの長い思想史上的に位置づけ，その意味を考えておこう．

23-1　古代思想

(1)　ギリシア思想

　古代ギリシア人は，とりわけその古典期においてはカオスを嫌った．ギリシア人が大切にした観念である「コスモス」は，世界（宇宙）を意味すると同時に秩序をも意味した．すなわち，ギリシアにおいては，『世界には秩序があり，それに従って整然と生きるのが善いことだ』という思想がその根底にある．

　それが具体的にどういうものかを，まず美術史から見てみよう．美術史家・澤柳大五郎は，彫刻における，この紀元前5世紀の古典期の精神をエートスethos (hexis) の概念で捉えている．それは，「無限の変化と躍動する生命をもちながら静かな調和，統一ある秩序」を保つ態度，「自らのプリンシプルによって平静に心的，精神的な生活を規制し，運命を選ぶ」態度であり，それは，「今日のように個性に，個人の自由に基礎をもつものでなく，客観的な秩序に，ポリスの公的生活に準拠している」ものなのであった．つまりそれは，表現意欲・活動力に溢れながらも，社会の秩序や公的生活の伝統に自分を一致させ，その中で自分がなすべき役割を忠実に果たしつつ行動していこうとする態度である．ギリシア人は，日常の私的生活においても，自己抑制を重んじていた．節度を保った振る舞いを尊重したのである．ギリシア彫刻においては「肉親に先立たれた人々も，激しい戦いに斃れるアマゾン達も決して取乱したり絶叫したりはしない．ただその全身が裡に湛えられた魂の悲壮な息吹を伝えるのである．」[277]

---

[277]　澤柳大五郎『ギリシアの美術』（岩波新書，1964年）182, 233頁．ヴィンケルマンも，古代ギリシアのこのエートスについて，「魂は静まった水の表面を通してのように表現され，決して

このような秩序観念は，古代ギリシアのポリス生活が崩壊して行くに伴って弱まり，ヘレニズム時代には，不安や感情をもろに出すマニエリズムへの傾斜を高めた．また，古典期においても秩序の側面は，ギリシア文化の「アポロ的」な側面に限定され，ギリシア人はその背後にもう一つの側面，秩序の反対概念である「ディオニュソス」的側面（酩酊・狂乱・カオス，情念が支配的になる世界）をもっていた，とニーチェ（Friedrich W. Nietzsche, 1844-1900）は指摘した．しかしこのカオスは，非日常的な場で放出されるものであって，ギリシア人の日常性は，秩序の支配するところであった[278]．

　ギリシアでは，神による世界創造も，「無から有は生じない」という観念から出発する．すなわちギリシアにおける神は，あらかじめ備わっている法則に従い，既存の物質を利用する形で行為する．これが，プラトンに見られるような，デミウルゴス（大工・職人）としての神の観念である．大工・職人は，「ものを造る」といっても，既にある材料や自然法則を前提にしそれに準拠して「ものを組み立てる」のであって，材料や自然法則自体をも自分の意志によって作り出すような，決断主義的な（ユダヤ＝キリスト教的）創造主ではない．

　もっとも壮大な哲学体系を完成させたアリストテレスは，神を「必然によって存在するもの」としている．すべての物体は運動している．運動は，ある物が他の物によって動かされて，その運動をまた他の物に伝えていく形で展開する．このように考えると，「動かされないで動かす」ところの最初のものを考えなければならない．そしてそのようなものは，「永遠のものであり，実体で」なければならない．それが神である，と（『形而上学』第12巻7章）．このような神の捉え方では，物理的な作用体であることが分かるだけで神の「人格」は表に出てこない．この「神」は，自由な意志中心でない（決断主義的でない）がゆえに，没個性的で抽象的で非超越的であるのである．

　材料や自然法則が主体に先立って世界に内在しており，主体はそれを発見し，

　　乱れた姿のままでは表現されない．苦悩表現においても，激しい苦痛は覆いこまれ，歓喜は穏やかな空気のように浮かび上がる」と述べている．Johann J. Winckelmann, *Geschichte der Kunst des Altertums*, Sämmtliche Werke, 1825-29, Neue Ausgabe, 1987, S. 230.

[278]　ニーチェによれば「ディオニュソス」的側面は，非日常的な場であるディオニュソスの祭りや悲劇の上演の場で現れるものであって，公式の場は，秩序に支配されていた．ニーチェ『悲劇の誕生』*Die Geburt der Tragödie*, 1872.

それに従って生きるのが正しい，という観念は，ストア派においても重要な意味をもっている．ストア派が克己を強調したのは，この立場からであった．

＊

　プラトンもこの地平上で考えることができるが，しかしかれには，もう一つの側面もある．かれによれば，永遠のイデアの世界には調和と法則が支配しているが，それから離れて肉の世界になってしまった現実の世界には，そのようなものはもはや存在していない．アリストテレスが批判的にまとめているところによれば，プラトンにとってイデアは，「事物の実体ではない」．「もし実体であるなら，それはすでにこれらに内在しているはずであるから」(『形而上学』第13巻5章)．これを逆に読めば，プラトンは，人間が生きる現実の世界には秩序は存在しないという立場を採ったことが分かる．対象に秩序が内在していないのであれば，経験的観察や論理的分析では普遍はつかめない．普遍は，対象の彼方に，それゆえ直観によって求めるほかない，ということになる．また，この世界に秩序がないのであれば，それは人間が自ら，その意志によって創るほかなくなる．プラトンは，その哲学によってこういう方向，すなわち意志主義・決断主義への準備をもしたのであった．

　このようにしてギリシア思想は，規範主義と決断主義の双方向においても，後世の思想を規定することになる．

(2)　ユダヤ＝キリスト教

　旧約聖書の創世記冒頭における世界創造の描写は，次のようになっている．

> 「初めに，神は天地を創造された．地は混沌であって，闇が深淵の面にあり，神の霊が水の面を動いていた．神はいわれた．「光あれ．」こうして光があった．神は光を見て，良しとされた．神は光と闇を分け，光を昼と呼び，闇を夜と呼ばれた．夕べがあり，朝があった．第一日の日である．〔……〕」(新共同訳聖書)

　ここでは世界は当初，混沌(カオス)であり光すらない無の状況であった(一面の液状ガスの暗い海だったようである)．そこに，ただ一人神が充実した存在としてあり，この世界にまず「光あれ！」と命令して，そこから光ができ，その後にその他の物質と秩序が造られた，となっている．つまり神は，ユダヤ＝

キリスト教においては，カオスないし無から自分の意志によって全てを作り出し得る存在である．このような構図では，材料や自然法則も神の意志が創り出したのであり，もし神が別様に意志していたら，世界の物質とその法則は別様のものになっていたということになる．つまり，ギリシアにおけるような，神をも規定するごとき法則はない．ユダヤ＝キリスト教においては，神がここまで全能となり，意志が秩序に，決断が規範に完全に先行するのであった．

しかし他方で，神によって創られた世界は，神の普遍性を内在させているとされることになる（これは超実定法的規範主義である）．また，神の命じた掟は，絶対的価値を内在させていることになる（これも超実定法的規範主義である）．この掟にはまた，神の命令だから，無条件に服さなければならないことになる（これは一種の制定法的規範主義である．もちろん文字通りの制定法ではない）．このようにして，決断主義は，ユダヤ＝キリスト教において，規範主義（超実定法的規範主義と一種の制定法的規範主義）につながるものでもあったのである．

23-2 中世キリスト教

中世キリスト教思想においては，トマスの思想とアウグスティヌスやオッカムの思想との対立，実在論（realism）と唯名論（nominalism）の対立が見られたが，それは，以下に見るように，超実定法的規範主義と決断主義の対立であり，またそれぞれアリストテレス的な実在論と本来のキリスト教的（ないしプラトン的）意志主義・決断主義思想との対立でもあった．

(1) アウグスティヌス

アウグスティヌスの思想の根底には，新プラトン主義がある．これは，霊肉分離の思想であり，現実の肉の世界を，永遠なるものから離れた，欲望に規定されたカオスの世界として消極的に見る．このような立場においては，秩序は神の意志によって創られたものだということになる．アウグスティヌスにおける意志主義は，具体的には次のようにして展開した．

……キリスト教を批判する者は言う，「神は，死ぬことも誤ることもできない．これは，神の全能に反するのではないか」．そうではない．全能とは，意志するところを行えることである．しかるに神は，死や悪を意志しないから，

死ぬことも誤ることもないだけである．アウグスティヌスは，神の本質はその自由な意志にあるとしたのである．

　それでは人間については，どうか．人間の自由意志について，アウグスティヌスはこれを悪の存在根拠と関らせて論じている．……神の創造によるものは一切善である．それなら悪はどこからくるか．悪は，神に由来することはない．といって，悪魔をもち出すわけにも行かない．悪魔をもち出すと，神が二人いることになる（善の神と悪の神）．物質だけに由来を求めることもできない，人間は，物質的であるとともに精神的でもある存在に関わるものだから．それゆえ悪は人間の悪しき意志にもとづく，とすべきである．すなわち，意志は本質的に自由である．自由であるということは，正しいことも悪いことも選ぶということだ．神のように完全であれば，正しいことしか選ばない．人間は，善だけしか意志しない神ではないのだ．このため，悪をも意志する．とりわけ人間は，与えられた自由な意志を，我意（エゴイズム）の方向に使う可能性がある．この我意は，善の欠如である．「悪とは本質ではなく，本質の毀損，善の欠如である」，と[279]．ここには意志主義が鮮明である．

　(2)　トマス・アクィナス

　トマスは，基本的にアリストテレス的な秩序観を前提にした．すなわち，かれによれば個物の中に普遍が内在する．これはまた世界に秩序・摂理が存在することを意味している．このような世界像のもとでは，神は全くのカオスからの秩序の創造者ではなく，したがって単純に決断するだけの者ではなく，自分の中に備わっている理性，（理性的な）法則・規範を前提にしそれに従って創造した，ということになる．先に見たような，「無からの創造」の論理を，トマス的な正統派のキリスト教は前面には押し出さなかったのである．神は秩序に服しているのではないが，また秩序を攪乱する者でもない．神は，理性的存在者であることによって，自ずとその秩序に一致して行動するのである．（後述のオッカムが言うようには）人間の或る行為が善であるのはそれが神の命令であるからではなく，その行為が本質的に善であるから神はそれを命じた．そして，理性は不完全ではあるが人間にも内在しており，人間はその理性を使って神の

---

[279]　速水敬三『古代・中世の哲学』（筑摩書房，1968 年）222 頁以下．

摂理，永遠の法則を捉え，それに準拠する．これが永久法である．永久法は，人間社会の原則として具体化されてもいる．それが自然法である．人間はこの自然法を，個々の社会の特殊事情を鑑みながら自分たちのルールとして具体化する．これが実定法である．

　以上のようにトマスは，全体として，正しい規範が客観的に実在しており，人間にはそれの正確な認識とそれに従った行為が求められるとした．これが典型的な規範主義である．

　(3)　ウイリアム・オブ・オッカム

　オッカムは，フランチェスコ会修道士であったが，このフランチェスコ会には，アウグスティヌスの影響が強かった．オッカムが唱えた唯名論によれば，実在するのは全能の神と，その神が創造した個々のもの（個物）だけである．この個々のものを総括的に指し示す「普遍」は，客観的に実在するものではなく，人間が便宜のために使う記号・名前にすぎない．この立場においては，したがって世界に神の意志をも方向付けるような法則が内在しているとは考えられない．秩序は，全能の神がその意志によって造ったのである．神が別様に意志しておれば，秩序は別様になったはずである．人間の或る行為が善であるのは，それがもともと善であるからではなく，それが神の命令だからである．神が，エジプト人の財産を奪えと命じれば，略奪は善となる．神が神を憎めと命じれば，神を憎むことも善となる．神はここまで絶対となり，秩序でなく神の意志がすべてを決める．これが純粋な形で提示された決断主義の姿である．

　オッカムのこの立場は，現実界に普遍が内在しないという点ではプラトンに近いが，神を全能とするのはユダヤ＝キリスト教の基底にある考えだから，この立場は，本来のキリスト教の枠組から自然に帰結するものでもあるということになる（イエス自身が示した神は，さほど独裁者ではなく，やさしい温かい愛の神であったが）．

23-3　宗教改革（ルター）

　ルターが宗教改革を始めたときの宣言である『95ヵ条の提題』の第5によれば，「行ないは行ない自身のゆえにみこころにかなうのではなく，信仰のゆえ

にみこころにかなう」．また，『ハイデルベルク討論の提題』によれば，「彼の行ないは彼の義をつくり出さず，むしろ彼の義が彼の行ないをつくり出す」[280]．ルターのこうした言葉が意味しているのは，客観的な制度それ自体に宗教的な意味が内在しているのではなく，主体の心ないし意志（神を求める心＝信仰心）が，制度に宗教的意味を付与するのだということである．実際，ルターは，たとえば〈婚姻をサクラメントとしてそれに特別の宗教的意味を与える伝統〉を否定し，また〈僧侶の独身主義に宗教上の特別の意味を付与する伝統〉を否定した．それは，制度よりも主体の心・意志のあり方を重視するからであった．ルターはまた，人間の理性については，それがあることによって人間が傲慢になり神に従うことができなくなるのだから，理性は人間の救済にとって害あって益はないとする．客体に普遍的意味が内在していることが否定されると共に，客体の中に普遍的意味を認識する能力としての理性の力も消極的に評価されたのである．こうしたルターにおいては，主体の決断が決定的な意味をもつことになる．

これに対して，カトリックの立場は，アクィナスがそうであったように，「善い制度が善い人間を作る」として制度の規範的価値を重視すると共に，理性はそれだけでは救済にとって無力であり，神の恩寵を必要とするが，しかし，理性にはそれなりの宗教上の存在意味もあるとするのであるから，規範主義に結び付くことになる．

23-4 近世自然法思想

(1) トーマス・ホッブス

ホッブスの議論の出発点は，自己の生存と欲求充足のみに関心をもった自然人であり，これらエゴイストたちが闘争し合う自然状態（戦争状態）である．この自然状態には，人間を拘束し共存させ合う規範がない．秩序は，闘争し合うだけではお互いの生存が危ないと判断した人間たちが，合意によって闘争を放棄したところに初めて成立する．ここには，カオスの中にあって相互に自立

---

280) 徳善義和編『ルター』（平凡社，1976年）．

している個人が，その意志によって社会・秩序を造るという構図がある．国家もまた，こうした個人の闘争というカオスの中から，それを避けるために人間が協定して（合意によって）創ったものであり，人間たちはその国家権力に全権を付与する．したがって，この権力もまた，自分に先行して自分を拘束する超越的な秩序をもたない．「正義でなく権威が法を作る」ということである（先に見たように，ここで「権威」とは，実力のことである）．決断主義がきわめて純化して定式化されているといえる．ホッブスは，その人間観においても，生得的な観念を否定し，人間の理性もまた人間が経験を通じて獲得したものと考えようとしている（＝経験主義）．したがってここでも，人間に先行する秩序や本質は重要な意味をもたない．この点では，超実定法的規範主義はホッブスとは無縁である．しかしホッブスにおいては，自己保存の傾向や欲望が意志を規定しているし，国家を創ることが人間存在には避けられないのでもあるから，この点では自由な意志による方向選択とは言えない．

　では，権力が作った法律自体に対して，人間はどう関わるのであろうか．この点では，ホッブスは意外なことに，ユダヤ＝キリスト教に見られた論理を再現させている．「正義でなく権威が法を作る」のであるから，いったん作られた法は，権威（権力）を背景にして無条件の服従を求めることになる．法をめぐって超実定法的な秩序は問題にはならないが，制定法的な規範主義が純粋な形で貫徹することになるのである．

(2) ホッブス後

　ホッブスの決断主義は，さらに近世自然法学のプーフェンドルフやヴォルフに継承されていく．しかし，かれらにあっては，自由な意志は，なお人間の自然に規定されていた．すなわち，上述のようにホッブスにおいては自己保存の傾向や欲望が意志を規定していたし，ホッブスに先行するグロティウス，ホッブス後のプーフェンドルフ，ヴォルフは，人間があらかじめもつ社交性――人間が社会的動物であるということ――が，人間たちの意志を規定するとするのであった．このようにして，かれらにあっては人間の意志は，なお意志の外にあるなんらかの「自然」，すなわち対象に内在した秩序によって方向付けられていた．この点では，かれらは規範主義的である．

(3) ルソー

これに対してルソー（『社会契約論』）は，自然状態における人間に「憐憫の情（pitié）」があらかじめ備わっているとしたものの，人間は，社会関係を形成するに当たっては，理性的な討議によって獲得した一般意志による合意を決め手とする，と考えた．集会における討議を通じてこのような一般意志を獲得する人間は，ルソーにおいては，歴史的・社会的な先入見から自由になったという意味で真に自由な意志（理性的な，純粋な意志）をもった人間である．ルソーは，こうした理性的な集会が実現するためには，人々が清貧な生活を送る中で欲望から自由になり，かつ中間団体による拘束から自由になって自分で判断でき，また国の規模が小さいことが必要だとした．

ルソーにおいては，単純に，人間に先行する秩序が人間を規定するのでもなければ，真空中での人間の決断が全てを決するのでもない．かれにおいては，市民が，賢者である法案提案者にリードされながら，オープンな心で理性的に討議し合うことを通じて，今日的な言葉で言えばコミュニケーションを通じて，理性的な意志を形成していき——それゆえこの意志は主観的なものではなく普遍性を内在させている（つまり単純な決断主義ではない）——，それを法として結晶化していくのである．

(4) カント

ルソーにおけるこうした理性的な意志は，カントによってその道徳論の中でさらに純化された．カントにおいては道徳的意志は，もはやいかなる傾向性（本能・感情・欲望など感性的要素）によっても規定されない．そして，純粋な理性的判断によって，もっぱら『道徳形式に従っているか』，『普遍化可能性を充たしているか』を基準にして動いていく．こうしてカントの道徳論は，理性的な意志による方向選択となる．これもまた，単純な規範主義でもなければ，単純な決断主義でもない．カントにおいては，理性そのものに普遍的な形式が備わっている——各人に合理性が予めプログラム化されている——うえに，一人ひとりの人間が，その理性を行使して，自己の決断が道徳形式に合致しているか，普遍化可能であるか，を判断して意志決定するのであるから，いわば規範主義的な決断主義なのである．

カントの法論においては，決断主義が濃厚な箇所もある．たとえば，かれの

法論（『人論の形而上学』，1797 年，第一部「法論の形而上学的基礎論」）の中の，婚姻論がその典型である．カントの婚姻の定義は，『両性がその生殖器を相互に自由に利用し合うことに関する契約』といったものである．ここには，婚姻をめぐって，きわめて個人主義的で，あらゆる実質的な規範的内容を捨象した見方が鮮明に押し出されている．前述のように，かつてキリスト教の伝統であった，婚姻のサクラメント性——結婚を宗教的に重要な公式の儀式だとする——や，婚姻の目的に関する議論（婚姻には子の生殖と養育という客観的目的があり，結婚した人間はそれを遵守しなければならない．すなわち，婚姻においては，個人の勝手な意志だけで行動することは許されない，とする規範主義）を，カントは，この法論においては，こうしたドライな形で完全に除去したのである．

(5) カント婚姻論批判

しかしながら，カントのこうした婚姻の見方に対しては，当時の法学者や哲学者から批判が続出した．たとえばサヴィニーは，『現代ローマ法の体系』の中でカントを批判して言う．『婚姻を含めた家族法は，単に個人の合意だけで形成される法的な関係ではない．家族法は，自然的・倫理的な人間関係を基盤にし，それを法的に構成したものである．それゆえ婚姻は，個人主義的な契約関係ではなく，団体的な規範的関係である』と．ヘーゲルも『法哲学綱要』において，同様な見方を採り，家族を市民社会的な個人的エゴイズムの関係とは異なる，自然的で倫理的な「愛」を本質とした関係——それ自体の中に人間を倫理化する力を有した関係——であると論じた．このように，カント婚姻論批判は，単なる意志主義的な立場に反対する，規範主義的な議論として展開した．

23-5　いわゆる概念法学

前述のようにイェーリングが「概念法学」と名付けて批判した，19 世紀ドイツの法学の一傾向があった．この概念法学の典型的人物の一人とされる，公法学者ラーバント（Paul Laband, 1838-1918）の次のような言明に着目しよう．

> 「しかし憲法典の中の欠缺を国制の中の欠缺と混同してはならない．後者はありえない概念である．制定法には欠缺があるかも知れないが，しかし法秩序自体は自然秩

序と同様に欠缺など有しえないのである．法学界の外では，人は次のような誤謬に容易に陥りがちである．すなわち，ある法命題がある制定法の内に表現されていないときには，その法命題が存在していないと見たり，また，法学の全課題を制定法の文言解釈に限定せんとする誤謬である．人は，ある法命題が制定法の内に定式化されているか否かがしばしば全く無意味な偶然でありうることを認めないのである．」[281]

　すなわちここには，『法律には欠缺があるけれども，その基礎である法秩序は，完結した秩序構造を成しているので，欠缺がない』という考えが表明されている．この秩序構造は，法学が体系構築の作業によって捉えるとされる．
　体系というものは，いくつかの根本原理からの論理的展開において構成されるのであるから，ラーバントにおいて法学者は，まずこの根本原理を析出し，それを出発点に置いて全体を学問的な体系として叙述する．こうした学問的体系が獲得されると，ある法律に欠缺があっても，欠缺部分は体系の中の位置を考えて（体系的連関に着目して）論理的に構成することによって補充しうる．また，法解釈に当たっては，ある事件の法的要件を読みとり，それをこの体系の連関との関係において捉えることによって，論理的に解決方向を引き出すことができる，とされるのである．
　ここでは三段論法に依拠した問題処理の手法が暗黙の前提になっている．すなわち大前提としての法的命題と，小前提としての事実とを論理的に照らし合わせることにより，結論が論理的帰結として獲得しうるとするのである．
　同時にこの考えの根底には，法律には欠缺があるけれども，その基礎である法秩序には欠缺がなく，しかも法秩序は整然とした体系をなしているという秩序信仰がある．したがってこの立場は，単純な制定法的規範主義ではなく，制定法を超えた実定法秩序の存在を前提にする．この法秩序は，超法的な自然法的なものではなく，あくまでも実定法を基盤にした学問的作業——法原理の発見とそれに基づく体系化の作業——によって認識しうるものであった（すなわち，この立場は，制定法的規範主義ではないが，実定法的な規範主義ではある）．

---

[281] J-P. Laband, Das Budgetrecht nach den Bestimmungen der preußischen Verfassungs-Urkunde unter Berücksichtigung der Verfassung des Norddeutschen Bundes, in: *Zeitschrift für Gesetzgebung und Rechtspflege*, Bd. 4, 1870, S. 699 f. 拙著・前掲注2)『近代ドイツの国家と法学』322頁以下参照．

概念法学は，裁判に関しても，反決断主義である．なぜなら概念法学は，次の様に考えるからである，すなわち『法規範には欠陥があるが，それを埋めるのは，解釈者が法の体系から論理的に演繹した命題であって，解釈者の実践的判断・決断ではない』と．かれらはまた，立法に関しても，反決断主義である．なぜならかれらは，『立法は法理論を反映しなくてはならない．法学こそが立法の基礎になるべきである』——つまり，立法者の決断だけで法が成立するとは見ない——という立場を，サヴィニー以来もち続けてきたからである．

23-6 「生ける法」

「生ける法」とは，自由法論の提唱者であり法社会学の創設者の一人であるオイゲン・エールリッヒが，制定法から独立して社会に現実に使われている法を呼んだ言葉である．こうした考え方の根底にあるのは，かれの次のような思考である．

> 「法は，実際確かに一つの統一体であるが，しかし諸々の法命題の統一体ではけっしてない．諸々の法命題は，社会——法命題はその内部で作用する——との関係でのみ一つの統一体をなすのである．法の統一体を捉えようとするならば，法命題の外の法関係の中にこそ存在している秩序を，社会の内部で把握しなければならない．」[282]

すなわちエールリッヒは，制定法には欠陥があるけれども，その外の社会には法秩序があり——そこで妥当しているのが「生ける法」である——そこには欠陥はない，と考えていた（ここに見られるように，この発想は，法規範の背後に法秩序を考える点で，前述のラーバントの発想ときわめて近似している．概念法学とその批判者で，根本的な発想が同じなのである！）．制定法の解釈は，この「生ける法」の秩序を正しく反映して行わなければならない．そしてこの「生ける法」の認識は，人々の生活を正確に捉える社会学的な作業によることになる．このようにして，ここでは法解釈が，法の外に客観的に存在する秩序と不可分のも

---

282) E. Ehrlich, *Die juristische Logik*, 1918, S. 146. 前掲注 2) 拙著参照.

のとされたのであり，法社会学的な実定法的規範主義が認められるのである（この点は，自由法論とは別の道を採ったヘック（Philipp Heck, 1858-1943）らの利益法学でも同じである．ヘックは，法律が成立する原因となった，社会の諸利益の関係を明らかにしつつ，その構図に照らして法文の意味を理解しようとする客観性志向を基軸にしたからである）．

しかし他方で，エールリッヒは，制定法の欠陥が「生ける法」で全て埋められるとは考えない．この欠缺は，最終的には裁判官がその正義観念や条理に基づいて自分の判断で埋めるしかない．この点では，法律の解釈に際しては，決断の要素が重視されることになる．だが，この決断も，「無からの決断」ではなく，客観的な価値——法律に内在する立法者の意思や体系的連関，条理——を反映した上での決断であるから，単純な決断主義ではない．

23-7　実存主義と構造主義

近代思想が，正常な日常世界を前提にして，合理的な宇宙，秩序ある社会を自明のものとし，そうした場で理性的に行為する人間を考えていたのに対して，実存主義は，非日常性の場の体験を契機にして現前する不条理，虚無，神々の闘争など世界の混沌状態を強調する．実存主義は，「実存は本質に先行する」という見方に立ち，本質が支配する秩序世界でなく，実存——すなわち虚無・カオスの場に孤立的に置かれ，自己を方向付けるべき本質や普遍をもたない個人の状態——を直視した．こうした状態においては個人は，その進むべき方向を「無における決断」に求めるしかない．人は，決断し，その結果と責任を引き受ける主体にならなければならない．実存主義は，このように古典的近代の思想を，それが前提にしていた秩序や法則・本質・普遍的人間性の否定（実在論＝ロゴス中心主義の解体）によって切り崩すものではあったが，しかしそのことによって逆に，社会や歴史を創る個人の主体性をより強く意志主義的・主観主義的に強調し，近代的人間像の一面（個人の主体性）を極端化することにもなった．

これに対しもう一つの現代哲学としての構造主義は，逆に個人を超えた秩序がもつ拘束力を強調し，客観主義を強める傾向をもつものだった．個人を超え

た秩序とは，ここでは無意識の構造ないし社会的機構（システム）であり，これが歴史を通じて人間を規定してきたものとされた．個人はそうした客観的なものに拘束され動かされているにすぎず，したがって古典主義的な近代の自立性や主体性（人間中心主義）は幻想にすぎない，と構造主義は論じた．構造は，もはや規範ではないが，客観的秩序であり，それが意志に先行し意志を規定するとする点では，規範主義と共通の客観主義の立場である．

23-8　ケルゼンとシュミット

　前述のように，ケルゼンは，自己の法学の対象を「法として規定された対象」，すなわち実定法に限定し，法の世界から自然や政治，宗教などの不純要素を排除した．その結果，法学の課題は，法の概念の明確化，法の規範構造分析，法イデオロギーの批判などに限定される．かれにとって法の実体は，要件としての構成事実と効果としての強制行為を規定した規範の定立（と執行と）という意志行為であるから，ここでは法は意志主義に関係することになる．
　ケルゼンはまた，法の規範分析においては，法の世界を下位の法が次々と授権されていく構造をもっているとし，「根本規範」をもち出したのであったが，こうした形で捉えられた法の規範構造の世界は，実定法的規範主義の世界であって，超法的なものを欠いている．
　初期のカール・シュミットが，革命と根本規範の関係に関するケルゼンの議論を踏まえつつ行った，実力主義的説明——すなわち内乱・革命という熾烈な政治闘争のカオスの中で勝利を占めた勢力の政治的実力がすべてを決するという説明——は，何が憲法の内容となるかは，その勝利者の意思による，すなわち決断の問題であるとするものであり，「決断主義」の立場につながる[283]（もっとも，この初期においてもシュミットは，制定法が停止した混乱期にも「法は退くが国家は残る」として制定法の根源にある国家生活がそれ自身の秩序をもって存続することを前提にしていた[284]．しかし，それがどういう意味をもつかは，そこでは論じられ

---

[283] Carl Schmitt, *Politische Theologie, Vier Kapitel zur Lehre von der Souveränität*, 1922.
[284] 杉本幹夫「カール・シュミットにおける規範主義と決定主義」（カール・シュミット『政治思想論集』服部・宮本訳，社会思想社，1974年）．

ていない).

　ケルゼンの法実証主義（実定法的規範主義）と，シュミットの政治的憲法学（決断主義）は，学問方向としては正反対であるが，しかし，二人には共通して次のような発想が働いている．①両者は，道徳の問題を法の外に排除した．ケルゼンは，法学の規範科学としての純粋性を確保するために，シュミットは，法的なものが実力によって（憲法が憲法制定権力によって）決められることを強調するために．②両者のこうした思考には，二者択一的思考＝「あれかこれか」(all or nothing) の発想が共に見られる．ケルゼンには「規範か事実か」・「法か政治か」の発想が，シュミットには「規範的秩序か決断か」の発想が．

　ところで，シュミットは，ナチスの政権獲得後に立場を変えた[285]．かれは今や，ドイツ人やイタリア人の国家生活がまずあって，それに見合ってドイツの法律やイタリアの法律が造られるとする．制定法の根底には実定法的な秩序（具体的秩序）がある．この点に着目すれば，制定法に執着した規範主義も，こうした秩序を見ないでカオスから決断でものを創るのだとする決断主義も，誤りであることになる．このようにしてシュミットは，実定法的な規範主義の立場に至ったのである．この新しい思考が「具体的秩序思考」である（前述のように，この実定法的規範主義の思考は，概念法学以来のドイツ的伝統である）．

23-9　日本の法学

(1)　「官僚法学」と「市民法学」

　戦前・戦後の日本の官僚や体制側の政治家が使った法律運営の手口は，権力にとって都合のよいように法律を手玉に取るというものである．法律が自分にとって都合のよいときには厳格な解釈（一網打尽で取締るような解釈）をするが，都合の悪いときには詭弁を弄して法律を曲げる．現在でも，前者の一網打尽は，保守陣営や最高裁判所が行う，公務員の労働基本権を剝奪した規定や，教員の政治的中立に関する規定の解釈に見られるし，後者の法律蔑視は，自衛隊が憲法第9条に違反していないとする解釈や，「君が代」は天皇讃美の歌ではない

---

285) Schmitt, *Über die drei Arten des rechtswissenschaftlichen Denkens*, 1934.

という政府説明に見られる．こうした手法は，形こそ上述のドイツ概念法学に似ているけれども，ドイツ概念法学に見られるような真摯な学問的志向ないし規範志向はなく，法律や言説を手玉に取って国民・世論を操ろうとする愚民思想の現れである．すなわち，ここにあるのは規範主義ではなく，法道具主義のご都合主義であり，「はじめに結論ありき」の点では決断主義であり，ただそれが，法律解釈によって装飾されているのである（この点については，先に磯村哲の鋭い指摘を見てきた．注248参照）．

これに対して末弘厳太郎らが提唱した「市民法学」は，エールリッヒやアメリカのリアリズム法学の影響を受けた法社会学と結びついて展開したのであった．それゆえそこでは，エールリッヒについて見た，法社会学的な実定法的規範主義が重要な位置を占めていた．この時代に広まったマルクス主義法学や市民法原理論（本書158頁以下，387頁参照）も，法の外の社会の法則や法の原理を問題にした点で，社会科学的な実定法的規範主義に立っていたといえよう．

(2) 官僚法学に関する来栖三郎の問題提起

来栖は，上述のような官僚法学の詭弁に対して反発し，「法の解釈と法律学」（『私法』11号，1954年）や「法の解釈における制定法の意義」（『法学協会雑誌』73巻2号，1956年）で，法解釈における規範主義と決断主義に関する問題を提起した．それを要約すると次のようになる．①法律問題の解釈においては，事件から重要と思われる事実を取り出すこと自体，解釈者の価値判断・立場に規定されている．②関連する法規を取り出す作業も，法規の文言の確定作業も，またそうである．一般条項の解釈に当たってはとりわけそうである．③要するに，法解釈とは，あらかじめ自分の価値判断に従って結論を出したうえで，それを法文によって正当化（カモフラージュ）する作業である．したがって解釈作業は，論理的・機械的なものではなく，解釈者の主体的選択に関わっているので，かれは，その結果に対して責任を引き受けなければならない．

以上によって来栖は，日本の法実務における決断主義的傾向の実相を明らかにし，それを前提にして，法解釈者の責任自覚を求めたのである．

(3) 利益考量（衡量）論

来栖のこうした問題提起を受けて法解釈論争が始まった．加藤一郎や星野英一によって提唱された利益考量論（加藤は「利益衡量」と書く）は，その中の一

つの議論である．これについては前述したが，再度まとめると，次のようなものである．『……法解釈の作業は紛争処理を目的にしている．論理のために法学があるのではなく，実践のために法学がある．したがって，妥当な解釈——法の素人である市民も納得する法運用——こそが大切なのである．そのためには，様々な解決案を利益考量したうえでもっとも妥当な案を選ぶ．そして，それを法の文言に逆らわないように，法の枠に収まるように法律構成する．法に欠缺がある場合には，なおさらそうした方法が避けられない．……』

　これは一種の決断主義である[286]．来栖の見方を引き継いでいるが，来栖が権力者の恣意的態度を批判する立場から，そういう見方を提起したのに対し，加藤らにおいては批判の姿勢は後退し，一種の居直り——そういう法道具主義的法解釈が本来あるべき姿だとすること——を行っている．

　とは言え，そうした決断だけでは法の恣意的な運用が起こりがちなので，利益考量論者は，なんらかの規制原理を導入しようとする．それによって「妥当な案」の選択へとなるべく方向付け，解釈を「客観化」（統一性をもったものにすること）しようとするのである．たとえば加藤一郎は，紛争処理に当たって大切なのは，対立する利益のバランス化（利益の分配）と，損害の社会的分散（たとえば航空機事故で無過失責任を採って犠牲者を保護する．すると損失は，後で航空券や保険の掛け金の形で，広く公衆に分散され，みんなが耐え得るものとなる，というアイデア），資源の有効利用，弱者保護などだとする．他方，星野英一は，カトリックの立場から，決断を規制する規範的要素を自然法的なものに求める．また，決断（法解釈の結果としての判決）の類型化による，選択の方向付けを探る．

　以上のような利益考量論に対しては，しばしば次のような批判が提起される（161-162頁参照）．

　①　利益考量論は，法解釈を主観的なものにし裁判官に白紙委任してしまう．「はじめに結論あり」として法規から自由な判断を前面に出すからである．

　②　そうした法解釈作業の捉え方は誤っている．先にも述べたように

---

286) ラーン・前掲注248) "*Rechtsdenken und Rechtsauffassung in Japan*" S. 397 ff. 参照．また，瀬川の「形式論を実質論の手段とみるのは，我妻博士の「法律的判断の衣裳」，川島博士の「価値判断とことば的技術」——『科学としての法律学』はことばを道具とみる——以来である」との指摘参照．（瀬川信久・前掲注248）「民法解釈論の今日的位相」21頁）．

(392-393頁参照), 法解釈は, 論理学や自然科学的な作業ではないが, しかしまた単なる決断・主観的価値判断作用でもない. 法的な議論の前提となる事実は, 恣意的に寄せ集めればよいというものでもない. また法規範は, 全てが確定的に規定されているわけではないが, 全く客観的な枠がないというものでもない. したがって, それらを踏まえた解釈は, 全く論理的な作業であるわけではないが, 全く論理に拘束されないというものでもない. 解釈において働く決断は, 全く主観的なものというものではなく, そうした枠に限界づけられつつ働くものである, というものである.

(4) 最近の動向

瀬川信久によれば, 最近の民法学では, 利益考量を露骨に前面に出す議論は少ない. 最近の私法解釈学の傾向は, 既存の法規範から類推によってヨリ一般的なルールを作り, 新たな問題を解決しようとすることや, 異なる法規間に原理的な連関を見いだしそれを基盤にして解釈しようとすることにある. すなわち, 先に論じたところに関連させれば, 体系的解釈がヨリ積極的に利用されているのである. その背景には伝統的な法教義学に立ち返り, 事実を厳密な形で法規範に包摂させるための法的構成を重視する傾向が強くなったという時代思潮がある[287]. 最近の日本民法学では実定法的な規範主義への回帰が見られるということである. ただしその際にも, 何が妥当かの判断は重視されるのであるから, 利益についての考量が前提になっているのではある.

以上について総括的に考察しておこう.

① 丸山眞男が『日本政治思想史研究』(東京大学出版会, 1952年) で指摘しているように, 前近代思想の特徴は, 概して「規範主義」が強いことである. 日本においても朱子学の流れをくむ思想には, アリストテレス, トマス・アクィナスと近似して, 「秩序」が支配しているとする思想が基底を成していた. 丸山は, これに対して荻生徂徠の思想に, 「作為」の思想, すなわち社会関係を人間が主体的に形成していく意志主義を見いだした. そしてこの意志主義は, 後に福沢諭吉において再生するまで, 日本では忘れられてしまったとしている.

---

287) 瀬川信久・前掲注248)「民法解釈論の今日的位相」13頁以下.

しかし，われわれが見たところでは，ヨーロッパにおいては意志主義の思考は，確かに近代に入って影響力を強めるが，前近代においても意外と多く見られた．人間は古来，規範主義と決断主義の間で格闘してきたのである．「規範主義＝前近代の思想，決断主義＝近代の思考」ということにはならないのである（ここで詳論することはできないが，前近代の日本においても，意志主義の思考は，軍事学の分野では発達していたのである．というのも，軍事においては，客観的な法則を捉えることが重要であると共に，戦闘や政治のカオス状態の中での，将軍の主体的判断が必要でもあるからである．徂徠における意志主義の提唱も，かれが軍事学＝兵法を深く学んだことと無関係ではない）．

② 近代・現代の日本の法学では，規範主義よりも意志主義＝決断主義が顕著である．これは，法道具主義が，戦前の官僚法学においても戦後の利益考量論においても，日本の法学を強く規定していたからである．これに対して，ドイツにおいては，法学を学問化しようとする志向の伝統，法教義学の伝統が強く，法学を規範学として展開する傾向が今でも強い（瀬川が言うように，その傾向が最近日本にも出て来た）．しかし，日本でも，市民法学の立場に立つ人々の間では，権力の恣意的な法解釈を制限せんとして規範主義への傾斜が見られる（こういう人々は，法のジャンルやケースによっては，人権のための柔軟な法運用を図るのでもある．本書31頁以下参照）．

③ 規範主義と決断主義は，一見相反するようであるが，しかし，決断主義は，一旦決断によって法律が制定されたら，それに無条件に従うことをも意味しているのであるから，この点では決断主義は制定法的規範主義をもたらすものでもある．規範主義も，それを深めていけば，その秩序はどうして形成されたかを問うことになって，それは誰かの意志によるとして，決断主義に至るものでもある．

24 擬制と法

　法の技法の一つとして擬制は重要である．英語辞典で「fiction」には，「法的擬制」とともに（広義の）擬制および「作り事（虚構）」の意味も与えられている．そこで，①法的擬制は，（広義の）擬制，すなわち fiction 自体や，「作り事」とどう関係しているか，および，②擬制は，擬制に属さない，空想物・理想物・仮象・形骸化などとどう関係するかが問題になる．以下ではこの点を考えながら，法的擬制の意味理解を深めよう．

24-1　擬制の定義

　ここで結論をまず述べると，法的擬制はもちろんのこと，「作り事」も，それが擬制に属する限りは次の特徴をもっている．すなわち，擬制とは，実際にはAと異なる（ないし常に同じとは言えない）Bを，何らかの重要な構成要素に関する類似性（本質的類似性）に基づいて敢えてAだと見なすことである．したがって，擬制には，AとBは異なる（必ずしも同じではない）のだという意識と，A・B間の本質的類似性が重要なのだという意識が根底にある．

　例を挙げると，①実在する物Bを，別の実在する物Aとの本質的類似性に基づいて，Aとして（法的に）扱う（たとえば，民法886条「胎児は，相続については，既に生まれたものとみなす」）ことや，②実在する抽象的な関係Bを，具体的な実在物Aとの本質的類似性に基づいて，そのAとして扱う（たとえばDNAの構造を説明するのに二重螺旋モデルを使う）ことがある．

　ここで本質的類似性は，①については，まもなく自分の子供となること，②については，実際の構造を抽象化すればそういうモデルになることにある．擬制は，やりたい放題にできるというものではないのである．なんらかの——常

識的に考えてもっともな——本質的類似性を見出せないものには，擬制は使えないのである．たとえば，いくら擬制で行くと言っても，受精前の卵子や精子を子供とは見なせないし，原子を二重螺線モデルでは示せない．

また，事実ではないものをそれと知りながら事実とするという点は，①については，生まれていないのに生まれたとすること，②については，DNAの本当の姿ではないのに，それだとして思考することにある．記述の上での特徴は，Aでないことを知りながら「これはAだ」という形で論じていくので，事実描写の形をとる点にある[288]．

24-2 擬制の分類

ここでは擬制を，分類しながら，その特質を考察しておこう．
(1) 簡便のための擬制
これは，法の世界に多い．法の世界では，事実としてはそうでないものを敢えてそうだと法的に扱う擬制が多く使われる．それらは，たいていは簡便さのためである．たとえば次のようなものである．
① 未成年者が結婚したときは，成年に達したものと見なす（民法753条）．
未成年者が結婚した場合，結婚した成年の者と同様な生活をする．たとえば，親から独立して世帯を持つ．したがって，未成年者の契約には親の同意が必要であるという扱いは，不都合を生じさせる．しかしかれらは，実際には成年でないので，本来は「成年」とは別の規定を作って扱わなければならない．だが，それでは規定が重なったりして複雑になる．そこで立法上の簡便のため「成年」と擬制するのである（擬制を使わないで，成人の法を「準用」するという方法もある．しかし，どの規定を準用するのかがややこしくなる）．そしてその際，この法的擬制の基盤になっているのは，「親から独立して世帯をもつ」といった本質

---

[288] したがって擬制において重要な前提作業に類推がある．しかし類推は擬制そのものではない．とくに法における擬制は，A・B間での類推を前提とするが，BをAとの類推によって解釈した状態で留めておくのではなく，BをAであると法的に確定してしまうのである．こうしたことが必要なのは，中心的には，取り扱いを簡便ならしめるため，および理解を促進するためである．なお，人間の文化形成上で類推が果たす重要な役割については，Arthur Kaufmann, *Rechtsphilosophie im Wandel*, Fn 25), S. 59 f.

的類似性である．

② 無記名債権は，動産ではないが，それと本質的に同様な関係を展開するのであるから，動産と見なす（民法86条3項）．これも立法上の簡便のためであり，本質的類似性が基盤になっている．

③ 多数意見を「全体の意思」とするのも，手続上の簡便のためである．ここでの本質的類似性は，少数よりも多数の方が「全体」に近いということに求められる．

④ 入学試験に合格した者はその大学で勉強するに値する実力をもっていると見なす．

入学試験とは何であろうか．それは，誰でもよいから多数の志願者の中から定員だけ選ぶといったものではなく，その大学で学ぶ実力のあるものを選ぶための試験である．しかし，この試験では，たまたま「やま」が当たって最下位に入っただけの実力のない者でも，実力のあるものとして入学させる．逆に，試験場で急病になって解答できなかった優秀な受験生でも，不合格なら救わない．実際には，本当の実力を確認するためには何日もかけて徹底的に審査するとか，入学後何度も資格審査をするとかの必要があるが，それは大変だから，1回の，科目も少ない入学試験で成績が良ければ，それを能力があることの証拠として——それを基盤となる本質的類似性だとして——合格判定し，「本学で学ぶ実力がある」として扱う．これも，簡便のための擬制である．法的擬制というより，広義のそれである．諸君の存在自体が，擬制そのものなのである．

⑤ 裁判は，その判決が確定すれば，真理に達したと見なす．あるいは，裁判という手続きをとって行われた判断は，中立で客観的であると見なす．陪審制を採る国では陪審員の評決によって真実発見がなされたと見なす．

これも，人々が判決に従うことを促進するためという簡便のための擬制であり，法的擬制というより，広義のそれである．実際に真理に達しておれば「擬制」性を問題にする必要はないが，真理に達していないときは，それでも達しているとして処理するのだから，「擬制」が表面化する．かくて擬制の効果を上げるために，日本の最高裁判所が典型であるように，権威主義的な建物を建てたり，法服や，法廷での異様に背部が高い椅子や高い壇や儀式でことさらいかめしい雰囲気を作り出したり，裁判官を中立らしくするためにその生活をコ

ントロールすることなどに頼る（真理に達していないなと自覚している司法当局ほど，権威主義を強める）．

＊

　簡便のための擬制も，実際とあまりにも乖離していたのでは——本質的類似性が欠けていたのでは——，擬制したことが問題になる．そしてなるべく実際に近いものにするため，擬制の改善をする必要がある，とされる．たとえば，**(a)** 多数決の結果，少数派の意見があまりにも無視されるのであれば，「全体の意思」が得られていないとして抵抗が起こり再審議要求が出る．**(b)** 明らかに実力のない入学者があまりにも多く入りすぎていると判明すれば，なるべく正確に実力を測れる試験へと入学試験を改善しようとする．企業が，採用した後で，再度資格審査して実力のない者を退社させるのも，擬制を実際に近寄らせるための道である．大学もぼつぼつそれを考えるべきであろう．**(c)** 確定した判決が誤っていることが後で明白になったら，もはや真実との本質的類似性がなくなったのだから擬制に安住できず，再審理に入る．また，同様に，実際に市民から見て不当な裁判が行われ続けると，そうした擬制が通用しにくくなる．そこで，司法制度を改革したりして，判決がより正しくなるよう改善策が講じられる．しかしこれらの場合でも，簡便のための必要上，擬制を使うこと自体は止められない．

　(2) 理解促進のための擬制と現実批判・理想提示のための擬制

　モデル　たとえばDNA二重螺旋モデル，分子模型，原子核モデル，太陽系モデルは，理解促進のための擬制の一種である．「モデルとは事象を単純化し，理論を考えやすくするためのものである」と来栖は指摘している[289]．これらのモデルも，本物ではないが，本物の本質的特徴を示したものとして扱うのである．なぜなら，それは本物との本質的類似性を基盤にしているからである．

　小説（「フィクション」としての）　これは，人生の真実（真相）を人々に認識させるための，あるいは現実批判・理想提示のための擬制である．すなわち，作者が捉えた真実（真相）を軸にして，現実そのものの描写ではな

---

[289] 来栖三郎『法とフィクション』（東京大学出版会，1999年）114頁．

いが，一種の現実と思いこまれうる世界を構成し，それを体験させることによって，真実（真相）を認識させ，現実批判・理想提示をするのである．ここでもＡ・Ｂが異なるという認識と，しかしＡ・Ｂ間には本質的類似性があるという意識が前提になっている（作家によっては，「フィクション」を創ること，空想に遊ぶことそれ自体がかれの自己目的であったが，しかし，それが結果として世の真実を人々に示したということもあるだろう）．

小説には，（イ）ヨーロッパに多い壮大な架空の世界を構成するロマン主義的小説（ヴィクトル・ユーゴ（Victor Hugo, 1802-85））や観念論的小説（ドストエフスキー）と，（ロ）日本に多い自然主義的・写実主義的な私小説とがある．これらは，fiction の強さにおいて異なる．（イ）のロマン主義的小説や観念論的小説では，作者が捉えた非日常性が基盤となるが，（ロ）の私小説では日常の体験を描写する形が採られる．概して言えば，（イ）は，理想主義的あるいは原理的な抽象的真実（真理）を追求するのに対して，（ロ）は，人間の動物的な側面としての真実（真相）を追求するのであり，とくに自然主義はこれを捉えようとする．しかし，どちらも，真実（真相）を「フィクション」を使って認識させ，あるいは現実批判・理想提示をすることを目的としている点では，変わりはない．なぜなら，真実（真相）には，（イ）のケースのように，日常の事実を超えており，したがって，日常の事実の描写によっては捉えられないものもあるし，（ロ）のケースのように，日常の事実の中に内在しているものもあるからである．

「自然状態」
「社会契約」
　最初には森の中にただバラバラに個人が散在していて，その出会いと結合の中から国家が形成されていった，という見方は，全くそういう歴史的事実がなかったということはできないかもしれないが，ほとんど史実を反映していない．ルソーなどは，それは事実ではないが，人間社会にはそうした事柄との本質的類似性があるのだから，敢えてそう考えることによって，個人の価値や固有権，社会形成上の民主主義的原理が確かなものとなる，として議論したのである．すなわちこれは，一つのfictionである．しかもそれは，法的擬制というより小説としての「フィクション」に近い．人間とその社会的関係について，原理ないし特質を捉えて，それを反映させる形で，社会の形成過程をビビッドに描いたものである．

同様にして，プーフェンドルフやクリスティアン・ヴォルフは，親子の関係をも契約によるものだと擬制することによって，子供の主体性や権利を確保しようとした．これらは，現実批判・理想提示のための擬制の一例でもある．

　こう考えれば，自然状態論も，またそれとよく似た想定で原初状態を想定して，そこから正義の具体像を析出したロールズの正義論（*A Theory of Justice*, 1971）も，fiction に過ぎないから意味がないとは言えない．それによって人間とその社会関係の特性を浮き立たせたという功績があるからである（ただしロールズ自身は，原初状態を現実社会の根底にある本質的関係と考え，それゆえそれをゲームの理論などで正しく捉えれば，現実社会の指針が得られるとしている形跡もある．これでは，fiction の意識は消えてしまう．この点を含め，ロールズについては，『法思想史講義』で論じる）．

　(3)　論理的首尾一貫性のための擬制

　これは，法学上での論理のつじつまを合わせるために利用した擬制である．たとえば次のようなものである．

　①　損害賠償の請求については胎児は既に生まれたものと見なす（民法721条）　胎児にも損害賠償を請求させるのが妥当だが，この法的擬制がないと胎児は権利能力をもてない．そこでこの法的擬制が理論上，必要になったのである．民法886条1項も同様である．それはまた，包括承継を理論上可能にするためでもある．相続財産に無主の時間を作ると包括承継が理論上不可能になるからである．民法42条2項もそうである．

　②　休止相続財産（hereditas jacens）の法人化　　ある人が死んだがその相続人がまだ現れない間の相続財産を休止相続財産という．この財産の権利主体を誰にするべきか……この権利者を，(**a**) 死んだ人の人格とするか，(**b**) 将来現れうる相続人の人格とするか，(**c**) 相続財産それ自体を法人として構成するかをめぐって，19世紀ドイツの私法学者の間で興味深い論争があった．この論争の中から，「概念法学」という言葉も出てきた．そこで，この論争を追うことによって，首尾一貫性のための擬制とはどういうものであり，また悪名高き概念法学とは実際にはどういうものであったのかを，明らかにしよう．

　論理的首尾一貫性のための擬制は，上述の問題に関してはプフタとイェーリングに見られる．これに対して下記のサヴィニーは，簡便のための擬制の立場

であり，ヴィントシャイトは擬制を不自然とする立場である．

　　まず，サヴィニーは，この問題を実践的立場から考えた．かれ
サヴィニーによれば，古代ローマ法で休止相続財産の制度が意味をもったのは，奴隷制があったからである．奴隷には権利能力がないので，かれの法律行為は誰か自由人の権利能力によってはじめて有効となる．ところで相続財産に含まれている奴隷が，主人の死後，相続人の現れない間に法律行為をした場合，その行為の有効性を，将来現れる相続人の人格に依存させるとすると法律関係が不安定となる（その相続人が無能力のことがあるから）．そこでローマの法学者は，相続人が現れるまでは相続財産を法人だと擬制して，その法人の権利能力に支えられて奴隷の法律行為が有効になるとした……．このようにサヴィニーは理解し，それゆえ奴隷制が存在しない今日においては，法人説は無用であるとする．すなわちサヴィニーは，今日においては休止相続財産について，相続人が被相続人の死亡時から相続財産の主体であるとする自然な見方を，上述のように多少の不都合はあっても，とるべきだというのであった．サヴィニーは，ここで法人化の擬制を，法律上の簡便さの点から捉えたのである．

　　これに対し，プフタは論理第一主義的にこの問題に迫った．かれの
プフタ　定義によれば，一人の人間に所有権や債権などの権利が全体として帰属したものである「財産」は，そのような性質からして，それを統合する人間（人格）なしには成り立たない．それゆえ，ある人が死んだがその相続人が現れない間は，その財産は誰かの人格を前提しなくては論理的に成り立たなくなる．そこでかれは，被相続人が死んだのちには，かれの法的人格は肉体を離れて生き続け，法人となって相続財産を統合すると論じる．そして相続人が現れると，この法人の法的人格であり，ひいては死者の法的人格であるものが，さらに相続人に乗り移り，相続人の法的人格となる，というのである．

　プフタのこのような議論には，かれの法学の特徴がよく現れている．かれはサヴィニーとは対照的に，法学において実用性よりも論理的首尾一貫性を重視する．相続財産が法人であることは「財産」の概念から論理必然であるというのである．そしてそのためには，死者の人格が輪廻(りんね)の場合のように永遠に持続するという，右にみたような不自然な議論をも辞さないのであった．

　法人の擬制は，ここでは首尾一貫性のためのもの，純粋に法理論上要請され

るものなのである.

イェーリング　イェーリングは，当初，上のサヴィニーとプフタの間で迷っていた.

かれは1844年の論文で，一方では，サヴィニーに従って，この制度が奴隷制と関係しており，その限りで便宜のための擬制であることを認める.

しかしかれは他方で，法制度は論理的に矛盾なく説明できなければならないという立場から考察を加えて，相続財産が法人となるのは論理必然である，法人化なくしては法律論が成り立たない，と首尾一貫性のための擬制を要請する. かれによると，「債務」には主体としての債務者が欠かせないのであるから，債務を含んだ相続財産にも主体が必要である. ところが休止相続財産をめぐっては，被相続人は死に相続人は現れていないのだから，休止相続財産が自分で法人となる以外に主体が見いだせない. 法人化なしには休止相続財産はありえないということである. その際イェーリングは，死者の自然的な人格と法的な人格を区別し，後者の法的な人格が死後も持続し法人となる. そしてそれが，やがて相続人が現れると，かれに乗り移って，かれの法的な人格になるとした. イェーリングはプフタ的な手法で休止相続財産の法人性を説明したのである（イェーリングは，後にこうした法学の論理至上主義の傾向を脱却し，「概念法学」と呼んで批判した. そしてかれは，法人は不自然な擬制だとする法人否認説に移った）.

ヴィントシャイト　若い頃のヴィントシャイトは，当時のドイツ法学を『実生活から遊離した抽象的な議論をもてあそんでおり，その背景には学問と実務（理論と実践）の乖離がある』と批判していた. かれは，この立場から休止相続財産についても，ドグマでなく，自然な見方によって，すなわち生活の直観によって考えるべきだとする. かれは，相続人が現れない間は財産はそのままあるとすれば十分で，それが被相続人ないし相続人もしくは法人の人格に支えられているとして擬制を問題にする必要はないというのである. かれはこの擬制不要論・法人否認説の立場から，イェーリングについてもその法学の論理至上主義を厳しく批判し，イェーリングに影響を与えた.

ヴィントシャイトはその後，ローマ法を体系的に整備した有名な教科書『パンデクテン法』を出版し（1862-1870年），ドイツ民法典第一草案を起草した（1888年）が，そのころにはかれは論理性を重視する傾向を強めていた[290].

24-3　擬制が避けられない理由

これについては，既に述べた．すなわち，第一に，生活上の便宜のためである．擬制によって簡便さが得られることが，この一例である．第二に，理解のため・納得のためである．人間は，徹底して抽象的に思考することができない．モデルやたとえといった，なんらかの，具体的な事象との近似性を利用して，具体的イメージをもって思考しようとするものである．このようにして，類推による思考や擬制による思考を必要とするのである．

24-4　擬制のマイナス面

これについては，次の二点が重要である．
① 擬制が事実と混同されてしまう　モデルが現実だと思いこまれる．これは，社会科学者——とくに政治学者，社会学者，近代経済学者——に多い．モデルはあくまでも，説明のためであり，さらには考察を方向付けるためである．ヴェーバーの理念型もそうである．ところがヴェーバー自身がそれを現実と混同し，たとえば近代の合理的支配モデルをその方向に社会が行くべきものだと考えて，エールリッヒの「生ける法」に基づく自由法論を批判した．1950年代に「大衆社会」モデルを日本に導入した人々は，それで当時の日本が説明し尽くされると錯覚した．ポストモダニズムや現代フェミニズムの論者も，そのモデルで現代社会が説明し尽くされるとする，モデルと現実の混同を犯している．
② 擬制に居直る　或るものとの本質的類似性を前提にしないと，すなわち真実味を前提にしないと，擬制は擬制たりえない．また，真実味が強い方が擬制の効果は大きい．しかし，それはあくまで擬制であって，事実そのものではない．ところが，いったん擬制を使うと擬制のレヴェルで議論が留まってしまい，事実そのものの究明がおろそかにされ，また，現実の実態が擬制によっ

---

290)　以上，拙著・前掲注 2)『近代ドイツの国家と法学』243 頁以下参照．

て隠蔽されがちである．たとえば，「裁判で真実が発見された」とする擬制が一人歩きすると，実際には偏向裁判が行われていても，建前の擬制に満足して実態解明を行わなくなり，また「偏向裁判」の批判に対して，最高裁判所は，建前を唱えて反論するだけで真摯に反省しようとしなくなる．

24-5　擬制の個別的検討

(1)　法人

　法人は，人間の結合体を，一人の人間との本質的類似性（たとえば統一した持続的意思をもち権利義務の主体となりうる点）に着目して，一人の人間として処理しようという法的擬制である．これをめぐっては，①そうした結合体は，実際に生き生きとした活動をし，それはその構成員から独立したものであるから，その関係を正しく法に反映させると，当然に法人となるという法人実在説，②存在するのは人間だけであり，その結合体は人間でない以上，法人は著しく技巧的で不自然な法的構成であるから避けるべきであるとする法人否認説，③法人はあくまでも人間が擬制したものであって，それは生活の必要からだとする法人擬制説，に分かれる．（この点については，本書32-33頁参照）．

　法的擬制が或る目的のための技術的構成物であるとすると，法人実在説が説くような，人間に類する統一性をもった団体がたとえ存在しなくとも，法人を擬制することは，十分にあり得ることである．実際，構成員から独立した法人格を設定することで，共有財産の登記，契約名義の表示，相続税の処理や所得税などの処理が大変簡便になる．しかし，上述のように擬制は，何らかの本質的類似性を基盤にしているのだから，団体が自然人と同様の実態を有していることを法人実在説が強調するのは，理解しうることである．かれらは，制定法によって法人だと擬制されていない団体にも，上のような実態がある限り，実務上で法人に近い扱いをすべきだとするのである．

(2)　国　家

　われわれは，「国家が命令する」とか，「国家が所有している」とか，「国家の過失によって損害を被った」などというけれども，国家という実体をもった主体（一人の人間に似た）は存在しない．あるのは，或る領域内で生活する人間

の集団と，その中の特別の仕事（そうした人間の全体のための仕事）をする「国家公務員」と称する人々の組織，かれらが共同で行動する場としての土地，建物，道具である．「建設省が長良川河口堰の建設を始めた」というが，それは，建設省（現在の国土交通省）の一部局に属している公務員が，その権限に基づいてゼネコンと請負契約を結び，それに基づいて下請け会社の人々が，建設のための行動を起こしたということである．「建設省（国土交通省）」も「国（国家）」も，そうした人間関係を一つの人間のように，すなわち法人として擬制したところのものである．

これは，コミュニケーションの便宜さと，法的処理の便宜さのためである．

しかしこうした擬制をすることによって，人によっては，目には見えないが巨大な人間が，自分の上に保護・支配・方向付けの力を及ぼしていると感じる．ホッブスはこれを「リヴァイアサン」という巨人になぞらえた．また，ヘーゲルは国家を地上に降りてきた世界精神と見た．この国家の実在説が君主の神聖化と重なると，戦前の日本のように，「お国のために」死ぬことも是とするようになる（これに対して，国家論で示したように，国家を道具と見る立場においては，そのような巨人化・神聖化は起こらない）．

(3) 権　利

われわれは，「権利をもっている」とか，「権利を喪った」とか「権利を譲り渡した」とか「権利を守る」とかと，あたかも権利が一つの具象的な固形物であるかのように議論する．しかし，実際には，権利とは或る法的関係の効果に他ならない．「所有権」とは，或る人が或るものについて独占的な利用・収益・処分をすることができ，他の人はそれを尊重しなければならないという法的関係を意味している．これをその人がその手に（あるいは身体の中に）「権利」という固形物をもっているかのように表現するのである．それは，そうした法的効果が自分に帰属したり自分から離れたりすることが，固形物が自分に帰属したり自分から離れたりすることと似ているから，そうした本質的類似性を前提にして，固形物と同様の法的表現を採ったのである．

法学者の中にはこれを迷妄な「実体化思考」だと批判する人々がいる[291]．

---

291) これは，ルントステット（Vilhelm Lundstedt, 1882-1955）やオリヴェクローナ（Karl Olivekrona, 1897-1980）ら，スカンジナヴィア・リアリズムに属する人々の立場である．佐藤節

しかしこれは，擬制，あるいは単なるたとえの便宜的利用の問題である．すなわちわれわれは，そのような表現によって相互にコミュニケートすることにより，抽象的な関係を端的に具象的に描きうる便利さを享受できる．したがって，「権利」を前提にすることに対して「実体化思考」だなどと批判して，それを止めさせようとすることは，とくに必要なことではない．

なお，この場合に「すべての人が権利能力・人権を有している」といった命題は，後述のように，擬制ではなく，当為である．それは，簡便のために「有していると見なす」という意味ではなく，「有しているとすべきである」という，実現に努力を要することを承知のうえでの，目標設定であるからである．

(4) 新しい権利

人格権 人格権の議論は次のように構成されることがある．『所有物とは，その人の外部にある，すなわち社会関係におかれたところの物であって，その人の人格の延長物である．ところが，その人の身体は，その人自身の主要構成部分であって，その人の外部にある物以上に，その人と一体である．個人がその所有物に対して独占的利用・収益・処分権を有するのであれば，その個人がかれの身体に対してより絶対的に権利を有しているのは，当然である．これが人格権である』．そうだとすれば，人格権は，擬制ではなく，所有権の類推適用，より正確には，「もちろん解釈」だということになる．

環境権 これも上の議論と似た形を採る．『所有物とは，その人の外部にある，すなわち社会関係におかれたところの物であって，その人の人格の延長物である．ところが，その人の環境は，その人の外部にあって，その人の生存に不可欠な物であり，かつその人の人格と不可分につながっている．したがって，人がその環境に対してもつ関係は，所有物に対してもっている関係になぞらえて考えることができる』．このように論理構成した場合は，この作業は擬制ではなく，「もちろん解釈」だということになる．しかし，人と環境との関係は，所有権に関連させた「もちろん解釈」が可能なほどに密接なものではないので，上述のような論理構成では，うまくいくとは思われない．

また次のようにも考えることができる．『その人の身体は，その人自身の主

子『権利義務・法の拘束力』(成文堂，1997 年) 参照．

要構成部分であって，その人の外部にある物以上に，その人と一体である．個人がその所有物に対して独占的利用・収益・処分権を有するのであれば，その個人がかれの身体に対してヨリ絶対的な権利を有しているのは，当然である．これが人格権である．しかるに環境は，その人の身体の健全さを支えるのに不可欠な要素である．したがって，人格権の保障は，環境の保障を不可欠とする．ここから，環境権が帰結する』．このように論理構成した場合には，この作業は，人格権の展開であって，所有権に結び付く類推や「もちろん解釈」に直接には関係しない．それゆえ，これも擬制とは関係ない．

24-6　擬制と空想物，理想像，仮象・形骸化，象徴との違い

① 空想物（想像物）とは，人間がイマジネーションの力によって自由に創り上げたものであって，創った人間は，たいていの場合それを真の実在だと思いこむ．したがって，それは，実在でないものを，それと知りながら敢えて実在とする，われわれの定義における擬制とは異なる．（真の実在だと思いこまない場合は，擬制か虚構か，後述の理想像かである．擬制は正当な理由があって敢えて実在だとされている場合であり，虚構は，実在とすることに正当な理由がないもの，すなわちウソ・でたらめである．）

② 理想像・目標設定とは，人間が現実を越える方向を具象的な姿において描き出したものであって，空想物とは異なる．その像を現実的でないと自覚している点では擬制に似るが，しかしその像を敢えて真の実在であるとして扱うわけではなく，真の実在にしなければならないと考えるので，擬制とは異なる．

③ 仮象とは，はじめから現実と一致していないのに現実そのもののように映じる幻像現象である．形骸化とは，はじめは現実と一致していたものが，やがて現実から乖離してしまったのに，それが自覚されていないことを意味する．したがって，仮象・形骸化は，人が誤ってそれを現実だと考えているのであるから，擬制とは異なるし，空想物・理想像とも異なる．

④ 「19　象徴天皇制の法哲学」で見たように，象徴とは，人間に抽象的なものBを観念させ，かつBに向かってその意識を動員するために，具体的なものAを使うことである．AとBとの間には，本質的類似性は要らない．また，

人はAとBの現実的な違いをたいていは自覚している．したがってこれも，擬制でないが仮象・形骸化でもない．

以上の諸事項について，現実との乖離の側面ばかりに気をとられて，『フィクションだ』と決めつけるのは学問的ではないし，同様に，仮象や形骸化したものを空想物・理想像と混同するのも，学問的ではない．以下，これらについて個別的に見ておこう．

(1) 空想物

この典型は神である．「神はフィクションだ」という人もいるが，神はたいていの場合は「空想物」であり，厳密な意味での擬制である場合は少ない．

神は，原始的には，自然物に対する人間の恐怖・畏敬を反映した空想物である（したがってこのレヴェルでは，神はお化けや怪物と変わりがない）．神は，ヨリ高次の文化段階においては，死後の世界に対する恐怖や救済願望を反映して創られる．このヨリ高次の段階での神は，第一義的には，心の平安のための空想物である．神は，さらに高次の文化段階においては，道徳・善や美，真理の象徴化・人格化としての空想物である．ここでは空想物は，それらの理想を説得し納得させるために使われるが，その究極においては，空想物が主（自己目的的存在）で人間がその空想物の道具となる．

神を空想物とするのは，「神などというものは実際には存在しない．人間がイマジネーションで作り上げたものである」という前提に立っての議論である．「神が実際に存在していることは証明可能だ」という人にとっては，神は実在物であって空想ではない．また，中には，「神は実在しない．しかし，実在していると見なすことが，心の平安や道徳促進に役立つから，そうするのだ」と考える人もいるだろう．この最後の場合には，神は立派な擬制になっていると言える（しかし，こういう醒めた人は，案外に少ない．こういう人でも，実際には，神の祟りを怖がったりするものである）．

蛇足であるが，神について次の二点を論じておこう．

神の存在・不存在の論証　「神が存在するかしないか」について論証を試みることは，カントの指摘したように方法的に誤りであるかもしれない．神は，そうした論証や実証を超えた存在だとする人にとっては，確かにそうである．しかし，神が実在するか否かがとりわけ問題になるのは，われ

われの生のあり方に関わってであり，それゆえこの日常世界においてである．そして日常世界に関わる事柄は，常識的判断に耐えるものでなければならないし，常識的判断に依拠することが大切である．そこで，こうした常識的判断を行えば，世界にはあまりにも多くの神がおり，また，その内の一人の神をめぐっても，時代によって，立場によって，さらには地域によって，人によってさえ，内容はさまざまである，ということになる．ここからは，「神はそれぞれの人が想像したものである．唯一の神など存在しない．唯一の神が存在しないなら，神は存在しないことになる」という結論を引き出すのが自然であろう．この立場から神を考える方が，神を実在するとして考えるよりも，はるかに明快に無理なく，神にまつわる数多くの難問を解き明かすことができる．

「空想物としての神」の功利計算　以上を前提にすれば，神は空想物であるということになる．この空想物について，われわれは，実在世界そのものの中になんと大きな架空世界を作り上げ，それを軸にして活動を展開させていることだろうか．（「自分たちの神は実在する」と言う人にとっても，その唯一の神の他のおびただしい数の神は空想物なのだから，ここで述べることは，99.99…％は妥当する．）たとえばわれわれは，実際には存在しない神なるものに対して，多額の金を出して豪華な家（神社・寺）を建ててやり，多量の食事（供物）を提供し，それに仕える人々（祭司・僧侶）を養い，そうした人々を養成するために各地に大学（神学校，神学部）を創り，神に関する架空の物語（神話）やその解釈（神学）を学問として大学や研究所で研究し教え，そのための多量の出版物を出し，さらには，そうした神のために他人を迫害したり戦争をしたりして，その結果われわれの貴重な生命・財産・環境・時間をことごとく灰燼に帰させたりする．また，その神の観念の基盤上で，われわれの結婚や家族生活，職業生活，日常生活が形成されるとともに，その生活のかなりの部分——時間・財産・精神的エネルギー——が，礼拝や行事において費やされる．こうした神に関する法外の空想行為と，それに費やす莫大な金とエネルギーとを考えると，この一例だけからでも，人間世界においては，空想物がいかに度はずれて現実を左右することがあるか，そこから生じるバーチャル・リアリティがわれわれの世界のいかに巨大な構成部分であるかに驚く．

　しかしこれも，だからといって，宗教をめぐって人間は全く無駄なことに財

産とエネルギーを費やしている，とは言えないだろう．人間は，心の安定や充実を得るために，多額の金を払って，良い住居や良い環境を造り，良い薬や医者を求め，良い芝居や音楽を楽しんだりする．神の措定もまた，そうした心の安定に寄与するものの一つである．むしろ，神に頼る方が心の安定や充実化に要する費用は安いかもしれない．とりわけ，人々を死の恐怖から解放するためには，どんな高価な薬も名医も最高の芸術も学問も効果がないが，神を空想することによって（神を信じることによって），人々は安い費用で死の恐怖から解放される（もっとも，それを求めていかがわしい新興宗教に手を出すと，逆に多額の寄付や物品購入で搾り取られることになるし，難しい神——問題のある信者たち——に近づくと，後で「やっぱり触らぬ神にたたりなしだった」と後悔する羽目に陥るが）．こうした点で，神という想像物は，生きる上での苦悩や死を前にした苦悩に対して一種のモルヒネの役割を果たす．マルクスが宗教は阿片だといったのは，この点で極めて意味深長な発言である．阿片は毒薬そのものではなく，苦痛を除いてくれる薬の一種なのである．そればかりでなく，神は，カントが言っているように道徳の促進剤にもなりうるし——「善行はあの世で報いられる」という確信がそうである——，ヴェーバーが『プロテスタンティズムの倫理と資本主義の精神』で指摘したように産業の促進力にもなりうる．神はさらに，文化・芸術の推進力になってきた．神はまた，信じることによって現世を批判し相対化することを可能にする点で，民主主義や自由主義の核ともなる（不寛容や残酷の核ともなるが）．神のために費やす財産とエネルギーは，全体としては十分な見返りを人間にもたらす投資なのである（以上が筆者の宗教観の全てではない．以上について論じる時には，拙著『丸山真男論ノート』および『丸山眞男の思想世界』（前掲注2）のそれぞれ113頁以下および170頁以下をも必ず参照されたい）．

　(2)　理想像・目標設定

　この一つとしての，法を論じておこう．前述のように法の中には擬制があるが，法そのものがすべて擬制に依っているというのではない．「私権の享有は，出生に始まる」とか，「年齢二十歳をもって成年とする」というのは，事実ではないものをそれと知りながら敢えて事実とする擬制ではなく，「そうすべし」とする基準設定の当為規定である．

　法の中には，理想を提示し現実を超える方向を指し示すものがある．「すべ

ての人間に権利能力が備わっている」,「国政は国民の厳粛な信託による」とか,「すべての人間は平等である」,「基本的人権を有している」とかがそうである. これらに対して, そうしたことは幻想であるとか, 現実に反する虚偽の言明であるとかと言っても仕方がない. それらは, 現実に完全には根ざさないことを承知の上で, だからこそ現実とは異なる方向を目指して現実を変革するために規定されているからである. したがって, それを擬制(「フィクション」)だとするのも, 誤りである.

　現実がそうした当為通りにはならないけれども, 法の世界ではそれが原則となるのであるから, ここに法の仮象世界が成立したということができる. 法がこうした仮象性を帯びることは, けっして悪いことではない. むしろ理想追求の努力の成果である. それはまた, そうした法を原則にして多くの人が行動すれば, 法の指し示した生活態様が現実の一部となるのであるから, 全くの作り事でもない.

　理想提示は, 純度の高い法的当為としてある. しかし, 法の当為がとうてい実現不可能なものであるなら法は法たりえない——実効性をもたない——のであるから, ここでの法の当為も, 現実の中に基盤を見い出しているものでなければならない. 論理的には, 当為と存在は世界を異にするが, そのことを主張するだけでは, 「ケルゼン的な単線的思考である」という批判を免れがたい. われわれの生活の場では, 当為である法は, 社会である存在に根付く可能性をもったものであることを運命づけられているのである. ここでの理想提示は, 本質的に存在に根ざさなければならないのである[292].

　法のこうした特徴との関連で, 市民法原理論についても見ておこう. 前述のように (387-388頁), これも法と似て, 現実を考察しその中のある原理を抽出しつつ, それを歴史の方向として指し示し, それゆえ——現実の描写とともに——当為としても提示するものである. 市民法原理論もまた, 一面的な

---

292) 擬制をめぐってこの点を強調するのは, 広渡清吾である. かれは, 来栖三郎の擬制論を踏まえて次のようにいう. 「近代社会・近代法におけるフィクションは, 架空のもの, 虚偽のもの, ではなく, なるほど『事実』から『離反』したものであるが, その仮定＝擬制を通じて『真実』＝人々にとって望ましい, 合理的な状態－が示される, そのような役割をもったものとして位置づけられる」(石井三記他『近代法の再定位』, 創文社, 2001年, 75頁).

現実描写ではないが，一面的な願望や擬制でもない．現実に本質的な根拠をもちつつ，それを理念化することによって現実の進むべき道を指し示しているのである．

(3) 仮象・形骸化

近代法や，その根底にある人間像・権利（人権）などについて，しばしばそれがもともと仮象であったことや形骸化したことを指して，「近代法はフィクション，虚構に過ぎない」と論じられる．

近代法は，その形成時において，自由や政治参加をもっていない人々に，敢えて自由と市民権を付与した．また，身分制によって不平等であった人々の間に敢えて平等原則をもち込んだ．これらの点で近代法は，(2)の理想提示であり，目標を示すことによって社会を変えようとした．

近代法は，憲法上ですべての人の自由・平等を宣言しながら，実際には女性や下層市民，有色人種に市民権や行為能力を認めなかった点では仮象であった．

近代法は，また当初，それぞれの自立した家長に担われ市民社会において実体を有し展開していた面をももつ．それはしかし，やがて「家」的基盤が失われ家長の自立性もなくなり，その点では形骸化していった．近代法の担い手として女性や子供，労働者もが「市民」として加わったからである．また，巨大化した国家や企業の前に市民が無力な存在となったからである．近代法の原則であった「平等」に関しても，資本家と労働者，企業と消費者など，実際には平等ではない関係が広まり，「平等」は，その限りでは形骸化した．

こうした点で近代法には仮象性・形骸化がつきまとっている．しかし，仮象・形骸化は擬制とは違う．仮象・形骸化には，現実との乖離の意識がないのである．しかも，現実との乖離は，理想を提示する場合にも起こることであって，上述のように近代法は，この理想提示の面をももつ．現実に平等でないものについて平等を論じることは，論じ方によっては不平等をカモフラージュすることになるとともに，他方では，現実の不平等を近代法の原則に照らして批判することにもなるのであるから，現実との不一致は，すべて悪でもすべて善でもない．

(4) 象　徴

先にも述べたように，象徴とは，抽象的存在であるＡを認識するための媒介

項として，Aと異なるBを利用することである．われわれは，ハトを平和の象徴とし，十字架をキリスト教の象徴とする．ハトを見て平和を，十字架を見てキリスト教を，イメージするのである．

平和の象徴にタカやカラスではなくハトを使う点では，A・B間に本質的類似性があるようでもある．十字架をキリスト教の象徴とする場合や，ペンを言論の象徴とする場合もそうである．しかし，徳川家を象徴するのに葵の紋を使う場合や，密教仏教で印相を使う場合には，A・B間に本質的類似性はない．

また，これらの場合に，とりわけクリスチャンである人々は，十字架を踏みつけたりはしない．江戸時代の旗本が葵の紋にツバをかけることもない．これらの場合には，Aとは異なるBを敢えてAだとしていると言える．Bに対する行為がAに対する行為だと観念されるのである．こうした点では，象徴は擬制に似る．しかし，正確に言えば，人々はここでは，BをAと異なるとは知りながらあえてAだとしているのではなく，BをAそのものだと思いこんでいるのである．前述（346頁）のように，それは習慣づけの結果である．あるいは，醒めている場合には，Bに対する行為がAに対する行為の象徴的表現だと観念して，関係者の心を傷つけないよう，踏みつけたりツバをかけたりしないのである．

総じて象徴の場合，A・B間には必ずしも本質的類似性が必要でない．また，BをAではないと知りつつAだとすることは少ない．したがって，象徴は擬制ではない．

参考文献：来栖三郎『法とフィクション』（東京大学出版会，1999年），L. L. Fuller, Legal Fictions, *Illinois Law Review*, Volume 25, 1930, Josef Esser, *Wert und Bedeutung der Rechtsfiktion*, Frankfurt a. M., 1940, 大塚滋「一解釈方法としての擬制」（『東海法学』13号，1994年），村上淳一『〈法〉の歴史』（東京大学出版会，1997年）．

25 （補論）戦後日本の法哲学——その方法をめぐって

　本章の課題は，戦後日本の法哲学を思考方法に重点を置きながら概観し，それを踏まえて法哲学の今後の方法論的課題を探ること，そうしたこととの関連で本書全体の諸々のメッセージを連関づけることにある．ここでは，戦後日本の法哲学が 1960 年頃に創成期から第二期に入り，1970 年代前半に第三期に移行し現在に至っているという認識に立って考察を進める．

25-1　創成期

　日本の法哲学は敗戦後，組織化された研究活動となって新しく展開した．1948 年 5 月に日本法哲学会が創設された．また 1928 年に遡る関西の法理学研究会が再開したのは，1950 年であった．とはいえ，専門の法哲学者はまだ数が少なく，日本法哲学会の創設時の理事 15 名のうち法哲学者は，田中耕太郎，恒藤恭，和田小次郎，尾高朝雄の 4 人であった[293]．戦後日本の法哲学を振り返る際，筆者にとってとくに興味深いのは尾高である．尾高が追求した「綜合法学的な試み」[294]と，その追求に当たってかれが駆使した，筆者が言うところの「複合的な思考」[295]が，ともすれば視野狭窄に陥りがちでかつ二者択一的・短絡的な思考にとらわれがちの今日の法哲学研究者に対する，新鮮な問題提起であると思われるからである．

　尾高は，シュタムラー研究およびケルゼン研究から出発したのであるが，当

---

[293]　日本法哲学会の現在の約 30 名の理事は，すべて法哲学専攻者である．これに対して，創設時には，日本法哲学会は，様々な分野の法学者の共通のフォーラムであり，理事会でも法哲学専攻者はこのようにごく少数であった．

[294]　尾高朝雄『実定法秩序論』（岩波書店，1942 年）409 頁．

[295]　拙稿・前掲注 149）「複合的な思考——丸山真男の場合」参照．

初からこれら新カント派に対して批判的であった．その際かれが問題視したのは，新カント派が，物事の考察に当たって，物事が多様な要素，多面的な関係，さまざまの機能をもっていることを無視して二者択一的な思考で処理しようとしたことである．

新カント派は，とりわけ物事の内容ではなく論理形式にのみ関わろうとし，たとえば法が規範的な論理構造をもっているだけでなく，現実の力によって形成され現実に働きかけるものであるにもかかわらず，「法」と「事実」とを相互に切り離し「法」だけを対象にして，その観点から全てを論理的に整序化して説明しようとした．この点を尾高は次のように批判する．

> 「[新カント派に顕著なのは，]法学上の首尾一貫した論理の要求を重んずるの余り，対象の一面のみを見て他の側面を度外視するに至る，といふ，その見解の一次元性の弊である．法的社会的対象界はそれ自身として立体的複合性の構造を有する．それにも拘らず，対象の構成を全く方法に依存せしめ，法学の対象は法でのみあり得る，として，法と道徳，法と政治，法と国家，等の相互関係をただ法一元的に説明するのは，複合的な対象の上に不当の強制を加へ，生きた実在を死んだ断片に解剖することに他ならない．」[296]

前述のように，新カント派は，方法論的に存在と当為とを峻別する．存在（法が具体的に「これこれのものである」いう，事実の面）と当為（「～すべし」と指図する側面）とは次元が異なり，存在から当為は論理的に帰結し得ないとする．そしてかれらは，法の本質が「当為」にあるとする．法は主権者の命令として，「～すべし」を実体としていると考えるからである．法の世界をこのような規範性に限定し，その論理構造のみを問題にしようとすれば，法の「存在」実態の側面，そこにおいて法が政治や経済，文化などと不可分に関わっていることは問題にならない．しかし，尾高にとって，これは認識者が勝手な方法論的前提にこだわって対象認識を限定し，豊かな対象を一面的に捉えることに他ならなかった．

尾高は，新カント派のこうした方法論からくる対象認識の一面化を排して，

---

296) 尾高朝雄『法哲学』（日本評論社，1935年）179頁．

対象をその豊かな有り様に即して捉えようとする．その立場からは，対象をそれを構成する諸要素の相互交渉において総体的に捉えることが，努力目標となる．このような課題意識をもつ尾高がとりわけ重視したのは，対象に現に内在している「各種の『二律背反』」[297]を見据えつつ認識していくことであった．

ところで筆者は，本書を通じて次のことを強調した．すなわち，物は，それを構成する諸要素の共働と対立とに規定されて存在している．そうした物から成る世界は，不断に自己をバランス化させようとする緊張・運動を常態としている．それゆえわれわれは，要素の一つのみ，対象の一面のみを見てそれを絶対化してはならず，また安易な「理論的統一」に幻惑されてはならず，諸要素間・諸側面間の緊張，ダイナミックな関係を不断に見据えなければならない．

まさに尾高にも，このような思考が見られる．それは，たとえばかれが「法の理念」を説くところに明確に現れている．すなわちかれによれば，法の理念としては正義と秩序が挙げられるが，「たとえ世界は滅ぶとも正義は追求すべし」という言葉に示されているように，この両者間には，「正義と秩序とは，互いに反撥する理念である．両者の間には，往々にして俱に天を戴かない抗争の関係が惹き起こされることもある．しかも，それにもかかわらず，秩序をして正義を無視せしめず，正義をして秩序の破砕をあえてせしめないところにこそ，法の最高の，そうして，唯一の使命がある」[298]という関係がある．正義と秩序の相互の原理的な対立が避けられないことを直視しつつ，しかし同時に両者を結び付ける必要があることをも自覚して考察することが大切なのである．

以上のような思考に立つ尾高は，新カント派を超える道を求めてフッサール（Edmund Husserl, 1859-1938）の現象学に至る．尾高は，現象学がノエシス的直接経験に定礎しつつそれを超えたノエマ的観念的対象（本質）を捉える「範疇直観」——実際にそのようなものがあり得るかどうかは疑問であるが——を重視する点で，経験と超経験的な理念とをともに追求できる道だと見たからである．尾高のこの立場選択自体が，相互に方向を逆にする二つのものを不断に接合させつつ思考する性質のものである．尾高はさらに，この立場を法学の部門で具体化させ，法学の素材である実定法を社会学的・歴史学的・法規範論的考察に

---

297) 尾高朝雄・前掲注294)『実定法秩序論』385頁．
298) 尾高朝雄『法哲学概論』（学生社，1953年）300頁．

よって，すなわち経験に定礎した認識によって捉えつつ，それらの考察の上に立って実定法の「奥にある生きた法の理念を窮明」する方向，すなわちノエマに向かう思考を発揮する方法を提唱する．尾高が，法哲学の課題として，法社会学や法史学，政治学に代表される「法事実学」の基盤上で思弁を加えて哲学する前述の「綜合法学的な試み」を提唱したのは，かれのこの基本姿勢に深く関わっている．尾高は，東大で政治学を学び，ついで京大で社会学，そしてドイツで哲学を学び，その上に立って法哲学を専攻したのであるが，かれの「綜合法学」志向はこうした学歴に支えられてもいた．

法を構成する諸要素の相関関係を動態的に見，そこに働いている矛盾の把握を生きた認識の基本だとする尾高のこうした思考態様，その思考と不可分の「綜合法学」志向を，筆者は，戦後日本法哲学の流れの確かな一源流として重視したい[299]．

25-2　第二期

1955 年の和田小次郎，1956 年の尾高朝雄の突然の死が，人々に日本の法哲学界の転機を印象づけた．井上茂は，『法律時報』の 1956 年度「学界回顧」において，「法哲学は今や一つの転機に立っている．法哲学はその創成期をようやく脱して第二段階にふみあがろうとしている」と述べた．創設以来 13 年間日本法哲学会の会長・理事長の座にあった田中耕太郎が 1961 年に退任したことも，一つの時代の終わりを象徴している．

この時期には，その前期において，政治の現実を反映して，法解釈論（本書 415-416 頁参照）や，抵抗権論・悪法論（17 章参照），多数決原理などが学会のテーマに上った[300]．特徴的な学界動向としては，(1) 一方で尾高が展開した複合的な思考に基づく総合的な法哲学を目指す努力が一部で引き継がれたこと，しかし (2) 他方では尾高や恒藤が克服しようとした新カント派的・経験主義

---

299) こうした複合的な思考が，ジンメル，マンハイム，ヘラー，ラートブルフ，シントラー，バルト，ニーバー，などワイマール共和国時代のドイツ系の学問における重要な特徴の一つであったことについて，筆者は，前掲注 2)『丸山真男論ノート』208 頁で論じたことがある．

300) 千葉正士，『法律時報』1960 年度「学界回顧」．

的な思考の法哲学が尾高の弟子の間でもむしろ主傾向となったこと，が挙げられる．

(1) 複合的な思考

尾高に見られた複合的な思考をこの時期において独自の形で駆使した代表的な業績は，小林直樹と加藤新平のそれである．

① 小林直樹が目指したのも，「ケルゼンによって『純化』されたような方法一元論によってではなく，法の構造原理・価値問題・事実的要素にわたって，論理・価値・存在の，領域的に異なる方法を綜合した，いわば多元的方法によって」，原理的な考察を行う法哲学の構築であった[301]．小林によれば，そうした多元的な認識に立った原理的考察が必要なのは，考察対象である実定法が「政治・経済・道徳・宗教等の全社会現象のなかで」，「トータルな視野のもとで捉えられるべき」存在構造を有しているからである[302]．

このような課題設定をする小林が複合的な思考を駆使することになるのは，尾高について先に見たところから容易に予想できよう．実際，小林は，「特殊と普遍，経験的個別性と一般的原理を，帰納⇄演繹の相互媒介的な運動によって，つねに照応させ，より高い認識に高めてゆく」[303]ことをかれの法学の出発点におく．かれはまた具体的な問題に関しても，たとえば「権力と価値という法の両極的な契機」をめぐって，尾高と同様，両契機の間には「つねに互いに引きあい押しあうところの緊張関係(シュパンヌンク)が存在する．〔……〕歴史の場における両者のこの弁証法的な運動こそ，実定法の存在構造の内実なのである．それはまた，別の視角から，法における規範的な契機と社会学的な契機の相関関係として見ることができる」[304]とする．すなわち，一つのものは対立し合う複数の要素から成りたっているのであるから，それらの間の緊張関係をしっかり捉えることが大切だと言うのである．小林は憲法論においても，「権力としての制憲権と価値としてのその正当性，動態としての『政治的なもの』と静態としての『規範的なもの』，一般的にいえば，レアールな契機とイデアールな契機は，憲

---

301) 小林直樹・前掲注2)『法理学』上 270 頁．
302) 同上 112 頁．
303) 小林直樹・前掲注31)『憲法の構成原理』はしがき．
304) 小林直樹・前掲注2)『法理学』上 111 頁．

法現象のどの断面にも，互いに絡みあって現れるのである．憲法の存在構造は，なによりもこの二元的な契機の緊張関係において把えられねばなるまい」[305]と論じている．こうした思考に立つ小林が注目したのは，とりわけスイスの公法学者シントラー[306]の，緊張関係に着目する弁証法的な思考であった．

小林は，以上のような基本的立場にあるがゆえに法哲学者としても，法哲学と法社会学とを「車の両輪のように支えあわ」せ[307]，形而上学ではなく経験に定礎しつつ原理を探求する道を進もうとする．そして小林はそのためには，なかでも「マルクス主義の唯物史観」の活用が重要だとする[308]．その際，小林は，唯物史観を，尾高が戯画化して批判し続けたような経済決定論的・法則決定論的なそれとは異なるものとみていた（この点は，初期の加藤新平も小林と同様な立場にあった）．小林は，特定の哲学体系や世界観・方法論に全面的に依拠するのでなく，多様なものから「不断に多くのものを学」びとりつつ，「できるかぎり自ら検証を重ねて」いくべきだという，開かれた基本姿勢を提示している[309]が，この姿勢がマルクス主義をめぐっても，硬直した反マルクス主義からも教条的なマルクス主義擁護論からも自由な，かれの立場を可能にしたのであった．

② 加藤新平は，（法）哲学の課題を「科学の成果に立脚したその思弁的連関づけと綜合」によって存在を全体的に認識すること，そしてその上に立って「究極においては，人の生のあるべき姿について示唆を与えること」にあるとする[310]．このように加藤も，法哲学を経験と間主観性・実証性に定礎しながら，しかし同時にそれらを超えて全体的なもの，究極的・原理的なものを思弁によって把握し，それを踏まえて人間的生のあり方，ひいては世界観構築に至る実質的価値論を提示すべき学であると位置づける．その際，経験と思弁というこれら二方向は，相互に補足し合いつつも対立するものでもあり，それゆえ，それらをともに追求する哲学者には次のような困難が伴う．

---

305) 小林直樹・前掲注31)『憲法の構成原理』127頁．
306) Vgl. D. Schindler, *Verfassungsrecht und soziale Struktur*, 1932.
307) 小林直樹・前掲注2)『法理学』上まえがき．
308) 同上112頁．
309) 同上11頁．
310) 加藤新平・前掲注2)『法哲学概論』142頁．

「哲学は，一つの学問としてやはり間主観的妥当性を目ざしながら，しかもその放棄し得ない世界観の構想という仕事の面で右の志向を充たし得ないというジレンマに当面する．いずれか一方を安易に切り捨ててこのジレンマからの逃避をはかることは許されないと思う．われわれは，ディルタイが形而上学について述べた印象深い言葉を想起する．『形而上学は不思議な両面的存在だ．その努力は世界と生の謎の解決であり，その形式は普遍妥当性だ．それは一面を宗教と文学に向け，他の面を個別諸科学に向けている．それ自身は個別諸科学の意味における学でもなく，又芸術や宗教でもない』．」[311]

以上のように加藤もまた，哲学ないし法哲学の根本的課題をめぐって，諸要素間・両側面間の協働と対立に着目し，そのディレンマを引き受けて思考しようとする．

加藤がこうした観点からもっとも重点を置いて取り組んだのは，後述のようにこの時期に一層の発言力をもつに至った，法実証主義や経験法学，とりわけそれらの根底にある価値相対主義，との対決というテーマであった．加藤は，そうした動向にみられる，経験や間主観性に一面化する態度では，「生から哲学に向って発せられる世界と人生についての諸問題に対する不感症」[312]が避けられないと見たからである．加藤の場合，その法哲学は，かれの前期においては，政治学や社会学，経済学の成果の上に立って展開されたが，1960年代からのかれの後期においては，哲学——とくに学問方法論および世界観・人生観——との結びつきにおいて展開されることが中心となった．この後期における法哲学の課題設定，それを追求するための開かれた精神と，それを支えた複合的な思考，これを欠如させている新カント派の短絡的な思考に対する根元的な批判は，以上のようにかれが尾高と，そして小林と共有するものである．加藤の『法哲学概論』は，こうした思考による真の意味での哲学的な法哲学を構築することによって，後述のように第三期において法哲学が新展開していく上で大きな役割を演じた．

(2) 新カント派的・実証主義的な傾向

新カント派的・実証主義的な傾向は，この時期において，分析哲学，ヴェー

---

311) 同上98頁．
312) 同上139頁．

バーやポパー（Karl R. Popper, 1902-1994）などの科学論，法実証主義思想（ケルゼン，ハート（H. L. A. Hart, 1907-1992）），経験法学などと結びついて，主要な関心を学問方法論，法概念の分析，規範構造研究に置きつつ展開した．この動向への牽引力となった一人，碧海純一の『法哲学概論』は，1959年に弘文堂より初版が刊行されたが，これをめぐって松尾敬一は，同年の「学界回顧」で，「分析哲学の法学への応用は，世界にも数少ないだけに，その意義は大きい」と評した．こうした傾向に立つもう一人の法哲学者・井上茂の「法哲学的分析の方法」は，1963年10月号の『法律時報』に掲載された．これらの動向について大橋智之輔は，1966年度の「学界回顧」において「今年も法哲学界の主要な関心の一つは『経験法学』に向けられた」と述べている．

　このような実証主義的な動向が，行動主義政治学や新古典派経済学，論理実証主義・分析哲学などと共通した科学主義——科学的な論証と実証が可能なものだけに対象を限定することによって，自然科学モデルで学問化していこうという志向——に立っていたことは，よく指摘されるところである．それらは，イデオロギー性の自覚や概念の明晰化，独断論・権威主義・事大主義の一掃に大いに貢献した．しかし他方でそれらは，実質的価値論（何が善か・正義かなどの問題）・人生論（いかに生きるべきか・国家とは自分にとってどういうものかなどの問題）・実践的課題（現代日本の法はどうあり，どうあるべきかなどの問題），思想の内在的理解や社会構造論（社会の全体構造・経済と法の関係など）・体制問題（資本主義と社会主義などの問題），複雑系としての社会（単純な図式やタイプ分けでは捉えきれない社会）などへの感覚を鈍らせ，全体を見る眼やそのために不可欠な複合的な思考を後退させ，逆に事柄の一面を絶対視する短絡的な思考を蔓延させるなどによって，社会科学を平板化させた．

　このような問題点の一端は，長尾龍一が1970年度の「学界回顧」において，この年に青林書院新社から出版された井上茂・矢崎光圀編の『講義法哲学』について，裁判論に比重がかけられすぎており「全体としては信じられないほどの非哲学的作品である」とし，法哲学の根本問題である「価値判断の絶対性と相対性，自然法と正義，悪法と抵抗権，ヒューマニズム・個人主義・自由主義・民主主義，資本主義と社会主義，罪と罰，戦争と平和，国家・民族・階級等々」が扱われていないと批評したところに捉えられている．小林直樹が「社

会科学における論理主義の致命的な欠陥は，まさにそれが排除した形而上学や自然法と同様に，事象の歴史性と実体性を脱落させてしまう点にある」[313]とし，前述のように加藤新平が論理実証主義を「世界と人生についての諸問題に対する不感症」をもたらすものだとしたのも，長尾と同様の問題認識から行われた，ウルトラ実証主義に対する批判である．

(3) 自然法論，マルクス主義法学，法思想史研究

この時期の日本ではまた自然法論，マルクス主義法学，法思想史研究などが独自に展開したのでもあった．

自然法論　自然法論は，創成期を代表する田中耕太郎に見られる，『絶対的本質に基づく自然法があり，それを客観的に認識できるのだ』とする伝統的な「形而上学的，あるいはスコラ的自然法論」[314]を脱却し，『歴史的・経験的なものの中に自然法が内在しているのであり，それを経験的に捉えることができるのだ』とする，柔軟なものに移行していく．これは戦後世界の「自然法の再生」に共通する傾向である．たとえばホセ・ヨンパルト[315]，何が妥当かは「その時代とその国の客観的な情況に依存し」ているのだから自然法は歴史性を抜きにしては論じられない，とする．かれはまた，自然法は，実定法化されても，なおかつ自然法であることを失わないとする．また西野基継は[316]，自然法は人間に関わる法であるが，この人間は現存在（「生」）を抜きにしては語れないのであるから，人間のこの存在構造の考察に定礎した自然法を考えるべきだとする．さらに第三期に入ると，後述のように「実践哲学の復興」と結びつき経験・伝統・フロネーシス（実践理性）に基礎づけられた議論をする葛生栄二郎の自然法論も出てくる．

自然法論のこうした柔軟化は，法哲学が思弁だけに留まっておれず，多かれ少なかれ経験的・実証的に議論することが必要となった時代動向下で自然法が生き残るためには避けて通れない道である．しかしこの柔軟化には課題も残る．

それは第一に，歴史的・経験的な自然法を論じるに当たっても，それがなぜ

---

313) 小林直樹・前掲注2)『法理学』上268頁．
314) ホセ・ヨンパルト「田中耕太郎の自然法論」(『法哲学年報』1979年) 8頁．
315) 同上14頁．
316) 西野基継「自然法の問題性」(阿南他編『自然法の多義性』，創文社，1991年)．

自然法であるのかは，歴史や経験を超えた価値を基準にしてしか判断できないという点に関わる．歴史や経験をつぶさに検討すれば自然法が発見できるということは，実際にはあり得ない．「これが自然法だ」というものを予め前提としてもちながら歴史や経験を見て，その中にそうした自然法イメージに対応するものを確認していくのが，この作業の実態なのである（これはけっして不当な方法ではない．そもそも認識にはそういうやり方が避けられないものもあるのだ）．

そしてそれは第二に，自然法論の一つの存在意義は，現実の実定的なものを根本に遡って批判するという点に関わる．そうした根本に遡った現実批判が可能であるためには，現実を超えるものによって現実を相対化することが必要であり，この点からも歴史的・経験的なものを超えた価値をめぐる思弁が欠かせない．現実的たろうとするあまりに，現状を超えて事柄のあり方を問題にする「そもそも論」を捨ててしまうのであっては，自然法論の現状追随化が避けられないのである．

自然法論は，現実に対して影響力をもつためには柔軟である必要があるとともに，現実批判の役割を果たすためには非妥協的・原則的である必要があるというディレンマを回避できないのであり，実はここにこそ自然法論の困難性とともにその魅力があるのである．（現実に対するこのような現実性・柔軟性と原則性・批判性を共に求めるべきであるということは，ひいては法哲学そのものに課せられた課題であり，そうした課題を追求することが法哲学の固有の学問的価値である．）

マルクス主義法学　戦後マルクス主義法学は，戦前の，日本資本主義分析や，商品交換の構造との関係で近代法の原理を解明する加古祐二郎らの業績を引き継ぎつつ再出発した．それは，戦後においては，日本法哲学会創設の時期における川島武宜の『所有権法の理論』（1949 年）に代表される議論，すなわち資本主義と近代法との論理連関を明らかにする考察や，近代法の原理を明らかにしてそれに照らして日本の現状を批判しかつ進むべき道を明らかにする作業（市民法論）から始まって，第二期に入ると，渡辺洋三に代表されるような，資本主義の変容に伴う市民法の変化を，〈市民法から社会法へ〉および〈近代法から現代法へ〉と捉える議論や，新しい憲法の原理と安保体制の原理とを対置し，その観点から日本の法の現状を分析するとともに，憲法を現実に生かす実践的課題を提示する議論へと展開していった．

第二期の後半（1965年以降）に入ると，稲本洋之助や戒能通厚らが，資本主義と近代法の関係を，時期ごとの国家作用の特色に着目し，それゆえ各国の歴史分析を通じて考察する作業を進めた．かれらは，その結果，市民革命期から産業革命期に至る間の近代国家では——産業革命が成立した時期を念頭において論じられるような「夜警国家」のイメージとは正反対に——，国家が強いイニシアティブを発揮して上から資本主義化や社会の近代化を進めようとしたのであって，そうした政策を遂行するために法が重視されたと見た．かれらは，この時期の国家を「初期ブルジョワ国家」と規定し，同じ近代市民国家でも「夜警国家」とは異なる性格のものであることを明らかにしたのである．

　かれらはまた，現代においては，自己調整機能を失った経済社会を国家が金融・財政措置や，公共投資，治安・福祉政策によって下支えする点で，国家が強いイニシアティブを発揮するようになり，そのことによって行政や法の役割が肥大化した（法の政策化と法学の政策科学化）とし，これらの動向を「国家独占資本主義段階の法」の概念によってまとめ上げた．

　さらに，後述の第三期に当たる時期にもここで言及しておけば，——特に1985年以降には——国家の作用に注目するだけでなく，各国によって異なりまた時代によって異なる「市民社会」が法に及ぼす作用に対しても注目する比較市民社会論が重要な意味をもった．また，現代社会における自由や人権の疎外を解明しそれに対処する立場から，市民法原理の再評価が提唱され，自己決定権論やリベラリズムとの結びつきが共通関心の一つとなっている．さらに，民主主義の発展，とくに革新自治体の増加を反映して，室井力を中心に，権力が使う「公共性」を逆手にとって，「公共性」を真に実現するための公法理論構築が追求された．

　マルクス主義法学はさらに，第二・三期において，「ヴェーバーとマルクス」，「市民社会論」・「国家論のルネッサンス」，「経験法学批判」，「変革主体形成論」，「先進国革命論」・「社会主義体制批判」などのテーマとも結びついて日本の社会科学・哲学に豊かな問題提起をし続けてきた．天野和夫他編『マルクス主義法学講座』（全8巻，日本評論社刊）が完結したのは，1980年であるが，この全集について深田三徳は1979年度の「学界回顧」で，「わが国マルクス主義法学の高い水準を示すすぐれた成果である」としている[317]．

法思想史学　法思想史学の課題は，第一には，われわれの思想を豊かにするために先哲の思想から法や社会についての問題提起や思考法を学び取ることであり，第二には，われわれの法思想の客観的な位置と傾向性を自覚するために，思想をイデオロギーないし時代精神として歴史的・社会的に位置づけ，その形成・変化の構造や影響を明らかにすることである．思想史学は，とりわけこの第一課題において世界観・人生観の内容に深く関わり，価値哲学の一環を成す．思想史学は，そのことのゆえに，1960 年代の，分析哲学や法実証主義の最盛期においてもそれらに染め尽くされることはなく，「実践哲学の復興」運動──アリストテレスやヴィーコの再評価と結びつき，社会論を自然科学モデルから自由にし，議論の土俵を良識に求め，かつ社会生活に必要な程度の厳密性・合理性を基準にして実質的価値論を追求しようとする運動──を，政治学（レオ・シュトラウス Leo Strauss）や哲学（ヨアヒム・リッター Joachim Ritter，マンフレート・リーデル Manfred Riedel）においてそうであったように，法思想史学においても準備してきた．

この点との関わりで，法思想史学については三島淑臣の問題提起（1981 年）が，先の尾高らの思考と内容的に対応し合うものとして注目に値すると思われるので，ここで取り上げておこう．三島の基本的立場もまた，「この地上における事実の事実性の何であるかを，その重層性の全広がりに即して考察」[318]すること，すなわち事物をその全体像を抑えながら根源的に捉えることを（法）哲学の課題とするものである．その際三島は，法の主体である「人間（自己）」について，「そもそも何ものなのか，その存在の根基と目標は何か，それは何処からきて何処へ行くのか」という形で探求することをとりわけ重視する[319]．

このような総体的・根源的な考察を目指す三島にとって，戦後日本の近代（法）思想史は，次の三点において考察枠組み上の問題点をもっている．すなわち第一に，「近代的思惟か前近代的思惟かという二者択一の考え方」によって，「近代性」に結びつく思想のみを肯定的に扱い，そのため非近代的な思想

---

317) 以上の点に関しては，『法の科学』26 号（1997 年）の拙稿「民科法律部会五〇年の理論的総括──現代法論を素材にして」を参照．
318) 三島淑臣「近代法思想への基礎視座」（『法の理論』第 1 号，1981 年）67 頁．
319) 三島淑臣「法思想史にとって近代とは何か」（『法の理論』第 2 号，1982 年）252 頁．

に内在する鋭い問題提起，たとえばラディカルな近代批判の契機を見落としてきたこと，第二に，近代的人間像の主軸である「人格主体性」のみを肯定的に扱い，そのため人間の弱さや限界を問題にし得ず，また人間的主体を根本的に規定しているもの（超越者と人間の関係からする人間の位置把握）への眼を閉ざしたこと，第三に，科学主義的偏向のゆえに科学的言説のみを肯定的に扱い，そのため「神話的・形而上学的言葉」による思索がもつ洞察を受け止められなかったこと，である[320]．これまでの思想史学には，人間や学問について，協働しつつ拮抗し合う諸要素・諸側面の一面だけへの固執が起こっていたと三島は見るのである．したがってかれは，その偏向を克服し，複合する諸要素をともに考察しその考察の全体において生き生きした思想像を提示することを重視した．

25-3　第三期

この時期には，上原行雄が1972年度の「学界回顧」で指摘しているように，「経験主義的方法論の批判を克服して，客観的な法価値を確立しようとする努力」が強まった．この動きは，「実践哲学の復興」の影響，自然法論の新展開，加藤新平の『法哲学概論』の出版（1976年），田中成明による新正義論（リベラリズム）の紹介（「ジョン・ロールズの〈公正としての正義〉論」1973年度『法哲学年報』），田中のその後の諸作品（とくに『現代法理論』1984年）などによって，その道を確かなものにした．

1977年の『法理学の諸問題』（加藤新平教授退官記念論文集，有斐閣）は，その一つの里程標である．ここでは，加藤の上述の課題提起を受け止めて碧海純一，井上茂，小林直樹などが，それぞれ世界観論，個人の尊厳，人間論を展開している．筆者にはここで碧海が，「巨視的な法律観」，「ならびにその基礎を成す人間観」を重視する立場（「『包括的』な方向」）から，そうした関心が欠如しているハートの「微視的」傾向を，反省をこめて批判しているのが，印象的である．

---

320)　三島淑臣・前掲注318)「近代法思想への基礎視座」78頁．

井上茂は，1970年以降，独自の「基礎規範」論によって法価値論・法文化論を開拓していった．かれは，「法体系の成立する基盤としての社会において一般的に承認された価値体系（社会の基礎規範）があり，その諸価値要素が，法体制の成立後からみれば法の〈核〉として，その社会の法の資格基準の地位と機能とをもつ」321)とする．井上によればこの「基礎規範」は，「現代の日本のばあいについていえば，個人の尊厳・両性の本質的平等・国民主義・基本的諸権利などがそれとしてあげられる」322)のであった．「基礎規範」はこのように実質的価値に関わっており，それゆえ，これを基点として展開される井上の法体系論は，ケルゼンやハートのそれとは異なり，尾高がそうであったように政治的要素ないし理念的・原理的価値論をも組み込んだものとなる．実際井上は，その後「法の根底にあるもの」を深める作業を進める．

＊

　ところで，実質的価値を学問対象にする上述の新しい動きの第一の主要な特徴としては，「善」や「幸福」を問うアリストテレス的な実質的価値論に対して一線を画し，理性的な対話を通じた合意に期待する方向（ハバーマス）や，自然状態におけるフリーハンドな合意を基底にする方向（ロールズ）など，前提的な制度・手続論に集中する傾向，さらには，自由な共同を可能にするためのルールを「正義」の理念分析から引き出すことに専念する傾向が影響力をもっている点が挙げられる．これは，新しい価値論においても，前述の第二期の価値相対主義がなお地平を規定していることを物語っている．

　確かに「善き生の構想」が多様であり，学問的論証によってその一つを絶対化し得ないことは事実であるから，そうした分裂状況を前提にしつつも，そのもとでも最大限可能で最低限必要な共同性の条件を考究することは，法哲学の重要な一テーマである．この点で「価値の多元的対立下における公共的な正統性原理の探求」323)を課題にし，それを近代のリベラリズム原理，とりわけそれ

---

321)　井上茂『現代法——思想と方法』（NHK 市民大学叢書 14，1970 年）120 頁．
322)　同上 119 頁．
323)　井上達夫『他者への自由』（創文社，1999 年）199 頁．井上はこうした近代の正義は，「すべての諸個人を善き生を問い求める道徳的人格として尊重」（同 114 頁）することや，すべての人が公平に参加する「公共の論議」を要請し，その点でリベラリズムに照応するとする．
　しかしこの点については，井上は近代の正義をいきなり完成の域に達したものとして議論して

が生み出した正義に求める井上達夫の作業が注目に値する（この点については，注66参照）．

　しかし法哲学の課題は，さらに人間の尊厳，幸福追求の権利，人権，生命価値，国家のあり方，自然と人間の関係論，法と社会に関わる思考のあり方等々，法をめぐるその他の実質的価値に関わる議論をできるだけ――加藤新平的意味で――「学問的に」展開することにもある．「実践哲学の復興」は，その成立史から考えると，そうした諸課題に向かうための道を再整備するものだったのであるが，法哲学の課題に応えるためには，この点を正面から受け止めていくことが大切である．

　次に，この新しい動きについては第二の主要な特徴として，「実践哲学の復興」を踏まえて実質的価値論を追究する人々も，今の段階では主として方法論――たとえば，「実践理性」（健全な常識に定礎された思考）や「実践知」（賢慮＝熟練によって身についた判断力）の再評価，生活世界からの考察などの提唱――に専念しており，そうした基盤上で法価値論を具体化したり法・社会・政治において人間がどのように思考し関係していくべきかなどを議論することは，なお今後の課題として残されている点が挙げられる．星野英一が1992年の『法哲学年報』で「ただ『実践理性の復権』といっても，正しい判断に至る手続が

いるのではないかという疑問を払拭しえない．実際には，近代の正義も成長を必要とした．近代の正義は，初めは差別的であり，それがその後，「家長」の間だけでなく女性や労働者や黒人・障害者にも及ぶとか，植民地にも妥当するとか，宗教上・道徳上の寛容と一層強く結びつくとかに至ったのは，その後の時代（とくに1960年代）に「人間の尊厳」や「女性の人格権」，「内面の自由・寛容」などの実質的価値が広く共有されるに至って，正義がそれに規定されたからである．井上が言うように正義やリベラリズムは，実質的価値の相互関係を規正するものではあるが，しかしそれはまた，実質価値をめぐる闘争の成果に規定されてその射程距離・内容を変えていくのでもあるのだ．

　今日において，正義は，すべての人間の間でのものである．しかし，これに対しては，たとえば正義を人間と動物の関係にも及ぼすべきだという議論が，「人間の幸福や生命を尊重するなら，同じ条件にある動物にも及ぼすのが正義だ」といった形で出ている．正義は，これにどう答えるかを，井上のようには自分の「正義理念」からは引き出せない．それは動物の固有価値をめぐる実質的価値論に懸かっているのである．

　井上は，正義が善に対し基底となるとして，実質的価値論に立ち入らないで，正義の理念的分析から共生のための社会的規範を引き出そうとする．しかし，正義が上述のように実質的価値論によってその射程距離・内容を決められるものだとしたら，「善が正義に対し基底となる」のでもあるから，正義論にも実質的価値の考察が欠かせない（以下の点については，124頁以下をも参照）．

主として問題にされ，正しい判断は何かといった，判断の内容，結局は価値判断に踏み込まないのが，最近の特徴的傾向のようです．［……］法・法律の内容そのものは問題とせず，そのいわば形式的な部分のみが，あるいはそれを中心に検討されているようです」と述べているのは，上の第一点とともに第二点にも関わっている．

さらに，この新しい動きについては第三の主要な特徴として，「実践哲学の復興」の方向で実質的価値論を追求する人々が，伝統や熟練を通して獲得された実践知を論理的な思考に対置して再評価しようとするため，〈論理的な思考か実践理性に基づく思考か〉の二者択一的発想で議論しがちである点が挙げられる．

たとえば葛生栄二郎は，「設計主義的で論理的な理性」に立脚した立場は，「一握りの乏しい情報に基づいた一握りの乏しい頭脳によって社会全体を包括的に設計しようとする」点で社会に歪みを生じさせるし，また，ロールズに代表される現代リベラリズムは，「手続的正義や実質的内容を含まない一次善 (primary goods) の共有のみを認めるが，このことは社会に内在する実践知の豊穣さをとうてい汲み尽くすことができない」として，これらに対置して「実践哲学の復興」の運動に立脚した自然法論を展開しようとしている[324]．葛生はこの本では，実質的価値論を内容的に展開するよりも，もっぱらその前提，すなわち実質的価値論を可能にする手続論や方法論に取り組んでいるのであるが，実質的価値を内容的に扱っている数少ない箇所ではたとえば次のように議論する．

　「インセスト・タブーの存在は，その目的が知られないままに，ただ伝統的に継承されてきたルールというものが確かに存在していること，そしてそれがいかに理性的設計物よりも優れており，かつ行動の設計として確実であるかということの例証になる．むろん，このような例は，インセスト・タブーに限らず，互酬制のシステムや私有財産制，自由市場における価値機構などいくらでも挙げることができる．」[325]

ここでは，「理性的設計物」と「伝統的に継承されてきたルール」とが「あ

---

[324] 葛生栄二郎『自由社会の自然法論』(法律文化社, 1988年) 259頁.
[325] 同上137頁.

れかこれか」の発想で対置され，後者が圧倒的に優位にあると強調されている．しかしながら，この点については，第一に，「伝統的に継承されてきたルール」がすべて「理性的設計物よりも優れて」いるということが論証されているか，第二に，その際に「優れ」ているとする価値基準はどのようにして獲得するのか．暗に理性に求めているのではないか，第三に，「伝統」は多様であり，したがってそのうちの一つを他より優れていると判断する基準は「伝統」には求められない．するとそれをどこに求めるか，第四に，歴史を超えた思弁がなければ歴史が相対化しえず，学問が批判的役割を発揮し得ないのではないか．「伝統」によって選ばれたがゆえに優れたものと葛生が見なしている私有財産制や自由市場が，そのプラス面とともにもっているマイナス面を批判できるためには，「伝統」を超えたものが必要なのではないか，という疑問が残る．

　「実践哲学の復興」は，理論理性を排斥して実践理性に一面化する方向にではなく，実践理性とともに理論理性をも組み込み——歴史学や社会学，経済理論，哲学などに定礎した思弁を加え——多元的かつ原理的に考えることが必要ではなかろうか．かつて稲垣良典は，尾高の法哲学を経験主義に傾斜したものと捉えたうえで，「［尾高が追求したような］相対主義の克服を理論的に成就するためには，事実からその根拠への超越がどうしても要求されるのであり，そのためには形而上学が不可避であると考えられる」[326]と述べた．稲垣のいうように「相対主義の克服」が形而上学によってどこまでなされうるかについては議論の余地があるだろうが，実践理性を強調することは，伝統的・経験的なものを偏重する結果，それらに対する批判性を失う危険性がある以上，形而上学的思考による伝統的・経験的なものの相対化があらたに必要となる（もっとも，法哲学の分野でも形而上学への傾斜が必ずしも現状批判に結びつかないことは，戦後についてもたとえば田中耕太郎の自然法思想を見れば明らかであろう．この点からは学問の批判性にとってやはり大切なのは，〈経験か形而上学か〉，〈実践理性か理論理性か〉といった事柄以前の，学問をする者の人権感覚，人間一人ひとり——とりわけ社会的弱者——や生きとし生ける物への共感の眼だといえよう）．

　経験的事実ないし伝統的事実への一面化でもなく，それらを無視した思弁・

---

[326] 稲垣良典「経験主義と形而上学との間——尾高朝雄教授の法思想についての一考察」（『法哲学年報』1970年）57頁.

理論理性・形而上学への一面化でもなく，両思考をともに働かせることが重要なのであり，前述のようにそれこそ尾高以来の戦後日本法哲学で一つの獲得目標となってきた課題であった．

*

ところでこの第三期において，1980年代後半以来は，法哲学は新しい課題を新しい形で引き受けつつある．すなわち，第一に，環境問題，生命倫理，市場，多文化社会，フェミニズムといった現代社会のテーマをめぐって，その現状を知り問題の理論的深化を模索すること，第二に，最近の実定法学上の基本的テーマ，たとえば自己決定権，「公共」概念，アファーマティブ・アクション，現代的契約などに積極的に関わることが一つの動向となっている．これらのテーマは，事柄の具体的態様および問題の歴史的位置を押さえることを求めるとともに，何が人間にとって幸福の条件なのか，人間の尊厳とは何なのか，正義とは何か，自然や生命の独自価値と人間の価値とはどう関係付けるべきかといった形で，実質的価値論の深化をも求める性質のものである．森際康友が1983年度の「学界回顧」で，日本の法哲学界の新動向として「存在論・知識論・価値論・記号論」への取り組みが強まったことと，「現実的諸問題にも積極的に取り組もうとする姿勢が全般的に強まってきつつある」こととを挙げているのは，この点に関わっている．この課題を緻密な現状分析と実務の実態把握を踏まえて，そして自己の既成の理論を適用することだけに専念する形においてではなく現実からの問題を正面から受け止める形において引き受ける——場合によってはそれを通じて自分の理論を反省し改めていく——ことは，実質的価値論を新たな方法論でもって深化させる道となり，法哲学と実定法学との関係を緊密化させる道となるだろう．それはまた，日本の法学界，哲学界や政治学界，社会学界がしばしば陥ってき，増々その傾向を強めているところの，外国の最新理論をありがたがり，先を争って紹介しようとする傾向から脱して，日本社会の現状分析と実践的経験に根ざした法理論を構築する道ともなるだろう．

ここでは上の点との関係において特筆すべき問題提起の一事例として高橋広次のそれを取り上げておこう．高橋は「人間の尊厳と自然法」[327]において，バイオテクノロジーの高度化や自然破壊が進行している状況を踏まえて法学のパ

ラダイム転換を提起している．すなわち，これまでは倫理的人格の尊厳や個人的権利の保護が法学の主要関心であったが，今やそれと並んで人間の種的形相の保全や，人間中心主義を超えた「自然的諸善」の保全が課題になってきた，と高橋は言う．そしてかれは，法学がそうした課題に応えるためには，自然的存在者であるすべての生き物をその固有価値に着目しつつ捉え直し，その全体の中に人間を置き直してみる必要があるとする．高橋は，それには人間の理性や意志，人間の社会関係から説き起こすこれまでの法思想とは異なる，生命システム全体，生態系の全体の中に人間をも位置づける法理論，「自然ある自然法」が必要だとする．

　思うに，われわれは，一方で人権の擁護・拡大や共通善の新しいあり方を深めるような「人間中心的」課題をなお重視しなければならない状況にある．先進工業国においても人間さえもが「馬車馬のように」酷使され，「虫けらのように」過労死させられたりしているのである．しかしわれわれは，他方では，上述の「自然的諸善」を尊重する立場からする人間的事象の相対化をも追求しなければならない．先に「10　環境」において論じたように，「虫けら」でさえ，かれ独自の生を懸命に営み，喜びと苦しみを知っており，その生は一回きりであり，しかもその生は人間が創ったものではないし創り得ない以上，簡単に殺したり苦しめたりする権利を人間はもってはいないこと，を忘れてはならないのである．人間尊重と，生態系全体の中に人間を位置づけ相対化することとの，これら両課題の間で双方向の考察を深めることが，われわれには避けられないのである．

　なお高橋は，上述のような課題設定をしているため，「実践哲学の復興」の立場をとる際にも，それを単に「伝統的なルール」や「実践理性・実践知」に依拠したものに留めることはしないで，存在論的な根元への考察，すなわち形而上学に支えられた思弁への道を拓こうとしている[328]．この点は上述した葛生の思想（453頁）との対比において注目に値する[329]．

---

327)　水波他編『自然法における存在と当為』（創文社，1996年）．
328)　高橋広次「思慮——法実証主義と自然法の間？」（三島他編『法と国家の基礎にあるもの』，創文社，1988年）．
329)　筆者自身による実質的法価値論の試みについては，本書の「自己決定権」「抵抗権」などを参照．

この第三期においてはまた，価値内容としては自由・民主主義的な諸価値を戦後期に引き続いて再度強調することが共通基盤になっている．そのような再強調点としては，①「対話」・「討議」・「合意」・「生活世界」が前提としている自由・民主主義的手続ないし寛容・個人の尊重，②自由を確保しかつ「討議」を進めるための「知」を支えるものとしての「リーガリズム」（ルールに則りつつ妥当な解決を目指す思考）の再評価[330]，③実定法学分野での「自己決定権」論・「私的自治」論の展開，がある．これらはあいまって『法学上のリベラリズムの活性化』と総称し得る．こうした動きは，一般の思潮界で「ポストモダニズム」が影響をもちつつあることとは対照的である．なぜなら，後者においては「リベラル」，「近代」，「個人」，「理性（合理性）」，「客観的認識」等々に対する根本的な懐疑が共通基盤を成しているからである．こうした傾向に同調しないのは，法哲学界の「健全さ」の表れなのか，それとも近代から抜け出せぬ「遅れ」の表れなのか？

　この点について私見を述べておくならば，今後ともポストモダニズムが法学の中に浸透しうるかについては筆者は懐疑的である．それは，ポストモダニズムの議論の仕方が——最近のフェミニズムのそれとともに——，第一に，一面的に近代をマイナスの時代として描くとか，ポスト近代（今の時代）を一面的に「近代の終焉」の時代として描くなど，法学者には受け入れがたい二者択一的思考（〈近代は是か非か〉，〈今の時代は近代の終焉か否か〉といった発想）に立脚していること，第二に，ラディカルな表現のわりには具体的な提言を欠いており，せいぜい「脱構築」や「試行錯誤から何かを期待する」といったネガティブな戦略に留まろうとする点で，結果的に法実務の諸問題に十分応えられぬこと，第三に，法学では近代法の枠組みやそのリーガリスティックな運用を無視しえないのに，それらを正当に位置づけられないことなどの理由による[331]．

　さて，上述の第三期以来の方向をさらに進むと，法哲学は，単に「実践哲学の復興」の可能性を論じたり「正義理念」を精緻化したりすることに留まるの

330）　以上については，田中成明・前掲注9）『法理学講義』参照．
331）　ポストモダニズムについては，拙稿「ポストモダニズム考」（『法の科学』25号，1996年）参照．拙著・前掲245頁『法思想史講義』下巻335頁以下をも参照．

でなく，実質的価値に関する議論や，社会の主体として必要なものの見方・考え方の提示，社会科学にもとづく現代の法の歴史的位置づけ・全体構造の解明などをも再び正面から課題とするようになるだろう．ここではこの点に関して少々言及しておく．

　先に見たような，「現代社会の問題」から思考しようとする法哲学は，何よりも豊富なデータを集め，それらに対し歴史学や社会学・政治学などを踏まえた総体的な考察を加える必要がある．その際，これまでの経験・常識に基づく思考や，直観（「勘」）ないし想像力および論理的推論に基づく思考と，自己の価値観とがともに重要となる．そしてその際，考察は，①当面している問題である個別具体的なケースに関わる諸事情，②問題を考える際の判断基準となる，原理的・普遍的なもの（原理・理念）および先例，世論動向，歴史の流れ，自分の過去の決定との整合性，③自己の価値観ないし願望，の三極間での「視線の絶えざる往復」の形（螺旋モデル──392-393頁参照）で営まれることに注目する必要がある．考察は，それらの極の間での絶えざる往復運動の中で，経験・常識・思弁・直観・想像力を総動員した複雑な働きを通して次第に一つの全体像に収斂していくのである．次にその上で，そうして押さえた全体像を，論理整合的に，かつ押さえるべき事柄を丹念に押さえつつ，叙述していかなければならない[332]．そして，そうした叙述を他の人々のものと照合し討論して，改善していくのである．

　したがってこの観点からも問題は，〈理論理性か実践理性か〉，〈デカルトかアリストテレスか〉，〈実存的決断か科学的認識か〉といった二者択一にあるのではないことになる．同時にわれわれは，「勘」や経験，主体的要素（価値判断）を介在させている以上，この考察作業の収斂点は論理的には予測し得ないし結論は暫定的なものに留まること，および〈まったく客観的だとは言えないが，またまったく主観的だとも言えない〉ものであることを了解しておかねばならない．

　法や政治は多様な価値や生き方の形式を確保する場であり，したがって，法や政治においては，「これが最善・最高のものだ」という形で，一つの方向だ

---

[332] こうした考え方については，とりわけ加藤新平・前掲注2)『法哲学概論』468頁以下参照．

けですべてを構成してそれに従わない者を抑圧したり排除することはできない．それゆえ，法や政治は，多様なものの共存を可能にする形式にとどまらなければならない．しかし，それらについて考察する法哲学自体は，ヨリ善い価値や社会生活のあり方はどういうものかの内容にも関わらざるを得ない．その考察結果を絶対化して他人に強制することは許されないが，そうした考察をすること自体は法哲学をする誰もが迫られている．法哲学がそれを追究しなければ外にそれをする法学上の場はない．

この点で「実践哲学の復興」の本来の方向，すなわち『認識の完璧さを求めるあまり逆に懐疑論的になるのではなく，できる限りの実証と論証によってヨリ説得的な理論に仕上げていく方向』を採るべきである．しかし上述のようにそうした立論は蓋然性に定礎した暫定的なものに留まる以上，『議論の価値は，絶対的な真理の提示ではなく，ヨリ確実な認識とともに，別様な見方や，これまでの見方を変えるユニークな視点・発想の獲得，それらを基盤にした，実践的にヨリ有効な指針を出すことにある』とすべきであろう．すなわち，こうした認識手続論をする際に筆者が前提にしているのは，『何が善か，幸福か，個人はどう生きるべきかなどについて様々な見解が出て錯綜しても，それを「悪しき混乱」・「嘆かわしいカオス」・「同一性の危機」・「百鬼夜行状況」とするのではなく，議論の豊穣性を祝福しつつその中のヨリ説得力のあるものを大切にすること，そうしたヨリ説得的なものを積み重ねていくことによって認識の拡大を図る』ことである．論争が「不毛」であるかどうかは，論争のあとで合意が獲得されたか否か，「決定打によって決着した」か否かによって測られるのではなく，どれだけ豊かな議論があり多様な見方が出て人々の視野が広まったかによって測られるべきである，と筆者は考える（もともとこうした見方は，思想史学——あらゆるものを歴史的に相対化することと，あらゆる歴史的なものから必死に学ぼうとすることとの二本足で立つ学——に携わる者には欠かすことのできない見方である）．

以上のことは，逆の面からみれば，「実践哲学の復興」にも依拠するのである限り，「永遠の本質」を一挙に把握することや「画期的な見解」に突如として達することができない事実を認めることをも意味する．実際，「経験」や「健全な常識」に依拠した議論は，たいていは常識を再確認する態様のものと

なっている．尾高の『法の窮極にあるもの』の結論部分がその好事例である[333]し，加藤新平の『法哲学概論』の結論部分（563頁以下）にあるのも，そうした事例の一つである．ロールズがその独自の思索から打ち出した自由の二原理も，大著の結論としてははなはだ平凡なものである．こうした場合，結論が平凡だからといって議論が無意味だというのではなく，議論自体に独自価値があるとすべきなのである．

　それゆえにまた他方では，そうした議論の傾向を「常識破り」の問題提起によってうち破り，新鮮な視野を開くことも必要になる．われわれは，主観性を脱却した絶対的に客観的な議論があり得るという信仰に対してと同様，「健全な常識」の絶対化に対しても警戒しなくてはならない．そのためには，発見に至る道としては，総体的把握を目指す強靱な思索と，――常識・伝統・実践理性の対極にある――思弁・空想・直観，さらには――ルソーやニーチェ，ドストエフスキーがそうであるように――狂気性や激情，悪魔性を混じて展開される思索とが重要になる．こうした狂気性や激情，悪魔性は，「1　法と政治と道徳」で示したように，例外状況を見ることによって，正常の中で押し隠されている本質を暴き出すためにも，不可欠である．この観点からもまた，常識的な妥当性を重視する「実践哲学の復興」は，学問の世界ではそれだけが手法のすべてとはなりえないのである．

　このように総体的・根源的把握を求めることに対しては，「未だに『大きな物語』[334]を夢見ている」という批判があり得よう．しかしわれわれが対象とする「法」が歴史性をもち，かつ経済・政治・文化・伝統等々と不可分に関係して一つの全体を成しているという，これまでの社会科学が具体化して来た認識が――ポストモダニズムの側から繰り返される懐疑にも拘わらず――なお覆されてはいない以上，これからもその連関構造を解明する作業が課題としてある

---

333) この点については，尾高朝雄『法の究極にあるものについての再論』（勁草書房，1949年）21頁以下参照．これは，『法の窮極にあるもの』（有斐閣，1947年）の結論が，そこに辿りつくまでの紆余曲折に比してあまりにも平凡であり，「泰山鳴動して鼠一匹」の感があるという加藤新平の書評に答えたものである．

334) ジャン＝フランソワ・リオタールは，近代以来の，理性的主体から出発して体系化された社会論や，社会法則の体系的叙述に基づく革命構想などを「大きな物語」と名付け，それはポストモダン状況下の，正当性の喪失・科学の細分化・認識への懐疑などによって崩壊したと述べている．『ポストモダンの条件』（小林康夫訳，水声社，1986年）．

（しかもたとえ「大きな物語」を追求することが困難であることが証明されたとしても，そうした困難を承知の上でなお (dennoch)，構造を解明しそれを参考にして実践の方向を考える「困難な」課題に挑戦し続けることもまた，学問の一つのあり方であろう．『一つの原理から論理的に展開した理論体系はすべてを説明しつくせる』という慢心は警戒すべきだが，しかしこのことは，総体的・原理的把握と実践の方向付けを探る不断の努力を捨て去ることを直ちには意味しないのである）．

　本書全体は，以上のような方向に向けての実質的な歩みを進めようとした一つの試みである．

事項索引

あ行

悪法　72, 73, 78, 104, 117, 290, 294
新しい人権　141, 142
アナール派　145, 174
アファーマティブ・アクション　116, 140
アメニティー　194, 196
ありのままの個人　166
生ける法　71, 325, 326, 411
意思教説　160
一般予防　62
イデオロギー　396
instruction　332
インフォームド・コンセント　148, 150, 170
インフォームド・チョイス　167
美しき魂　19, 21, 46, 47, 67
ADR　151
エートス　400
education　333
大きな物語　175, 460
autonomy　158

か行

階級国家論　219
会社主義　153, 172-174, 279
蓋然性　300, 459
概念法学　14, 409, 415, 424, 426
拡張解釈　363
仮言命法　19, 22
仮象　233-235, 436
価値情緒説　301
価値相対主義　73, 74, 444, 451
神　432-434
カリスマ的支配　81
環境権　192-194, 431
関係理論　160
患者の自己決定権　169, 171
慣習　55, 243
慣習法　85, 118, 243
寛容　56, 217, 452
官僚国家　227
官僚裁判官　326
官僚主義　279
官僚制　182, 227
官僚法学　414, 415, 418
危害原理　51
企業国家　224
企業支配　278
企業社会　282
既得権　243
機能的思考　30, 32, 34
規範論理　76, 79, 298
休止相続財産　424-426
強制　44, 47, 60, 61, 82
共同幻想　220, 231
共同体　53, 55, 68, 70, 151, 157, 201, 202, 210, 220, 231, 241, 265
教養専門職　244, 321, 326, 375
拒否権　243
紀律化　252, 284, 316, 318
近自然化事業　195
近代主義　285, 288
近代民法　135-138
均等的・均分的・平均的・調整的・整正的・匡正的正義　115
空想物　431-433
Quality of Life　168, 194
具体的権利　144, 297
君主鑑　53
君主の固有権　340
形骸化　436
傾向性　44, 46
形式的正義　122, 123
啓蒙期自然法　105, 106
決断　19, 253, 399
ゲルマニステン　69
原意主義　374
現代国家　221
憲法制定権力　66, 72, 82, 414

464　事項索引

原理的・絶対的な考察　1, 2
賢慮　53, 126
権力国家　222
公害　186-191
公害の輸出　191
公共　210, 269, 270
公共性　235-238
公共の福祉　155, 221, 305
皇室典範　351, 352, 355
構造改革　282, 283
構造主義　175, 176, 412, 413
公定力　304, 305
幸福追求権　178
衡平　126-128
公務員の争議行為　36
合理化　316-323, 332, 334
功利主義　128-131
合理的支配　81
高齢者　150
国民に依存した象徴性　342, 343, 350
国民の上に立つ者としての象徴性　340, 350
個人道徳　12, 16, 252
個人の復権　289
古代ギリシア　100, 125, 246, 400, 401
古代ローマ　104, 318, 424
国家独占資本主義　288
国家論のルネッサンス　220
古典期の精神　400
コミュニタリアニズム　204
コロナ型の象徴性　338, 350
根本規範　65, 78, 413

さ　行

サービス国家　225
最高価値　390, 391
シヴィック・ヒューマニズム　70
ジェントリー　321, 322, 325
時効　33
思考法（道徳・政治・法の）　28-37
事実の既判力　77
自然権　143
自然主義のファラシー　300
自然法の再生　59, 72, 74
実質的価値　74, 122, 126, 445, 451, 452, 455, 458

実践哲学の復興　74, 446, 449, 450, 452, 453, 459, 460
実存主義　412
実定法的権利　143, 144
私的自治　145, 149, 159, 162, 387
支配階級　225
支配の正統性　80
事物の本性　94-97, 308
司法制度改革　331, 333
司法の反動化　37, 331
市民社会派　285, 286, 289
市民的公共　257, 285
市民法　104, 122, 447
市民法学　415
市民法原理　288, 366, 387, 397, 415, 435
社会規範　85, 298, 309
習慣　83
宗教改革　56, 125, 134, 405
社会法・社会権　138-141, 183, 184
自由主義　9, 242, 243, 326, 327, 329
自由人裁判官　326
収奪　225
集団主義　172, 265, 278-280
集団道徳　12, 16, 25, 252
自由法論　71, 411
縮小解釈　363
主として外面に関わる個人道徳　16, 17, 21, 25, 42, 121
受忍限度論　188, 236
純粋法学　65
違法義務の意識　77
違法道徳　81
障害者　150, 153, 167
消極的道徳　50
常識　370, 371, 373, 433
商品交換　136
商品交換の論理　137
条理　71, 85, 193, 361, 385, 412
自律　61
新カント派　73, 290, 439, 444
人工妊娠中絶　147, 152, 156
新自由主義　174, 177, 188, 228, 282
心情（信条）倫理　24, 25, 29
人身の自由　132, 133
親密圏　284, 285

事項索引　465

人民　225
ストア派　102-104
性悪説　26-28
政治の発生　7
精神的自由権　132, 133
性善説　27, 28
正当性・正統性（法の）　79f.
生存権　139, 180
生命への畏敬　198
責任倫理　24, 25, 30
世襲　350-353
積極的道徳　50, 51
絶対的自然法　90, 91
絶対的損失　237
1960年代　125, 126, 327, 331, 332
宣言的解釈　362
相対的自然法　91
その人なりの生き様　166
ソフィスト　100
ソラヤ事件判決　296
尊属殺人罪　89

　　　た　行

体系的解釈　362
大衆社会．大衆社会化　164, 182, 229, 253, 254, 287
大統領の象徴性　342, 343
多元的国家観　209, 218
多元的国家論　243
多元的思考　30, 31, 33, 34
他者　202
多数者の専制　130, 131
脱魔術化　203
多文化社会　152, 153, 176
断言命法　19, 45
単なる象徴性　339, 350, 352
中世法　119
中絶　152, 158
超越的なものの象徴　345, 351
抵抗権肯定論　290
抵抗権の合法性　295-298
抵抗権否定論　290
desuetudo　76, 77, 83
手続的正義　113
転移効果　187

伝統的支配　53, 81
等価交換　136
討議的倫理　80
動機の純粋性　17, 24, 45, 48, 61, 120, 121
道具的国家観　216
動態的思考　30
道徳感情論　47
道徳的権利　98
道徳は最小限の法　43
動物の権利　196, 199, 309, 310
トーピク　385
トポス　301, 385, 389
友と敵　7, 250
寅さん　204

　　　な　行

内面にも関わる個人道徳　16, 17, 21, 24, 28, 42, 82
内容的正義　122-125
ナチス　71-74, 91, 312, 313
二重の基準　159
人間化　316-319, 323, 327, 328, 331, 332, 334

　　　は　行

背景的権利　144, 297
配分的正義　115
莫大損害の理論　127
パターナリズム　148, 152, 156, 168, 170, 171
八月革命　338
反制定法的解釈　363
反対解釈　363
パンデクテン法学　67, 69, 424-426
万民法　104
判例法　85, 243
ビオトープ　195
被害者　260, 201, 270
非原意主義　374
人々の合意に基づく象徴　346, 351
批判法学　140
表現の自由　180
フェミニズム　140, 176, 318, 457
複合的な思考　438, 441, 442
福祉国家　140, 225
復讐　23, 121
普遍化可能性　45, 48, 122, 129, 156, 408

プライバシー　158
フリーライダー　116
分権思想　243
文明化　252, 284
文理解釈　362
ペーチュ判決　293, 304
弁護士　322-325, 332
弁証法　205, 443
法解釈論争　329, 415
法源　86
法人　32, 69, 424-426, 428
法曹一元　325
法治主義　321
法的権利　144, 297
法哲学と政治哲学　2, 3
法と経済学　160, 236
法の概念　88
法の実効性　76, 81
法の支配　321
法の正統性　79, 87
法の正当性　79, 87
法の妥当性　76
法の抽象性　229
法の理念　88
法は最小限の道徳　43
法律意思による解釈　362
ポストモダニズム　140, 176, 318, 457
本質的類似性　370, 371, 419

ま 行

Maxim　301, 386, 389

マルクス主義法学　447
身分制的自由　320, 330
民主主義原理　329, 331, 332, 327, 328
民主主義国家　226
民主主義の非合理化　259
名望家　244, 288, 319, 326, 330
黙契　85, 120
目的論的解釈　360, 361, 365, 367, 368, 396
文字通りの解釈　363
もちろん解釈　363, 430

や 行

夜警国家　224, 284
約款　149, 159, 387
唯名論　405
善き旧き Recht　55, 319, 322, 325

ら 行

螺旋モデル　376, 393, 458
リーガリズム　37, 457
利益考量論　160, 161, 329, 392, 415, 416
理想像　431, 434
立法者意思による解釈　362
liberal arts　332-334
類推　363, 370-372, 420, 430
ルール功利主義　131
歴史的解釈　362
Recht　84, 117, 328, 331
恋愛　202
労働基本権　138, 139, 141
ロマニステン　67

人名索引

あ　行

アイゼンハワー, D. D.　81
アウグスティヌス, A.　105, 215, 216, 403, 404
青井秀夫　95
青木人志　200
碧海純一　128, 445, 450
アギュロン, M.　174
アクィナス, T.　95, 105, 404, 406, 417
芦部信喜　154
新正幸　297
阿部次郎　273
安倍晴彦　223
天野和夫　292, 294, 295, 297, 299, 300
アリストテレス　10, 53, 67, 74, 101, 111, 126, 210, 211, 241, 401, 402, 417, 451
アルキダマス　101
アルトホフ, F.　326
アレキサンデル大王　216
アンティフォン　101
イアンブリキ　215
イェーリング, R. von　3, 14, 64, 68, 70, 119, 122, 193, 329, 409, 424, 426
イエス　17, 25, 47, 268
家永三郎　264, 388
イェリネック, G.　77
五十嵐清　86, 361, 362
池永満　169
石田喜久夫　158, 159, 165, 387
石部雅亮　4, 107, 297
磯村哲　106, 326, 327, 330, 363, 366, 375
イッガース, G.　175, 176
稲垣良典　454
稲本洋之助　448
犬養毅　274
井上茂　445, 450, 451
井上達夫　123, 131, 173, 244, 247, 451, 452
猪股弘貴　375
岩佐茂　200

ヴァイツゼッカー, R. von　167, 260-262
ヴィーコ, G.　74, 449
ヴィトリア, F. de　105
ヴィンケルマン, J. J.　401
ヴィントシャイト, B.　69, 425, 426
ヴェーバー, M.　3, 24, 80, 210, 286, 317, 319, 322, 323, 326, 397, 427, 434, 444, 448
ヴェゲティウス, F. R.　318
上原行雄　450
上村貞美　171
上山安敏　326
ウォルフ, E.　60, 70
ヴォルフ, Ch.　106, 127, 159, 407, 424
内井惣七　131
内田貴　161
内田義彦　277, 289
内野正幸　145, 149
内橋克人　177
ウルピアヌス, D.　114
エールリッヒ, E.　71, 84, 326, 327, 411, 412, 415, 427
エストライヒ, G.　284, 318
エックハルト, J. G. von　345
エッサー, J.　437
エピクロス　216
エリアス, N.　252, 284
エルシャイト, G.　95
エンゲルス, F.　14, 219
大江泰一郎　221
大谷強　169
大塚滋　437
大塚久雄　285
大橋智之輔　4, 86, 95, 107, 445
小笠原弘親　219
岡島成行　200
小川政亮　168
荻生徂徠　417
奥平康弘　180
尾高朝雄　7, 76, 85, 298, 438, 439, 441, 443, 444, 451, 455, 460

468　人名索引

オッカム, W.　160, 403, 405
オリヴェクローナ, K.　429

か 行

ガイガー, W.　295
戒能通厚　128, 322, 448
戒能通孝　285
甲斐道太郎　397
カウフマン, A.　59, 130, 295, 420
影山日出弥　232
加古祐二郎　447
片桐直樹　328
加藤一郎　163, 329, 415, 416
加藤周一　279
加藤新平　4, 76, 107, 131, 442-444, 446, 450, 452, 458, 460
加藤節　134
加藤哲郎　221
加藤博史　169
カリクレス　100
カルヴァン, J.　56
川島武宜　32, 144, 285, 287, 329, 416, 447
カント, I.　17, 19, 26, 27, 44-47, 60-63, 66, 67, 95, 123, 211, 290, 408, 409, 432, 434
カントロヴィッツ, H.　71
ギールケ, O. von　70
キケロ, M. C.　53, 103, 114, 290
木佐茂男　223, 328
北川善太郎　397
木下毅　160
葛生栄二郎　446, 453
クセルクセス　101
国木田独歩　273
クライン, E. F.　106
クリュシポス　102
来栖三郎　330, 415, 416, 422, 435, 437
クレーガー, K.　303
クレッシェル, K.　72
黒田忠史　320
グロティウス, H.　105, 127, 407
ケルゼン, H.　64, 65, 78, 336, 337, 413, 414, 435, 438, 442, 445, 451
ゲルバー, C. F. W. von　69
ケルン, F.　53, 118
孔子　47

コーイング, H.　58
小林直樹　4, 65, 75, 290, 296, 297, 442-445, 450
コルバン, A.　174

さ 行

西園寺公望　274
サヴィニー, F. K. von　63, 409, 411, 424-426
阪口正二郎　248, 375
阪本昌成　155
佐々木高雄　291
佐々木毅　11, 257
佐藤昭夫　299
佐藤幸治　144, 154, 157, 165, 297
佐藤節子　429
沢井裕　192
澤柳大五郎　400
ジェファソン, Th.　256
清水哲郎　170
清水正義　313
シャイドレ, G.　295, 301, 303, 307
釈迦　47
シャフツベリ, A. A. C.　46
シャルチエ, R.　176
シュタムラー, R.　438
シュトラウス, L.　449
シュバイツァー, A.　198
シュミット, C.　2, 8-10, 14, 27, 40, 63-66, 72, 78, 79, 240, 250, 255, 295, 399, 413, 414
シュラウト, E.　174
シュレーダー, J.　126, 385
シラー, J. C. F. von　19, 46
シントラー, D.　441, 443
ジンメル, G.　317, 441
親鸞　267
スアレス, F.　105
末川博　163
末弘厳太郎　415
スキナー, Q.　54
杉本幹夫　413
スハルト　311
スミス, A.　47, 67, 71, 211, 246
スワレツ, C. G.　106
瀬川信久　329, 416, 417, 418
セネカ, L. A.　103

ゼノン（キプロスの）　103
世良晃志郎　119
芹沢斉　291
セン，A.　131
ソクラテス　81, 130

た 行

ダール，R.　257
高橋紘　356
高橋広次　455, 456
高柳信一　387
高山直樹　169
瀧川裕英　264
竹内芳郎　232
竹岡敬温　175
田中角栄　281
田中耕太郎　438, 446, 454
田中二郎　36, 37, 396
田中成明　17, 37, 131, 309, 397, 450, 457
種谷春洋　89, 144, 146, 369
田畑忍　294, 297, 299
玉野井芳郎　200
ダレイオス一世　101
団藤重光　360
タンメロ，I.　130
千葉正士　441
全斗煥　311
ツキディデース　213
恒藤恭　438
ティーメ，H.　106
ディルタイ，W.　444
デカルト，R.　106
デュルケム，É.　176
テンニエス，F.　201
ドヴォーキン，R.　98, 111, 297, 301, 386
道元　267
道幸哲也　172
徳川綱吉　82
ドストエフスキー，F. M.　379, 423, 460
トックヴィル，A. Ch. de　246
戸波江二　145, 155, 165
トマジウス，Ch.　60, 127

な 行

長尾龍一　65, 445, 446

中曽根康弘　260
中野次雄　331
中村治朗　375
中村直美　95
中村睦男　144
中山充　192
中山竜一　140
ナッシュ，R.　99, 197
ナポレオン，B.　81, 245
南原繁　3
ニーチェ，F. W.　401, 460
ニーバー，R.　12, 441
西川潤　238
西谷敏　165, 172, 173, 212
西野基継　86, 446
二宮宏之　175-177, 319
根森健　212
野村平爾　299

は 行

ハート，H. L. A.　445, 450
バーリン，I.　248
ハーバマス，J.　75, 111, 123, 256, 317, 451
馬場辰猪　273
林修三　361
速水敬三　404
原島重義　158, 159, 163, 165, 331, 363, 387
原敬　274
バルト，K. F.　441
樋口陽一　90, 291, 292, 296
ビスマルク，O. von　245, 275, 326
ヒットラー，A.　230, 245, 264, 311
ヒッピアス　101
ピノチェト，A.　311
ヒムラー，H.　73
ヒューム，D.　47, 120
ビュルラマキ，J. J.　97, 320
平井宜雄　160, 163, 165
平田清明　287
平野義太郎　163
平山正実　169
広中俊雄　84, 86, 96, 363, 366, 372, 380, 387
広渡清吾　72, 387, 435
フィチーノ，M.　134

フィロン　103
フーコ, M.　317
プーフェンドルフ, S. F. von　107, 127, 407, 424
フォイエルバッハ, P. J. A. von　62, 63
深田三徳　448
福井憲彦　175
福沢諭吉　18, 252, 272, 330
藤井俊夫　144
藤原保信　75
フッサール, E.　440
ブフタ, G. F.　69, 424, 425
フラー, L. L.　123, 437
プラトン　10, 53, 101, 126, 214, 215, 401, 402
フランコ, F.　311
ブランディース, L.　158
ブラント, W.　328
フルーメ, W.　159
古川孝順　166-168
ブルンナー, O.　118
ブローデル, F.　176
ブロディ, H.　170
フンボルト, W. von　322, 326
ヘアー, R. M.　98, 129
ヘーゲル, G. W. H.　2, 3, 19, 46, 66, 67, 70, 211, 212, 246, 258, 409, 429
ベーゼラー, G.　70
ベーリング, E.　305
ヘック, P.　412
ペテロ　268
ベネディクト, R. F.　268
ヘラー, H.　2, 441
ペリクレス　212
ベンサム, J.　128, 197, 241
星野英一　160, 163, 165, 329, 387, 388, 396, 397, 415, 416, 452
ホッブス, Th.　59, 60, 66, 106, 107, 127, 216, 245, 290, 406, 407, 429
ポパー, K.　445
ポルタリス, J.-E.　107

ま 行

マキアヴェリ, N.　3, 10, 12, 54, 246, 256, 258, 318
牧野英一　163

マッキノン, C.　140
マネッティ, G.　134
マルクス, K.　2, 14, 218, 219, 231, 232, 246, 434, 448
マルコス, F. E.　311
マルシリウス, da P.　290
マルティニ, C. A. von　106
丸山眞男　3, 31, 40, 57, 259, 266, 273, 282, 285, 287, 330, 417
マンハイム, K.　441
三島淑臣　4, 107, 131, 449, 450
三谷隆正　216
三井正信　173
宮本憲一　200, 222, 224, 234, 236-238
宮本康昭　37
ミランドラ, P. d.　134
ミル, J. S.　51, 129, 131, 246
村井敏邦　294, 303, 306
村岡潔　170
村岡健次　322, 324
村上淳一　287, 319, 329, 437
メクゼーパー, C.　174
メディック, H.　174
毛利甚八　223
モーゼ　261
モーツァルト, W. A.　131
森際康友　455
森英樹　157
モンテーニュ, M. de　106, 319
モンテスキュー, Ch. de　106, 256, 319

や 行

屋敷二郎　284, 318
山内友三郎　129
山口定　328, 331, 332
山田晟　360
山田卓生　165
山之内靖　317
山本敬三　135, 145, 158, 159, 162, 163
山家悠紀夫　177
結城光太郎　303
ユーゴ, V.　423
ユング, C. G.　344
横田耕一　341, 346, 356
横田正平　265

吉田克己　165
好美清光　74
ヨンパルト, J.　90, 446

ら 行

ラートブルフ, G.　59, 73, 75, 79, 107, 302, 390, 441
ラーバント, P.　409-411
ラーン, G.　329, 416
ラスキ, H.　180, 181, 217, 218, 246
ラデュリ, L. R.　174
リーデル, M.　67, 449
リオタール, J.-F.　460
リスト, F. von　63
リッター, J.　67, 449
リンガー, F. K.　324, 325
ルーズベルト, F.　92
ルーマン, N.　75, 123, 317
ルソー, J. J.　79, 97, 107, 213, 214, 218, 219, 241, 252, 256, 258, 408, 423, 460
ルター, M.　60, 345, 405, 406
ルントステット, V.　429
レーニン, V. I.　219, 220
ローゼンバウム, W.　72
ロールズ, J.　75, 111, 424, 450, 451, 453
ロック, J.　56, 60, 97, 107, 133, 178, 217, 246, 290, 320
ロンメン, H.　107

わ 行

ワイツゼッカー, E. U. von　200
我妻栄　163, 266, 270, 329, 416
和田小次郎　438, 441
渡辺治　277, 281, 289
渡辺洋三　33, 34, 144, 287, 288, 304, 393, 395-397, 447

著者略歴

1947 年　兵庫県に生まれる
1970 年　東京大学法学部卒業
現　在　早稲田大学法学学術院教授

主要著書

『近代ドイツの国家と法学』1979 年，東京大学出版会
『丸山真男論ノート』1988 年，みすず書房
『法の歴史と思想』（共著）1995 年，放送大学教育振興会
『丸山眞男の思想世界』2003 年，みすず書房
『法思想史講義　上・下』2007 年，東京大学出版会
『法解釈講義』2009 年，東京大学出版会
『政治の覚醒』2012 年，東京大学出版会

法哲学講義

2002 年 9 月 26 日　初　版
2013 年 3 月 22 日　第 5 刷

［検印廃止］

著　者　笹倉秀夫（ささくら　ひでお）

発行所　一般財団法人　東京大学出版会

代表者　渡辺　浩

113-8654 東京都文京区本郷 7-3-1 東大構内
電話 03-3811-8814　Fax 03-3812-6958
振替 00160-6-59964

印刷所　株式会社三陽社
製本所　牧製本印刷株式会社

© 2002 Hideo Sasakura
ISBN 978-4-13-032325-3　Printed in Japan

JCOPY〈（社）出版者著作権管理機構　委託出版物〉
本書の無断複写は著作権法上での例外を除き禁じられています．複写される場合は，そのつど事前に，（社）出版者著作権管理機構（電話 03-3513-6969，FAX 03-3513-6979, e-mail: info@jcopy.or.jp）の許諾を得てください．

笹倉秀夫 著	法解釈講義	A5	3600円
笹倉秀夫 著	法思想史講義		
	上 古典古代から宗教改革期まで	A5	3600円
	下 絶対王政期から現代まで	A5	3800円
笹倉秀夫 著	政治の覚醒	A5	5200円
井上達夫 著	法という企て	A5	4200円
田中成明 著	法的空間	A5	6000円
村上淳一 著	〈法〉の歴史 [オンデマンド版]	46	2800円
田中英夫 編著	実定法学入門 第3版	A5	2500円
米倉 明 編著	法律学教材 法学入門	A5	4200円
福田歓一 著	政治学史	A5	5000円

ここに表示された価格は本体価格です．ご購入の際には消費税が加算されますのでご了承下さい．